农业经济与科技发展研究

ANNUAL REPORT ON ECONOMIC AND TECHNOLOGICAL DEVELOPMENT IN AGRICULTURE 2009

中国农业科学院农业经济与发展研究所

INSTITUTE OF AGRICULTURAL ECONOMICS AND DEVELOPMENT CHINESE ACADEMY OF AGRICULTURAL SCIENCES

中 国 农 业 出 版 社

CHINA AGRICULTURE PRESS

主　编：秦　富　王东阳

副主编：毛世平　高琼瑶

Editor-in-chief：Qin Fu　Wang Dongyang

Associate Editor：Mao Shiping　Gao Qiongyao

前　言

2009年《农业经济与科技发展研究》，是中国农业科学院农业经济与发展研究所学术研究年度报告选集的第19期。该报告共收集了本所研究人员在2009年度完成的部分研究报告和论文，共39篇。《农业经济与科技发展研究》收录了全所科研人员的部分科研成果，作为本所年度科研工作的组成部分，每年出版一本，形成学术报告系列，这对总结科研工作、交流学术观点、提供政策咨询具有重要的作用。

2009年，在中国农科院和上级领导的关心与支持下，农经所科研条件得到极大地改善，在院“三个中心、一个基地”的战略目标指引下，通过优化科研布局、调整学科结构、强化人才队伍建设，完成了年初预定的各项工作目标。基本科研业务费专项资金项目研究进展顺利，取得系列成果。农业经济与政策顾问团发挥重要指导作用，组织开展了多项实地调研，其中有多篇调研报告及建议得到中央领导同志的批示。研究所承办的第27届国际农经大会成功举办。在全体职工的共同努力下，研究所正逐步建成为一个学科布局合理、人才结构优化、研究条件完善、具有明显竞争优势及较大社会影响力的“国际先进的农业经济与政策研究中心”、“全国农业经济与政策研究国际交流与合作中心”、“农业企业投资与管理咨询中心”和“高级农业政策分析人才培养基地”。

本文集收录的研究报告，分别就农村合作经济、粮食生产与供给、现代农业与新农村建设、农业科研与推广、资源利用效率、环境污染与治理、畜牧经济、农业企业、农村金融与保险、农村社会保障以及国外在食品加工、转基因产品管理、环境保护方面的经验借鉴等诸多领域，分析了当前存在的问题，提出了有新意的观点和结论。

文集选编的论文或研究报告仅代表作者的观点和结论。欢迎读者就文中观点、结论和方法进行批评指正。

中国农业科学院农业经济与发展研究所所长　秦富

2009年12月

Preface

Annual Report on Economic and Technological Development in Agriculture is a serial academic publication by the Institute of Agricultural Economics and Development (IAED), Chinese Academy of Agricultural Sciences (CAAS). It has been published on a yearly basis and here comes the 19th annual collection for 2009, which plays an important role in exchanging research views and policy consultation. It's also the summing-up of IAED's annual scientific research progress embodied the painstaking efforts and wisdom of all the research staffs within IAED. This very collection contains 39 reports or articles written by the researchers of the IAED in 2009.

For the year of 2009, under the direct guidance of the CAAS senior management team, IAED broke new grounds on the identification of priority research areas, human resources development and management, improvement of research facilities and the successful accomplishment of all the work targets. All the programs funded by the core budget for research have been progressing smoothly with series of research fruits achieved. Agricultural Economic and Policy Advisory Group played an important directive role by carrying out investigations and surveys with a number of investigation reports and policy suggestions read and commented by the central leadership. The 27th International Conference of Agricultural Economists, organized by our Institute, was successfully concluded. Those achievements, with joint efforts made by all the staff, have substantially enhanced the IAED's competitiveness and, as a result, brought about more pronounced social impacts out of its research work . And needless to say, all these efforts are in line with overall CAAS' strategic development goals.

These research reports analyzed the issues existing in China's agricultural and rural development in areas such as agricultural cooperatives, grain production and supply, agricultural modernization and new countryside building, agricultural research and extension, resource utilization, environmental pollution and improvement, livestock economy, agricultural enterprises, rural finance and insurance, rural social security and international experience in food processing, gene product management and environmental protection. These papers analyze the existing problems and bring forward many creative ideas and empirical conclusions.

The reports or articles only represent the author's opinion and conclusion, comments concerning viewpoint, conclusion and methodology are welcome.

Qin Fu

Director General

Institute of Agricultural Economics and Development

Chinese Academy of Agricultural Sciences

December 2009

目　录

CONTENTS

东北地区加快现代农业发展研究*

Study on Accelerating the Development of Modern Agriculture in Northeast China

秦　富　　钟　钰　　刘合光

Qin Fu　Zhong Yu　Liu Heguang

摘要： 东北地区加快现代农业发展，对保障我国粮食等主要农产品有效供给、实现东北老工业基地全面振兴、解决东北地区“三农”问题、增强我国农业国际合作和探索我国现代农业发展道路具有重大意义。本文通过评估东北地区现代农业发展水平，分析其未来现代农业发展总体思路。为此，提出完善产销区利益补偿机制、加强农业基础设施建设、强化农业科技体系基础、促进农业生态保护、增强金融机构支农责任、提升农业补贴实施效力、完善现代农业经营机制、健全农垦发展政策体系和推动农业国际交流合作等对策建议。

Abstract: It is of extreme importance to accelerate the development of modern agriculture in northeast china for guaranteeing the effective supply of grain and other major agricultural products, achieving the comprehensive revitalization of the Northeast old industrial bases, resolving the Northeast issues concerning agriculture, rural areas and farmers, enhancing the international cooperation in agriculture and exploring the development road for modern agriculture. This paper assesses the level of modern agricultural development in Northeast China, analyzes the future

* 本文为国家发改委东北振兴司项目“加快东北地区现代农业发展研究”的阶段性成果，课题组于2009年多次前往东北地区调研，得到东北各省发改委、黑龙江农垦总局、各级地方政府相关部门及受访企业、农户的大力支持，在此一并致谢。

overall strategies, and suggests improving the mechanism for benefit compensation between grain-producing areas and marketing areas, strengthening the agricultural infrastructure, consolidating the agricultural technology base, promoting agro-ecological protection, building up financial institutions' responsibility for supporting agriculture, promoting the effectiveness of agricultural direct payments, improving management mechanism, perfecting policy system on State Farms and pushing forward international agricultural exchange and cooperation.

全面振兴东北老工业基地涉及到工、农、服务业和生态环境等各个方面。2009年中央"一号文件"明确提出,"结合振兴东北地区等老工业基地,加快推进现代农业建设"。东北地区是我国农业生态环境和水土资源组合条件最好的地区之一,作为我国重要的农业生产战略基地,具有发展现代农业的优势基础。面对21世纪国际国内农业发展新趋势,加快东北地区现代农业发展具有重大意义。

一、东北地区发展现代农业的重大意义

(一)东北地区发展现代农业是保障我国粮食等主要农产品有效供给的战略举措

东北地区是我国最重要的粮食生产基地,其粮食产量占全国比重超过15%;且东北地区粮食生产潜力大、商品率高,尤其是黑龙江省农垦粮食商品率达到90%。黑龙江省自2006年以来,每年销往省外的商品粮均在2 250万吨以上,占全国省际间商品粮净调出量的三分之一。东北地区肉类和奶产品在全国市场也拥有很大占有率,形成了一批具有一定规模的畜牧业生产加工基地和畜产品名优品牌。建设东北地区现代农业进程中,依托社会经济基础和积累的先进科技手段,能大力推进地区内农业资源的开发和利用,保证持续充足的粮食等主要农产品供给。

(二)东北地区发展现代农业是实现东北老工业基地全面振兴的内在要求

振兴东北老工业基地不是一个产业概念,而是一个区域概念,不仅要全面提升和优化第二产业,而且要振兴东北区域范围内的整个经济与社会发展事业,这是由工农业之间固有的内在关联性决定的。振兴东北老工业基地与发展现代农业具有相互依存的内在联系,东北地区丰富的农产品,可为工业生产提

供充足原料。随着农业综合生产能力进一步提高，出现的大量农业剩余劳动力将为工业建设提供充足的劳力。发展现代农业带动农民增收，会增加消费品需求，农村居民将成为工业生产品的最大消费群体。

（三）东北地区发展现代农业是解决东北地区“三农”问题的重要途径

长期以来，东北地区偏重型的工业结构、初级型的农业结构，以及工农、城乡间的“双二元”结构，造成了工农业关联度低和互动机制缺失。改变传统农业的生产方式和组织模式，推动农业综合生产能力快速提升，是促进农民增收的物质基础。依靠现代农业体系，能增强农村生产力系统吸纳要素能力，有利于构建新型工农城乡合作关系，使农民获得满足自我发展需要的报酬收益。大力发展以资本、物质和先进技术为要素的现代农业，既是建设社会主义新农村的基础，又是构建和谐社会的必然要求。

（四）东北地区发展现代农业是推进我国农业国际合作战略的现实选择

建设东北地区现代农业，能加快其农业“走出去”步伐。东北地区农业“走出去”的顺利合作有利于增强当地官员和居民对我国合作项目的广泛支持，也将有助于推动我国与发展中国家的团结与合作，能有效推进全国农业“走出去”战略。同时，国际农业合作可以开阔视野，增强现代经济意识，更好地引进国外农业先进技术、优良品种等，加快我国东北地区农业现代化步伐。东北地区发展现代农业过程中积累的经验和技术，对于资源和技术禀赋与我国相似的国家（地区）具有很强的吸引力。

（五）东北地区发展现代农业是谋划我国区域性现代农业发展道路的示范探索

东北地区建设现代农业发展的典型做法，可为全国其他地区提供实践经验，同时也为探索我国现代农业发展道路提供整体思考。从当前我国农业的整体状况看，东北地区现代农业的发展方向、思路等对发展全国现代农业具有重要启示。

二、东北地区现代农业发展水平评估

（一）评价方法

根据评价指标体系的层次结构逐层对各指标重要度排序，然后在专家排序的基础上，对指标要素两两之间采用 1～9 标度法标度，确定指标因素间两两重要性的比值，建立判断矩阵，通过矩阵运算和一致性检验，得到每个层次各指标的权数。对现代农业发展水平测算依据以下模型：

$$AT_i = \sum_{j=1}^{n} W_{ij} B_{ij}$$

式中，AT_i 为现代农业发展水平，B_{ij} 为 i 省份 j 指标标准化值，W_{ij} 为指标 j 权重。

（二）评价指标体系

本文选取了体现现代农业标准的 4 组指标体系：一是反映现代化投入水平；二是反映农业产出水平；三是反映农业农村社会发展水平；四是反映现代农业可持续发展水平。各指标组又进一步细分为若干指标（表 1）。课题组依据专家的打分，采取层次分析法确定权重；然后对各指标的数据进行标准化处理，根据指标值公式计算指标值；最后依据现代农业发展评估模型核算评估值。

表 1　现代农业评价指标体系

指标名称		权重	单位	起步阶段	加速发展	基本实现
投入水平	劳均农业资金投入	5.73	元/人	<5 000	5 000～7 500	>7 500
	农业科技投入比[a]	6.91	%	<0.8	0.8～1.2	1.4～2.4
	农业劳力教育水平[b]	4.39	%	<30	30～50	50～80
	劳均耕地面积	3.01	公顷/人	—	0.33	—
	单位耕地面积动力	7.57	千瓦/公顷	<9	9～18	18～36
	有效灌溉率	2.88	%	<69	69～85	>85
	单位面积化肥用量	2.87	吨/公顷	<0.5	0.5～0.75	>0.75
	每百户电话拥有量	2.6	部	<25	25～100	≥100
产出水平	劳动生产率	10.03	元/人	<9 100	9 100～13 500	>13 500
	土地产出率	9.04	元/公顷	<37 500	37 500～52 500	>52 500
	农民人均纯收入	9.57	元/人	<4 800	4 800～9 600	>9 600
	农产品加工率	6.00	%	<6	40～60	>60
	农产品综合商品率	5.00	%	<40	40～60	>60

（续）

指标名称		权重	单位	起步阶段	加速发展	基本实现
农村社会发展水平	城镇人口比	6.34	%	<44	44～80	>80
	农业从业人员比	6.23	%	>45	45～20	<20
	专业协会个数/万人	5.00	个/万人	<25	25～35	>35
农业可持续发展	森林覆盖率	3.20	%	<35	35～50	>50
	农业成灾率	3.63	%	>30	30～20	<20

注：a. 农业科技投入比是农业科技投入占农业总产值的比重；b. 农业劳力教育水平是指初中（含）以上文化程度占成年人的比重；

数据来源：《中国统计年鉴2007》、《中国农村统计年鉴2007》、《中国食品工业年鉴2006》，并经过作者计算加工获得。

这些指标点面结合，既体现了现代农业所包含的核心内容，也反映了东北地区现代农业的发展目标。对其中的效益型指标（正指标），如产出率、商品化率等以最大化为目标端的指标，采取如下公式进行标准化：

$$Y_{ij}=(X_{ij}-\text{Min}X_{ij})/(\text{Max}X_{ij}-\text{Min}X_{ij}) \qquad (1)$$

式中，Y 为数据的标准化值，X 为原始值，i 为省份，j 为期限。

而对于成本型指标（逆指标），如成灾率、农业从业人员比重等以最小化为目标端的指标，则采取如下公式进行标准化：

$$Y_{ij}=(\text{Min}X_{ij}-X_{ij})/(\text{Max}X_{ij}-\text{Min}X_{ij}) \qquad (2)$$

（三）现代农业进程评估

辽宁、吉林、黑龙江和内蒙古东部地区农业现代化指标值分别为29.13、23.79、22.91和20.21。根据现代农业发展阶段判别标准，东北地区处于现代农业的加速发展阶段。从全国来看（因数据缺乏而未能含台湾省、重庆市），东北地区现代农业发展水平位居中上游，辽宁、吉林、黑龙江和蒙东地区排序位置分别为第9、第12、第13和第18位。

表2 我国各省份现代农业发展水平评估值与发展阶段判别

省　份	指标值	发展阶段	省　份	指标值	发展阶段
北　京	67.99	基本实现	内蒙古	20.35	加速发展
上　海	58.79	基本实现	蒙　东	20.21	加速发展
天　津	49.35	加速发展	江　西	19.86	起步阶段

（续）

省　份	指标值	发展阶段	省　份	指标值	发展阶段
浙　江	41.98	加速发展	河　南	19.86	起步阶段
山　东	36.70	加速发展	山　西	18.73	起步阶段
江　苏	35.18	加速发展	宁　夏	17.37	起步阶段
福　建	34.98	加速发展	安　徽	16.15	起步阶段
广　东	34.67	加速发展	广　西	14.93	起步阶段
辽　宁	29.13	加速发展	西　藏	14.37	起步阶段
河　北	28.77	加速发展	陕　西	13.60	起步阶段
新　疆	26.95	加速发展	青　海	12.36	起步阶段
吉　林	23.79	加速发展	四　川	11.25	起步阶段
黑龙江	22.91	加速发展	甘　肃	7.00	起步阶段
海　南	22.87	加速发展	云　南	6.05	起步阶段
湖　北	21.32	加速发展	贵　州	2.70	起步阶段
湖　南	20.67	加速发展	—	—	—

同现代农业发展水平比较靠前的北京等地相比，东北地区现代农业的主要差距在于：土地产出率、劳动力产出率、人均纯收入、农业科技投入水、农业资金投入水平、单位面积农机动力水平、灌溉水平、化肥投入水平。

表3　部分省份主要指标的标准化值

	指标权重	优化值	北京	蒙东	辽宁	吉林	黑龙江	上海
劳均农业资金投入	5.73	1	1.00	0.21	0.26	0.23	0.30	0.59
农业科技投入比	6.91	1	1.00	0.15	0.12	0.07	0.06	0.57
农业劳力教育水平	4.39	1	1.00	0.62	0.84	0.73	0.78	0.87
劳均耕地面积	3.01	1	0.26	0.77	0.27	0.61	1.00	0.22
单位耕地面积动力	7.57	1	0.80	0.01	0.31	0.08	0.00	0.00
有效灌溉率	2.88	1	0.90	0.27	0.30	0.21	0.11	0.88
单位面积化肥用量	2.87	1	0.44	0.09	0.25	0.21	0.04	0.48
每百户电话拥有量	2.6	1	0.64	0.87	0.85	0.97	0.81	0.00
劳动生产率	10.03	1	0.86	0.43	0.44	0.51	0.51	1.00
土地产出率	9.04	1	0.68	0.23	0.32	0.13	0.04	0.89
农民人均纯收入	9.57	1	0.88	0.15	0.29	0.23	0.22	1.00

（续）

	指标权重	优化值	北京	蒙东	辽宁	吉林	黑龙江	上海
农产品加工率	6	1	0.85	0.27	0.28	0.17	0.17	1.00
农产品综合商品率	5	1	0.94	0.53	0.59	0.71	0.58	0.54
城镇人口比	6.34	1	0.93	0.13	0.51	0.42	0.43	1.00
农业从业人员比	6.23	0	0.00	−0.26	−0.17	−0.34	−0.34	0.00
专业协会个数/万人	5	1	0.21	0.13	0.15	0.14	0.14	0.06
森林覆盖率	3.2	1	0.31	0.24	0.50	0.59	0.61	0.00
农业成灾率	3.63	0	−0.64	−0.87	−0.85	−0.97	−0.81	0.00

三、东北地区现代农业发展总体思路与战略举措

（一）总体思路

结合东北地区农业雄厚基础和巨大潜力，未来东北地区现代农业发展总体思路是：以工业理念谋划农业，大力发展食品加工业；以优质特色为目标，加快实施基地化生产；以市场需求为导向，着力推进合作化营销；以科技化为动力，引领农业科技创新建设。

（二）战略举措

1. *完善产销区利益补偿机制*。一是提高东北地区产粮大县奖励系数和粮食商品量因素在奖励因素中的权重。二是从东北地区调出粮食时，中央财政给予适当补贴，最终达到东北地区与主销区之间的利益均衡。这部分资金作为专项资金，重点用于改造和完善东北地区粮食生产能力建设，不断提高粮食产能。三是实行粮食产地直接出口经营权。以较大的规模企业为主，直接组织对外出口，避免出现大量存贮粮食后降价出口或转商销售。

2. *加强农业基础设施建设*。一是增加中央和省级财政水利设施投入，在“两江一湖”等水源条件较好的地区，规划和开工建设新灌区，建设一批大中型水利骨干工程。二是增加政府财政投入，推广高效节水科研成果，对农民购置节水设备给予补贴。三是推进松嫩平原黑土区、三江平原瘠薄型中低产田、松嫩平原西部盐碱地、辽河平原东北部棕壤区渍涝盐碱土地改造治理、修复，

积极探索土壤改良、培肥地力的有效途径，建立全社会参与耕地质量建设的激励机制。四是完善农村公路筹资建设机制，提高国家对黑龙江农垦公路建设投资比例，减轻农垦资金配套压力，加快公路建设步伐，以适应商品粮基地的运输要求。

3. 强化农业科技体系建设。一是支持东北地区国家重点实验室、国家工程实验室、国家工程中心等创新平台建设，加强同俄、日、韩等国在农业生物技术、大型农业机械等领域的合作，不断提高东北地区农业科技水平。二是推进农业和农村信息化，综合利用电脑、电话、电视、电台等媒体，加快“四电合一”的综合信息服务平台建设，创新农业信息服务模式。三是建立农业先进技术传播网络，完善以农业技术特派员、农业技术指导员与科技示范户为核心载体的县乡村三级农业技术传播中心，促进农业科技成果进村入户。

4. 促进农业生态保护和可持续发展。一是加强对黑土层和天然湿地的保护，支持东北地区新能源建设，在适宜地区积极发展秸秆气化（固化）成型燃料和太阳能、风能等清洁能源，加快绿色能源示范县建设。二是打造绿色农产品生产基地，建设辽东半岛和辽西丘陵地区绿色水果生产基地、沿海优势水产品养殖、精深加工出口示范基地、东北大中城市郊区绿色果蔬生产基地。

5. 增强金融机构支农责任。一是放宽东北地区农村金融市场准入条件，扩大试点范围，增加试点数量，重点发展适合农村特点的农民合作金融组织、村镇银行、小额信贷公司等。二是对产粮大县规模企业按照对粮食收储企业的政策进行粮食收购贷款，实行资金封闭运行。农发行对这些龙头企业农产品收购贷款一次授信，在收购季节滚动放贷，专款专用，原料由企业保管，产权归银行所有；企业以回款购买原料，确保银行贷款安全。三是加快东北地区农产品企业信用担保体系建设步伐，允许规模农业企业发行企业集合债，通过政府主导推动，采取财政贴息或者建立偿债基金或引入实力雄厚的担保机构，由多个优质规模农业产业化企业集合打包共同发债。

6. 提升农业补贴实施效力。一是促进深松整地政策实施。根据东北地区不同财政状况和有效转移支付能力，因地制宜的推进深松整地工作，扩大深松等重点环节农机作业补贴广度和深度。二是提高大型农机补贴额度。将补贴资金向大型先进的农机装备倾斜，除享受国家30%补贴，地方财政还应对大型拖拉机实行额外补贴政策。三是坚持并完善粮食运费补贴政策。建议国家在继续实行对东北地区入关稻米、玉米给予运费补贴政策的同时，对入关大豆也实行运费补贴政策；并在现有基础上适当提高运费补贴标准，以进一步降低东北地区进关粮食的销售成本。

7. 完善现代农业经营机制。一是设立农民合作经济组织实验区。在一个或几个县域抓好合作社典型，产生推动全省甚至整个东北地区的发展效应，黑龙江省肇东市、吉林省梨树县和辽宁省台安县已有发展农民合作社的较好基础，可选择这些县作为实验区。二是规范引导土地流转行为。在乡镇建立农村土地流转服务机构，免费开展土地流转咨询、登记、变更、仲裁、法律援助等服务，采用统一格式的文书档案资料，加强流转过程管理，增强农民群众依法流转承包地经营权的法律意识。三是农村合作金融机构要把农民专业合作社全部纳入信用评定范围，把符合政策规定的农民专业合作社列入信贷支持的重点对象。

8. 健全农垦发展政策体系。一是取消水利工程建设配套资金。建议中央、省级财政加大对三江平原大型灌区建设、“两江一湖”地表水开发等项目投资比例，减轻基层政府、项目农场资金配套压力。二是逐步理顺对黑龙江农垦的税费返还渠道，对农垦制定地方税费分成使用政策，解决农垦无法享受地方税费返还用于社会公益建设的问题。三是探索农垦小城镇财税职能，比照新疆生产建设兵团各师局、团场的建市、建镇模式，在农垦选择具备条件的局场开展城乡一体化建市、镇试点，给予同地方城镇建设的同等政策。四是加强场县共建合作。探索场乡共建农机服务合作组织、股份合作农场，以代耕和承租为载体，把农垦现代农业生产方式移植到农村；推进毗邻场乡基础设施合作共建和社会资源共享，加强场乡接壤堤防联防、排水工程衔接和灌溉用水调配，最大限度地满足农场和农村灌溉用水需求。

9. 推动农业国际交流合作。一是将境外农业合作纳入国家对外开放战略之中，加强政府间协调，制定中长期发展规划，有计划、有步骤地逐步加以实施。建议由相关部门与俄罗斯、日本和韩国等相关部门签署农业合作战略性协议，并设立协调机构，及时解决农业合作中出现的各种问题。二是成立农业“走出去”专项资金，支持有条件的企业到周边国家和地区从事农业合作开发，重点支持农业“走出去”的前期费用，对土地购买及租赁、基地建设给予补贴，对农业项目带出的生产资料和设备给予退税，对项目带出的劳务人员给予补贴，对农业技术研发和农业科技成果转化给予支持，对项目境外保险费予以补贴等。三是有效利用阳光工程培训资金，将此项资金应向境外农业合作的劳务人员倾斜，培训外语知识、国情指导、涉外法律法规和安全常识等。

参考文献

[1] 石玉林. 东北地区水土资源配置、生态与环境保护和可持续发展的若干战略问题研究（农业卷）. 北京：科学出版社，2007.

[2] 刘清芝，王勇. 东北三省发展现代农业的条件分析与政策取向. 农机化研究，2008

(9).

[3] 赫修贵. 关于东北老工业基地发展现代农业的思考. 行政论坛，2007 (5).

[4] 黑龙江省统计局. 黑龙江省农业现代化评价指标体系与实证分析. 黑龙江统计信息网，http：//www.hlj.stats.gov.cn/.

[5] 蒋和平，辛岭. 建设中国现代农业的思路与实践，北京：中国农业出版社，2009.

[6] 陈枫. 黑龙江农垦农业现代化问题研究. 东北农业大学博士论文，2004.

[7] 周虹，翟印礼. 辽宁省农业现代化发展研究. 农业经济，2005 (1).

[8] 万忠，郑业鲁. 广东省农业现代化建设理论与实践. 北京：中国农业科技出版社，2008.

海峡两岸农业合作的机遇、挑战与战略选择*

Opportunities, Challenges and Strategic Choices Faced by the Cross-strait Agricultural Cooperation

赵一夫　　任爱荣

Zhao Yifu　Ren Airong

摘要：农业一直是海峡两岸最具合作基础的领域，经过二十多年的共同努力和发展，取得了丰硕的阶段性成果。继续推动两岸农业交流与合作，既具备前所未有的发展机遇，同时也面临不可回避的挑战。本文采用SWOT矩阵分析方法，从内部和外部两个层面系统分析了当前两岸农业合作面临的机遇与挑战，并在分析判断的基础上进一步提出了加强两岸农业合作的战略发展建议。

Abstract: Agriculture has been the most cooperative field of the cross-strait. The great initial results have been achieved after more than 20 years of hard work and development. In the process of keeping on promoting cross-strait agricultural exchanges and cooperation, there are unprecedented development opportunities and inevitable challenges. Applying SWOT matrix analysis, this paper analyzes the opportunities and challenges facing the current cross-strait agricultural cooperation from two aspects of internal and external. Meanwhile, the article put forward strategic proposals to further strenghthen the cross-strait agricultural cooperation on the

* 本文内容是国家社科基金青年项目“海峡两岸农业经贸关系发展战略研究”（07CJY043）和中央级公益性科研院所基本科研业务费专项课题“海峡两岸农业经营与合作模式研究”（2009YWF4－02）的阶段性研究成果。

basis of the analysis and judgment.

海峡两岸经过二十多年的农业交流与合作，虽然步履维艰，仍取得了丰硕成果。现在大陆（包括香港）已经成为台湾农产品最大的出口市场，同时也是台湾在岛外农业投资规模最大、最集中的地区。在当前形势下进一步推动两岸农业经贸交流与合作，首先需要对两岸农业合作面临的机遇与挑战有清楚的认识，审时度势，顺势而为。

一、两岸农业合作面临的机遇

从近年两岸经济与社会关系的发展态势以及政策环境的变化判断，两岸农业合作面临新的发展机遇。

（一）祖国大陆经济持续快速发展，为两岸农业合作提供了动力

根据国家统计局的统计数据显示，2007 年中国大陆经济总量已经超过德国达到世界排名第三，2008 年人均 GDP 超过 3 000 美元，主要农产品中，谷物、肉类、棉花、花生、油菜籽、水果产量连续居世界第 1 位[①]。大陆持续快速的经济发展，不仅可以为自身农业发展提供有力保证，同时也会为两岸农业的交流与合作提供有利契机。

首先，大陆经济的快速发展和居民收入水平的不断提高，为台湾农产品行销大陆市场提供了有利机会。瑞士信贷第一波士顿预计，2014 年中国大陆家庭消费总值可能达到 37260 亿美元，这意味着年收入 1 万美元以上的中国大陆城市家庭将达到 1.51 亿户。另据统计，我国大陆 2009 年城乡居民的恩格尔系数分别降低到 37%和 43%左右，按照联合国粮农组织的标准，总体上已经达到从小康到宽裕的居民消费阶段。随着居民收入和消费能力的不断提高，大陆巨大的市场消费潜力将被释放，无疑可以为台湾优质农产品提供稳定、广阔的消费市场。

其次，伴随大陆经济的快速发展和国际开放程度的提升，外向型农产品的生产和加工需求将越来越大，为台湾企业和个人依托资金和技术优势投资大陆农业提供更多发展空间。

再次，伴随大陆经济快速发展，农业支持力度不断加大，为两岸农业经贸

① 资料来源：新华网 http://news.xinhuanet.com/newscenter/2007-10/11/content_6864327.htm。

交流与合作提供了更为有利的环境和平台，包括基础设施建设、资金技术支持和高素质劳动力供给等。

（二）两岸关系的改善与发展，为农业合作创造了良好的政策环境

自20世纪80年代以来，两岸经贸往来日益密切，但始终受到两岸政治关系的影响而跌宕波折。近几年，在祖国大陆的不懈努力下，通过政党平台的良性互动，两岸关系得到明显改善，为促进两岸农业经贸合作创造了前所未有的良好政策环境。

2005年国民党主席连战、亲民党主席宋楚瑜先后访问大陆，促成一系列祖国大陆推动两岸经贸交流的政策出台，其中关于促进台湾农产品进口和支持台商及台农到大陆创业的优惠政策有力地推动了两岸农业经贸交流与合作。由此开始，海峡两岸关系进入了一个新的发展时期，和平发展的共同目标为进一步扩大两岸交流、加强两岸经济合作提供了广阔的空间，也为两岸农业合作创造了良好的政策环境。2008年，国民党在台湾地区领导人换届选举中胜出当选，逐渐开始摒弃民进党时期对两岸关系发展的一些人为限制，在“九二共识”的基础上与祖国大陆共同恢复了“两会谈判”（海峡两岸关系协会和海峡交流基金会），为推动两岸经贸关系进入实质性的快速发展阶段创造了条件。

（三）大陆农业园区的蓬勃发展，为两岸农业合作提供了广阔平台

1997年和1999年，国务院台办、农业部和原外经贸部（现商务部）先后批准在福建、海南、山东、黑龙江、陕西等省的部分区域设立“海峡两岸农业合作试验区”，为两岸农业合作提供了新的平台，促使台商对大陆农业投资以及两岸农产品贸易持续增加。在此基础上，2006年，国务院台办和农业部先后在适宜地区批准设立台湾农民创业园，为台湾农民和企业提供更多到大陆投资创业的机会。截至目前，祖国大陆已分别在16个省市建立9个海峡两岸农业合作试验区、25个台湾农民创业园。

从试验区和创业园的区域分布来看，主要集中在东部沿海和中西部资源条件较好、交通便利的省市。这些区域中大部分地区原来就是外商和台商投资农业的热门地区，建立试验区和创业园以后进一步配套优惠措施和完善基础设施建设，更加对台商和台湾农民前来投资创业具有吸引力。因此，几乎每个试验区和创业园在设立之后都有一段台商投资加速增长的时期。

根据调查了解，近年来，为了使试验区和创业园在两岸农业经贸和技术交流中发挥更大作用，农业部和国务院台办开始着手将先进园区的经验和做法向其他园区推广，同时也开始根据整体经济环境的发展变化，协调和促进园区间

的沟通与合作，引导园区内的台资农业企业进行转型升级或区域转移，以有利于台资农业企业的可持续发展。海峡两岸农业合作试验区和台湾农民创业园经过多年的探索与发展，逐渐成为台商和台湾农民在大陆进行农业投资的首选之地，其发展壮大，为两岸农业经贸交流和技术合作提供了越来越广阔的平台。

（四）大陆台资农业企业的良性发展，为两岸农业合作奠定了扎实基础

大陆改革开放以后，台湾同胞到大陆进行农业投资创业基本经历了三个阶段。起初是台湾农民携带资金、种苗和种养技术到大陆零星、分散地创业，以果蔬类农作物的种植和水产、畜禽养殖为主，区域上主要集中在福建、广东和海南等地；第二阶段是以食品加工业为主的台资农副产品加工业在大陆的快速发展，特别是在1997年大陆开始设立海峡两岸农业合作试验区以后，台商投资的种养殖和农副产品加工项目增长迅速，地域分布逐渐扩大；第三阶段是进入21世纪以后，台商投资农业的领域进一步拓宽、延伸，投资规模不断加大，区域投资的特点逐渐凸现出来。

据不完全统计，截至2009年底，在大陆投资发展的台资农业企业有6 100多家，投资大陆农业的台资达72亿美元，这些台资农业企业普遍取得了可观的经济效益。台商在大陆的农业投资从无到有，逐渐发展壮大，不仅对当地农业发展有积极的带动作用，对带动相关领域台商的投资加入也会产生积极影响，为两岸农业合作的深入发展奠定了扎实基础。

二、两岸农业合作面临的挑战

近20多年来，两岸农业经贸合作从无到有、由浅入深，取得了今天颇为丰硕的成果，发展前景也被普遍看好。但如同之前的发展之路充满坎坷一样，未来的两岸农业经贸合作仍将面临不少困难和挑战。

（一）贸易自由化发展加剧了两岸农产品市场竞争压力

2001年和2002年，祖国大陆与台湾先后加入世贸组织，两岸市场对国际农产品进口的开放程度进一步扩大，这对两岸之间的农产品贸易，特别是台湾农产品出口大陆形成较大压力。2003年，中泰两国签署协议对蔬果贸易实施零关税，泰国的龙眼、榴莲、山竹、荔枝、木薯等热带水果与大陆的苹果、梨、猕猴桃、红枣、石榴等温带水果的贸易量不断扩大，贸易额大幅增长①；

① 李菲．推动两岸农业交流与合作研究．两岸农业合作论坛文集［M］，北京：九州出版社，2006年。

2005年，中国与所有东盟国家完成“早期收获”谈判，2006年早期收获农产品的关税全部降为零，在2010年之前将与东盟老成员国建立自由贸易区①。中国大陆与东盟贸易关系的日益紧密，促使东盟热带蔬果农产品不断扩大市场份额。同为热带作物生产结构的台湾，在扩展大陆市场的过程中不免会遇到越来越激烈的竞争。

同时，贸易自由化的发展促使国际优质价廉的农产品更容易进入两岸内销市场，加剧了市场竞争。市场受到冲击的形势下，一方面减弱了本地农民的生产积极性，影响到本地农产品的供给能力；另一方面也增加了两岸农产品贸易的市场竞争强度。

（二）农产品出口结构和出口市场的重叠加大了两岸在国际市场上的竞争

对两岸农产品出口竞争力有明显影响的因素还包括，台湾与大陆东南部地区的农产品结构非常相似，出口到国际市场无可避免会形成一定的相互竞争。特别是在两岸农业交流合作的密切程度不断加深的过程中，农产品在品种结构和质量水平方面的差异逐步缩小，在国际市场上形成的竞争也会进一步加强。

另外，大陆与台湾的农产品出口市场具有较高的重叠性，例如，日本和美国均为两岸农产品主要出口地区，在这些市场上，两岸农产品存在一定的市场份额竞争关系。农产品出口结构和出口市场方面的竞争，给目前两岸农业合作提出了更高的分工要求。

（三）台湾方面的许多政策限制也是阻碍两岸农业经贸合作的重要因素

自1979年以来，祖国大陆不断扩大开放程度，采取积极措施推动两岸之间的经贸交流与合作，特别是在两岸关系跌宕起伏的过程中，始终坚持以推动两岸经贸交流与合作作为促进两岸关系融合的重要纽带。与此同时，台湾针对两岸经贸交流的政策有较多起伏，但总体也在随着两岸人民交流意愿的提升而不断向利于合作的方向发展。1987年，台湾开放了台胞回大陆探亲的限制，大大促进了两岸之间的经贸交流包括农业领域的合作；之后相继有“戒急用忍”、“积极开放、有效管理”、“积极管理、有效开放”等政策出台，不同时期对两岸农业合作产生显著的影响。

虽然两岸农业合作在不断向更宽、更深的领域发展，成果也越来越丰富，但推动过程中并不是一帆风顺的。长期以来，台湾当局在两岸经贸关系上更多从政治利益和安全角度考量，使得农业交流与合作中一些实质性的障碍和限制

---

① 李先德．中国农产品进出口回顾与展望．世界农业［J］，2006（6）：P33。

始终难有突破。

2008年，台湾当局顺应民意要求，开始逐渐放宽限制推动两岸经贸关系进一步向合作双赢的方向发展。首先通过国共合作平台恢复大陆海协会与台湾海基会的谈判协商机制，达成了大陆居民赴台旅游和两岸包机直航的协议。今后，还需要通过两岸的共同努力，逐步消除农业合作中的诸多障碍，其中绝大部分的政策限制需要台湾摒弃政治考量，从有利于经贸合作的角度出发予以消除，如放宽企业到大陆投资限制、进行农产品产地检验和卫生质量安全检疫合作以及按照优势互补的原则取消大陆农产品进口限制等。

三、两岸农业经贸合作的优势

对两岸农业经贸交流与合作的未来发展前景进行战略分析，除了要清楚认识两岸面临的外部机遇和挑战外，对两岸农业合作内部所具备的优劣势也应有充分的了解和掌握。

（一）两岸农业生产要素具有显著的互补性

两岸农业都是典型的小农经营形态，但由于发展阶段不同，各自在生产要素配置方面的发展需求以及所具备的优势明显不同，形成彼此既具相似性又有互补性的特征。台湾土地面积狭小，劳动力成本高，但在资金和技术方面具有显著的优势；相反，大陆幅员辽阔，劳动力成本较低，资金和技术是当前农业发展最需要的生产要素。以农业生产技术要素为例，可以突出反映两岸之间的互补性。大陆农业科技侧重于对生物、基因工程方面的基础性研究，科研实力雄厚，拥有较丰富的重要科研成果；台湾侧重于应用技术的研究开发，而且技术开发所涉及的农业产业链较长，不仅仅局限在生产环节，在加工和运销环节的技术成果也很丰富。彼此在农业生产技术要素方面的优势互补，为农业经贸合作的深入开展创造了条件。

（二）两岸具有紧密的地缘和人缘联系

两岸同根同源，同属一个中国，在地缘、人缘方面的联系非常紧密。与台湾仅一水相隔的福建省与小金门最近距离仅1千米，与台湾本岛最近距离也只有120多千米；目前台湾2 300万人口中98％是汉族，祖籍几乎都在祖国大陆，以福建闽南及广东粤东人为主，其中福建省籍的占到83.1％，福建省籍的移民中，又以漳州、泉州两地的人最多，占全部大陆移民的80％。两岸人民之间这种无可取代的紧密联系，造就了相同的语言、相通的文化以及相似的生活习惯。随着两岸之间开放程度的不断扩大，民间的交流与互通更是日益紧密起来，同时也为两岸间农业经贸交流与合作构筑了坚实、自然的基础。

四、两岸农业经贸合作的劣势

（一）两岸农产品生产总量和市场消费容量相差悬殊

台湾作为我国的一个省，其面积和农产品产量与祖国大陆相差悬殊。台湾农产品生产主要以满足岛内供应为主，外销比例很低，如水果每年仅有1.7%左右用于出口外销。原本生产和出口贸易规模就比较小的台湾农产品，出口到大陆市场的比例就更小。2009年为例，台湾农产品出口总额约为32亿美元，其中出口祖国大陆3.64亿美元，约占台湾农产品出口总额的11.35%；同年大陆农产品进口总额为525.5亿美元，自台湾进口的农产品不足1%。因此，相对于祖国大陆庞大的市场，台湾农产品的产销规模相对较小，难以形成两岸间农产贸易的大规模发展。另据作者近年对台湾水果行销大陆的市场效果调查，影响台湾水果在大陆形成稳定销售通路的重要原因之一，是台湾水果产销规模小、季节性强，难以满足大陆市场量大、持续的供货需求。

（二）台湾农产品行销大陆的货运及保鲜成本相对较高

目前大陆开放零关税进口的台湾农产品主要以水果、蔬菜和水产品为主，这些生鲜农产品对运输、保鲜的要求均比较高。虽然自2008年底两岸开启了货运直航，大大缩短了台湾到大陆的货运距离和时间，但从沿海省份运到内陆城市的运输成本仍然较高。目前普遍采用的综合成本相对较低的空运方式，每千克水果从厦门运到上海或北京的费用也要达到2～3元。

（三）大陆东南部地区与台湾在农产品结构上的重叠度较高

从地理纬度和气候条件而言，台湾与祖国大陆东南部地区基本一致，因此在产品结构上存在较高的重叠度，甚至农副食品的消费习惯也非常相似。目前，台湾生产的所有农产品，包括种植业、畜牧业和水产养殖业，在大陆东南部地区几乎都有生产，而且规模更大。特别是自上世纪80年代台商陆续到大陆投资发展农业以来，两地的农产品生产结构更趋于一致。高重叠度的农产品生产结构，对两岸之间的农产品贸易往来必然造成一定的抑制作用。虽然台湾出口大陆的农产品以高端消费市场为主，但随着大陆农业生产水平和产品质量水平的提升，这种抑制作用会越来越凸显。

五、两岸农业经贸合作的战略分析

根据以上对两岸农业经贸关系所面临的机遇（Opportunities）与挑战（Threats）、优势（Strengths）与劣势（weaknesses）分析，本文采用SWOT矩阵对两岸农业经贸合作的发展形势进行分析（表1），提出相应的策略组合（SO、WO、ST、WT）及战略建议。

表1　两岸农业经贸合作的SWOT矩阵分析

内部因素 策略组合 外部环境	优势（S） 1. 两岸农业生产要素具有显著的互补性； 2. 两岸具有紧密的地缘和人缘联系； 3. 大陆具有潜力巨大的消费市场。	劣势（W） 1. 两岸农产品生产总量和市场消费容量相差悬殊； 2. 台湾农产品行销大陆的货运及保鲜成本相对较高； 3. 大陆东南部地区与台湾在农产品结构上的重叠度较高。
机会（O） 1. 大陆经济持续快速发展为两岸农业合作提供了动力； 2. 两岸关系的改善为农业合作创造了良好的政策环境； 3. 大陆农业园区的蓬勃发展为两岸农业合作提供了广阔平台； 4. 大陆台资农业企业的良性发展为两岸农业合作奠定了扎实基础。	S+O策略选择 SO_1：继续推动两岸关系的健康发展，充分利用各种平台，促进两岸农业生产要素的合理配置； SO_2：加强海峡两岸农业合作试验区与台湾农民创业园建设，树立园区的品牌形象，发挥以商引商的作用。 SO_3：消除不合理限制，促进两岸农产品贸易的正常发展。	W+O策略选择 WO_1：按照比较优势和互通有无的原则推动两岸农产品贸易，发挥大陆市场调剂台湾供需平衡的作用； WO_2：两岸农业经贸交流与合作以生产要素的流动为主，将大陆作为主要的生产基地，两岸共同开拓国际市场。
挑战（T） 1. 贸易自由化发展加剧了两岸农产品市场竞争压力； 2. 农产品出口结构和出口市场的重叠加大了两岸在国际市场上的竞争； 3. 推动两岸农业合作面临许多台湾方面的政策限制需要突破。	S+T策略选择 ST_1：促进台湾与大陆在农业生产要素方面的交流与合作，共同应对国际市场挑战； ST_2：通过“两会”平台，加强两岸在经贸交流领域的协商对话，排除投资、贸易、技术交流等方面的人为限制； ST_3：扩大台湾农产品对大陆的出口。	W+T策略选择 WT_1：调整两岸农业生产结构，形成互补共赢的格局； WT_2：在分工合作的基础上对两岸农产品进行市场定位。

根据上面对两岸农业经贸合作的 SWOT 分析，无论从内部因素的影响而言，还是从外部环境的发展现状来看，当前两岸进行农业经贸交流与合作具备许多有利条件，同时也有一些不利的因素需要面对和克服。通过内外部利弊因素的综合对照与分析，本文提出了 10 项促进两岸农业经贸合作的战略措施，归纳起来主要是 4 个方面：

（一）推动实现两岸农业生产要素的合理配置

两岸农业生产要素各具优势，而且具有很强的互补性，如果能够实现合理配置将会大大促进两岸农业的共同发展。台湾的农业生产要素中突出的优势在于技术先进、资金实力强，而且种苗研发和更新改进的速度快，但同时也存在土地资源紧缺、劳动力成本高等方面限制。祖国大陆幅员广阔，劳动力成本相对较低，而且各地都非常重视农业发展，对外来技术和资金的进入有不同程度的优惠政策。面对目前两岸关系不断改善的新形势，加上祖国大陆与台湾在人缘、地缘上的紧密纽带关系，积极促进两岸农业生产要素的自由流动，实现互补共赢的合理配置，不仅现实可行，而且前景光明。

当前两岸关系不断向好的方向发展，海协会与海基会的协商谈判机制也重新启动，这为促进两岸农业经贸交流与合作，促进农业生产要素的自由流动与合理配置创造了良好的政策环境。两岸应共同抓住这难得的历史机遇，全面推进资金、技术、人才的双向流动，使两岸优势资源要素能够充分结合。

（二）积极促进两岸农产品的顺畅、自由流通

自 2005 年祖国大陆逐步放宽台湾农产品的进口范围，并对部分水果和水产品实行零关税以来，台湾出口大陆的农产品规模增幅明显，至今祖国大陆与香港已经成为台湾最大的农产品出口地，与此同时，大陆对台湾的农产品出口规模也呈不断扩大趋势。然而，两岸农产品贸易规模虽然呈现不断扩大趋势，但一直以来台湾对大陆农产品进口的限制并没有明显的放松。目前，台湾除对 15 项农产品进口采取特别防卫措施外，只开放大陆农产品进口项目 1 473 项，占总量的 62%，还要有 40%的农产品项目没有开放，而且许多是大陆具竞争力的优势农产品，如玉米、水果、蔬菜等。而且，目前两岸之间在检验检疫方面还未达成协议，使得两岸之间的农产品贸易风险和贸易成本大大增加。

在目前两岸关系良好发展的新形势下，两岸应当利用各种平台或渠道进行协商谈判，务实解决农产品贸易中存在的产品种类限制、检验检疫、产地认证以及货运直航的问题，这些问题正是两岸农产品贸易中无形的障碍，势必需要解决。

（三）共同提升两岸农产品的国际市场竞争力

台湾与大陆的农产品出口规模虽然差距较大，台湾的农产品出口金额只有大陆的10%左右，但是两岸农产品出口市场相对集中，日本、中国香港与美国是三大市场，而且出口产品有较高的重叠性，水产品、冷冻蔬菜、畜产品等都是两岸的主要出口产品，因此两岸农产品不可避免地在国际市场上存在一定程度的竞争。

共同提升两岸农产品出口的国际竞争力，应是两岸农业经贸合作的主要目标之一，也是重要战略推进方向。实现这样的战略目标，需要两岸在农产品生产和出口结构方面形成有效的分工安排。首先，两岸应在互补性生产结构下通过优先安排相互进口，缓解国际农产品对本地市场的冲击；其次，两岸应该对出口目标市场进行合理的规划和协调，避免过分地集中在相同市场形成过度竞争；第三，两岸有必要对出口的产品结构进行适当调整，避免相同产品的过度竞争；第四，对相似产品的出口，两岸应在协商的基础上进一步细分市场，确定各自的市场目标定位，减少相互竞争的压力。

（四）进一步吸引台胞到大陆进行农业投资创业

改革开放后的80年代初台胞就开始陆续到大陆进行农业投资，经过20多年的发展，目前已经成为大陆外来农业投资的一支重要生力军。特别是从1997年至今，祖国大陆“两部一办”（农业部、商务部、国台办）先后在福建、海南、山东等16个省市设立9个海峡两岸农业合作试验区和25个台湾农民创业园，为台胞到大陆进行农业投资搭建了广阔平台。据统计，目前进入园区发展的台资农业企业已达5 000多家，占大陆台资农业企业总数的82%左右，实际利用台资58亿美元，占台资投资大陆农业实际金额的81%左右①。试验区和创业园既是台胞到大陆投资农业的重要平台，同时也是两岸农业生产要素结合的试验基地，园区内的成功做法和经验可以向大陆其他地区进行推广。因此，在进一步吸引台胞投资大陆农业的过程中，需要重视和推进园区的品牌建设，使其发挥引导两岸农业经贸合作的旗舰作用。

另外，吸引台胞投资大陆农业的过程中需要重视大陆农业产业的发展实际，包括农业产业化对农业投资的发展需求，以及土地和劳动力成本的区域差异对农业投资的影响等。因应形势，积极对台胞农业投资进行引导，在引进投资的同时帮助其做好长远发展规划，并从已投资项目的可持续发展目标出发，

① 资料来源：中国台湾网. www. chinataiwan. org。

帮助其做好产业转型升级或区域转移的引导工作。

综合来看，两岸农业经贸交流与合作的内、外部环境越来越好，两岸合作的意愿也越来越迫切，现有的合作基础不仅领域广泛而且坚实巩固，可以预见未来的发展前景充满希望。

参考文献

[1] 新华网. http：//news. xinhuanet. com/newscenter/2007 - 10/11/.

[2] 中国经济网. http：//www. ce. cn/new _ hgjj/hgplun/more/200412/12/.

[3] 中国台湾网. http：//www. chinataiwan. org/twrwk/zxdt/200803/.

[4] 李菲．推动两岸农业交流与合作研究//两岸农业合作论坛文集 [M]. 北京：九州出版社，2006.

[5] 李先德．中国农产品进出口回顾与展望 [J]．世界农业，2006 (6)：33.

[6] 任爱荣，赵一夫．台湾水果出口大陆的市场效果分析．农业经济问题，2005 (12)：25 -29.

[7] 黎坚．中国大陆农产品行销通路调查报告. 台湾外贸协会，2004 年 11 月.

加快我国农业科技成果转化的制度创新探讨

Study on the Institution Innovation for Accelerating Commercialization of Agricultural Scientific Research Achievements

吴敬学　　杨培植　　朱　梅

Wu Jingxue　Yang Peizhi　Zhu Mei

摘要： 农业是国民经济的基础产业，发展现代农业是巩固农业的基础地位，加快经济增长的战略选择。现代农业需要先进农业科技的支撑，更需要加快农业科技转化。但是，我国农业科技投入不足、转化渠道不畅、转化队伍素质不高等又造成了农业科技成果转化率低，严重影响了科技对现代农业发展的支撑作用。因此，改革农业科技体制、拓宽科技资金来源渠道、完善科技成果的转化激励机制等制度创新是加快农业科技转化的关键。

Abstract: Agricultural is the basic industry of national economy. Developing modern agriculture is the strategy choice for consolidating agriculture as the foundation of the economy, as well as accelerating the rate of economic growth. Modern agriculture not only needs support of advanced agricultural technology, but also necessitates increasing the commercialization of agricultural scientific research achievements. However, as result of shortage of investment in agricultural science、problems of commercialization channel and poor quality of commercialization workers, the rate of commercialization of agricultural scientific research achievement is low, which influences the support of science and technology to development of modern agriculture. Therefore, reforming the system of agricultural science、broadening channels of scientific fund and improving institution innovation such as excitation mechanism of commercialization of scientific research achievements.

农业是基础产业，是国民经济发展的基础。温家宝总理特别强调要“高度重视农业，农业是整个经济的命脉，关系今年经济的平稳较快发展，关系是否能够管好通胀预期。”但是，在当前我国农业发展不仅面临着资源约束、消费需求增加的双重压力，而且还面临自然风险和市场风险的双重挑战。因此，确保国家粮食与食物安全、生态安全，甚至提高农民增收和农业国际竞争力都面临着十分艰巨任务。打破上述瓶颈，就必须加大科技进步的支撑作用。提高农业科技作用的关键环节在于农业科技成果转化为现实生产力，因而，加快农业科技转化成为我国农业科技近期的重要因素。

一、发展现代农业迫切需要加快农业科技成果转化

首先，加强农业科技成果转化，是利用“绿箱”政策支持农业的主要途径。综观发达国家农业现代化的历程，无一例外都是将农业科技成果转化应用作为现代农业发展的重要支撑点，放在农业科技创新能力建设的重要位置。当前，我国正处于农业由传统农业向现代农业加速转变的关键时期，党中央、国务院明确提出了抓紧建设国家农业科技创新体系的战略思想和任务，农业科技成果转化作为国家农业科技创新体系的重要组成部分，对促进农业增长方式转变和不断提高农业的科技含量意义重大。

其次，加强农业科技成果转化，是突破资源环境约束，实现可持续发展的迫切需要。近年来，我国耕地面积年均净减 60 余万公顷、荒漠化面积年递增 3 436 平方千米、水资源缺口 500 亿立方米，水土流失面积已达 356 万平方千米。耕地减少、水资源短缺与生态环境恶化是当前和今后一个时期我国农业发展面临的最严峻挑战，这对我国农业科技工作提出了更高要求。作为科技成果转化为现实农业生产力的前提和桥梁，迫切需要大力加强农业科技成果转化工作，通过农业科技成果的密集使用来提高农业资源开发利用的广度、深度和精度，从根本上改变农业资源配置的机制、结构和效率，大幅度增强科技对农业生产和农村经济发展的支撑能力。

第三，加强农业科技成果转化，是实现农业产业升级、农村经济发展和农民增收的重要保障。改革开放 30 多年来，我国农业科技的自主创新能力大大

增强，农业科技进步的贡献率由27%提高到45%；国家对基础与应用基础研究、应用研究与产业化开发等科技计划的支持强度不断增加，科学研究实力持续提高，科技成果产出数量不断增多，每年取得的各类农业科技成果已从“七五”期间的3 000多项增加到近7 000项。比较而言，农业科技成果转化能力与科技成果的研发能力极不匹配，造成大批农业科技成果闲置。面对新形势和新任务，迫切需要进一步加大成果转化的速度和规模，显著提高农业科技成果转化率，提升我国农业科技成果转化的能力，满足我国农业产业升级、农村经济发展和农民增收的现实需求。

二、农业科技成果转化取得的成效与面临的挑战

（一）农业科技成果转化取得的成效

改革放以来，我国农业实现了农产品供给由长期短缺到总量基本平衡、丰年有余的历史性转变，创造了当代农业发展的奇迹。我国农业科技在创造奇迹的过程中发挥了关键性作用，农业科技进步贡献率已达到50%。而作为农业科技进步关键环节的农业科技成果转化起到至关重要的作用。

首先，科技成果的转化，释放出农业科技资源的巨大潜能，极大推进了农业科技进步。通过农业科技成果的转化使一大批新产品种、新技术、新材料、新工艺、新产品在生产中得到应用，显著增加了农产品产量、改善了农业生产环境条件，有力地推动了农村经济持续增长和农民收入水平的稳定提高。国家农业科技成果转化专项实施的前5年，就已有2 300多个各类动植物新品种得到示范应用，有力推动了全国范围农作物品种的更新换代；高产栽培、高效养殖等技术成果的转化，大幅度提高了农业增产能力和经济效益；资源利用及加工技术的转化带动，形成了4 859个新产品，获国家专利494个，其中发明专利205个，为产业化开发奠定了良好基础。

其次，科技成果转化，使涉农企业技术创新、科教单位服务三农、农民吸纳先进技术的能力明显增强。涉农企业通过引进转化，技术创新能力得到明显提高。“十五”期间，在国家农业科技成果转化资金项目中，涉农科技型企业共承担转化项目729项，占总项目数的50%；共建立中试生产线1 387条，在相当一部分区域培育了一批具有广阔市场前景的新的经济增长点，加速了产业技术的升级。吸引和凝聚了一大批科技人员，深入农业生产实践第一线，极大增强了科研单位、大专院校服务三农的能力，使农业科技新成果及时、有效地得到转化。科技成果直接入村、入厂、入户，通过技术培训和转化示范，培养

了一大批农民科技骨干，有效增强了农民吸纳先进技术的能力。

第三，科技成果转化，推进了农科教、产学研密切结合，创立了农业科技成果转化的新机制。极大地调动了各地区、各单位从事农业科技成果转化工作的积极性，形成了地方政府和部门积极配合、社会各界广泛参与、全社会重视农业科技成果转化的良好局面。通过转化项目的实施，科技资源得到进一步整合，形成了农科教、产学研在全国范围的良性互动。农业科技成果转化工作已得到全社会的广泛关注。

（二）新时期农业科技成果转化面临的挑战

新时期，我国农业科技成果转化工作虽然取得了很大成就，但与农业发展的实际需求仍然存在很大差距。全国农业科技成果转化率仍徘徊在30%左右，尚不及发达国家70%～80%的一半；每年虽有近7 000项农业科技新成果问世，但很大部分仍未得到及时、有效的转化。因此，加快农业科技成果的转化已经成为农业科技工作中重要的一环。现阶段，加快其转化必须面临的挑战有：一是如何在资金投入严重不足的情况下，克服困难加快农业科技成果转化。在我国农业科技创新体系建设中，农业科技成果转化环节极其薄弱，尤其是投入严重不足，使得大量农业科技新成果因缺乏资金支持无法转化，导致潜在的农业生产力不能发挥应有的科技支撑作用。而发达国家研究开发、中试熟化、推广应用科技投入的比例一般为1∶10∶100。二是在农业科技成果转化渠道不畅的情况下如何更快地把农业科技成果推向市场。重研究、轻转化的思想在农业科技工作中较为突出；由于缺乏转化平台支撑，农业科技成果转化能力建设滞后，直接制约了科技成果转化的质量；相关配套政策不完善，在一定程度上影响了全社会广泛参与农业科技成果转化的积极性。三是农业科技队伍转化队伍整体素质不高的前提下，如何实现成果的科学应用。大批科技人员还未能将工作重心下沉到农业科技成果转化第一线，没有形成一支稳定的高素质农业科技成果转化队伍；涉农企业普遍基础较弱，缺乏研发能力、成果储备和人才保障，作为农业科技成果转化主体的功能有待进一步加强。四市农民科技意识普遍不高。目前，我国农民平均受教育年限不足7年，全国92%的文盲、半文盲分布在农村地区。作为农业科技成果的直接采用者，由于文化素质较低、组织化程度不高、市场信息不灵、承载新技术应用风险的能力不足等，农民对新技术成果的吸纳能力普遍较弱。

三、农业科技成果转化制度创新方向

促进农业科技成果转化是一项复杂的系统工程，涉及农业科技成果从产生到采用的各个环节，因此要求政府、科研、推广、农民及农业企业之间协调发展、寻求对策、采取措施、创造条件，形成内外结合的良好态势，加快农业科技成果转化的进程。

（一）加快农业科技体制创新，提高农业科技成果质量

农业科技成果转化的先决条件是农业科技成果本身是优质的，必须具有技术上的先进性、经济上的合理性、生产上的可行性等明显优势。为此，必须深化农业科技体制改革，加强农业科研管理，促进农业科研与经济紧密结合，提高农业科技成果的质量。首先，应从科研的立项、申报抓起，对那些技术先进、应用性强、有明显经济效益、并能自创条件尽快完成研究任务的选题优先批准立项。第二，在项目研究进程中，要加强管理，进行定期的检查和督促，确保项目按期完成。第三，在成果鉴定时，应充分发挥科研管理部门的管理职能和履行职责，严格按程序执行成果鉴定、核查、审批手续，保证鉴定质量，不让不成熟的成果或没有价值的研究结果通过鉴定。第四，要鼓励农业科研人员在选题时要深入实际，要把当前需要与长远发展紧密结合起来，在对国内外市场进行充分调查和精心预测基础上，摸清实际需要和现存问题，因地制宜地选准选好研究项目，同时在实际研究过程中还要根据实际生产变化特点、科技发展的新动向，不断完善、修改课题，体现“做课题时就想到了用课题”的意识，使研究成果不但价值高，而且易转化。

（二）加快资金投入机制创新，保证农业科技成果的资金基础

加大对基础性研究和公益性技术研究的投入力度，解决国家农业科学技术发展的动力和社会经济的可持续发展水平，兼顾社会效益和生态环境效益，通过广泛的国际国内调查、预测，尽量使研究成果能起到主导农业科学技术今后的发展方向和满足社会经济可持续发展的客观需求，有效地增强我国农业科技和社会经济可持续发展的后劲。目前国家设立的农业科技成果转化资金是一种政府引导性资金，它旨在通过吸引地方、企业、科技开发机构和金融机构等渠道的资金投入，支持农业科技成果进入生产的前期性开发，逐步建立起适应社会主义市场经济，符合农业科技发展规律，有效支撑农业科技成果向现实生产力转化的新型农业科技投入保障体系。同时，要逐步增加基层的科技成果转化的资金，降低农业新技术应用风险，建立风险补偿制度，建立一定额度的农业风险基金，用于弥补遭遇市场风险、技术风险与自然风险而遭受的损失；尽快建立政策性保险机构，形成全国农业保险网络，通过开办农业科技成果应用保

险，分散农户农业生产的经营风险和技术风险；向农户提供农业技术补贴信贷，减少或降低技术应用的风险度。

（三）加快农业科技成果转化的激励制度创新，营造宽松的政策环境

要加快农业科技成果向基层和生产部门转化，首先要适当放宽基层技术服务实体的登记管理，加快发展各种形式的农村基层技术社会化服务组织，健全农业信息服务网络，通过准确、灵敏、及时、高效的信息服务，引导农民按照市场需求引进适用技术，安排生产，调整结构，避免农业生产的盲目性，以及为农民使用新技术排忧解难。二是要鼓励农业科技人员以技术入股等形式参加或组建各种农村产业技术经济服务合作组织，实现他们的应得利益，凡停薪留职参加或组建合作组织的，职称的评定要一视同仁，并对在转化推广工作中有突出贡献的人员给以重奖，同时适当提高农业科技推广人员的待遇，以调动科技推广人员的工作积极性，并且定期培训推广工作人员以提高他们的专业素质和工作能力。三是要地方财政每年应从农业税收中拿出一部分作为农村产业技术经济服务合作组织周转基金，重点扶持一批服务组织。四是要坚决制止对农村产业技术经济服务合作组织的乱摊派、乱收费，确保农村产业技术经济服务合作组织的良性发展。五是重点强化完善科技承包和农业科技系列化服务制度，由参与科技承包各方与农户共同承担科技风险，增强农户应用科技成果的安全感和稳定感。

（四）加快农业科技转化体制创新，力促其落实步伐

首先，农民是农业科技成果转化的实施主体，其文化程度和科技水平的高低，决定农业科技成果被农民接受和应用的程度。要加快农业科技成果转化，提高成果转化率，就必须加强对农民的文化科技的教育工作，提高农民的文化程度和科技水平。加强宣传教育和技术培训，提高农民科技文化素质。针对我国农村大多数劳动者科学文化素质偏低的实际情况，应通过大力发展扫盲教育，成人中、高等教育以及举办各种科技培训班等措施来努力提高广大农民的文化程度和科学素质。同时还要着力培养农民技术员和技术致富能手，加强科技示范户，示范村，示范乡建设，使农民从科技成果的学习运用中得到实惠，激发农户自觉学习和运用科技的兴趣。

其次，要建立教育、科技、推广“三位一体”的体制，设立与完善相应的机构对三者进行统一管理，明确各自的职责范围，同时加强彼此的合作，以解决当前三家分属不同主管部门、各自为政、自成体系造成的科研上的重复和人、财、物的浪费问题。要正确确定科研投资的比例并逐步形成制度化，使基

础研究、应用研究与开发研究三者在农业科研系统内保持合理比例，既要加强应用研究和科技开发，促进成果转化，又要保证基础研究工作的科研后劲。要彻底改革农业科技立项、科研选题、课题组织、成果评审及职称评定的一系列管理制度。科技项目立项选题，要面向和立足于市场，一切以市场竞争力、市场效益、自主创新、自主知识产权为出发点和落脚点；农业科技成果的评审，要抛弃完全由“专家评审”的弊端，建立起“专家评审”与“市场评审”，“用户评审”和“管理评审”相结合的崭新机制，真正实现科技成果评价、管理与生产应用、市场经营的内在结合。

（五）加快组织创新，鼓励和支持农业科技成果转化服务

实践证明，农村技术经济社会化服务合作组织是农村市场经济发展的产物，能够较好地解决科技、经济“两张皮”的难题，把过去的行政性技术转化推广转变为需求式的技术推广，有力地推动科技成果的转化，促进区域支柱产业的形成和发展，显示出强大的生命力。所以，应以市场为导向，从地域资源优势出发，选择那些科技含量高、覆盖面大、经济效益好的产业，政府要及时引导，组建各种形式的科技服务体系，优化配置生产要素，提高生产效益和经济效益，使其成为推动本地经济发展的主要力量。鼓励基层农技人员通过兴办各种实体，建立符合中国国情的农业科技推广体系，坚持官办、民办两条腿走路的指导思想，稳定县级、搞活乡级、健全村级推广服务活动。县级作为国有基层农业科技推广的主导力量，其稳定必须靠政府的财政拨款，乡村两级面对千家万户，应更多的借助于民间的力量，围绕当地主导产业，形成众多的科技服务组织提高科技成果转化的效果。发展全程社会化服务体系，形成中国特色的农村科技推广网，以国有农业技术推广机构为主干，以众多民办农业技术推广机构为基础，县级以上以官办为主，乡村两级应以民办为主，相互依赖、共同发展。鼓励乡级组织机构兴办经济实体，可与供销、信贷、外贸、行政等部门组成联合体，进行产前、产中和产后的系列服务。继续发展乡级综合性技术服务组织，逐步做到有办公场所，有办公经费，有技术依托单位，有比较规范的规章制度；经济上实行独立核算，自主经营，通过有偿服务和必要的合法经营，逐步发展，增强实力。围绕支柱产业逐步引导农民发展自办和官民合办的经济技术服务组织。积极发展村级科技服务组织，有条件的村把有科技服务能力的人组织起来，建立各种科技服务队，独立核算，加强农村社区的自服务能力，并与乡级以上各类技术经济服务组织形成松散的联合，壮大实力，改善服务手段，提高服务能力。

参考文献

[1] 丁中文. 农业科技成果转化概论 [M]. 北京：农业科技出版社 .2004.

[2] 黄伟强 . 试论中国农业科技成果转化率问题 [J] . 内蒙古农业科技，2008 (2)：1 - 3.

[3] 曾福生 . 论建立农业科技成果产业化的投融资机制 [J] . 农业现代化研究，2001 (6)：334 - 337.

[4] 吴敬学，王芳 . 加速发展农业高新技术的思考 [J] . 农业技术经济，2003 (2)：27 - 31.

[5] 谭华，刘学文 . 新形势下我国农业科技成果转化政策建议 [J] . 湖南农业科学，2009 (8)：132 - 134.

[6] 魏远竹，张春 . 农业科技成果转化及推广资金分类管理浅析——以福建省为例 [J]. 2009 (5)：46 - 51.

我国城镇化进程中的问题与战略重点

The Strategic Focus and Issues in China's Urbanization Development Process

魏　赛
Wei Sai

摘要： 改革开放以来，我国城镇化水平不断上升，但在城镇化的过程当中还存在一些问题。本文对我国城镇化的特点和现阶段存在的问题进行了总结，在此基础上梳理出未来我国城镇化发展的战略重点。

Abstract: China's urbanization level increased continuously since reform and opening, but there were still some problems during the process. The characteristics of China's urbanization and the problems at this stage are summarized in this paper, and on this basis, the author analyses the strategic focus in our urbanization development process.

自1998年十五届三中全会第一次提出“小城镇，大战略”，到2009年12月的中央经济工作会议上提出，要放宽中小城市和城镇户籍限制，把符合条件的农业转移人口逐步在城镇就业和落户作为重要任务，一直以来推进城镇化进程成为我国21世纪的重要发展战略目标之一。2010年的中央一号文件强调要在城乡统筹发展方面要迈出更大的步伐，提出要通过构建以工促农、以城带乡的长效机制，才能更好地解决“三农”问题。城镇化已经成为解决“三农”问题的根本途径，是社会主义新农村建设的推动力，是实现我国社会主义现代化的必由之路。然而我国的城镇化发展的道路还很长，在发展进程中还存在矛盾和问题，要通过不断的总结和梳理，才能对今后我国城镇化的发展理清思路、抓住重点。

一、城镇化的含义

城镇化指的是农村人口和各种生产要素不断向城镇聚集，从而形成的经济结构、生产方式、生活方式以及社会观念等向城镇性质演变的过程。城镇化既是物质文明的体现，也是精神文明前进的动力，是伴随着城镇数量与规模扩大而进行的城镇结构和功能转变的一个过程。

改革开放后，我国城镇化发展较快，城镇化率已由 1978 年的 17.92％提高到 2007 年的 44.9％，以每年接近一个百分点的速度增加。在未来十年内，尽管我国经济增长速度将会有所放缓，但是仍然会维持在较高的水平，经济规模的扩张和非农产业的发展，必将为城镇化的发展提供坚实的物质基础，同时由于耕地资源的限制，城镇化有强大的内在压力和动力，因此我国城镇化仍然会以较快的速度推进。

二、我国城镇化的特点

（一）流动就业的农民工是我国城镇化进程的人口主体

我国的城镇化进程以流动就业为主要形式，目前还没有完成农村人口向城镇的定居或者落户迁徙，这是我国城镇化的一个鲜明特点。农民工的进城对沿海各省城镇化率的提高有重要的影响作用。据统计，2007 年浙江、北京、上海、天津和广东等省市农民工对城镇化的贡献率分别为 30.7％、27.9％、24.7％、24.4％、18.6％。同时农民工的离乡也提升了内地各省城镇化率，也已 2007 年数据为例，四川、河南、安徽和湖南的农民工对城镇化的贡献率分别为 9.5％、10.6％、13.3％、16.6％。

（二）城镇发展推动我国城镇化进程

在我国城镇化进程中，城镇体系和结构有了较大的变化，小城镇数量的增长高于城市数量的增长。据统计数据显示，2007 年我国小城镇的数量是 1978 年的 7.9 倍，县城及小城镇的城镇人口数占城镇总人口的 42.4％。小城镇对转移农村劳动力的比重也在增加，2008 年，小城镇吸收的农民工占当年农村劳动力转移总数的 47.1％。目前我国城镇总体人口的规模依然偏小，50 万以下的城镇人口的中小城市占到城市总数的一半以上，因此城市、县城和小城镇都还有更为广阔的发展空间。

（三）我国城镇化发展仍存在较大的潜力

城镇化率在30％～70％区间是加速发展期，我国2008年的城镇化率为45.7％，说明我国处于城镇化加速发展期的前半期，之后还将持续很长一段时间的快速发展，有可能为我国经济的长期发展提供巨大的结构调整支持。同时，我国的城镇化基础设施投资目前还没有达到占GDP的3％～5％这一国际标准，未来我国城镇基础设施投资建设还将释放出更大的经济潜力。在扩大消费和内需方面，城镇化的发展将改变目前农民工的收入主要不在城里消费这一现象，农民工举家迁徙有可能带动城镇低端房地产市场以及工业制成品市场的消费，并带动农产品的商品消费。

三、我国城镇化进程中存在的问题

（一）规划方面的问题

我国大多数城镇在发展过程中缺乏长远目标规划，不顾政治经济的实际发展环境而贸然求新、求大的现象存在，导致我国城镇化空间失控极为严重。一些不根据实际情况而开展的滥建滥征行为导致优质的耕地大面积被毁掉，而同时又不能解决农民的就业问题和经济补偿问题，造成有些农民陷入“种田无地、就业无岗、低保无份”的困境。这不仅导致城镇化率虚高，还严重影响了城乡社会安全与和谐的发展。

此外在城镇化的进程中，许多自然和历史文化遗产遭到破坏，我国大江南北的城市风貌正日趋相同。

（二）政策体制方面的问题

从总体上来看，目前的宏观政策是有利于城镇化建设的，但仍然存在着许多体制障碍。主要有以下两个方面：

1. 户籍制度限制城镇化进程。尽管我国的户籍制度已有所改革，但是改革的不到位仍然造成户口成为农村人口向城镇转移的闸门。农民进入城镇的成本高，就业难、住房难、子女入学难等问题依然存在。

2. 城乡分割的二元结构体制，妨碍农村居民享受到平等的社会公共福利。尽管农村居民的总体收入有所增加，但是目前城乡之间的差距依然较大。为了缓和城市内部的社会矛盾，政府不断加大对城市居民的支持力度，低收入家庭最低生活保障支付、养老保险和医疗保险等，而在农村，尽管现如今农村居民也有医疗保障制度，但是城乡之间的差别仍然较大，这些都逐步拉大了城乡居民转移性收入差距。

(三) 城镇化的非均衡发展

根据2009年国土资源部的书面规划，各级政府要合理安排城乡建设用地，适度控制城市建设用地规模，并按照新农村建设部署，加大农村建设用地指标安排力度。但是目前一些地方存在反向操作，造成中心城市政府层层挤压偏农业地区的城镇和农村建设用地指标，导致区域城镇化的非均衡发展。

(四) 农村工业模式缺乏竞争力

改革开放以来，乡镇企业虽然促进了我国城镇化进程，但大部分乡镇企业是在城乡体制分割条件下推行的乡村型工业模式，物质资源、人力资源、资金、技术等要素更是分散使用，分散发展不能满足技术进步和产业升级的要求，也无法产生产业集聚效应，导致乡镇企业缺乏竞争力，而且生命短暂，致使乡镇企业吸收剩余劳动力的能力降低，小城镇规模不增反降。

(五) 能源存量失衡，污染严重

在一定意义上讲，新时期我国各地的发展可以说是资源掠夺型的发展，对资源的依赖和消耗比较严重。在快速的城镇化建设中耕地、水等重要资源过度消耗，环境受到严重污染。城市发展需要大规模的电力、能源供应和集中型的水源供应，人均耗能、用水和集中产生的垃圾量要比农村多得多。

(六) 基础设施还不完善

随着城镇化水平的提高，农村居民在文教、娱乐方面的消费支出比例开始增加，但是由于基础设施的不完善，城乡居民在文教娱乐方面的消费比例差异很大。农民用于文教娱乐方面的消费支出过少，导致了其掌握的知识和技术得不到及时的更新和提高，影响农民素质的提高。此外，基础设施的不完善还限制了农村居民在家庭设备和服务方面的消费，导致城乡居民在家庭设备和服务方面的支出结构差异并没有随着城镇化水平的提高呈明显变化趋势。

四、未来我国城镇化发展的战略重点

我国城镇化发展进程中，每年有数以千万计的农村人口转移向城镇，对我国经济社会发展各方面都产生了重大的影响。要明确城镇化的战略思路和战略重点，才能妥善处理好城镇化过程中出现的问题，为经济社会的平稳较快发展奠定基础。

（一）扩大城市人口的同时注重提高城镇化质量

推进我国城镇化进程，扩大城镇人口规模是很重要的，但是更值得关注的是我们所需要的城镇化既是与我国国情特点相适应的健康有序的城镇化，也是意义完整和内容充实的城镇化。也就是说，不仅要通过经济的发展不断吸纳更多的劳动力，还要消除居民的身份差异，推动基本公共服务的均等化。不仅使农村居民能在城镇获得较为稳定的非农就业机会，并且也能公平的享受到现代城市的文明生活，从而解决大量农村人口的流动问题。

（二）促进大中小城市的协调发展，发挥城市的辐射带动作用

我国人地矛盾异常突出，适宜人类生存和发展的空间有限，因此城镇发展必须走资源节约和环境友好之路。大城市的聚集效应和规模效应显著，要注重发展大城市对于创造社会财富、创新科技、带动中小城市发展、转变经济发展方式和集约使用资源方面的积极作用。但由于我国人口规模庞大，中小城市的发展在为人民提供惬意的生活空间方面也具有相当的优势。因此要协调发展大中小城市，发挥城市对农村的聚集和辐射作用。

（三）科学规划，合理布局

根据各地区的发展以及资源承载力，优化城市在国土空间上的布局。我国东部、中部和东北部地区的发展相对较为平等，气候也适宜人类居住，因此可以承载更多的经济和人类活动，但是由于沿海和东北的城市群已初具规模，受到土地资源的限制，今后要发展集约式道路；中部地区要采取空间适度扩张和人口聚集并举的城镇化策略，积极推进城市群发展。西部的地理环境限制了人口和经济活动的规模，因此要扩大现有的核心城市的规模，在发展潜力较大的地区，经过科学规划，优化城市空间布局，设立新的城市。

（四）促进城市的可持续发展

我国的基本国情决定了城市的发展要贯彻节约资源特别是土地资源的原则，要严格限制城市空间的无序扩张。因此要合理规划、优化城市的内部功能，提高城市土地的利用效率。

（五）推进城镇化进程中的城乡一体化发展

在城镇化进程中，统筹规划城乡产业发展、基础设施建设和社会事业发

展，使城乡经济相互促进、城乡社会相互融合。要在城乡之间合理的分配公共资源，使城乡居民能够公平分享城镇化带来的物质和精神文明。要根据城乡人口比例的变化搞好文化、教育、医疗、娱乐等公共设施的空间布局，既要避免出现公共资源的浪费现象，又要保障城乡居民享受到公平的待遇。同时，还要保障居民和拆迁者在城市空间的必要扩张以及城市内部功能调整的过程中的合理权益。

参考文献

[1] 仇保兴．城镇化的挑战与希望．城市发展研究，2010（1）：1－7.

[2] 张军扩，侯永志，刘培林．我国城镇化的基本态势、战略重点和政策取向．经济界，2009（6）：11－16.

[3] 周琳，彭洁．中国城镇化发展模式与发展战略初探．经济研究导刊，2009（8）：80－92.

[4] 王亮，任东阁．我国新农村城镇化过程中的问题迁徙．建筑与环境，2009（3）：27－28.

[5] 朱学文．浅谈城镇化过程中的问题与对策．小城镇建设，2003（11）：5－7.

[6] 董红娜．我国现阶段城镇化建设的思考．法制与社会，2009（2）：289.

[7] 刘建伟．中国农村城镇化的理论与实践启示．管理与财富，2009（12）：100－101.

我国基本实现农业现代化的评价指标体系构建及发展水平预测*

Evaluation Index System Construction and Development Level Prediction of Agricultural Modernization in China

蒋和平　　崔奇峰

Jiang Heping　Cui Qifeng

摘要： 本研究从我国基本实现农业现代化的相关综合、生产条件、生产效果和生态环境四个角度出发，选取10个评价指标，构成了评价我国基本实现农业现代化的指标体系。并结合国情，借鉴发达国家经验，分别设计出我国农业现代化在起步、初步发展和基本实现三个阶段的衡量标准。通过经济计量模型，对2015年和2020年我国实现农业现代化的发展水平进行预测，将预测值与评价指标的衡量标准进行比较，得出在2015年和2020年我国农业现代化基本实现程度，为预测未来5～10年我国农业现代化的发展水平提供参考依据。

Abstract: In this study, we select ten evaluation indexes, which constitute the evaluation index system of the basic realization of agricultural modernization in China, from the four perspectives of production conditions, production and ecological effects and other related indexes. And we design the measure standard of agricultural modernization in the start stage, the initial development stage and the basic realization stage, combined with national conditions and experience of developed countries. Then we forecast the basic

* 2007年国家社会科学基金重点项目《中国特色农业现代化的理论、道路与实践研究》，项目批号：07AJY020；2009年中央级公益性科研院所基本科研业务费专项资金项目《农业现代化的专题研究》。项目批号：2009YWF4－6。

realization level of agricultural modernization in China in 2015 and 2020 by econometric model. Finally, we compare the prediction and the measure value of evaluation indexes and conclude the basic realization degree of agricultural modernization in 2015 and 2020, which can provide a reference for predicting the development of China's agricultural modernization in the next 5～10 years.

农业现代化是我国现代化进程中的重点和难点问题，为了贯彻落实党的十七大提出的走中国特色农业现代化道路，推进我国现代农业建设，需要有一套科学的农业现代化的评价指标体系和衡量标准。对于我国农业现代化评价指标体系和衡量标准的确定，应当本着科学性、数据可获性和可比性出发，借鉴发达国家实现农业现代化的评价指标和衡量标准，结合具体国情来设计。本研究对此进行了探讨。

一、农业现代化发展水平评价指标的选取

为了全面、科学、合理地反映中国农业现代化发展水平，有必要设置一套简便易行、科学合理的农业现代化评价指标体系，并确立相适应的衡量标准。借鉴国内一些学者[1-5]的研究，参考了世界银行、联合国粮农组织、欧盟、美国等一些发达国家和地区评价农业发展和农业现代化的指标和衡量标准，设计我国农业现代化评价指标和衡量标准，如下所述：

（一）评价指标选取

首先，将基本实现我国农业现代化阶段性标准划分为起步阶段标准、初步发展阶段标准和基本实现农业现代化标准。其次，分别从相关综合、生产条件、生产效果、生态环境四大方面着手，将农业现代化评价指标确定为十项。

第一，相关综合指标：①社会人均国内生产总值。这个数值越大，在一定程度上表明对农业的反哺能力和国家社会经济发展实力越强，这个指标数值越大，也表明了一国经济实力越强、社会购买力越强，相应的对农产品需求量也更多，因而农民增收的可能性就越大。②农民人均纯收入。实现农业现代化的核心目标是提高农民人均纯收入，该指标值越高，表明农民对农业生产的投入能力越强，农民对农业机械的采用、新技术新产品的推广以及对农业持续投入的保障能力就越强，农民生活也就越富裕。③农村劳动力就业率。对于一个国家来说，这一指标值越低，表明从事农业的人数较少，从事第二和第三产业的人数越多，该国非农

产业越发达，表示其他产业，尤其是工业反哺农业的能力就越强。

第二，生产条件指标：①农业劳动力受教育水平（初中以上劳动力比重）。这是衡量农业劳动者素质的指标，这一指标值越高，意味着劳动者的整体素质越高。②农业综合机械化率。实现农业现代化最基本的条件就是要提高农业机械的使用率，该指标越高，对劳动力的替代作用越明显，越能加快农业劳动力的转移速度。③农业科技进步贡献率。该指标越高，反映出科技对农业生产的促进作用越大，实现农业现代化，就是要大力发挥农业科技在农业生产中的重要作用，提高农业生产的科技含量。

第三，生产效果指标：①土地生产率。该指标值越高，表明单位土地的农业产出越多，在我国土地资源稀缺并日益减少的条件下，这个指标显得尤为重要。②劳动生产率。该指标值越高，表明每个农业生产者创造的农业产值就越多，提高劳动生产率对我国实现农业现代化有着重要意义。③农产品加工率。这一指标值越大，表明我们农产品的深加工程度越高，和创造的产值越多，对于发展现代农业有着重要意义。

第四，生态环境指标：森林覆盖率。我国自然资源禀赋情况各异，衡量指标相对复杂，因此，从全国范围来看，选取森林覆盖率来反映生态环境优劣，具有较好的代表性。该指标值越高，表示一个地区生态环境越好。

（二）评价指标计算公式

1. 社会人均国内生产总值＝国内生产总值/国内人口总数
2. 农民人均纯收入＝农民纯收入/农村人口数
3. 农村劳动力就业率＝乡村劳动力/全社会就业人数×100％
4. 农业劳动力受教育水平＝初中以上劳动力数/农业劳动力总数×100％
5. 农业综合机械化率＝（机耕率＋机播率＋机收率）/3×100％

   机耕率＝机耕面积/耕地面积

   机播率＝机播面积/播种面积

   机收率＝机收面积/收获面积
6. 农业科技进步贡献率[6]＝农业科技进步率/农业总产值增长率

   农业科技进步率＝农业总产值增长率－因新增投入量产生的总产值增长率
7. 土地生产率＝农业总产值/耕地面积
8. 劳动生产率＝农业总产值/一产从业人员的人数
9. 农产品加工率＝农产品加工值/农业总产值×100％

农产品加工值[7]＝农副食品加工业总产值＋食品制造总产值＋饮料制造业

总产值＋烟草制造业总产值＋纺织业总产值＋纺织服装鞋帽制造业总产值＋皮革毛皮羽毛（绒）及其制品总产值＋木材加工及木竹藤棕草制品业总产值＋家具制造业总产值＋造纸及纸制品业总产值＋橡胶制品业总产值

10. 森林覆盖率＝森林面积/国土资源总面积×100%

二、农业现代化发展水平衡量标准的设计

参考发达国家实现农业现代化的标准，基于我国的国情，设计中国基本实现农业现代化的阶段性衡量标准（见表 1）。

（一）社会人均国内生产总值

国外的一些学者认为发达国家（如美国和欧盟一些国家）将基本实现农业现代化的社会人均国内生产总值定为 8 000 美元，这一指标值对发展中国家来说是偏高的，结合我国的国情，认为 5 500～6 000 美元的社会人均国内生产总值比较适合中国国情，按照美元兑人民币约 1∶7 的汇率计算，折合人民币约 28 500～42 000 元。因此，将中国实现农业现代化的社会人均国内生产总值的起步阶段标准、初步发展阶段标准和基本实现阶段标准分别设定为 10 000 元、20 000 元和 40 000 元（表 1）。

表 1　中国基本实现农业现代化的评价指标体系及参考值

指标名称	单位	2007 年全国平均（*）	起步阶段标准	初步发展阶段标准	基本实现标准
1. 社会人均国内生产总值	元/人	18 934	10 000	20 000	40 000
2. 农民人均纯收入	元/人	4 140.36	3 000	6 000	12 000
3. 农村劳动力就业占社会就业率	%	40.8	40	25	15
4. 农业劳动力受教育水平（初中以上比重）	%	67.90	60	70	90
5. 农业综合机械化率	%	38%	40	55	80
6. 农业科技进步贡献率	%	48	40	50	65
7. 土地生产率	元/公顷	40 163.17	30 000	45 000	75 000
8. 劳动生产率	元/人	15 549.22	10 000	20 000	40 000
9. 农产品加工率	—	1.71	1.45∶1	2.20∶1	3.00∶1
10. 森林覆盖率	%	18.21	15	20	30

注：1～3 为相关综合指标；4～6 为生产条件指标；7～9 为生产效果指标，10 为生态环境指标。

*　已出版中国统计年鉴为 2008 年版，所报告的是 2007 年数据，因此采用 2007 年全国平均水平。

（二）农民人均纯收入

参考世界银行和联合国粮农组织对农民收入的评价标准，借鉴农业部农村经济研究中心的研究成果，结合中国农民近60年来的实际收入变动情况，将我国实现农业现代化的农民人均纯收入阶段性标准分别设定为：起步阶段标准为3 000元/人；初步发展阶段标准为6 000元/人；基本实现阶段标准为12 000元/人。

（三）农村劳动力就业率

2007年，农业部农村经济研究中心将三阶段标准分别制定为40%、20%和10%[8]。通过对我国近年来农村劳动力的实际变化分析，我们认为，随着我国农村城镇化进程的加快，我国农村劳动力的转移也随之变化，但农村劳动力转移的速度受各种因素的制约，尤其是近年受国际金融危机的影响和冲击，我国农村劳动力还出现向农村回流的现象。因此，我国的劳动力转移速度远没有达到人们期望的那样快，基于各种复杂因素的影响，我们对这一标准值进行了调整，将三阶段标准分别设定为40%、25%和15%，调整后的数值可能更加符合我国劳动力转移的实际情况。

（四）农业劳动力受教育水平

农业劳动力受教育水平是衡量农民素质的一个很重要指标。近年来，国内一些学者对中国教育事业的发展能力估计不足，往往设置的数值偏低。由于现阶段我国非常重视农村教育的发展，大力增加对农村教育的投入，使得农民受教育水平大幅度提高。因此，基于我国农村当前的教育现状，将实现农业现代化的农民受教育水平的三阶段指标分别设定为：60%、70%和90%，起步阶段到初步发展阶段按10%的速度递增，初步发展阶段到基本实现阶段得发展速度较前者翻番，为20%，这样的标准值更符合中国农民的受教育发展情况。

（五）农业综合机械化率

近年来，国家实施了农业机械补贴政策，以及农民人均收入水平的不断提高，对农业的投入水平不断地增强，农业机械化的普及率大幅提高。基于这些现状，参考柯炳生[9]2000年的研究成果，对农业综合机械化率的衡量值进行相应调整，适度提高该标准值，将三阶段标准分别设定为40%、55%和80%。

（六）农业科技进步贡献率

尽管国内有些学者认为该指标不适宜作为衡量农业现代化的指标，但我们认为农业科技进步在推进农业现代化进程中起着至关重要的作用，应当把它作为衡量农业现代化的重要指标之一。因此，参考发达国家的标准和国内一些学者的研究成果，同时根据我国近年来农业科技的研发、创新和推广情况，将实现农业现代化的农业科技进步贡献率在起步阶段、初步发展阶段和基本实现阶段的标准分别设定为40%、50%和65%。

（七）土地生产率

土地生产率是衡量农业现代化生产效果的重要指标。在本课题研究中，对这一指标进行了调整和补充，参考发达国家实现农业现代化土地生产率的参考值，根据我国土地生产率的年度变化规律，将该指标在实现农业现代化过程中起步阶段标准、初步发展阶段标准以及基本实现阶段标准分别设定为：30 000元/公顷、45 000元/公顷和75 000元/公顷。

（八）劳动生产率

同土地生产率一样，劳动生产率也是衡量农业现代化生产效果的一个有效指标。参考世界银行和联合国粮农组织对发达国家实现农业现代化的评价指标，我们将这一指标作为评价生产效果的重要指标进行了选取。并将实现农业现代化的起步阶段、初步发展阶段和基本实现阶段标准分别指定为10 000元/人、20 000元/人、40 000元/人。

（九）农产品加工率

农业部农村经济研究中心选取农产品加工产值与农业增加值的比重作为实现农业现代化的衡量指标。通过借鉴国内其他学者的研究，以及从世界范围内指标的通用性和可比性角度考虑，我们认为农产品加工产值与农业总产值的比重作为实现我国农业现代化的衡量指标更为合理。将实现农业现代化的起步阶段、初步发展阶段和基本实现阶段标准分别指定为1.45∶1、2.20∶1、3.00∶1。

（十）森林覆盖率

借鉴农业部农村经济研究中心2000年制定的中国农业现代化的参考指标体系及其标志值。考虑近年来在我国政府大力重视生态环境建设，积极实施退耕还林工程，我国的生态环境建设取得一些成效。我们对这个指标设定做了调整，将起步阶段、基本发展阶段和基本实现农业现代化阶段的森林覆盖率分别设定为15%、20%和30%。

三、未来我国农业现代化发展水平（2015—2020年）的预测

为了了解我国农业现代化未来的发展水平，在本研究中，我们首先通过经济计量模型及以往研究经验对农业现代化的评价指标值进行预测，预测期限为2015年和2020年，各指标的预测值是其在自然增长状态下的点预测值。

本研究所选取十个评价指标中，有八个指标的统计数据（1980—2007年）可以直接或通过计算在中国统计年鉴中获得，他们是：社会人均国内生产总值、农民人均纯收入、农村劳动力就业率、农业劳动力受教育水平（初中以上）、土地生产率、劳动生产率、农产品加工率、森林覆盖率。因此，可以通过计量经济模型，对这些指标在2015年和2020年的数值进行预测。另外两个评价指标，如农业综合机械化率和农业科技进步贡献率，很难在国家统计局出版发行的统计年鉴中，获得其1980—2007的时间序列数据。因此，我们需要根据政府相关部门报告的部分年度数据，借鉴已有研究成果对这两个指标值进行合理预测。

（一）通过经济计量模型预测

运用《中国统计年鉴（1981—2008）》数据，通过经济计量模型和EVIEWS分析软件，拟合出我国基本实现农业现代化评价指标中八个指标的在2015年和2020年的数值（见表2）。

1. *模型设定和数据来源*。将各指标值作为被解释变量，将年份作为解释变量。根据指标数据的年度变化特征，将指标1/社会人均国内生产总值、指标2/农民人均纯收入、指标7/土地生产率、指标8/劳动生产率和指标9/农产品加工率的增长模型设定为$Y=a_0+a_1X+a_2X^2$。将指标3/农村劳动力就业率、指标4/农业劳动力受教育水平和指标10/森林覆盖率的增长模型设定为$Y=b_0+b_1X$。

2. *模型预测结果*。通过EVIEWS5.1软件拟合出每个指标的增长曲线，然后再带入要预测年份值（X），得出其在2015和2020年的预测值（Y）。

（1）指标1/社会人均国内生产总值在1980—2007年的数据可以拟合成一元二次曲线$Y=1\ 289.47-303.61X+30.76X^2$，从而递推该评价指标在2015和2020年数值分别为30 225.04和40 550.54元/人。

（2）指标2/农民人均纯收入[①]的一元二次增长曲线为$Y=20\ 706\ 737.77-$

① 农民人均纯收入数值使用1997—2008年的统计数据。

$20\ 912.76X+5.28X^2$，该评价指标在2015和2020年预测值分别为6 602.95和8 568.54元/人。

（3）指标3/农村劳动力就业率增长曲线为$Y=1\ 947.53-0.95X$，从而递推该指标在2015和2020年数值分别为35.12%和30.38%。

（4）指标4/农业劳动力受教育水平（初中以上比重）的增长曲线为$Y=25.87+1.53X$，该指标在2015和2020年预测值分别为80.87%和88.51%。

（5）指标7/土地生产率的增长曲线为$Y=174\ 269\ 471.30-176\ 108.80X+44.49X^2$，经过递推，得出2015年数值为58 577.51元/公顷，2020年为75 663.64元/公顷。

（6）指标8/劳动生产率可拟合成曲线$Y=73\ 718\ 932.84-74\ 424.04X+18.78X^2$，从而递推出2015年劳动生产率为22 464.08元/人，2020年为29 315.08元/人。

（7）指标9/农产品加工率①的年度增长曲线为$Y=14\ 966.15-15.02X+0.003\ 8X^2$，经过递推，得出2015年数值为2.62∶1，2020年为3.56∶1。

（8）对于指标10/森林覆盖率，可以通过1980—2007年数据拟合成曲线$Y=11.69+0.24X$，从而递推该指标在2015和2020年数值分别为20.47%和21.69%。

（二）经验性预测

对于一些模型难以预测的评价指标值，我们将根据近些年来政府各个部门公布的数据，计算出每年的平均增长百分数，再进行递推，对部分评价指标在2015和2020年的数值进行预测（见表2）。

表2　我国农业现代化发展水平（2015—2020年）预测

指标名称	单位	2015	2020	起步阶段标准	初步发展阶段标准	基本实现标准
1. 社会人均国内生产总值	元/人	30 225.04	40 550.54	10 000	20 000	40 000
2. 农民人均纯收入	元/人	6 602.95	8 568.54	3 000	6 000	12 000
3. 农村劳动力就业率	%	35.12	30.38	40	25	15
4. 农业劳动力受教育水平（初中以上比重）	%	80.87	88.51	60	70	90

① 由于农产品加工产值是由11个细分指标加总而成的数据，而《中国统计年鉴》中对这些细分指标的分类从1986年开始进行了调整，因此，为了数据的统一性，指标9农产品加工率的增长曲线的拟合运用1986—2007年的数据。

（续）

指标名称	单位	2015	2020	起步阶段标准	初步发展阶段标准	基本实现标准
5. 农业综合机械化率	%	55	65	40	55	80
6. 农业科技进步贡献率	%	55	60	40	50	65
7. 土地生产率	元/公顷	42 172.83	48 286.2	30 000	45 000	75 000
8. 劳动生产率	元/人	22 464.08	29 315.08	10 000	20 000	40 000
9. 农产品加工率	—	2.62∶1	3.56∶1	1.45∶1	2.20∶1	3.00∶1
10. 森林覆盖率	%	20.47	21.69	15	20	30

1. 对于指标5/农业综合机械化率的推测。对于该指标从已有的报告中可以找到一些统计数据，但是并不能形成完整的时间序列数据，因此不适宜通过模型进行拟合。因此根据农业部提供的2007年的农业综合机械化率的平均数据，计算出农业综合机械化率每年平均增加约2%，预测农业综合机械化率在2015年可能为55%，在2020年可能为65%。

2. 对于指标6/农业科技进步贡献率的推测。依据以往研究经验，结合2007年农业部公布的我国农业科技进步贡献率为48%，假定农业科技进步贡献率年增加约1%，可以推测该指标在2015年的值为55%，到2020年该指标值为60%。

四、未来我国农业现代化发展水平（2015—2020年）的分析

将各评价指标的预测值和评价指标的衡量值进行比较，可以预测未来中国农业现代化的发展水平。即可以得出，到2015年和2020年时，我国实现农业现代化所处的发展阶段，即处于起步阶段、初步发展阶段，还是处于基本实现阶段。比较发现，到2015年和2020年，我国农业现代化的基本实现程度是不同的（见表3）。

1. 对于社会人均国内生产总值而言，2015年的预测值，表明了其处于初步发展阶段，2020年则处于基本实现农业现代化阶段。

2. 对于农民人均纯收入这一指标，到2015年和2020年均处于初步发展阶段。

3. 对于农村劳动力就业率，到2015年和2020年均处于实现农业现代化

的起步阶段，其发展水平相对滞后。

4. 对于农业劳动力受教育水平来说，2015 年的预测值，表明处于初步发展阶段水平，2020 年预测值为 88.51%，已经很接近基本实现阶段标准的衡量值（90%），但是，还有一定的差距。

5. 从农业综合机械化率来看，2015 年的预测值正处于初步发展阶段，到 2020 年依然是初步发展阶段。

6. 从农业科技进步贡献率来看，2015 年和 2020 年预测值，均可达到初步发展阶段。

7. 从土地生产率来看，2015 年预测值，处于起步阶段，到 2020 年，处于初步发展阶段，尚未达到基本实现阶段。

表 3　农业现代化的实现程度

指标名称	单位	2015	2020
1. 社会人均国内生产总值	元/人	初步发展阶段	基本实现阶段
2. 农民人均纯收入	元/人	初步发展阶段	初步发展阶段
3. 农村劳动力就业率	%	起步阶段	起步阶段
4. 农业劳动力受教育水平（初中以上比重）	%	初步发展阶段	初步发展阶段
5. 农业综合机械化率	%	初步发展阶段	初步发展阶段
6. 农业科技进步贡献率	%	初步发展阶段	初步发展阶段
7. 土地生产率	元/公顷	起步阶段	初步发展阶段
8. 劳动生产率	元/人	初步发展阶段	初步发展阶段
9. 农产品加工率	—	初级发展阶段	基本实现阶段
10. 森林覆盖率	%	初级发展阶段	初级发展阶段

8. 从劳动生产率来看，到 2015 年处于初步发展阶段，2020 年的预测值，表明该指标依然处于初步发展阶段。

9. 从农产品加工率来看，到 2015 年处于初步发展阶段，2020 年的预测值，表明该指标处于基本实现阶段。

10. 从森林覆盖率来看，到 2015 年和 2020 年均处于初步发展阶段，距基本实现阶段的 30%，还有较大的差距。

五、结　　论

通过经济计量模型的计算，对未来我国基本实现农业现代化的发展水平进行了预测，并将 2015 年和 2020 年的预测值与基本实现农业现代化的衡量值进行比较，得出如下结论：

1. 到 2015 年，社会人均国内生产总值、农民人均纯收入、农业劳动力受教育水平（初中以上比重）、农业综合机械化率、农业科技进步贡献率、劳动生产率、农产品加工率和森林覆盖率处于初步发展阶段；农村劳动力就业率和土地生产率处于起步阶段。

2. 到 2020 年，社会人均国内生产总值和农产品加工率处于基本实现阶段；农民人均纯收入、劳动生产率、农业劳动力受教育水平、农业综合机械化率、农业科技进步贡献率、土地生产率和森林覆盖率处于初步发展阶段；农村劳动力就业率是起步阶段水平。

由此可以看出，在实现我国农业现代化的进程中，到 2020 年，除社会人均国内生产总值和和农产品加工率，其他八个指标都与基本实现农业现代化有较大的距离，尤其是我国的农村劳动力就业率，到 2020 年的预测值与基本实现目标值的差距最大。因此，我国要积极采取各种有效措施，来推动农业现代化的发展，尤其是要提高农村劳动力转移速度，减少第一产业从业人口比重。

参考文献

[1] 杨万江，徐星明. 农业现代化测评［M］. 北京：社会科学文献出版社，2001，100 - 121.

[2] 黄祖辉，林剑等. 农业现代化：理论、进程与途径［M］. 北京：中国农业出版社，2003，62 - 84.

[3] 蒋和平，辛岭. 建设中国现代农业的思路与实践［M］. 北京：中国农业出版社，2009，313 - 316.

[4] 蒋和平，朱晓峰. 社会主义新农村建设的理论与实践［M］. 北京：人民出版社，2007，238.

[5] 蒋和平，李冬梅. 我国现代农业发展水平评价指标体系构建于测算. 农业经济与科技发展研究. 北京：中国农业出版社，2006，146 - 163.

[6] 朱希刚. 我国农业科技进步贡献率测算方法［M］. 北京：中国农业出版社，1997，3.

[7] 魏益民. 我国农产品加工业发展现状与趋势分析［J］. 中国食物与营养，2006（10）：4 - 5.

[8] 农业部农村经济研究中心. 2001 年农业现代化的参考指标体系与标准. 农业部农村经济研究中心的研究报告.

[9] 柯炳生. 对基本实现农业现代化的几点认识［N］. 现代农业周刊，第 6 版.

未来五到十年我国畜牧业发展亟须解决的重大问题

Major Issues to Be Resolved in Animal Husbandry in the Next Decade

王济民　　王祖力
Wang Jimin　Wang Zuli

摘要：对当前我国畜牧业发展成就、发展经验和存在问题进行了总结，在此基础上提出未来五到十年我国畜牧业发展急需解决的七大问题：供需平衡问题、饲料问题、良种问题、生产方式转变问题、污染问题、草原生态问题和科技问题。针对以上问题，提出要建立与完善支持与保护体系、实施一批重大项目等五点政策建议。

Abstract: This paper summarized the achievements, experiences and problems of the current development in animal husbandry in China. Based on these, seven major issues need to be resolved in its development in the next five to ten years, which include, the balance of supply and demand, feed problems, breeding problems, production optimization issues, pollution, ecological grassland issues and the issues of science and technology. To solve these problems, five policy proposals were put forward, such as establishment and improvement of support and protection system, the implementation of a number of major projects and more.

目前，畜牧业已成为农业农村经济的支柱产业，成为繁荣我国城乡经济，提高人民生活水平，维护社会经济稳定发展的重要产业。随着城乡经济社会结构变化和消费结构升级，畜产品有效供给的基础还不牢，面临着资源环境约束增强、发展方式落后、科技支撑能力不强等突出问题。

一、当前畜牧业发展形势判断

（一）发展成就

1. 扭转了养殖产品长期短缺的局面，保障了畜产品有效供给。到 2007 年，全国肉、蛋、奶产品产量分别达到 6 865.7 万吨、2 513.4 万吨和 3 633.4 万吨，比 1980 年分别增长了 4.7 倍、8 倍、30.8 倍，畜产品人均占有量已达到中等发达国家水平。1978—2007 年，肉蛋奶产量年递增率分别达到 10.8%、15.2%、19%，为保障国家食物安全、社会稳定做出了重要贡献。

2. 改善了国民膳食结构，提升了城乡居民营养水平和身体素质。我国人均每日摄取动物性蛋白，1980 年为 7.6 克，仅相当于世界人均水平的 1/3；1990 年比 1980 年翻了一番，2000 年又比 1990 年翻了一番，提高到 29.8 克，超过同期世界平均水平。畜产品消费量的不断增加，有效地改善了城乡居民的膳食结构，提升了营养水平和身体素质。

3. 带动了相关产业发展，促进了农民增收。当前，养殖业已由家庭副业发展成农业农村经济的支柱产业，成为农民增收的重要途径。2007 年农民家庭人均现金收入中养殖业占 30%以上，其发展还带动了苗种繁育、饲料加工、兽药生产、养殖设施建设和产品加工、储运物流等相关产业发展，创造了大量就业机会，为国民经济发展做出了贡献。

4. 率先实行了市场化改革，引领了农业产业制度变迁。在我国农业农村经济体制改革中，畜牧业最早从计划经济体制的束缚中解放出来，率先步入市场化发展的轨道。与此同时，畜牧业产业化进程也不断加快，到 2007 年，畜牧业产业化组织已占全国农业产业化组织的 50%以上，带动了全国农业产业化发展。

（二）发展经验

1. 市场化改革是畜牧业发展的强大动力。我国农产品的市场化改革，首先从逐步放开肉、蛋、奶产品等“菜篮子”产品的市场、价格和经营渠道起步，充分发挥市场机制在资源配置中的基础作用，为养殖业发展创造了良好的体制环境，促进了畜牧业生产和流通的快速发展。

2. 科技进步是畜牧业发展的基本支撑。畜禽养殖科学技术的不断创新，科技成果的转化应用，良种良法的普及推广，在畜牧业发展中起到了非常关键的作用。尤其是疫病防控技术、饲料饲养技术和良种繁育技术的研究、开发与推广应用，大大推动了畜牧业的快速发展。

3. 法制建设是推动畜牧业发展的有力保障。30年来，我国出台了一系列法律法规，规范畜牧业生产经营行为，保障肉、蛋、奶产品质量安全，对促进畜牧业持续健康发展，维护公共卫生和保护生态环境发挥了重要作用。

4. 产业化经营是畜牧业发展的重要途径。龙头企业带动广大农户，建立起多种形式的产销衔接和利益联结机制，大大提升了畜牧业的集约化、规模化和产业化水平，提高了畜牧业的综合经济效益。

（三）存在问题

1. 资源短缺的现况不容忽视。一是饲料资源短缺，主要表现为饲用粮供需矛盾突出，原料资源特别是蛋白质饲料原料短缺等。二是土地资源紧缺，近10年来呈逐年减少趋势，扩大畜牧业生产空间极为有限。三是良繁体系不健全，缺少具有自主知识产权的高性能畜禽良种，地方畜禽遗传资源保护利用力度不够。四是草原资源退化严重，草原超载放牧现象普遍，可利用草原不同程度地退化、沙化、盐碱化。

2. 发展方式落后的状况仍未改变。饲养方式落后、个体生产能力低下、技术手段推广缓慢等仍存在于绝大多数畜牧业。当前畜牧业总体上仍以散养为主，2007年出栏生猪50头以下养殖户出栏量仍占总出栏量的51.5%。与发达国家相比，我国畜禽头数虽然增长很快，但个体生产能力却存在很大差距。

3. 畜禽产品质量安全形势依然严峻。产品质量标准体系不完善，质量检验检测体系不健全；生产者质量安全意识淡薄、规范化养殖知识缺乏；产业链条长、环节多，监管成本高；社会诚信体系不健全，部分企业和养殖户缺乏社会责任，非法添加违禁药物及添加剂，制售假冒伪劣饲料、兽药等现象仍然存在。

4. 动物疫病对产业发展的威胁仍然存在。动物疫病病源数量逐渐增多、病毒变异速度逐步加快，动物疫病的发生、发展更趋复杂多变，动物疫病传播快、传播途径复杂，预防控制及扑灭难度加大，对境外动物疫病的防控难度也越来越大，严重影响我国畜牧业的健康发展和国际竞争力的提高。

5. 生态环境污染情况日趋严重。由于养殖规模、养殖方式和分布区域的变化，我国畜禽养殖污染呈总量增加、程度加剧和范围扩大的趋势，生态环境面临极大挑战。畜禽养殖场和畜产品加工企业对环境污染治理力度不够，排出的污水、废弃物等有害物质，对空气、水、土壤、食品等造成严重污染。

二、未来五到十年亟须解决的重大问题

（一）供需平衡问题

2005年下半年以来全国范围内生猪价格的剧烈波动，对生猪生产、农民收入和市场肉食品供应造成了严重影响，主要原因在于产品供需出现缺口，畜产品供需平衡问题将受到越来越多重视。

一是畜产品产量提高难度越来越大。饲料、土地、良种、草原、水、劳动力及资本等畜牧业发展所需资源短缺的问题难以得到有效改善；全球发展低碳经济的呼声不断提高，环境污染对畜牧业发展的约束将不断加强，畜牧业产业扩张速度将受到严重影响；科学技术研发及推广对畜牧业发展的支撑引领作用短期内难以得到快速提升。因此，畜产品产量提高难度将越来越大。

二是畜产品消费需求不断增长。2007年人均猪肉、牛肉、羊肉消费量比1978年分别增长了1.04倍、4.85倍、0.94倍；人均禽蛋、禽肉和奶类消费量分别增长了2.66倍、13.79倍和21.25倍。随着人口增长及城镇化步伐的加快，肉类消费量将不断提高，预计2015年、2020年肉类需求将分别达到7 072万吨、8 049万吨，人均需求分别为50.5千克、55.1千克。

三是中国与全球市场的相互影响逐渐加深。我国畜禽产品生产机械化程度、集约化程度相对较低，廉价的国外产品进口对国内市场冲击逐步加剧。奶制品、动物杂碎及羊毛进口量持续增加。值得注意的是，外资企业进军中国畜禽养殖业的趋势和规模逐步加大。目前，已有一批外资企业进入中国养殖业，在我国掌控的相关企业已经形成了饲料业、养殖业、屠宰加工等基本完整的产业链布局，对我国畜禽产业安全构成潜在威胁。

（二）饲料问题

随着畜牧业的发展，2005和2007年我国饲料粮消费总量分别为1.96亿吨和2.05亿吨，占粮食总产量的比重分别为40.54%和40.82%，饲料粮需求呈明显增加趋势，而我国饲料资源供给偏紧的状况将在较长时期存在。

一是蛋白饲料供应紧张。我国蛋白饲料原料缺口较大，自给率不足50%。受比较效益影响，近年来大豆种植面积和产量锐减，加剧了蛋白饲料资源的紧缺，目前用于加工饲料豆粕的大豆70%以上需要进口。动物源性蛋白原料资源也相对匮乏，近年来总体呈下降趋势。据统计，我国鱼粉进口量占世界进口总量的30%左右，氨基酸进口也达到需求总量的60%以上。

二是能量饲料需求量进一步增长。玉米是用于饲料生产的主要能量原料。从1998年至今，我国饲用玉米比例占玉米总消费量的70%左右。根据饲料业“十一五”规划，2010年产量将达到1.5亿吨，玉米市场需求将大幅增长。近年来玉米深加工的快速发展使得饲料消费占玉米消费总量的比重有所下滑。随着我国居民畜产品消费数量的增长，饲料用玉米消费的绝对量将呈刚性增长，玉米供需可能维持紧平衡状态。

三是安全高效环保的饲料添加剂供需矛盾突出。在全世界批准使用的数百种添加剂品种中，我国已批准使用的有220多个，其中国产并制定标准的70多种，多数为工业级和无机盐，而一些高效、无残留、环保的新品种几乎全靠进口。国内饲料添加剂工业开发进展缓慢，与饲料工业和养殖业发展需要极不适应，发展速度远低于饲料加工工业的速度，严重制约了我国饲料工业整体水平的提高。

（三）良种问题

长期以来，由于单纯追求畜牧业发展数量，忽视独特的资源特性和生态意义，缺乏对畜禽良种资源的足够认识，普遍存在“重引进、轻培育，重改良、轻保护”的现象，我国畜禽遗传资源保护和利用面临严峻挑战。

一是畜禽品种资源数量急剧下降。受外来高产品种强烈冲击，我国许多畜禽品种资源数量逐渐减少或消失，这一趋势随着近年大量引种和集约化程度的提高而进一步加剧。据统计，全国有40%以上的地方品种群体数量有不同程度下降，相继有44个地方品种被确定为濒危资源，有5个品种为濒临灭绝资源，17个品种已经灭绝。

二是良种繁育体系建设严重滞后。我国畜禽良种繁育体系还很薄弱，处于发达国家早期育种发展水平，种畜禽产业投资仍处于国家投资为主的阶段。由于缺乏资金支持、投入不足，畜禽生产性能测定、后裔测定、遗传评估、品种登记、选种选配等育种基础工作无法有效开展，严重影响了本品种选育、专门化品系、杂交配套和新品种培育。

三是科学合理的资源开发利用体系还未形成。对全国畜禽遗传资源保护和利用工作缺乏统筹规划；对地方品种的优良特性认识不足，挖掘、评估、选育和开发利用不够；以现有畜禽资源为素材，利用现代育种技术，培育新品种工作没有受到足够的关注；保护与开发利用脱节，选育方向不适应市场需求，地方品种的优良种质特性没有充分发挥应有作用；缺乏创新机制，资源优势尚未转化成经济优势。

（四）生产方式转变问题

整体看，散养方式仍是我国畜牧业生产的主要形式。大多数散养农户生产设施差，饲养管理粗放，畜禽养殖环境恶劣，一些规模化程度较高的养殖场也存在设施不配套，环保建设落后等严重问题。生产条件落后和生产者素质不高，使得养殖效益相对较低。

一是基础设施薄弱，生产方式落后。2007 年出栏生猪 50 头以下养殖户的出栏量仍占总出栏量的 51.5%，年出栏 500 头以上养殖场出栏量只占总出栏量的 21.8%，存栏 20 头以上养殖场奶牛存栏量还不到总存栏量的 30%。这些大比例、小规模分散饲养的群体，很多仍停留在传统养殖状态。

二是增长方式粗放，整体效益不高。总体上看，我国畜牧业增长方式仍然停留在数量增长的粗放模式状态，科技进步对畜牧业增长的贡献大体停留在 50%左右，畜产品质量欠佳，效益不高的问题依然十分突出。美国每头产奶牛平均年产奶量达 8 413 千克，而我国仅为 4 800 千克，差距非常明显。

三是生产者科学文化素质不高，组织化程度低。由于文化水平的限制，农民信息获取渠道少，缺乏科学的养殖知识，在疫病防治上，大部分人缺乏科学的疫病防治知识和自我防护意识，政府防疫工作开展难度大。据粗略估计，我国目前共有各种农民合作组织约 15 万个，参加各种合作组织的农户仅占全国农户总数的 2.5%左右。

（五）污染问题

畜牧业污染物排放已成为环境污染的重要组成部分，各畜禽产品和各地区虽有差别，但整体污染程度相对较重，需要采取相应措施制止畜禽废弃物排放的持续增加。

一是畜禽粪便污染对环境的影响。据测算①，一个百头牛场年产粪尿 684 吨，一个万只鸡场年产粪便约 360 吨，一个千头猪场年产粪尿达 2 000 吨左右。2007 年全国畜禽粪便排放总量超过 20 亿吨，未来大、中型养殖场牲畜饲养量将保持较快增长，集中排泄总量将明显增加，这些排泄物如果处理不好，环境将难以承载。

二是畜禽养殖温室气体排放对环境的影响。据联合国粮农组织的研究报

① 研究表明，按粪便排泄量计算，1 头猪和 1 只鸡的排粪量分别相当于 2 个人和 0.1 个人的排粪量。按 BOD5（5d 生化需要量）的排泄量计算，则 1 头猪和 1 只鸡的排泄量分别相当于 13 个人和 0.68 个人的排粪量。

告，畜牧业产生的温室气体排放量占全球温室气体总排放量的18%，在其排放的温室气体中，二氧化碳占全球排放量的9%，甲烷占全球排放量的37%，氧化亚氮占全球排放量的65%。2000—2007年，我国畜牧业平均每年甲烷排放总量1 002.2万吨，畜牧业排放的甲烷和氧化亚氮总量折合成CO_2达29.81亿吨。

三是饲料污染对环境的影响。牲畜养殖离不开饲料，与饲料有关的很多谷物、植物、牧草在一定的条件下都会造成饲料污染。还可能受农药污染和重金属等化学污染。高剂量的铜、锌等矿物质元素使用亦可带来污染。

（六）草原生态问题

目前，我国草原可利用资源不断减少，草原生产力较低，大大制约了草原畜牧业的发展。

一是草原退化程度进一步加剧。近年来，虽然保护草原生态的观念普遍增强，但是牧区人口生态负荷没有减轻，草原生态"局部改善、总体恶化"的局面仍未能根本改变，草原退化达到历史上从未有过的严重程度。据农业部草原监测报告：全国90%以上的可利用天然草原出现不同程度的退化，每年还以200万公顷的速度递增，其中严重退化面积达480万公顷之多。

二是草原生产力亟待提高。遥感监测数据模拟草原产草量结果表明，20世纪80年代以来，主要草原分布区草原产草量整体呈下降趋势，下降幅度介于10%～40%。全国平均单位面积产草量由20世纪80年代中期的900千克/公顷降低到目前的700千克/公顷。同时，牧区人口成倍增长，家畜数量直线上升，草原超载过牧问题日益突出，目前我国北方草原平均超载32%以上，生产力不断下降。

三是草原灾害频发且防灾减灾能力有限。近十年来，我国平均每年发生草原火灾数百起，鼠害面积约4 000万公顷，虫害面积2 000多万公顷，造成的直接经济损失达数百亿元。新中国成立以来，在国务院和各相关部门的密切配合下，我国草原防灾减灾能力得到加强，但仍然存在防灾减灾队伍不健全，职责不明确，对灾害的预测能力有限等诸多问题。

（七）科技问题

技术进步是畜牧业发展的原动力，虽然近年来科技进步对我国畜牧业作用逐步增强，但与发达国家相比，我国畜牧业科技发展中仍存在一些问题，支撑引领能力不强，创新能力还急需提高。

一是畜牧业科技投入与产值不适应。目前对农业的全部科技投资只占农业总产值的0.36%，而畜牧业科技投资在农牧渔业科技总投资中的比重只有8%～10%，这与我国畜牧业产值占农牧渔业总产值33%的比重极不相称。

二是畜牧科技供给结构需求结构不适应。表现在“三多三少”，即提高产量的技术多、外来引进技术（品种）多、一般性科技成果多，而改善质量、生态和环境保护的技术少、自主知识产权技术少、重大突破性成果少，甚至许多地方将“良种化等同于洋种化”。

三是科技研究与推广不适应。整体创新系统中企业的研发能力十分薄弱，“科技两张皮”的状况没有得到根本改变，解决畜牧业发展中的问题不强，依靠畜牧业的科技创新，促进畜牧业产业转型和技术升级的任务十分繁重。

三、政策建议

（一）加快建立和完善支持与保护体系

一是加大财政扶持力度。继续加大对生猪、奶牛的良种补贴力度，并将良种补贴试点项目扩大到其他畜禽产品。二是加大金融支持力度。运用财政贴息、补助等方式，引导和鼓励各类金融机构增加对养殖生产、加工、流通的贷款。三是稳步扩大政策性农业保险试点范围。按照“政府引导、政策支持、市场运作、投保自愿”的原则，探索建立适合我国国情的畜牧业保险体系。四是建立健全畜牧业粮肉（奶、蛋）联动补助制度。由中央和地方财政建立粮肉联动专项补贴基金，实施价格波动反周期调节。五是加强监测和预警体系建设。进一步完善监测预报网络，加快监测分析等装备设施的更新改造，提高预警、预报能力。

（二）加大对草原保护和利用

加强对草原的保护。按照《全国草原保护建设利用总体规划》确定的范围实施退牧还草工程，根据不同地区草原生产能力和载畜量，合理安排人工饲草料地和棚圈建设，加强对退牧还草工程的管护和监测，加快南方草山草坡草滩开发利用。完善草原生态补偿机制，切实保护牧民权益，调动生产者发展畜禽养殖积极性。细化草原利用规划，科学确定养殖区域、发展规模、生产布局和养殖容量，推动畜牧养殖业健康发展。

（三）提高农民组织化程度

遵照《农民专业合作社法》规定，按照“民办、民管、民受益”的原则，制定和实施优惠政策，规范和发展农民专业合作社。推动养殖、加工企业与养殖农户组建专业合作社，建立“利益共享、风险共担”的联结机制，促进标准化规模养殖，提高畜牧业发展质量，增强抵御市场风险能力。发展畜牧业经纪人队伍，为农民进入市场疏通渠道。规范各类农村合作经济组织的行为，引导他们树立服务意识，增强服务能力，提高服务水平和质量。

（四）加强畜牧业科技创新和推广应用

针对畜禽新品种培育、种质资源高效利用、健康养殖、饲料资源开发利用、畜禽产品精深加工等技术领域，实施一批重大科技项目，组织全国优势科研力量开展联合攻关，力争突破一系列关键技术难点，尽快提升我国畜牧科技水平。加强畜牧业高新技术的产业化应用，不断提高养殖业科技含量。进一步完善养殖业技术推广体系。重点扶持农村畜禽养殖专业户，通过养殖专业户规范化饲养、标准化管理的示范，带动农民科学养殖。

（五）实施一批重大项目建设

一是继续实施并完善畜禽良种工程和良种补贴项目，加大工程项目执行力度，扩大实施范围，逐步覆盖所有品种、所有地区。二是继续实施标准化畜禽规模养殖场建设工程，在总结生猪、奶牛标准化规模养殖小区建设经验的基础上，将补助范围扩大到以草食为主的肉牛、肉羊、毛绒用羊标准化规模养殖小区建设，提高畜禽生产水平和资源利用效率，改善动物产品质量安全。三是实施畜牧业环境整治工程，政府引导，推广生态循环型、资源化利用型模式，减轻畜牧业给环境造成的污染。四是尽快实施《全国草原保护建设利用总体规划》，加大对退牧还草等工程的投入力度，扩大草原生态补偿机制实施范围。五是启动秸秆综合利用工程，为充分利用我国秸秆资源，建议尽快启动秸秆综合利用工程。六是扩大大中型沼气建设规模，在现有沼气专项中，适当降低户用沼气建设规模，增加大中型畜禽规模化养殖场沼气建设规模，解决规模养殖场环境污染问题。

中国特色农业现代化道路的实现途径*

The Path to Agriculture Modernization with Chinese Characteristics

辛 岭

Xin Ling

摘要：本文通过对中国特色农业现代化路径选择的特点分析和中国实现农业现代化路径的判断，提出中国特色农业现代化道路的实现途径。

Abstract：This paper analyzes the characteristics of the Chinese special features agriculture modernization path choice and judges the path to carry out the agriculture modernization. On this foundation, puts forward the road to carry out Chinese special features agriculture modernization.

党的十七大报告明确指出：在推进社会主义新农村建设的进程中，要“坚持把发展现代农业、繁荣农村经济作为首要任务”，“走中国特色农业现代化道路”。由于中国的国情和社会发展水平的制约，中国农业既不能走欧美农业现代化的道路，又不能走欧洲农业现代化道路。那么，中国特色的农业现代化道路的实现途径是什么？这是我们要作出科学回答的问题。

一、农业现代化路径选择的特点分析

综观世界各国农业现代化发展的历史和经验，实现农业现代化的路径表现

* 2007年国家社会科学基金重点项目“中国特色农业现代化的理论、道路与实践研究”，项目批号：07AJY020；2009年中央级公益性科研院所基本科研业务费专项资金项目“农业现代化的专题研究”。项目批号：2009YWF4－6。

出普遍性和同一性，而不同国家、地区与民族又各具特点，表现出特殊性和差异性。具体有如下特点：

（一）路径选择的技术先导性

农业现代化的基础动力是科学技术的进步和不断创新。尽管世界各国在农业现代化的技术路径的选择上呈现差异，但随着生产力水平的普遍提高，农业现代化技术选择向趋同方向发展。因此，农业现代化的路径选择要充分考虑到科学技术因素，而且所选路径要有利于技术的推广与应用。

（二）路径选择的效率性

农业现代化过程是不断提高劳动生产率、土地生产率和综合农业生产能力的农业发展过程。其中资源配置效率的高低是关键环节。20 世纪 60 年代后期，美国的拉坦和日本的速水佑次郎分别研究美国和日本农业现代化成功经验时发现，尽管美日农业现代化的初始资源禀赋不同，在选择农业现代化路径时追求的资源配置的高效率的经济原理却是一致的。所以农业现代化路径的选择要以效率性为基础。

（三）路径选择的阶段性

由于科学技术的发展呈现阶段性特征，科学技术在农业现代化过程的应用也使农业现代化的路径选择也呈现出阶段性特征。经典的传统农业农业现代化阶段主要是以机械化和化学化为特征的石油农业，而现代农业的现代化阶段，则以生态农业和可持续农业为特征；新农业现代化则以信息技术和高科技为特征。可见农业现代化的路径不是一成不变的，农业发展每个阶段的路径各不相同，在现代农业发展过程中，对农业现代化路径不断调整、甚至寻求新的路径也不足为奇。

（四）路径选择的差异性

农业资源的基础不同，农业生产条件不同，会影响农业现代化路径选择的方向，从而也使各国在实现农业现代化的切入点与突破点也有很大区别。美国、加拿大等国，人少地多，土地资源丰富，工业发达，先搞机械技术，再搞生物技术；英国、法国、德国，土地资源相对不足，工业发达，实行机械技术和生物技术同时并举；日本明治维新后，试图以欧美为榜样发展农业现代化，但欧美的大型农具与日本小规模农户经营不相适应，日本人多地少的国情与欧美不符，结果日本转向改良品种、土壤改良，开发推广栽培灌溉技术，先搞生物技术，后搞机械技术，直到1977年水稻生产才实现了机械化作业。

二、中国实现农业现代化路径的判断

从我国农业现代化进程可以看出，随着社会生产力和科学技术发展水平的提高，对农业现代化的认识逐步深刻。20世纪50—60年代，以“四化”即机械化、电气化、水利化和化肥化来概括农业现代化的内涵，从农业技术和生产方式变革的角度理解农业现代化，实际上是农业生产现代化或农业生产过程现代化。20世纪70年代末至80年代中期，农业现代化的基本内涵有了发展，延伸至经营管理现代化，认为农业现代化的本质是科学化，即应把农业的生产和管理逐步建立在生态科学、系统科学、生物科学、经济科学和社会科学的基础上。进入21世纪以来，从广义上理解现代农业及农业现代化的内涵和外延，认识到农业现代化是一个复杂的社会系统工程，在一定的内部条件和外部条件下应将农业以及与之相关的主要社会经济问题纳入农村这一大系统之内综合分析，从农村和农业与其他相关社会经济方面的相互关系中研究农业发展问题，而不是简单地谈论农业自身的现代化。

与发达国家相比，我国农业目前面临的现状是：农业自然资源人均资源量相对稀缺，现行家庭经营承包制度下“土地碎片化”，传统生态农作制历史悠久，具有精耕细作传统，但现代科学技术基础薄弱，广大农民的科学文化水平低，基层科技力量严重不足，农业人口比例大，农村大批剩余劳动力难以转移。

基于我国农业现代化进程和我国农业目前面临的现状分析，中国农业现代化需要多轮驱动，技术是动力，制度创新是前提，农村工业化和城市化以及政府对农业的保护及政策是支撑。目前我国实现农业现代化的主要障碍不在技术创新，尽管我国对农业的科技投入以及农业科技进步贡献率与发达国家有较大差距，但我国农业生产要素最缺的还不是技术，一方面，我国在若干高科技领域如航天航空技术、生物工程、基因及克隆技术等已经接近或达到世界先进水平；另一方面，在我国农业生产领域，大多数地区还处于传统农业的初中级阶段，主要原因在于现行的土地制度和农业生产组织经营制度极大地限制了技术在农业生产上的推广和应用。

农业现代化的根本标志是农业生产率的巨大提高。一般而言，只有资本使用型技术进步，即在等量土地上越来越小的活劳动推动越来越多的资本，才能带来农业劳动生产率的革命性变化。目前我国农户经营规模的不经济问题不仅在于初始规模的超小化，更重要的是这种初始经济规模的长期凝固化，即农户的超小经营规模无法随着农村经济的发展而不断调整和扩张，阻滞了农民对资本使用型技术进步的选择，这已从根本上偏离了农业现代化的发展方向。

综上，我们以为中国农业现代化的路径选择应从农业自身和农业内部切入，既要考虑到农业现代化的普遍性，更要考虑到中国实现农业现代化的特殊国情，还要考虑到中国实现农业现代化所遇到的主要障碍。

三、中国特色农业现代化道路的实现途径

世界农业现代化的发展历史表明，发达国家在实现农业现代化过程中，都非常注重立足本国国情和发展阶段，积极探索各具特色的发展道路。因此，要从我国现实国情出发，遵循世界各国农业现代化的一般规律，借鉴它们的经验，探索中国特色农业现代化道路的实现途径。

（一）推进农业经营形式的创新

创新农业经营形式，是农业发展的现实需要。党的十七大报告指出，“按照依法自愿有偿的原则，健全土地承包经营权流转市场，有条件的地方可以发展多种形式的适度规模经营”，同时，还要“探索集体经济有效实现形式，发展农民专业合作组织，支持农业产业化经营和龙头企业发展”。党的十七大报告为农业经营形式的创新，指出了两条明晰的道路，一是走农业经营规模化之路；二是农业产业化之路。不管是农业经营规模化之路还是农业产业化之路，都必须建立在以家庭承包经营为基础、统分结合的双层经营体制之上，其总体框架和合理内核不能变，但应该加以发展和提升。

（二）大力推广投入少、成本低、产出效益高的实用科学技术

根据我国目前的科技发展水平和农村的实际情况，应大力推广投入少、成本低、产出效益高的实用科学技术。

1. 农业资源合理利用和保护工程技术。

第一，节水工程技术。一是加强农田水利基本建设，尽量减少在输水途中水的损耗。二是大力推广节水技术，发展喷灌、滴灌和渗灌等，提高水的利用率。三是开发推广雨水集流技术。

第二，保护性耕作工程技术。保护性耕作技术是减少土壤风蚀、水蚀、提高土壤肥力和蓄水保墒能力，达到保土、保水、保肥、保护环境、降低成本、增加作物产量、实现农业可持续发展的目的。应当大力开发、推广保持和培育

土壤质量和地力的土壤耕作制度，重点推广免耕、少耕耕作技术、作物秸秆还田、残茬覆盖地表地膜覆盖技术。

第三，农业废弃物综合利用工程技术。如畜禽粪便的无害化处理、制作有机肥或饲料、秸秆粉碎还田、利用热解技术从秸秆中得到高品位的可燃气、秸秆氨化处理制作饲料等工程技术。大多农业废弃物经过处理可以得到合理利用。

第四，农村可再生能源利用工程技术。在广大农村尤其是边远地区，大力发展风能、水能、地热、太阳能沼气等实用工程技术，解决农村的用电、用热问题。

2. 设施农业工程技术。我国是土地资源和水资源严重匮乏的国家，发展设施农业是集约利用资源，增加农民收入，发挥比较优势，提高农业竞争力的一项战略措施。它包括种植业、养殖业、种苗繁育、产后贮藏、保鲜等。涉及产前、产中、产后领域。要根据各地不同的自然、经济条件，有针对性地推广环境自动控制温室、玻璃日光温室、塑料日光温室、塑料大棚、遮阳网、清洁网、防雨棚，以栽培蔬菜、花卉等具有较高经济价值的园艺作物和饲养名特优新畜禽、水产品为主。

3. 农业机械化工程技术。目前小麦机械化作业已基本得到解决，下一步要下大力气解决水稻和玉米机械化作业问题。水稻机械化作业的关键是解决机械插秧，玉米机械化作业的关键是解决机械收获，此外要做好大豆、棉花、油菜、甘蔗等经济类作物机械化作业的试验、示范、推广工作，逐步提高经济作物的机械化作业水平，提高生产率，增加产品的市场竞争力。

4. 病虫草害综合防治工程技术。农业病虫草害防治是保证农业生产达到稳产、高产，实现可持续发展的重要环节。目前乃至将来很长一段时期，病虫草害防治仍是以化学防治为主，因此，一方面要推广广高效、低毒、低残留农药，另一方面推广高效、安全、精量、对靶施药机械。

（三）把高效农业作为农业现代化建设的重要内容

高效农业是以市场为导向，运用现代科学技术，充分合理利用资源环境，实现各种生产要素的最优组合，最终实现经济、社会、生态综合效益最佳的农业生产经营模式。建设高效农业，应按照区域布局，根据各地区域自然资源和经济资源优势，按照优势农产品生产和市场的地域性，确定高效农业建设的内容。

东北地区是国内农业生态环境和水土资源组合条件最好的地区之一。是我国重要的商品粮基地和农业基地，也是我国 21 世纪粮食增产和粮食供给潜力最大的地区。推进东北地区高效农业建设，应借鉴“劳动节约型”发展模式，以提高劳动生产率为核心，大力发展农业机械化，强化科技、基础设施、社会化服务和现代物流等支撑条件建设，打造现代化的商品粮源、畜牧水产、特色农业、农业生态产业和农产品精深加工五大产业基地，促进农业生产的规模化、集约化和现代化，加速构建现代农业产业体系。

东部地理位置优越，农业生产力发达，人口就业非农化程度与市场化程度都很高，农村外向型经济发达，属经济发展较快地区。推进东部地区高效农业建设，应充分利用资本、技术和市场优势，借鉴“土地节约型”发展模式，走资本、技术密集型和资源节约型道路，在严格保护耕地、稳定发展粮食生产的基础上，大力开拓国际市场，加快发展设施农业和外向型农业，积极发展高档精深加工，延伸产业链条，提升产业层次，提高农业生产效益，率先实现农业现代化。

中部地区是全国主要的农业生产基地，是我国重要的粮食主产区，也是传统农区。推进中部地区高效农业建设，应立足优势农产品聚集度较高、劳动力资源丰富的基础条件，借鉴“土地节约型”和“中间类型”两种发展模式，走提高土地产出率和劳动生产率并重的道路，通过进一步优化农业生产区域布局，加强农业基础设施为突破口，强化农业科技、农业物质装备、现代物流体系等保障条件建设，大力发展粮食产业，不断壮大农产品加工业，稳步提高农业综合生产能力，做大做强专用小麦、水稻、玉米、棉花、油菜、畜产品、水产品等优势农产品产业带，着力建设“高产、优质、高效、生态、安全”的现代农业。

西部地区地域广阔，农业种质资源丰富，发展特色产业、生态农业的潜力较大。西部地区高效农业的建设重点，一是做好生态环境保护和治理，加快退耕还林、还草、还湖步伐。保护和建设天然草地，实行划区轮牧和舍饲圈养。二是大力发展特色农业。加快发展优质棉花、糖料、水果、蔬菜、花卉、中药材、牧草、烟叶、茶叶、蚕桑、脱毒种薯和名特优水产品等具有传统优势的产品生产，建设专业化、规模化的特色农产品生产基地。三是发展节水农业，加强优质高产的糖料、棉花、瓜果生产基地建设，重点发展葡萄、香梨、哈密瓜、啤酒花、枸杞、牧草等特色农产品。调整畜群结构，加快品种改良，改变养殖方式，积极推广舍饲圈养，加快草场建设，发展特色农业和牧区畜牧业产业化经营，发挥区域资源优势，形成区域骨干产业。四是大力发展特色农产品加工业。既要发展一定规模的特色农产品加工业，又要注重发展各种具有地方风味和特色产品的传统产业和作坊，把特色初级产品变为特色加工产品，形成区域经济支柱和独具特色的农产品加工体系。

（四）推动中国特色农业机械化建设，走中国特色农业机械化道路

我国目前农业机械化发展已跨入中级阶段。这意味着农业发展方式由原来依赖和占用人力资源向依靠科学技术和现代农业装备的重大转变。但是，当前我国农业机械化整体水平仍然不高，只相当于韩国20世纪70年代水平。虽然全国机耕水平接近60%，小麦生产基本实现了机械化，水稻机收水平接近50%，但大宗农产品生产总体机械化水平较低，多数劳动强度较大的主要生产环节农机化发展滞后，水稻机插秧水平只有11%，玉米机收水平仅有8%，花生、马铃薯机收发展刚刚起步，油菜、甘蔗、园艺作物等优势农产品机械化基本空白。

我国农业机械化发展战略思路是：第一，大力推进主要粮食作物全程机械化，着力提高经济作物、设施农业、养殖业、林果蔬业机械化，加快推进丘陵山区农业机械化。走增产增效、节能环保，由数量增长向质量效益型转变的农机化发展道路。第二，振兴农业装备制造业，做大、做强一批产业带动性强的农机企业，注重提高配套农机具生产。第三，积极扶持农机合作服务和农机专业户合作经营的组织模式，提倡农机服务多元化与农机共同利用。第四，继续发挥国有农垦农场在发展农业机械化和机械化服务方面的示范带动作用。

我国农业机械化发展重点是主要粮食生产全程机械化，如小麦、水稻、玉米、马铃薯等；提高玉米收获机械化装备水平；大力发展薯类作物机械化；推动油菜种植与收获机械化；加快推进草原牧区畜牧业全程机械化；推进研究水稻、棉花收获机械化；积极发展特种作物机械化；积极推进丘陵山区和小型农作机械化装备发展。不仅要推动耕种收环节的机械化，还要推动种子处理、灌溉、植保、烘干、贮藏、加工等各个环节的机械化；不仅要提高产中机械化水平，还要提高产前、产后机械化水平。

另外，农业小规模经营适合我国社会经济和农村生产力发展水平，仍将是今后相当长时期内我国社会主义初级发展阶段农业经营的主要方式。如何在这样的条件下发展农业机械化，必须借鉴国外的成功经验，走我们自己的道路。由于耕地、劳动力等自然条件的制约，我国小规模农业的机械化将是以生物技术为主导，以提高土地产出率为核心的选择性机械化，在社会经济进一步发展，非农产业能够大量稳定地吸纳农村劳动力的阶段，机械化的发展模式（或技术路线）仍不会是以劳动生产率为核心的单纯效率型，而将是生物技术与提高劳动生产率的农业机械相结合，以达到小规模农业投资能力和使用相对经济的要求。小规模农业机械化的实现，除劳动力转移和工资率上升等外部条件外，其主导因素是农业经营规模的扩大和农机利用的组织化程度的提高。

目前农机化技术基础基本具备，农机购置补贴政策不断扩大实施，农机工业与农业机械化良性互动，各方面对发展农机化都有较高的积极性。只要辅以综合的政策、财政支持，就能有效推动农机化加快发展。这些政策包括加大对农机社会化服务的扶持、支持公益性农机化技术推广、支持农机化基础性和公益性科研、加强农机化人才队伍建设和从业人员技能培训、加强农机化配套基础设施建设等。

（五）发展小城镇，逐步实现农村城市化

农村城市化是在存在特定人口转移障碍的背景下，在推动农业现代化和农村工业化的同时，广大农村依托传统集市和行政中心，参照现代城市先进的经济、社会标准，发展中小城镇，从而使农村富裕劳动力不断由农业转向非农产业，人口以及经济活动不断由农村向城镇集聚的过程。农村城镇化的主要标志是农村城镇人口比重的持续上升。农村城市化是农村工业化和现代化的必然趋势。

首先，依靠办在小城镇的乡镇工业对农业进行补偿，实行“以工补农”的微观调节，可以调动农民积极性和稳定农业。第二，小城镇可以为农业提供现代的物质技术基础。农业现代化必须有先进的技术装备来武装农业。小城镇工业的发展可以为农业提供农用机械、农用化学品和农业能源等现代物质基础，促进农业基础设施建设。工业品投入的有效增长，还将促进农业技术进步，加快传统农业的改造速度。农业先进技术装备要在农村推广使用，需要树立典型、进行维修、提供配件、燃料等服务工作，而小城镇拥有这些功能，有效地推进了农业机械化和现代物质装备在农业中的使用。第三，小城镇可以创造更多就业机会，有力促进农业剩余劳动力的转移，推动农村土地的集中经营，扩大农业生产规模，为提高农业劳动生产率提供条件。小城镇及其工业的发展为农业现代化提供资金积累。农业作为第一产业，首先为小城镇工业的发展积累资金，完成原始积累；而小城镇工业发展到一定阶段后，又可“反哺”农业，为农业增长提供资本积累，推进农业的现代化。

（六）传统有机农业与资源节约型、环境友好型的可持续生态农业的有机统一

我国农业自然资源长期处于高负荷运行状态，又由于增加了化肥、农药等投入，使农业内生污染日益严重。加之随着工业化进程加快和人口增长，生产生活消费废弃物不断增加，对农业生态系统的破坏也越来越明显，保护农业环境成为农业现代化过程中的一个重要方面。

1. 以循环农业为目标。循环农业是将循环经济观念引入农业生产的全过

程，以追求更大经济效益、更少资源消耗、更低环境污染和更多劳动力就业为目标的先进农业模式。今后，中国农业一是要注重发展资源节约型农业，如发展“精准农业”、“无土栽培农业”、“旱作农业”、“节水农业”等，节约耕地和水资源，尽可能提高单位面积的产量和生产经营效益。二是要注重发展生态效益农业，如发展立体种植、间作套种、动植物共生、食物链、产加销一体化等。三是要注重发展劳动密集型的园艺小农业，如畜产品、水产品以及水果、花卉等农产品，单位产品价值量大、附加值高，对劳动力吸收能力较强和受耕地资源的制约较弱，应该积极发展。同时，充分利用各地资源优势发展特色农业，形成各具特色的农产品种植区、产业带，如海洋农业、设施农业、立体农业、精巧农业、园艺农业、休闲观赏农业，提高农业的综合效益。

2. 把农业现代化与建设生态工程联系起来，突出各产业的有机联系，尤其是重视各产业之间的能量转化和物质连接。通过生态农业区划和农业生态系统工程优化设计，把农、林、牧、副、渔各业及其生产、加工、销售衔接起来，使农业废弃物资源化，并对其进行多层次综合利用、循环利用，形成合理的农业生态联系和生态结构，使农业的功能不断得到拓宽。

3. 与时俱进，引入环境保护理念、可持续发展理念、绿色产品理念，并以人与自然协调发展作为准则，以实现经济、社会、自然环境的可持续发展为目标，把农业现代化与可持续发展、建设生态文明有机地统一起来。注重农业资源的节约使用，把资源开发、利用、保护有机地结合起来，把建设资源节约型、环境友好型社会放在农业现代化发展战略的突出位置，使农业现代化同其资源、环境及相关产业相协调。把实现农业现代化与改善和保护农业生态环境，防治农业污染统一起来，与发展绿色农产品生产，实现无污染的清洁生产结合起来，既避免农业现代化以破坏资源与环境为代价，又避免单纯强调保护而阻碍农业现代化。

（七）培育新型农民主体

1. 培育农业经营大户。农业大户是农业适度规模经营的主体，培育农业大户能促进农业适度规模经营的发展。因此，适度规模经营是现代化、科学化、集约化的一种经营方式经营主体必须具备相应的现代科学知和管理知识。培养一批具有现代农业经营理念的农业大户是推进我国农业现代化建设的人才保障，各地政府应通过多渠道，多方位对农业大户进行培训。通过基层农技服务部门对农业大户进行技术扶持和帮扶，创办农民学校，大力开展农村业技术培训和成人教育，结合当地村产业发展实际开展先进的生产技术、农产品加工技术、贮运技术等培训，全面提劳动者科技文化素质，为培养农业大户打下良好的人才基础。

2. 培育创业农民。

首先，继续强化农民职业教育与培训体系的功能。职业教育和培训是实用技术最主要的传播载体之一，加强对农民职业教育与实用技术的培训能有效提升农民市场参与度，从而提升农民的市场活力与竞争力。因此，接受职业教育与培训是提高农民创业成功率的重要保证之一，各级政府应强化职业教育与培训体系的功能，完善和开拓农民职业教育的渠道，让更多的农民在接受相关教育与培训之后走上成功创业之路。

其次，构建农民创业支持平台及其政策体系，努力提高农民的市场主体地位。政府支持农民创业应着眼于农民合作组织和农民创业支持平台与创业政策支持体系的构建，完善制度设计，重新梳理农民在现代化进程中的地位和作用，不断增加农民的社会资本，降低创业成本。中国要解决农民勤劳但贫困的问题，应首先解决农民的市场地位问题，建立起符合农村现实的农民创业支持平台与体系，充分激发和发挥农民创业热情，让更多的农民以个体创业带动群体就业和从就业型转移向创业型转移转变。

再次，农业现代化建设要与挖掘农民创业机会相结合。农业现代化建设需大量的投入，也相应地会产生大批新的创业机会，各级政府应通过提供资本支持、低息贷款、风险基金等形式，挖掘农民参与新农村建设的创业机会，让更多农民实现创业梦及由此走上致富之路。

3. 发展农民专业合作组织。农民专业合作经济组织，是民间组织最基本的一种形式，是指以农户家庭承包经营为基础，以农民为主要成员，围绕某一专业或产品组织起来的，在技术、资金、采购、销售、加工、储运和开发等环节开展互助合作的经济和技术组织。它是农民自我服务、自我发展和自我保护的一种行之有效的组织形式，包括农民专业合作社、专业协会等。《农业法》将发展农民专业合作经济组织作为一项重要原则，2006 年《农民合作经济组织法》颁布，都旨在鼓励、支持和促进农民专业合作经济组织健康快速发展，在农村经济发展中发挥了十分重要的作用。

农民专业合作组织内部农户通过在农产品销售、农业生产资料购买、技术市场信息交流服务以及农产品加工等环节上展开合作经营，降低各自分散经营的成本，实现规模经济，提高市场议价能力，增强抗御市场风险的能力，最终达到增加经营收入的目标。农村专业合作经济组织是新形势下发展农村经济的一种生产经营体制的创新，对于提高农民素质、发展现代高效规模农业、增加农民收入、推进农村改革有着重要的作用。

（八）走工业反哺农业、城市支持农业道路，加大财政支农力度

“建立以工促农、以城带乡长效机制，形成城乡经济社会发展一体化新格局”，这是党的十七大报告对加快形成新型工农、城乡关系所提出的明确要求，也是推进我国农业现代化不可或缺的体制和政策环境。

应该说，这几年中央和地方各级政府不断加大政策和财政对农业的支持力度，但与农业发展的需要相比仍显得明显不足。要促进农业又好又快发展，仍需继续加大政策和财政支持力度。一方面，在巩固、加强现行支农惠农政策的基础上，不断完善，不断创新，因地制宜，形成兼顾重点地区、重点品种与一般地区、一般品种的惠及整个农业的政策支持体系；另一方面，在落实中央一号文件提出的三个“继续高于”的基础上，加大财政的支持力度，这个“加大”不仅要体现在财政投入绝对量的持续增长上，更要体现在财政投入相对量的持续增长上。可以从三个相对量来观察，一看财政支农投入占财政总支出的比例是否持续加大；二看财政支农投入增长幅度是否高于财政经常性收入增长幅度；三看财政支农投入与财政用于城市投资的比例是否不断提高。同时，要加强对支农惠农政策、资金的经常性检查，保证各种补贴、投资真正落到实处，真正推动农业发展，防止途中“渗漏”、“蒸发”，严厉查处违法、违纪行为。

参考文献

［1］万宝瑞．深化对粮食安全问题的认识．农业经济问题，2008（9）．
［2］薛亮．从农业规模经营看中国特色农业现代化道路．农业经济问题，2008（6）．
［3］刘志澄．“三农”仍是农村改革的重中之重．农业经济问题，2008（5）．
［4］尹成杰．关于建设中国特色现代农业的思考．农业经济问题，2008（3）．
［5］平明德．加快健全新农村建设十大机制．江南论坛，2008（2）．
［6］黄山松．社会主义新农村建设的推进机制及其建构思路．生产力研究，2007（9）．

2009 年国际农产品价格走势分析

Analysis on the Changes of International Agricultural Prices in 2009

李先德　　王士海　　赵　明

Li Xiande　Wang Shihai　Zhao Ming

摘要： 2009 年绝大部分农产品的国际价格在 2008 年基础上有所回落。供求关系、美元汇率变化和油价走势等是影响农产品价格变动的主要因素。2010 年农产品国际价格可能基本稳定，但需求回升拉动和生物燃料产业进一步发展可能会成为国际农产品价格上升的推动力。

Abstract: Compared with 2008, the international prices of most agricultural products in 2009 have declined. The changing supply and demand relationship, changes of exchange rate of US Dollar and price tendency of crude oil are among others the main factors of the fluctuation of agricultural prices. The international agricultural prices are likely to stabilize in 2010, however, the demand recovery and the development of the biofuel sector may become the driving forces for the increase of agricultural prices.

经过 2008 年的大起大落以后，2009 年绝大部分农产品的国际价格在 2008 年回落的基础上保持了基本稳定。随着金融危机的探底和 2009 年下半年全球经济的微弱复苏，FAO 食物价格指数①呈现出动态上升的态势。2009 年 2 月 FAO 食品价格指数降至 139，5 月份以后开始上涨，12 月份已涨至 172。在各类食品中，谷物价格指数基本稳定且轻微下降，而乳制品和食糖价格指数出现了较大上升。世界银行食物价格指数也显示出相同的态势，2009 年的食品价格指数为 205，较 2008 年低 42.4。虽然第四季度食物价格指数较第一季度提

① FAO 食物价格指数是 6 大类 55 种商品价格的加权指数（以 2002—2004 年为基期）。

高了 21.1，但同期谷物价格指数却降低了 10.5。

一、2009 年国际农产品价格波动呈多元态势

与 2008 年不同，2009 年国际市场主要农产品价格波动呈现出多元态势：

(一) 谷物价格动态调整稳中有降

2009 年国际市场大米、小麦、玉米价格均比 2008 年有一定幅度的回落。从全年来看，三种产品价格基本保持稳定，但稳中有降（图 1）。

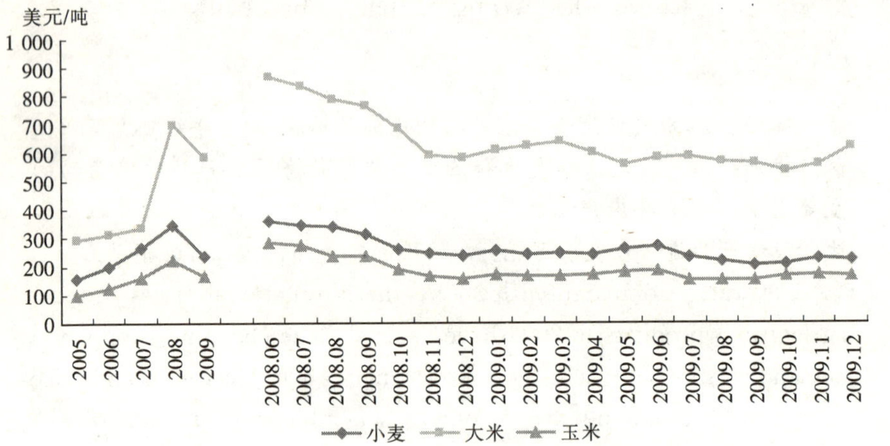

图 1　2009 年国际市场谷物价格

注：大米为泰国 100%B2 级大米曼谷离岸价，小麦为美国 2 号硬红冬小麦墨西哥湾离岸价，玉米为美国 2 号黄玉米墨西哥湾离岸价。

数据来源：FAO 国际商品价格数据库。

大米价格在 2009 年基本上延续了 2008 年中期以来的整体下行的态势，其中伴随出现了几次较小的波动。从年均价看，2009 年泰国 100%B2 级大米曼谷离岸价为每吨 583 美元，比 2008 年均价回落了 114 美元，但仍比 2007 年的均价高出 74.4%。2009 年第一季度，泰国 100%B2 级大米曼谷离岸价扭转了 2008 年 5 月以来不断下跌的态势，实现了连续三个月上涨，3 月上涨至 637 美元，比 2008 年 12 月上涨了 9.4%。此后 9 个月里，大米价格分别出现了两次小幅度的上涨和下跌，并于 12 月份升至 618 美元。然而上涨的态势并没有持续下去，2010 第一季度大米价格又出现持续下跌。

与大米相比小麦价格波动幅度较小，但价位下行的态势更为明显。美国 2 号硬红冬小麦墨西哥离岸价在 2009 年 1 月实现了 8.9%的增长达到每吨 256

美元以后，又出现了连续三个月的下跌，4 月小麦价格已跌至每吨 242 美元。此后两个月小麦价格上涨，并于 6 月升至阶段新高，达到 270 美元，此后又进入下行通道，直至跌到 9 月份的 201 美元，比全年最高价下跌 25.5%。10 月和 11 月份国际小麦价格均出现小幅回升，但回升并没有持续太久，最终仍以下跌的态势结束 2009 年，并最终回落至 12 月份的 222 美元。

在经历了 2008 年过山车似的波动以后，2009 年国际玉米价格表现相对稳定，但总体来看仍延续着 2008 年 6 月份以来的跌势。2009 年 1 月，美国 2 号黄玉米墨西哥湾离岸价每吨 172 美元，较 2008 年 12 月份上涨了 9.7%，但比 2008 年 6 月份的最高价下跌了 38.8%。在 2009 年前两个季度里，玉米价格基本上都在上涨。6 月份玉米价格达到本年度最高的 183 美元，较 2008 年 12 月上涨了 16.5%。7 月玉米价格在陡降 16.8%至 152 美元后又呈现出动态上升的态势，但调整幅度很小，最终于 12 月份收于 167 美元。进入 2010 年后，国际玉米价格依然保持着走软的行情。

（二）油料产品价格大幅回落

2009 年，国际主要油料产品的价格较 2008 年大幅回落，全年来看先涨后跌，有跌有涨，基本稳定（图 2）。

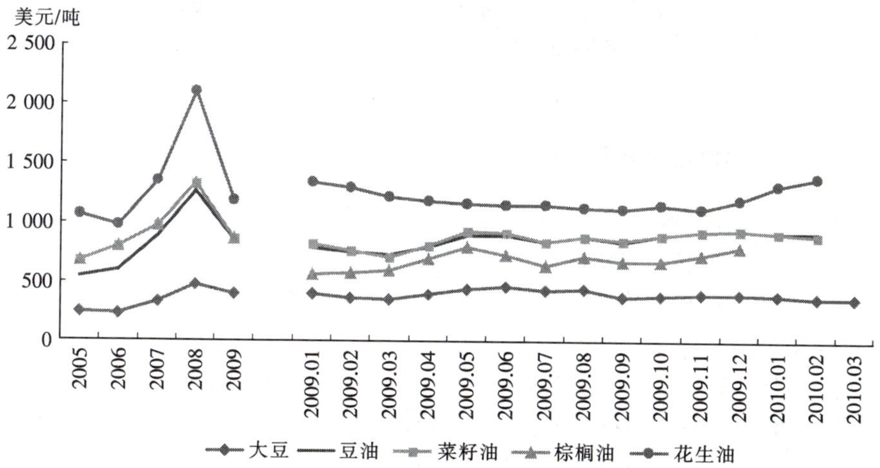

图 2　2009 年国际市场主要油料产品价格

注：大豆为美国 1 号黄大豆墨西哥湾离岸价，豆油为荷兰现榨豆油离岸价，菜籽油为荷兰现榨菜籽油离岸价，棕榈油为西北欧粗棕榈油到岸价，花生油鹿特丹花生油到岸价。

数据来源：FAO 国际商品价格数据库。

大豆价格在 2009 年上半年扭转了 2008 年 7 月以来的跌势，开始震荡上扬，下半年整体走弱。2009 年 1 月美国 1 号黄大豆墨西哥湾离岸价为每吨 397 美元，比 2008 年 12 月的价格上涨 15.4%，比 2008 年最高价低 190 美元。大豆价格在 6 月份达到 469 美元以后一路回落到 9 月份的 373 美元，而且其后 4 个月一直在 370～390 美元之间徘徊。

豆油价格在 2009 年中呈现出震荡上行的态势，但总体价位仍远低于 2008 年的水平。2009 年 1 月荷兰现榨豆油离岸价为每吨 789 美元，比 2008 年 12 月提高了 6.9%，但比 2008 年的最高价低 48.7%。此后两个月豆油价格连续回落至本年度最低的 727 美元，第二季度又连涨三个月至 6 月份的 896 美元。下半年豆油价格出现几次较小波动并高收于 12 月份的 935 美元，这也是本年度的最高价。国际市场菜油价格的波动与豆油基本相似：荷兰现榨菜籽油年度最低价均出现在 3 月，为每吨 709 美元，最高价出现在 12 月，为 944 美元。与豆油不同的是，菜油价格 2009 年第一季度延续了始于 2008 年 6 月的跌势。

棕榈油国际市场价格一年中出现了较大上涨。西北欧粗棕榈油到岸价在 2008 年 11 月份降至 2008 年以来的最低点的每吨 488 美元，此后一路上涨，并于 2009 年 5 月升至本年度最高位的 801 美元，半年上涨 64.1%。随后两个月棕榈油价格持续下滑并收于 7 月份的 640 美元，较最高位跌幅达 20.1%。此后棕榈油价格震荡上行，最终收于 12 月份的 792 美元。花生油价格在 2009 年基本上延续了 2008 年 9 月以来的跌势。花生油鹿特丹到岸价从 2008 年 8 月的每吨 2 372 美元一路下行至 2009 年 9 月份的 1 120 美元，跌幅达 52.8%。年末花生油价格强劲回升，并且延续到 2010 年初。

（三）肉类价格全年稳中有升

与 2008 年均价相比，2009 年国际市场各类肉产品价格均有所回落，但都高于 2007 年的均价（图 3）。

猪肉价格在 2009 年延续着 2008 年以来的跌势，但全年来看跌幅很小。2009 年猪肉均价比 2008 年下跌 58 美元，跌幅为 2.6%。2009 年 1 月，美国冷冻猪肉出口价为每吨 2 195 美元，较 2008 年最高价下降了 14.3%。在此后的四个月里，猪肉价格有所上升，5 月达到每吨 2 312 美元。下半年猪肉价格动态走低，最低价是 10 月份的每吨 2105 美元。

牛肉价格在 2009 年扭转了 2008 年 7 月以来的跌势，保持了动态上涨。2009 年 1 月，澳大利亚冷冻无骨牛肉美国东海岸到岸价为每吨 2516 美元，比 2008 年最高价下跌 35.0%，比 2008 年 12 月份价格上涨 16.8%。2 月牛肉价格下跌，此后价格一路上升至 7 月份的每吨 2 734 美元。虽然随后三个月牛肉价格有稍许回落，但年末两月价格连涨 4.1%和 1.6%，最终收于 12 月的

2 800美元年度最高位，恰好与 2008 年均价持平。

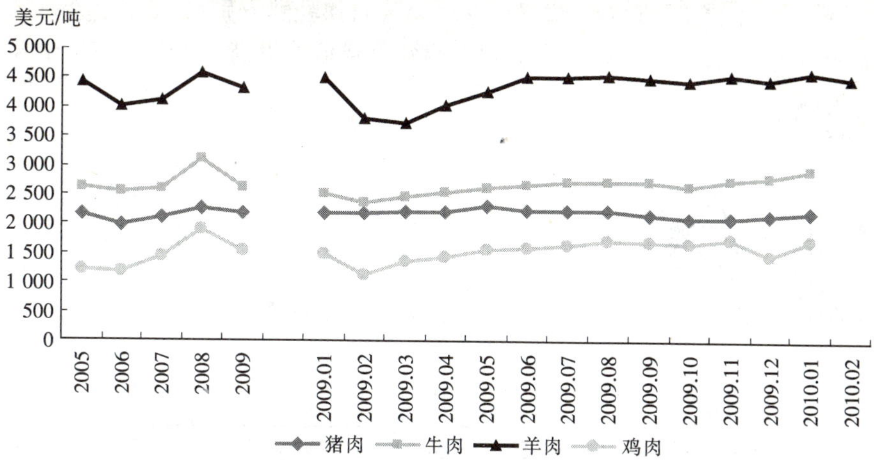

图 3　2009 年国际市场肉类产品价格

注：猪肉为美国冷冻猪肉出口价，牛肉为澳大利亚冷冻无骨牛肉美国东海岸到岸价，羊肉为新西兰全冷冻羔羊肉伦敦斯密斯菲尔德市场批发价，鸡肉为巴西鸡肉出口离岸价。

数据来源：FAO 国际商品价格数据库。

羊肉价格的变动与牛肉价格类似，整体呈现涨势。1 月份，新西兰全冷冻羔羊肉伦敦斯密斯菲尔德市场批发价为每吨 4 512 美元，较 2008 年 12 月上涨 14.8%。然而，随后的两个月羊肉价格分别快速回落 15.7%和 1.5%，并于 3 月份跌到本年度最低的 3 746 美元。第二季度羊肉价格持续上涨至 6 月份的 4 935美元，此后保持了基本稳定，并于 11 月份达到 4 570 美元的年度最高位。

鸡肉价格的跌势从 2008 年 9 月一直持续到 2009 年 2 月。2 月巴西鸡肉出口离岸价格跌入全年最低的每吨 1 124 美元，比 1 月份下降了 25.4%，比本年度平均价格低 27.6%。随后鸡肉价格先后出现了 8 个月的连续上涨和 2 个月的连续下跌，并于 11 月份达到本年最高的 1 743 美元。然而 2009 年的最后一个月鸡肉价格出现了 15.7%的回落并最终收于 1 470 美元。

（四）乳制品年初下跌下半年暴涨

国际市场乳制品价格在 2009 年的第一个季度仍处于回落阶段，第二个季度扭转了 2007 年以来的跌势，并且在几个月内攀升至 2007 年中期的水平（图 4）。

黄油和乳酪 2009 年 1 月份大洋洲出口离岸指标价均处于 2007 年年末以来的下行通道，分别为每吨 1 925 美元和 2 675 美元，随后继续下跌并分别于 4 月达到各自本年度最低位的 1 800 美元和 2 425 美元。从 5 月份开始，黄油和乳酪价格开始上涨，到了10月二者价格分别达到2 725美元和3 213美元。在11月份分别上涨35.3%和32.7%以后，黄油和乳酪分别在12月达到本年度最高的4 100美元和4 425美元，比各自年度最低价提高了127.8%和82.5%。

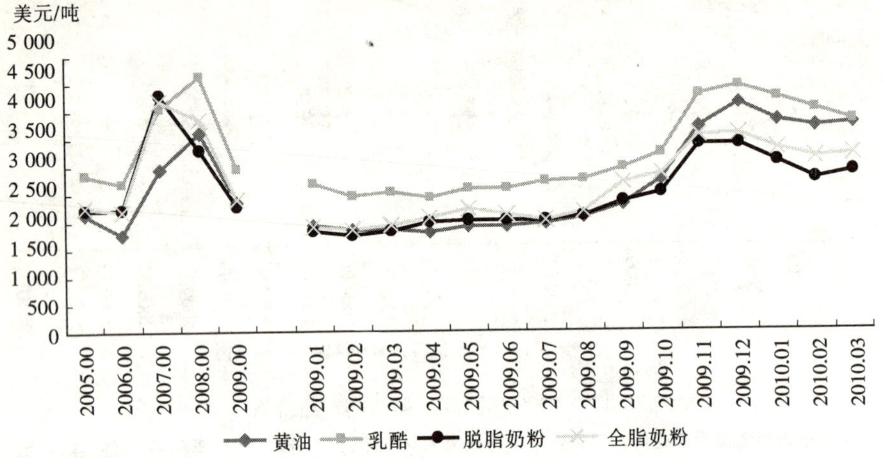

图4　2009年国际市场乳制品价格

注：黄油、乳酪、脱脂奶粉和全脂奶粉均为大洋洲出口离岸指标价。

数据来源：FAO国际商品价格数据库。

脱脂奶粉的跌势一直从2007年的8月持续到2009年的2月，其后行情逆转，8月份开始强势上升。2009年2月，脱脂奶粉大洋洲出口离岸价为全年最低的每吨1 750美元，比1月份下跌8.8%。4月到8月间，价格缓慢上升，在9月和11月分别上涨12.7%和35.7%以后，脱脂奶粉价格于12月升至本年度最高值每吨3 375美元水平，比年度最低价提高了92.9%。

全脂奶粉也是以跌势进入2009年的。2月份大洋洲出口全脂奶粉离岸价达到2007—2009年中最低值，为每吨1 850美元，只有2007年10月最高值的37.4%。在经过连续3个月的上涨和2个月的连续回落以后，下半年全脂奶粉价格急剧上升，其中9月份和11月份分别出现23.4%和23.7%的单月增幅。12月份，全脂奶粉以3 550美元的高价结束2009年，这个价格是2月份的1.9倍。

（五）食糖价格涨势强劲

国际食糖价格从2005年下半年开始上涨，在2006年一季度升至高点后逐步回落，经过2007年的低价徘徊和2008年的恢复性上涨后，2009年食糖价格一路飙升，年均价是2008年的1.4倍。1月份国际糖业组织平均报价为每吨275美元，比2008年12份的价格上升了6.3%。在缓慢上升至4月份的297美元后，国际糖价进入快速上涨通道。5 月糖价单月上涨 17.1%，7 月和 8 月又分别上涨 12.5%和 21.5%。9 月份糖价小幅上涨 2.8%，然后进入 3 个月的调整期，但最终还是高收于 512 美元。这个价格几乎是 2008 年年末价格的 2 倍（图 5）。

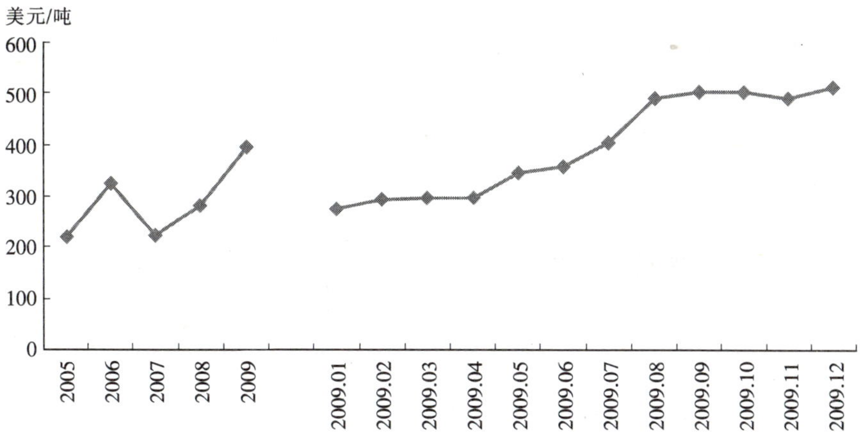

图 5　2009 年国际市场食糖价格

注：食糖为国际糖业协定（ISA）平均价。

数据来源：FAO 国际商品价格数据库。

（六）棉花价格低位攀升

2009 年国际市场棉花价格总体呈上升走势，但全年平均价格仍低于上年水平。Cotlook A 指数全年平均价格为每吨 1 383 美元，较上年下降 12.1%。2009 年一季度国际市场棉花价格延续 2008 年下半年的下跌惯性，3 月 Cotlook A 指数跌至年度最低位的 1 134 美元。4 月和 5 月份 Cotlook A 指数分别上涨 10.4%和 8.8%，然后进入了 3 个月的稳定期。下半年最后四个月棉花价格连续上涨并于 12 月份达到本年度最高位的 1 676 美元，同比上升 36.9%（图 6）。

二、农产品价格波动的影响因素分析

与 2008 年的大起大落相比，2009 年的国际农产品市场要平静得多。其中根本原因是供求关系已大为宽松，而价格回落后消费的增加又避免了价格的进一步下跌。此外，美元走势和原油价格也在一定程度上影响了农产品价格的形成。

（一）谷物和大豆供求关系宽松，导致价格难以提升

首先是 2009/2010 年谷物产量虽低于 2008/2009 年的创纪录水平，但依然

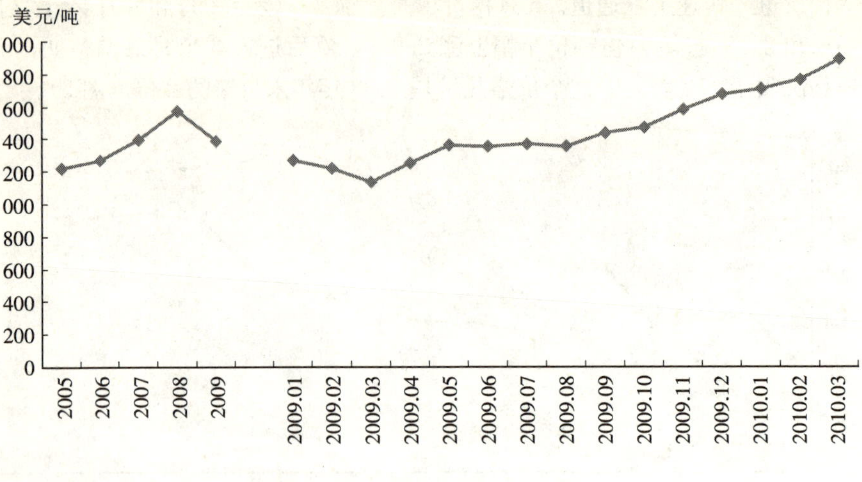

图 6　2009 年国际市场棉花价格

注：棉花为 Cotlook A 指数（远东）。

数据来源：世界银行商品价格数据库。

处于较高水平。据 2010 年 2 月 FAO 的估计，2009/2010 年全球谷物产量为 22.48 亿吨，较 2008/2009 年低 1.5%，却比 2007/2008 年高出 4.8%。预测 2009/2010 年世界谷物贸易量将降至 2.61 亿吨，比 2008/2009 年的记录低近 8%。预计小麦贸易量急剧下滑是本年度世界谷物贸易量缩减的主要原因，而预计粗粮和稻米的贸易量仍将接近上年度的水平（表 1）。

表 1　世界谷物形势

	产量	利用量	贸易量	供给需求比①	库存量	库存利用比
2006	20.1	20.6	2.5	116%	4.7	20.1%
2007	21.5	21.2	2.7	120%	4.3	19.5%
2008	22.8	21.9	2.8	124%	5.1	22.8%
2009	22.5	22.3	2.6	121%	5.2	23.4%

注：①“供给需求比”指五大粮食出口国的粮食供给量与这些国家正常市场需求量的比例，其中“正常市场需求量”指国内利用量加过去三个季度出口量之和的平均数。除百分比数外，其他单位均为亿吨。由于 FAO 数据是不断修正的，上表“库存利用比”一栏值可能不等于“库存量”和“利用量”之商。

数据来源：FAO 历期“Crop Prospects and Food Situation”。

由于饲料粮价格的回落，预计 2009/2010 年粗粮的饲料总用量将达 6.37 亿吨，比 2008/2009 年的估算数量高 700 万吨。由于原油价格的坚挺，燃料乙醇的谷物需求可能会进一步增加。根据国际谷物理事会2010年1月份的预测，乙醇生产（包括非燃料乙醇）的粮食利用总量可能达1.357亿吨，比上年度增加14%。其中玉米在这一增长中占大部分且主要是在美国，根据最新报告，美国本年度乙醇生产的玉米用量可能达1.07亿吨，比2008年增加1 300万吨。这些因素都使得2009/2010年世界谷物利用量会有所增加，据FAO估计2008年谷物利用量将达到22.3亿吨，比2008年增加了1.8%。

尽管谷物利用量增加了，由于产量较高，库存量却达到了8年来最高水平的5.23亿吨，预计全球粮食安全的一项重要指标——世界谷物库存量与利用量之比将在2008年本已较高的22.8%的基础上进一步提高到2009年的23.4%，这也是2003年以后的最高值。在这种相对宽松的供求形势下，谷物价格呈现出走弱的态势就在情理之中了。

根据美国农业部12月份公布的月度报告，预计2009/2010年世界大豆产量为创纪录的2.5亿吨，远高于2008/2009年度的2.1亿吨，增幅19%；而2008/2009年度全球大豆使用量预计为2.3亿吨。同期大豆库存为5 709万吨，比2008/2009年度增长34.6%。由于供应增量远大于需求增量，大豆供需基本面偏空。基于此，2009/2010年度，国际市场大豆在保持基本稳定的同时呈现出走弱的态势。

（二）美元走势直接影响国际市场农产品价格的短期波动

虽然农产品价格的基本面决定了农产品价格的基本走势，但美元走势却在很大程度上影响着农产品价格的短期走势。反映美元走势的主要指标是美元指数，它通过计算美元和对选定的一篮子货币的综合变化率，来衡量美元的强弱程度。虽然欧元已经是美元指数期货的标的物，但鉴于欧元的特殊重要性，我们在利用美元指数的同时，特意强调欧元对美元比价的变化对农产品价格的影响。

尽管影响农产品价格的因素是多元的，但美元走势无疑对于农产品价格的短期变动有着很大影响。2008年7月到11月5个月之间，美元指数上升，美元对欧元强势升值，相应地大豆、小麦和玉米价格都在下跌。2008年12月份和2009年1月份美元较2008年11月份走弱，农产品价格跌速见缓并实现上涨。2009年2月和3月份，美元对欧元明显升值，农产品价格纷纷回落。4月到6月，美元指数和美元对欧元比价再次回落，农产品价格随之步入上升期。7月到9月，尽管美元仍处弱势，但在增产等因素的影响下，农产品价格依然处于回落态势。进入10月和11月，农产品在美元贬值的带动下出现上涨。12

月，美元对欧元比价上涨2.1%，农产品价格增幅减缓或出现下跌（图7)。

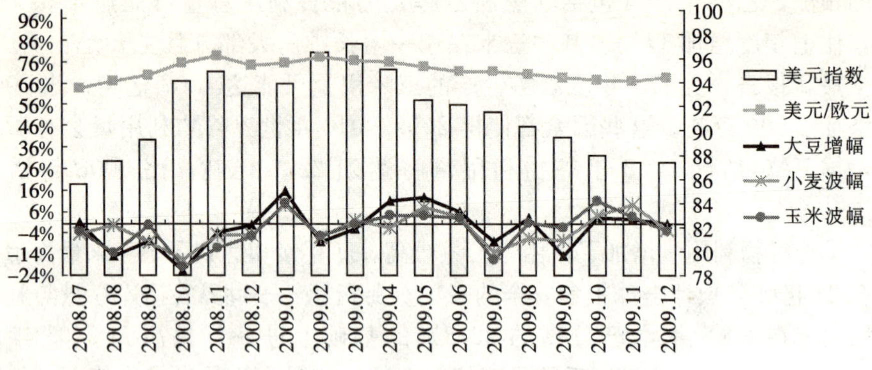

图7　美元走势影响国际市场农产品价格波动

注：小麦为美国2号硬红冬小麦墨西哥湾离岸价，玉米为美国2号黄玉米墨西哥湾离岸价，大豆为美国1号黄大豆墨西哥湾离岸价。

数据来源：FAO国际商品价格数据库，中国人民银行。

（三）原油价格走势直接带动国际市场农产品价格的同向变动

生物质能源打通了粮油价格与原油价格之间的通道，原油价格的涨跌直接影响着农产品期货市场的预期，进而影响着国际农产品价格的波动。2008/2009年度下半年以来原油价格一路下滑，相应地主要农产品价格也随着回落（图8)。2009/2010年度，原油价格波动与粮油价格之间的波动有着极其密切

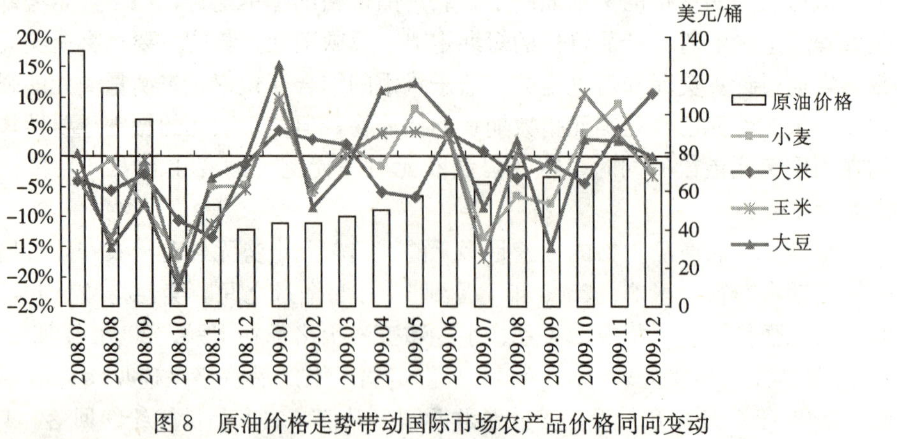

图8　原油价格走势带动国际市场农产品价格同向变动

注：大米为泰国100%B2级大米曼谷离岸价，小麦为美国2号硬红冬小麦墨西哥湾离岸价，玉米为美国2号黄玉米墨西哥湾离岸价，大豆为美国1号黄大豆墨西哥湾离岸价。

数据来源：FAO国际商品价格数据库；美国能源局。

的关系。1 月份原油价格较 2008 年 12 月份上涨，粮油价格也呈涨势。2 月份，原油价格稍有回落，大豆、玉米和小麦等可作为生物质能源原料的产品也纷纷回落。3 月到 6 月，原油价格走强，粮油产品价格也大都走强。三四季度原油价格的波动带动了粮油价格的同势波动。总之，原油已经成为影响粮油价格波动的主要因素。

（四）权威机构的信息发布对期货市场的短期影响十分明显

一些权威机构发布的关于农产品产量、库存、使用量、灾害等信息会对农产品期货市场的表现起到至关重要的影响。其中，美国农业部在这方面的作为引人注目。由于美国是最主要的大豆、玉米、小麦等农产品的出口国，其农产品期货市场引导着全球农产品价格。2009 年，美国农业部发布的各类信息对于农产品价格的短期波动的影响十分明显。美国农业部 2009 年 1 月份供需报告上调了 2008/2009 年度全球小麦期末库存水平和美国玉米期末库存水平，2 月继续上调 2008/2009 年度全球小麦期末库存水平，同时预计 2009 年美国玉米播种面积将扩大 2%。这些信息的发布成为 2 月国际主要农产品价格下跌的主要推动力。一年之中，几乎每当美国农业部发布诸如此类的信息后，农产品期货市场都会作出相应的反应。美国农业部发布的信息对期货市场的影响最终传导至国际农产品市场，并最终使其成为影响国际市场农产品价格走势的重要力量。

三、2010 年国际市场农产品价格趋势

2010 年国际农产品价格的走势不仅取决于农产品的库存和生产情况，还取决于全球经济发展态势，以及受其影响的农产品常规需求变化和由原油价格走势引起的工业用粮（油料）需求的变化情况。

如前面所言，2007—2009 年度谷物生产量均高于利用量，相应的期末库存连续三年增加，库存利用比也达到了 2003 年以来的最高水平。这一切说明 2010 年全球粮食安全具备了一个较好的基础。2010 年的全球谷物产量喜忧参半。由于库存充裕，2010 年三个小麦出口大国——阿根廷、澳大利亚和加拿大小麦播种面积下降。虽然要根据现有信息做出确切预测尚为时太早，但全球小麦收成在 2008 年达创纪录水平及 2009 年接近最高纪录之后很可能会出现下降。由于阿根廷、巴西和南非等国玉米生产面积的扩大和良好的收获条件，预计 2010 年的玉米产量可能会在 2009 年的基础上继续提高。在稻米方面，在降雨失常对 2009 年部分作物造成影响之后，季风格局回归正常可能促使 2010 年

全球产量回升。在农产品价格回落的2009年，世界谷物需求基本恢复正常。尽管2010年全球经济会进一步回暖，但全球农产品正常需求难有太大调整，基本会保持2009年的水平。总之，从供求基本面看，国际农产品市场供求形势会即使不好转也不会恶化，价格稳定应该是2010年国际市场的主格调。当然，在主要农产品稳定的同时也不排除有部分产品受产量或者其他人为因素的影响而出现较大波动的可能性。

不过影响农产品价格出现大幅波动的因素依然是存在的。根据国际货币基金组织2010年1月份报告，全球经济正在进入比预期更为强劲的复苏，预计2010年的世界产出将增长4%。由于需求强劲，预计2010年石油价格将上涨22.6%。受此影响，生物燃料的发展对谷物和油料的需求的增长可能还会成为推动农产品价格上涨的主要动力。

参考文献

[1] FAO，Food Outlook，June 2010.

[2] FAO国际商品价格数据库.

[3] 世界银行商品价格数据库.

关于我国饲料粮供需的预测分析

An Analysis on China's Feed Supply and Demand in the Future

李丽原　　李宁辉

Li Liyuan　Li Ninghui

摘要：目前饲料粮不足问题日益突出，今后我国粮食需求的增长将主要来源于饲料粮需求的增长。本研究通过对饲料粮供需进行预测分析，为决策部门提供政策依据。

Abstract: At present, the shortage of feed supply in China is getting worse. The increase in grain demand will be more and more contributed by the increase in feed demand. This paper analyzes China's feed supply and demand in the future, and then gives some policy suggestions based on findings.

近年来，随着我国居民收入水平的提高，膳食结构发生变化，畜产品需求量不断增加，畜牧业的快速发展已呈不可逆转的趋势。这在客观上要求有充足的饲料作为后盾，而作为主要饲料原料的粮食能否满足国内畜牧业生产的需求已经成为备受关注的课题。

一、我国饲料粮生产状况

我国近几年的粮食增产是恢复性的增产，刚刚超过历史最高水平，而人口还在持续增长，对粮食的需求在增长的同时发生着结构上的变化。目前，饲料粮占粮食产量中的比重不断加大，在口粮，工业粮和饲料粮三大需求中，饲料粮不足已经成为粮食供需中的主要矛盾。

（一）饲料粮的结构

改革开放以来，尽管城乡间存在着经济水平上的差距，体现在粮食消费结构上，主要是农村口粮消费量远高于城市，而饲料用粮的消费量则相反。饲料粮是指用作饲料的粮食，主要包括玉米、稻谷、小麦、谷子、高粱及薯类。大豆也是传统概念的粮食，但因其经济价值较高，很少直接用作饲料。豆粕作为大豆加工的副产品，由于其富含蛋白质，营养价值高，广泛应用于饲料工业。饲料粮的构成大致如图 1 所示，玉米占 75%，稻谷占 11%，小麦占 5%，薯类占 7%，大麦和高粱占 1.5，其他占 1%。

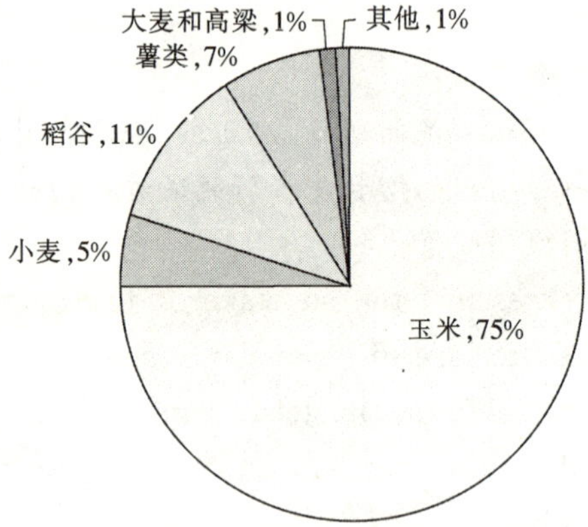

图 1　我国饲料粮的构成

数据来源：孙志强．2008 我国饲料用粮供需情况分析．中国饲料工业协会信息中心．

（二）我国饲料产业的发展变化

我国自古以来就是畜牧业大国，饲料生产有着悠久的历史。新中国成立以后，随着畜牧业的发展，饲料生产也随之发展起来，按照不同的发展水平，大致可以分为四个阶段：第一阶段：饲料产业起步阶段（1949—1978 年）。在这个阶段，我国的饲料生产是用手工作坊式的生产方式生产混合饲料，还没有配合饲料，处于饲料产业的起步阶段。第二阶段：饲料产业新兴发展阶段（1978—1984 年）。这一时期，粮食生产大幅度提高，畜禽饲养总数不断增加，畜牧业对精饲料和粗饲料的需求持续上升。为适应畜牧业迅速崛起的需要，我国产生了饲料工业。第三阶段：饲料产业的成长阶段（1985—1997 年）。在这一阶段，畜牧业保持快速发展，因此带动了饲料用粮的增加。在这期间，为了加强饲料行业的质量管理，国家陆续制定了相关的饲料标准，建立了饲料产品质量检测机构，出台了饲料管理办法。但在执行国家和行业标准的过程中，一些饲料企业，特别是中小企业存在很多问题，因此导致饲料产品的质量不高的情况仍然存在。第四阶段：产业整合、科技提升阶段（1998 年至今）。这一阶段，中国饲料业从初期的规模扩张发展到技术层次的提升，产生了许多科技型企业。他们以科技创新为先导，推动中国饲料业进行新的飞跃。但同时，随着饲料行业竞争升级，出现了行业获利趋微的情况。

（三）影响饲料产业发展的因素

经过 20 多年的发展，我国饲料产业开始进入扩大企业规模和提高产品质量的产业升级阶段。发展模式已由速度型向质量与速度并重型转变，生产规模不断扩大，产业化经营水平不断提高，产学研紧密结合，技术创新能力增强，市场化程度越来越高。

1. 影响发展的有利因素。第一，饲料产品市场广阔。目前畜牧业已成为我国农业经济结构战略性调整和农民增收的关键环节，饲料是畜牧业发展的物质基础，畜牧业的快速发展必将带动饲料工业的持续发展。第二，饲料原料供应还有增加的潜力。当前我国只有约 1/4 的饲料谷物直接用于饲料加工，其他 3/4 的饲料谷物由养殖场自行加工或农户直接饲喂，表明我国饲料工业的发展潜力巨大。第三，经过 20 多年的发展，目前我国饲料工业已具备了“走出去”的优势。

2. 影响发展的不利因素。第一，部分饲料原料仍有较大缺口。随着市场对畜产品需求的日趋旺盛，以及畜牧业产业化、规模化发展，对饲料粮和优质饲料的需求不断增加，导致部分饲料原料出现较大缺口。第二，饲料企业整体素质与新型工业化的要求还有差距，饲料企业散、乱、无序竞争的现象依然存在。第三，饲料质量安全问题还比较突出。虽然随着政府相关部门监管力度的加大，我国饲料质量安全状况有较大改善，但仍存在不少问题。第四，支持保障体系不完善。第五，新型饲料原料开发与推广有待加强。

（四）影响我国饲料粮需求的主要因素

首先是畜产品消费因素。随着收入和消费水平的进一步提高，城乡居民对动物性食品的消费需求将会继续增长。其次是畜牧业生产因素。我国生猪、家禽饲养业的发展将是影响饲料需求的主要因素，这两种肉类在中国动物性食品消费中占的比重较高，且消耗的主要是以粮食为主的精饲料。第三是农业结构。农业结构调整的深入推进及与此相关的养殖业发展，将会从需求上拉动我国饲料用粮的增长。第四是科技因素。尽管我国各种畜产品的消费量随着人口和人均购买力的增长而快速增长，但是饲料粮的消耗量并没有表现出同比增长，这是因为饲养技术、家畜育种和管理方式的改进提高了饲料转化率，即生产一定量的肉、蛋或奶的所需的饲料量减少。第五是产品结构因素。目前，我国配合饲料产品结构日益多样化，彻底改变了先前饲料产品结构单一的局面，初步形成了适合我国养殖业实际情况的产品结构，促进了养殖业的结构调整和持续发展。第六是价格因素。饲料需求的整体水平主要取决于畜产品的价格和饲料价格之间的关系。当畜产品价与饲料价比上升时，饲料生产就变得有利可图；相反，当该比例低或下降时，饲料生产就会受到限制。其他经济因素是指由一些技术因素而导致的诸如饲养效率改变、非饲料生产成本变化等能影响价格的因素，它也会引起饲料需求量的变化。第七是土地因素。耕地是饲料粮生产的主要来源，而我国人均土地资源严重缺乏，土地资源相对稀缺，同时耕地资源不断减少。第八是种植技术水平因素。在科技水平不断提高的前提下，通过提高单产来增加饲料粮的产量是一种行之有效的方法，并将决定着我国未来饲料粮的生产能力。第九是其他因素。2003 年“非典”暴发期间，居民普遍减少了对畜产品的消费，对我国养殖业和饲料工业产生了较大的影响。还有国家对部分畜产品的价格控制和补贴政策，都会影响到饲料需求。

二、畜产品的生产情况

图 2 是我国主要畜产品自 1996 年以来的生产趋势图。可以看出近年来，我国畜产品的增长情况，尤其是以奶产品和水产品的增长速度最为迅速。

（一）猪肉

猪肉是我国肉类食品最主要的组成部分，1980 年的猪肉占全部肉类产品的 94.1%，2007 年为 62.5%。尽管 20 多年来比重下降了 32 个百分点，但猪肉重要性并没有因此而降低，生猪生产在畜产业仍然占主导地位，猪肉消费仍然是人们肉食消费的主体，猪肉实际产量从 1996 年的 3 258 万吨增长到 2008 年的 4 621 万吨，增长了 42%，年均增长速度达到 6.37%，我国也超过美国一跃成为世界上猪肉产量最大的国家。

（二）牛羊肉

当前，我国人均占有猪禽肉和禽蛋量已远远超过世界平均水平，猪禽

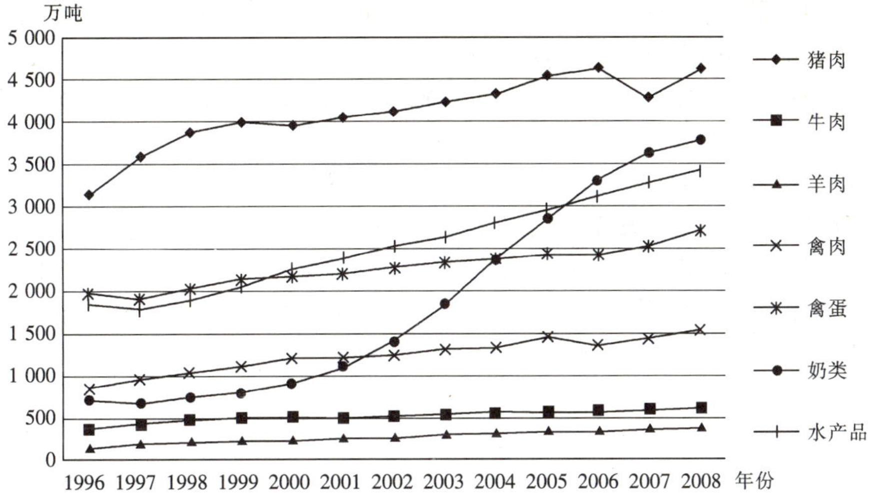

图 2　我国主要畜产品的生产趋势

数据来源：中国统计年鉴。

肉和禽蛋生产已趋于饱和，而牛、羊肉占我国肉类产量的比重仅为 14%，远远不及世界 50%以上的平均水平，且牛、羊肉的国内生产成本远低于世界平均水平，存在很大的发展空间。我国加入 WTO 以后，由于粮食等大宗农产品与国际相比已失去成本优势，农民增收将更多地依赖效益较高的草食家畜如奶牛、肉牛、肉羊等的发展，近几年出现的养牛、养羊热也证实了这一点。所以对畜牧业结构进行调整，优先发展草食家畜对于增加畜牧业在农业中的比重，增强我国畜牧业的国际竞争力，增加农民收入是非常必要的。

（三）禽肉

在 20 世纪 80 年代以前，我国基本上没有专门的肉禽饲养业，肉禽的市场来源只是农户业余时间的放养，而且家禽以产蛋为主，淘汰后才被食用，禽肉的市场供应非常有限。此后，我国开始从国外引进肉鸡专用品种以及先进的饲养方式，大量非农资本进入肉禽养殖业，肉禽养殖业呈现快速发展之势。我国从国外引进的肉鸡多为“快大型”白羽肉鸡，是西式快餐业的主要原料。近年来，西式快餐业迅速发展的势头已日渐稳定，而农村市场的打开尚需时日，因此，2000 年以后肉鸡养殖业进入了一个理性增长阶段。2008 年，禽肉产量达到 1 533.6 万吨的历史最高水平。

（四）禽蛋

20世纪70年代以前，我国蛋禽业生产方式落后，基本是传统的零星散养，禽蛋生产量和商品量都很低，以致城市蛋品供应长期存在严重短缺。80年代开始，政府为解决城市副食品供应问题，在“菜篮子工程”政策、资金等支持下，全国各大中城市相继兴建国有及集体所有制的规模化养鸡场；同时，城市周边地区的农民也兴起养鸡的热潮，禽蛋产量迅速增加。1991年我国禽蛋产量增至922万吨，人均占有量超过世界平均水平；1995年产量超过美国，成为世界第一生产大国。2008年我国禽蛋产量达到了2 600万吨。

（五）奶类

我国奶类主要是牛奶，2008年牛奶产量3 555.8万吨，占奶类的94%。我国奶业经过长时间的缓慢发展后，进入了一个快速增长的时期。奶类产量由1996年的735.8万吨增加到2008年的3 781.5万吨。我国奶类产值比重占畜牧业产值的10%左右，约为农业的3%。

（六）水产品

最近30年里，水产养殖业在全球动物性食品生产中增长最快，而且我国对水产养殖产品的生产贡献率最大，最近几年，我国水产品养殖产量约占世界水产品养殖产量的2/3，可以说，我国对世界其他国家，特别是发展中国家，就发展水产养殖业，保障粮食安全，树立了良好的典范。

三、饲料粮的供需预测

（一）对2008—2017年饲料粮需求的预测

1.1996—2007年饲料粮需求的计算。使用中国科学院农业研究中心开发的农业政策模型粮肉转化系数，分别按以下标准计算各畜产品饲料量使用量：猪肉2001年前为1.784 035，2001年后为1.783 78；牛肉2001年前为0.767 8，2001年后为0.768；羊肉2001年前为0.957 8，2001年后为0.958；禽肉2001年前为1.653 472，2001年后为1.653 222；禽蛋2001年前为0.174 868，2001年后为0.174 792；奶类2001年前为0.371 17，2001年后为0.370 95；水产品2001年前为1.019 282，2001年后为1.017 12。最终得到

1996—2007年饲料量需求总量（表1）。

表1 1996—2007年我国饲料粮需求量

单位：万吨

	猪肉	牛肉	羊肉	禽肉	禽蛋	奶类	水产品	合计
1996	5 634.0	273.1	173.4	1 380.3	343.7	273.1	1 898.8	9 976.3
1997	6 415.9	338.5	203.8	1 617.9	331.7	252.8	1 792.6	10 953.4
1998	6 928.7	368.5	224.7	1 746.6	353.5	276.7	1 929.1	11 827.6
1999	7 146.1	388.1	240.7	1 844.4	373.3	299.5	2 118.9	12 411.0
2000	7 075.5	394.0	253.0	1 996.6	381.6	341.1	2 280.0	12 721.7
2001	7 227.4	390.6	260.4	2 000.9	386.3	416.5	2 406.1	13 088.2
2002	7 354.7	400.8	271.6	2 066.2	396.0	519.5	2 565.3	13 574.1
2003	7 560.8	416.6	295.7	2 169.2	407.8	685.7	2 671.8	14 207.6
2004	7 743.4	430.4	318.9	2 207.7	414.4	878.5	2 831.4	14 824.8
2005	8 125.7	436.3	335.4	2 420.8	426.2	1 062.7	2 994.2	15 801.3
2006	8 295.4	442.9	348.6	2 253.5	423.7	1 225.0	3 171.1	16 160.2
2007	7 648.5	471.1	366.6	2 393.2	442.0	1 347.8	3 334.5	16 003.7

注：水产品产量为人工海水养殖和人工淡水养殖之和。

2.2008—2017年饲料粮需求的预测。采用二次指数平滑法预测饲料粮未来的需求变化趋势。

二次指数平滑法使用于上升或下降趋势明显的需求序列，它是为有线性趋势的线性预测服务的。二次指数平滑法通过计算一次、二次指数平滑值建立一元线性模型，利用线性模型进行未来预测。其计算公式如下：

一次指数平滑值：$S_t^{(1)}=\alpha Y_t+(1-\alpha)S_{t-1}^{(1)}$

二次指数平滑值：$S_t^{(2)}=\alpha S_t^{(1)}+(1-\alpha)S_{t-1}^{(2)}$

线性模型：$T_{t+k}=\alpha+bK$

其中：$S_t^{(1)}$、$S_t^{(2)}$ 分别为 t 期一次、二次指数平滑值，α 为权系数，Y_t 为实际值，$S_{t-1}^{(1)}$、$S_{t-1}^{(2)}$ 为 $t-1$ 期一次、二次指数平滑值，T_{t+k} 为 $t+k$ 期预测值，K 是 t 期到预测期的间隔期数，a，b 为平滑系数，a，b 可由以下公式求得：

$$a=2S_t^{(1)}-S_t^{(2)}$$

$$b=a/(1-a)*(S_t^{(1)}-S_t^{(2)})$$

利用 EViews 计算，得到以下预测值（表2）：

表 2 2008—2017 年我国饲料粮需求预测

单位：万吨

年	饲料粮需求
2008	17 099.4
2009	17 699.7
2010	18 343.3
2011	18 335.3
2012	19 066.8
2013	19 820.6
2014	20 420.9
2015	21 064.5
2016	21 056.5
2017	21 788.0

（二）2008—2017 年饲料粮供给预测

1.1996—2007 年饲料粮供给的计算。粮食供给主要由口粮、种子用粮、工业用粮、饲料用粮和损耗构成，其中所占比例较大有口粮和饲料粮，其余所占比例较小。口粮按照《中国统计年鉴》和《中国农业发展报告》的城乡居民家庭人均粮消费量计算，其中农村居民口粮按统计年鉴上的人均口粮乘以农村人口的方法计算，城镇居民人口的口粮则用统计年鉴上数据按 70%的比例倒推折算成原粮。由于统计年鉴上的城乡口粮均未统计家庭以外的粮食消费，据初步调查，大致估计农村人口在家庭之外的用粮约占 4%左右，城镇人口约占 12%左右。

种子用粮按照粮食总产量的 3%计算，工业用粮按照粮食总产量的 6%计算，耗损按照 2%计算，得出 1996—2007 年饲料用粮供给量（表 3)。

表 3 1996—2007 年我国粮食供给构成

单位：万吨

	粮食	口粮	种子用粮	工业用粮	耗损	饲料用粮
1996	50 453.5	28 321.8	1 513.6	3 027.2	1 009.1	16 581.8
1997	49 417.1	27 539.0	1 482.5	2 965.0	988.3	16 442.3
1998	51 229.5	27 408.9	1 536.9	3 073.8	1 024.6	18 185.3
1999	50 838.6	27 059.3	1 525.2	3 050.3	1 016.8	18 187.0

（续）

	粮食	口粮	种子用粮	工业用粮	耗损	饲料用粮
2000	46 217.5	27 020.5	1 386.5	2 773.1	924.4	14 113.1
2001	45 263.7	25 872.2	1 357.9	2 715.8	905.3	14 412.5
2002	45 705.8	25 550.8	1 371.2	2 742.3	914.1	15 127.3
2003	43 069.5	24 437.6	1 292.1	2 584.2	861.4	13 894.3
2004	46 946.9	24 058.1	1 408.4	2 816.8	938.9	17 724.7
2005	48 402.2	23 112.7	1 452.1	2 904.1	968.0	19 965.3
2006	49 804.2	22 777.2	1 494.1	2 988.3	996.1	21 548.6
2007	50 160.3	22 465.2	1 504.8	3 009.6	1 003.2	22 177.5

数据来源：《中国统计年鉴》、《中国农业发展报告》。

2. 2008—2017 年饲料量供给预测。同预测需求相同的方法，采用二次指数平滑法预测未来的供求变化趋势，得出以下预测值（表 4）。

表 4　2008—2017 年我国饲料粮供给预测

单位：万吨

年	饲料粮供给
2008	22 432.5
2009	24 348.6
2010	23 431.9
2011	21 412.8
2012	21 700.4
2013	21 955.4
2014	23 871.5
2015	22 954.8
2016	20 935.7
2017	21 223.3

（三）2008—2017 年饲料量供需分析

从表 5 可以看到，2008—2017 年我国饲料粮的需求保持不断增长的趋势，这是我国人民生活水平不断提高，对畜产品的需求不断增加所形成的必然趋势。同时，人口的持续增长也促进了畜产品需求的增加。从供给趋势来看，波动起伏现象比较明显，整体呈下降趋势，根据预测，2015年以前，饲料粮的供需呈现供大于求的现象。但从2016年开始，饲料粮供需将出现缺口的局面。

表5　2008—2017年饲料粮供需状况

年	饲料粮需求	饲料粮供给	差
2008	17 099.4	22 432.5	5 333.1
2009	17 699.7	24 348.6	6 648.9
2010	18 343.3	23 431.9	5 088.6
2011	18 335.3	21 412.8	3 077.5
2012	19 066.8	21 700.4	2 633.7
2013	19 820.6	21 955.4	2 134.8
2014	20 420.9	23 871.5	3 450.6
2015	21 064.5	22 954.8	1 890.3
2016	21 056.5	20 935.7	−120.8
2017	21 788.0	21 223.3	−564.6

四、结论与政策建议

饲料用粮是我国畜牧业发展的基础和保障。近几年我国居民口粮消费逐年下降，饲料用粮逐年上升，一定时期以后饲用粮将超过口粮成为我国粮食消费的第一大项。从长期预测来看，饲料用粮将出现供需缺口，在充分考虑我国饲料生产现实问题与困境的前提下，为了保障我国饲料供需均衡发展提出以下建议：

（一）进一步推行三元种植结构

三元种植业已提倡多年，取得了一定进展，但仍然存在粮饲不分的问题，在作物品种选择和加工处理方法上，尚未发挥饲料作物的特点和优势。三元种植结构就是在保护和提高粮食生产能力的前提下，稳步推进粮食、经济作物和饲料作物生产的发展，尤其是要充分利用中低田和冬闲田种植饲料作物，扩大饲料作物种植面积，建立优质饲料生产基地，提高饲料原料的质量和生产能力。我国的粮食问题实质上是饲料问题，粮食安全实质上是饲料粮供求安全。实施三元种植，增加土地直接产出的生物量，不仅能大幅度增加高品质的专用饲料粮，缓解粮食生产压力，而且能促进农业多种经营，延长农业产业链，提高综合效益。

（二）合理利用草原资源

要按照政府扶持、多方参与、市场化运作、草畜平衡的原则，加强草原建设、利用和保护，合理开发利用我国4亿公顷草原资源，并加大退耕还牧还草工程实施力度，大力实施人工种草和草场改良，积极扩大草场围栏实施规模和范围，提高草场的载畜量，保持草场的永续利用。

（三）开发利用非粮食饲料

我国年产6亿吨的秸秆饲料、1 600万吨的棉菜籽饼、800万吨的动物屠宰下脚料等非粮食饲料，要大力开发利用，提高饲料资源的有效利用率，尤其是要积极开发利用秸秆等饲料资源发展农村循环经济，促进农作物秸秆转化增值，缓解粮食需求的压力。

（四）积极开发利用我国能量饲料资源

有效利用我国南方大量的稻谷资源，进一步开发稻谷加工副产品尤其是早籼稻配合饲料技术，研究开发提高稻谷加工副产品能量利用效率的有效途径。大力开发收获玉米加工技术，减少风干成本及高温对玉米营养成分的损失，开发利用其他湿玉米加工新技术，如湿玉米青贮技术等，提高玉米的利用效率。大力开发和优化利用我国每年6 000万吨以上的糠麸、2 000万吨以上的糟渣，提高其能量利用效率，减少饲料粮的消耗。

（五）提高我国现行蛋白饲料资源的利用效率

通过制油工艺技术改造提高饼粕饲用效价的产业化技术开发，采取经济而又有效的物理、化学及生物技术，综合利用各种营养调控手段，优化利用各种低质蛋白饲料资源。安全高效利用我国动物性蛋白质饲料资源，有效利用高蛋白质含量的食品、轻工下脚料。

参考文献

[1] 田维明，周章跃，等．中国饲料粮市场供给需求与贸易发展．北京：中国农业出版社，2007.

[2] 薛玉炜．从粮食消费结构看我国农业生产结构调整的方向．参天水利资源工程研考会

《工作通报》，No. 2009 - 02，2009 年 1 月 15 日 .
[3] 储燕涛 . 中国饲料粮市场分析，中国农业大学，博士论文，2003.
[4] 潘耀国 . 饲料粮与粮食的产需平衡问题 . 中国牧业通讯，2004（22）.
[5] 林越勇，付义刚 . 饲料粮——玉米市场分析及展望 . 广东饲料，2008（1）

江西省油菜生产、加工及市场情况的调研与思考

Research on Rape Production, Processing and Market Conditions in Jiangxi Province

程广燕　　王东阳
Cheng Guangyan　Wang Dongyang
胡志全　　周建华
Hu Zhiquan　Zhou jianhua

摘要： 随着国内食用油市场格局的变化，油菜产业发展整体已明显受制于进口的转基因大豆。本文在对江西油菜籽生产、加工、流通情况进行深入调研的基础上，对下一步油菜产业的发展进行情景判断，提出了稳定其发展的若干举措。

Abstract: With the changes in the pattern of domestic edible oil market situations, the overall industrial development of rape is obviously subject to genetically modified soybean oil market. On the basis of research on rapeseed production, processing and circulation in Jiangxi, this paper predicts rape industry development scenarios and brought forward a number of initiatives to stabilize its development.

2009年10月11—15日，受农业部计划司委托，中国农科院农业经济与发展研究所组织科研人员，对长江流域油菜主产区的江西省九江市武宁县、永修县油菜生产情况，南昌市新建县油菜籽加工及产地市场情况开展了专门调研。期间，调研人员分别与当地农业局、粮食局领导和油脂加工企业的管理人员进行了座谈，并对小型榨油作坊、集中种植区的农户进行了访谈和问卷调查。

一、当前油菜籽生产现状

江西省是我国南方冬油菜的主产地、主销地之一。据该省农业厅资料，2008—2009年，全省油菜播种面积54.45万公顷，总产量57.17万吨左右，分别占全国的7.8%、4.4%。油菜生产主要分布在鄱阳湖平原、长江流域，集中在九江、宜春、上饶等县市。2008—2009年，九江市油菜播种面积11.03万公顷，总产15.46万吨，分别占全省的20%、27%；该市油菜籽单产水平每亩93.5千克，高出全省平均水平34%。本地居民历来有食用菜籽油的消费偏好，尤其是农村居民，仍以食用作坊压榨菜籽油为主。

从江西九江、南昌等地油菜生产、收储和菜籽油加工、市场销售整个产业链条来分析，具有以下四个方面的特点：

1. 种植制度有三种类型。水田的稻稻油三熟制、稻油两熟制和旱地的棉油两熟制。从种植面积上分析，稻稻油连作方式为主，约占60%，其余的依次为棉油套种和稻油连作。为节约农时、降低劳动强度，无论是旱地的棉油连作还是稻稻油、稻油连作区，都重点推广免耕技术，稻稻油、稻油连作区还重点推行机开沟免耕直播技术。

2. 户均生产规模小，单产水平及种植收益都相对较低。从九江调研的情况看，当地农户油菜种植面积每户平均在3亩左右，油菜种植收入占农户纯收入的比例不足10%。据统计，2009年全省收获的油菜籽平均单产为每亩70千克，仅相当于全国平均水平的52%，与高产省份安徽（150千克/亩）相比，每亩少80千克。

3. 农户种植油菜除满足自用以外，每年提供的油菜籽商品量相对稳定。据调研，当地农村居民有长期食用菜籽油的习惯，约1/3左右的油菜籽留作自用，剩余部分向市场出售。当地一个家庭人口规模一般在5人左右，户均种植油菜4.8亩，收获油菜籽485千克，其中175千克留下榨油自己食用，310千克出售。若菜籽油价格明显高于大豆油，部分农户也会将油菜籽全部卖掉，再到市场上购买大豆调和油用于自家消费。

4. 从生产到消费的油菜产业链条，有三种类型。一是农村作坊式榨油，主要满足当地村民自产油菜籽加工榨油食用的需要。平均每个村落，都会有1～2家作坊式榨油户，农户只需支付一定的加工费或以菜籽饼抵付加工费，就可用自产的油菜籽换回菜籽油。农户自身消费的菜籽量约占其产出量的1/3；二是集镇的菜籽散油零售商，通过销售当地小作坊榨油，主要满足当地非农居民和餐饮业的消费需要，这部分菜籽消费量约占当地油菜籽总产量的1/6；三是当地及周边的大中型油脂加工企业、储备库，收购当季油菜籽加工，这部分的加工菜籽量约占当地总产量的1/2，通过压榨、浸出的菜籽油主要用于分装调和油。

二、油菜籽生产、收储、加工各环节的成本收益情况

从调研的作物成本收益情况看，在当地种植的水稻、棉花、油菜等作物中，棉花劳作最辛苦、管理用工最多、收益最高，水稻居中，油菜生产最为粗放，收益水平最低。

1.2009年油菜籽市场价格明显低于上年，油菜生产收益大幅下降。6月份江西油菜籽上市后，国家出台的油菜籽托市收购价格为每千克3.7元，市场收购价实际每千克在3.0～3.6元之间，与2008年同期最高5.7元/千克相比，每千克低了2元以上。虽然2009年种植油菜成本略有下降，但由于价格下降明显，每亩收益显著减少。据调研农户反映，油菜种植的现金成本，主要包括种子、机开沟、肥料、农药、除草剂等费用，每亩分别平均为20元、40元、60元、15元、4元，总现金成本为139元，每亩平均产量为55～60千克，油菜籽每千克出售价格为3.2元，每亩现金纯收入在37～53元之间，与2008年相比，每亩减少160元左右。

2. 农村小作坊榨油专业户收益较为稳定。农村作坊榨油，通常是收取加工费或菜籽饼作价，其收益不受油菜籽、菜籽油等价格的影响，收益相对稳定。据调研，油菜籽加工费用有两种收取方式：一种是每代农户加工50千克油菜籽，收27元左右的加工费用；一种是不收现金，仅留下菜籽饼抵折加工费。一般是按50千克油菜籽榨油出25千克菜籽饼（由于设备技术较落后，出饼率低于油脂加工厂）、菜籽饼每千克按1.2元计算，加工费用在30元左右。这些作坊式榨油专业户，有的是采用现代小型榨油设备，每小时加工油菜籽150千克、出油率33%，有的则沿用传统的横向挤压式榨油机，但一次加工量较少、出油率较低。如果不考虑机器折旧，作坊式榨油专业户代为加工的收益，每50千克油菜籽加工利润为18元左右，购买机器设备3万元的投资当年即可收回并能盈利。据当地村民反映和实地观察，与现代化加工生产出的大豆调和油相比较，传统压榨的菜籽油质量更为可靠，即时压榨即时出油，油气香浓，无任何添加成分，是为广大农民所认可的真正的绿色营养食用油。

3. 油菜籽收购经纪人居间收购，有利可图。据调研，一般经纪人收购油菜籽，每千克利润在0.2元上下。在今年油菜籽每千克3.7元的托市收购情况

下，经纪人多以每千克 3.2 元的价格，从农户处收购油菜籽，以每千克3.64～3.70 元的价格卖给定点收购企业或中储粮库点，除去每千克 0.3 元的运输、水耗等成本外，经纪人油菜籽收购利润，每千克在 0.14～0.2 元之间。

4. 在油菜籽加工补贴的情况下，大中型油脂加工企业仍有小幅利润空间。如调研的南昌安德利油脂有限公司，是南昌市唯一的一家大型油菜籽加工厂，2009 年被列为油菜籽委托收购加工企业。截至 10 月中旬，该企业以 3.7 元/千克价格收购油菜籽 1.2 万吨，每收购 1 千克油菜籽财政将补贴企业 0.2 元。目前该企业加工油菜籽的出油率为 35%、出饼率为 57%。按照目前菜籽油每吨 7 800 元的出厂价、每吨菜籽饼 1 780 元、每吨加工成本 200 元计算，若不考虑财政补贴，企业每加工 1 吨油菜籽，将亏损 155.4 元，但加上每吨 200 元的财政补贴，企业每加工 1 吨油菜籽，就可获利 44.6 元。

三、油菜产业发展方式、存在的问题及整体判断

油菜是我国重要的油料作物，是长江流域生产的传统的大宗农产品和优势产业，在当地农业经济中一直占有重要比例，也是农民增收的渠道之一。近年来，油菜生产发展在受气候等自然因素影响的同时，受国内外食用油市场变化的影响逐渐增大。

（一）产业发展方式

从宏观上看，江西省油菜从种植、加工到市场销售的产业特点是：产业发展方式较为传统，加工转化增值能力较为落后，增产增收潜力较大。同是油料作物，将北方的大豆和南方的油菜两大产业作比较，其差异较为明显。

1. 生产规模差异大。在北方的高油大豆种植区，农户生产规模一般较大、自食份额相对较小，而在南方长江流域，农户的油菜籽生产规模较小，自食比重较高。

2. 经营收益差异大。在北方如黑龙江、内蒙古的大豆产地，其耕作制度一般是一年一熟制，大豆收入是当地农户家庭经营收入的主体；在南方如江西等地，作物种植方式一般是一年三熟、两年五熟，油菜收入占农户总收入的比重，不足 10%。

3. 价格影响差异大。在北方大豆产地，农户销售大豆的价格，现在已直接受到进口转基因大豆价格的影响和挤压，而南方油菜籽价格变动，虽然受以大豆调和油占主体的食用油价格传导的影响，但目前对大中型油脂加工企业影

响较大，对农户收入的影响相对要小些。

4. 临时收储政策差异大。目前，大豆临时收储仅限于中储粮直属库和地方代储库，加工企业可参与收储但加工无财政补贴；而油菜籽临时收储主体多元，除直属库和代储库收购外，还委托部分加工企业收储油菜籽、并给予每吨200元的补贴，在目前的原料、油品价格条件下，加工企业尚有稍许收益。仅此一项补贴政策的支持，就使油菜产地的加工能力得到维持。

（二）存在的问题

从调研的实地情况看，当前江西油菜产业发展，面临的主要问题及影响因素，大致有以下四个方面：

1. 农户油菜生产积极性不高。一是油菜籽生产的经济效益相对较低。从调研情况看，2009年的水稻、棉花每亩平均现金收益分别为450元、1 000元（估算）左右，每亩油菜籽现金收入仅相当于水稻的1/2、棉花的1/5左右。二是适宜双季稻区种植、生育期相对较短的优质“双低”油菜品种较少。三是留村劳动力难以满足季节性用工需求。在南方单、双季稻区种植冬油菜，田间劳动季节性用工需求集中，劳动强度较大，而目前农村大部分青壮年劳力外出打工，耕地种田的以老人和妇女居多，难于在晚稻收割后及时抢种油菜，在来年收割油菜后抢栽水稻。四是农户承包田地少、地块分散，机械化程度低，主要靠人工作业，诸多因素的制约，使油菜生产管理较为粗放。

2. 临时收储政策的作用效果有限。油菜籽临时收储的主要政策目标，是托高油菜籽市场收购价，确保农民种植油菜有收益。从实际情况看，其支持作用有限：一是产地农户用于榨油自用的油菜籽，并不与价格挂钩，无论价格高还是低，都要自我消费一部分，加上农户生产规模偏小，每户油菜籽出售量不大，按照每户300～350千克的商品量估算，每千克价格浮动0.2元，收益变化为60～70元，仅相当于当地一天一个雇工的工钱，增收效果有限。其次，经大中型油脂企业加工后的菜籽油，主要用于配比市场上受欢迎的调和油，该类油品中的菜籽油含量仅为15%左右，转基因大豆油占70%。调和油中的菜籽油含量的高低，与油菜籽收购价呈反向关系，当油菜籽收购价高时，加工、分装企业往往减少调和油中的菜籽油使用量，这种市场需求量的下降，势必拉低油菜籽市场价格，在一定程度上抵消托市收购效果。三是临时收储在托高油菜籽市场收购价的同时，也压缩了产地加工的利润空间，为发达国家农场大规模种植的成本低、补贴多的油菜籽大量出口我国，提供了有利的贸易机会。据加工企业反映，进口油菜籽品种质量划一，出油率相对高出3～5个百分点，而且价格便宜。据有关资料，2009年上半年，我国进口的油菜籽到港价格，每吨364美元，加上关税等费用，每吨在3 000元左右，国产油菜籽价格在每吨3 500～3 700元，国产油菜籽价格高于进口油菜籽。这些进口的油菜籽主要来自加拿大，大多是转基因油菜籽。即便进口油菜籽价格与国内产地价相同，每吨多出油的利润，至少也在150元以上，企业进口油菜籽的利益驱动显而易见。

3. 油菜产业发展整体已明显受制于进口的转基因大豆。总体来看，随着我国食用油原料市场份额的2/3被进口转基因大豆抢占后，南方主产地的油菜种植、加工、销售受到的市场冲击逐渐显现。有些产地农民转向消费价格低廉的转基因大豆油，甚至放弃种植油菜。在加工方面，目前，南方市场份额大的、主销的油品大多是各类食用调和油，如菜籽调和油、花生调和油、山茶调和油等等。这些食用调和油的成分主要是转基因大豆油，约占65%～70%，油菜籽（花生油、山茶油）占15%～20%，其余为棕榈油等。因此，加工后的菜籽油市场价直接受转基因大豆油价格的影响。据油脂加工企业的销售人员介绍，菜籽油与大豆油的价差，基本维持在每吨200元上下，菜籽油整体价格走势主要受转基因豆油价格变化的影响。

4. 行政管理部门职能分工脱节，缺乏产业调节的重点和持续发展的统筹。目前，南方油菜生产、加工、分装行业的利润，直接来自于食用油市场价格的调节。由于涉农管理机构各管一块，行政职能分割，农业部门管生产，粮食部门管收储，发改委管项目，财政部门管补贴，相互之间由于基础信息不统一、不交流，导致市场导向不准确，增产有可能不增收，致使生产、加工及行政管理各方都缺乏积极性，油菜产业的整体发展很难上新的台阶。

（三）整体判断

据农业部门预计，2009年我国夏收油菜籽总产超过1 300万吨，创历史新高。其中229个夏收油菜籽万亩示范片平均亩产189千克，较全国油菜预计亩产增加60千克，高于全国平均水平48%。综合国内外食用油市场状况，结合调研和近年来油菜种植大省湖北、安徽、湖南、四川等地油菜丰产的实际情况，可以得出的判断是：当前我国油菜产业发展正处在关键的转折阶段，其中，加工业是油菜产业发展最为薄弱也是最为有机可乘的环节。也就是说，谁掌控菜籽油加工行业的发展，谁就将决定未来我国油菜产业利益格局的发展走向。由此推断，今后油菜产业发展，大致演变的路径有两种可能：

一种可能是：若外资一旦控制我国油菜加工，我国油菜产业将成为“大豆第二”，其结果是加工行业的利润为外方获得，产地小型榨油作坊将被全部挤垮，农村及小城镇居民的自用菜籽油市场被侵占，国外转基因油菜籽将趁势而入。这些外资加工企业一方面可随时压低油菜籽收购价，另一方面可随意抬高调和油市场价，使生产者、消费者利益双受损，从供需基本面上直接控制我国食用油产业的发展和市场需求。这是国人不愿意看到、也是关系到国计民生产业发展不应有的结局。

另一种可能是：在现有的食用油市场格局情况下，运用激励政策强力发展菜籽油加工，通过掌控南方产地的油脂加工和分装行业，稳步壮大南方的菜籽油市场，使生产、加工、分装各行业都有利可图，既可促进油菜种植大幅度增产增收，又可使加工、分装增值增效，使油菜产业成为国计民生中的优势产业、重要产业。这是完全能够实现的，关键在于国家对油菜产业的统筹调控，及时的政策支持。

四、措施建议

综上所述，调研组建议，扎实推进我国油菜产业健康稳定发展的措施，应突出重点、齐头并进，统筹施行“两支持”、“一调整”、“一限制”、“一协调”。具体如下：

一是“两支持”，即支持加工企业的发展、支持农户收益的提升。依照商品油菜籽的区域生产规模，在原料基地建设、质量检测、技术改造、设备引进及人力资源培训等方面，加大财政扶持力度；通过实行现代企业制度，着力支持产地菜籽油加工企业做大做强，同时规范食用调和油的分装生产规程、质量标准及其市场行为。加强对油菜生产成本收益的监测，根据农资价格上涨幅度和油菜实际播种面积，及时增加补贴，同时，为促进土地有序流转、规模经营，加大对种植大户、家庭农场种植油菜补贴的力度。

二是“一调整”，即调整油菜籽各收储单位的存储份额，增大加工企业的收储规模。在综合、动态确定收购价格的情况下，除国家和地方储备库按照食用油安全要求收购相应量的油菜籽外，大部分商品油菜籽的收购，应由加工企业执行，适当提高对加工企业收购油菜籽的补贴标准，限定其专用于技术改造升级，扩大企业的加工规模及副产品加工的资源综合利用能力。

三是“一限制”，即限制外资对我国菜籽油加工企业的控股、独资，确保食用油市场安全。应全面评估外资垄断对我国食用油产业的就业、市场和产业安全的影响，进一步明确外商投资油菜籽食用油脂加工等项目的限制性条款，暂停批准新增菜籽加工项目。在南方油菜主产区，通过加大中央财政预算投资，实行优惠的金融、税收政策，加快对现有大中型油脂加工企业的改制、组建、重组，支持有自主知识产权、产业关联度大、带动能力强、有市场竞争力的大中型油脂加工企业引进国内外资金、技术和管理经验，提高加工水平，使之尽快发展成为大型油脂加工企业集团，增强我国油脂加工制品的市场竞争力。

四是“一协调”，即实行油菜籽进口协调机制，防止油菜籽过度进口冲击国内市场。目前，世界油菜主产地主要为欧盟国家及北美的加拿大，这些国家的农场种植规模大、机械化信息化程度高，政府补贴力度大，其油菜籽进口到我国的到岸价，明显低于国内生产的油菜籽市场价。在我国食用油及加工用油消费需求量大、国内供给不足的情况下，过量进口必然打压国内生产的菜籽价格。随着生活水平的提高，我国对油菜籽的生产、加工需求将不断增大，在维持适量进口的情况下，应通过提高油菜单产水平、开发利用南方冬闲田，进一步增强油菜籽的综合生产能力，以保持菜籽油市场供需平衡，稳定市场，确保生产、加工等各行业都有利可图，带动产业的稳定持续发展。

我国甜菜的生产变动及影响因素分析*

Analyses on Changes and Influencing Factors of Sugar Beet Production in China

崔奇峰　　蒋和平

Cui Qifeng　Jiang Heping

摘要：本文分析了我国甜菜生产的变动情况，其生产呈现出种植面积和总产量不断减少以及税后纯收益年均增长幅度非常小的特征。在此基础上，笔者结合蛛网理论，运用多元线性回归模型分析了甜菜生产的影响因素。分析认为甜菜的销售价格及种植面积对甜菜的产量有显著的正向影响，因此，价格及种植面积的调整对甜菜生产有重要意义。根据研究结论，有针对性地提出政策建议。

Abstract: This paper analyzed the changes of sugar beet production that showed the features of decreasing acreage and total output and the small average annual growth rate of after-tax net income. Based on it, combining cobweb theory, using multiple linear regression modes, the impact factors of sugar beet production were analyzed and it was concluded that the selling price and areas of sugar beet had significant positive effect on sugar beet production. According to research findings, some targeted policies were given.

改革开放政策实施后，我国糖业经济发生了巨大的变化。长期困扰人们的食糖供给不足问题，在 1995 年以后转变为供给过剩。但我国依然存在制糖成本居高不下，食糖国内市场价格亦连年下跌，制糖行业设备开工不足，产品销

* 2003 年国家社科基金项目《我国糖料作物的生产与制糖产业结构调整问题的研究》（编号：03BJY070）。

路不畅，库存积压，行业亏损的被动局面，严重冲击了国内糖业生产。加入WTO后我国砂糖市场直接受到国际市场上低成本、低价格、高质量砂糖的冲击，这种竞争的结果，将会使具有砂糖生产比较优势的地区生产区域化趋势更加明显。我国的糖料作物主要有甘蔗和甜菜，由于甜菜在单产和含糖量上远不及甘蔗，因此甜菜的种植面积和产量日益减少，如果政府不出台相应的倾斜政策，将会使我国甜菜生产及甜菜糖产业逐步萎缩以至退出砂糖市场，严重影响我国砂糖的供给和国际竞争力。因此，研究我国甜菜生产变动及影响因素，就成为提高我国甜菜产业实力和砂糖产业竞争力的关键，使之能应对加入WTO所带来的机遇与挑战的关键。

一、我国甜菜生产情况分析

（一）全国甜菜种植面积和产量变化

从全国范围来看，近年来，受到价格、气候及食糖市场的影响，甜菜生产发生了很大变化。相对于另一种主要的糖料作物甘蔗来说，甜菜种植面积本来就比较少，并随着时间的推移持续下降，由1995年的695千公顷下降到2008年的246千公顷（见表1）。同种植面积一样，甜菜的总产量也随着时间的推移在不断下降，由1995年的1398.4万吨下降到2004年的585.7万吨，但是在之后总产量有所回升，达到2008年的1004.4万吨，依然不及历史最高总产量水平。不过，随着技术进步和生产效率的不断提高，甜菜单产则从1995年20.12吨/公顷上升到2008年的40.83吨/公顷，增长了约1倍。

表1　甜菜种植面积和产量的变化

年度	种植面积（千公顷）	总产量（万吨）	单产（吨/公顷）
1995	695	1 398.4	20.12
1996	638	1 541.5	24.16
1997	612	1 496.8	24.46
1998	583	1 446.6	24.81
1999	341	863.9	25.33
2000	329	807.3	24.54
2001	406	1 088.9	26.82

（续）

年度	种植面积（千公顷）	总产量（万吨）	单产（吨/公顷）
2002	424	1 282.0	30.24
2003	248	618.2	24.93
2004	190	585.7	30.83
2005	210	788.1	37.53
2006	189	750.8	39.72
2007	216	893.1	41.35
2008	246	1 004.4	40.83

资料来源：中国统计年鉴 2009. 北京：中国统计出版社.

（二）主产区甜菜种植面积和产量变化

甜菜是北方经济作物，喜冷凉，主要分布在新疆、黑龙江、内蒙古及临近省区，种植区域相对比较集中，本研究选取新疆、黑龙江和内蒙古这三个种植甜菜比较典型的省份进行分析。

从图 1 可以看出，1995—2007 年，黑龙江甜菜种植面积在全国的领先优势急剧下降，由 1995 年的 32.8 万公顷下降到 2007 年的 7.8 万公顷，下降了约 3.5 倍，特别是在 2006 年种植面积开始低于新疆，处于全国第二位；内蒙古的甜菜种植面积也大幅减少，由 1995 年的 14.0 千公顷下降到 2007 年的 3.0 千公顷，下降了约 4 倍，并在 1999 年种植面积开始低于新疆，种植面积由第二位降至三省之末。新疆的甜菜种植面积不断波动，在 1995—1997 年种植面积位居第三位，1998 年超过内蒙古开始保持全国第二的位置，到 2006 年，种植面积居于全国首位。

1995—2007 年，主产区内蒙古的甜菜产量大幅减少，由 1995 年的 263.5 万吨下降到 2007 年的 118.5 万吨，下降了约一倍，除 2003 年内蒙古甜菜产量略超过黑龙江外，产量均位于三省之末。黑龙江甜菜产量在 1997 年前处于全国首位，但是其产量随着时间的推移在波动中下降，其产量经历了大幅下降后从 1999—2002 年开始恢复性上升，2003 年产量再次下降，跌至 71.4 万吨的最低点，从 2004—2007 年又不断上升，达到 2007 年的 237.2 万吨，但是比起 1995 年的 500.8 万吨产量还是相差一倍多，处于全国第二的位置。新疆的甜菜产量在波动中不断上升，从 1995 年的 288.14 万吨增加到 2007 年的 586.93 万吨，增加了一倍，并且从 1997 年甜菜产量首次超过黑龙江后一直位居三省首位（见图 2）。

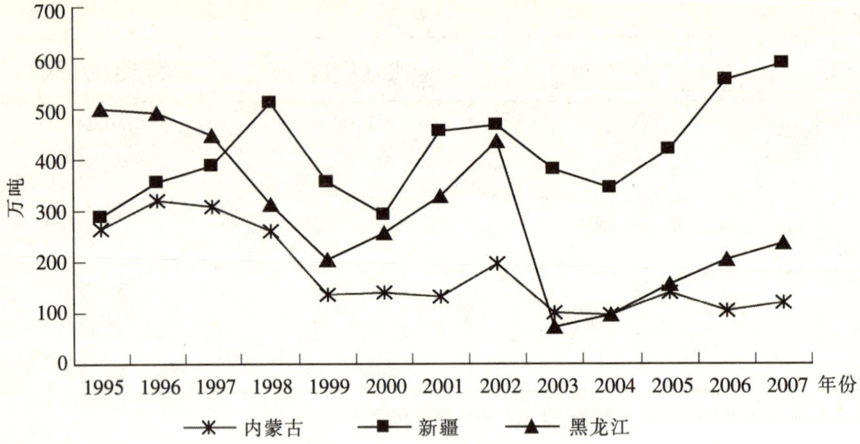

图 1 主产区甜菜产量

资料来源：内蒙古统计年鉴 2008；新疆统计年鉴 2008；黑龙江统计年鉴 2008；北京. 中国统计出版社.

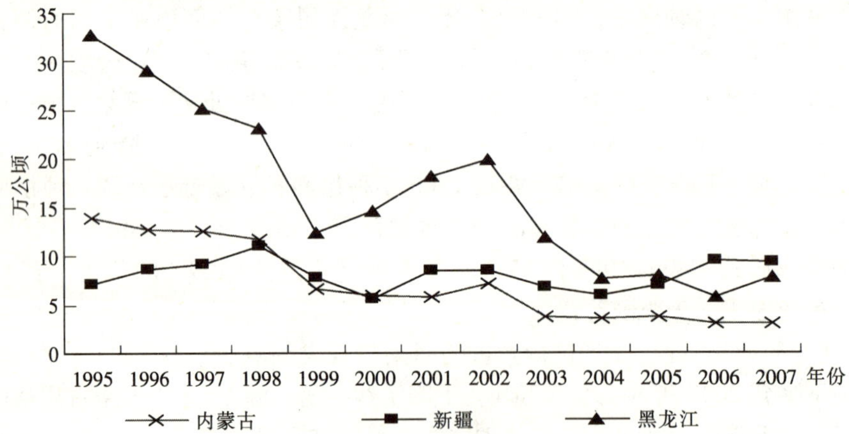

图 2 主产区甜菜种植面积

资料来源：内蒙古统计年鉴 2008；新疆统计年鉴 2008；黑龙江统计年鉴 2008. 北京：中国统计出版社.

（三）甜菜成本收益情况分析

我国甜菜的生产成本由 1990 年的 3.94 元/50 千克增加到 2008 年的 8.87 元/

50 千克，平均每年递增 4.61%；税金及税外负担由 1990 年的 0.11 元/50 千克，增加到 2008 年的 2.12 元/50 千克，年均递增 17.87%；而同期的平均出售价格由 7.82 元增加到 2008 年的 16.39 元，年均递增 4.20%；税后纯收益由 1990 年的 3.77 元/50 千克降到 2008 年的 5.40 元/50 千克，年均递增 0.69%（见图 3）。由此可见，尽管平均出售价格随着生产成本的增加而不断增加，但是生产成本的增加幅度远大于平均出售价格的上升幅度，差值可达到 13.7%，由此带来的结果是，税后纯收益的年均递增加幅度比较缓慢，仅为 0.69%，严重影响农户的生产积极性。因此，提高甜菜种植的纯收益显得尤为重要。

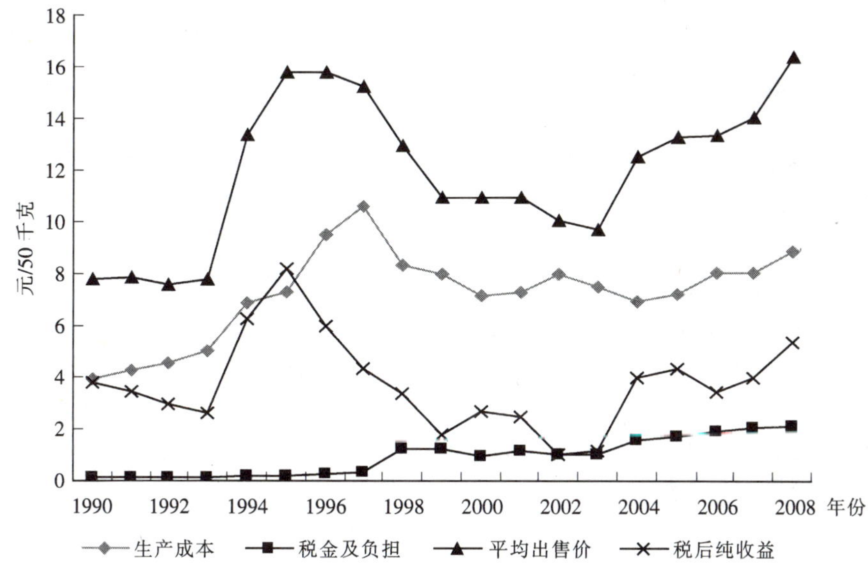

图 3　历年甜菜生产成本收益变化趋势

资料来源：历年全国农产品成本收益资料汇编．北京：中国统计出版社．

二、甜菜生产的影响因素分析

尽管甜菜在糖料作物中所占比重较小，但一年收获一次，其生产量很大程度受到上一年甜菜销售价格的影响，符合微观经济学的蛛网理论，因此，我们将从基本经济学原理来揭示甜菜生产的影响因素。由于目前甜菜生产工艺等不是短期内能够改变的，气候等因素是不可控的，所以价格对糖料作物供给起重要影响。因此，主要选择价格变量，对甜菜的生产进行研究。

（一）变量选取

本研究以1980—2009年的相关统计数据资料作为样本（见表2），选择甜菜产量作为因变量（y）；选取糖料作物收购价格指数（x_1）和糖料作物的播种面积（x_2）两个解释变量对甜菜生产的影响因素进行分析。

表2 变量说明

	均 值	标准差
甜菜价格指数	235.43	104.15
甜菜种植面积（公顷）	483 344.83	177 918.78
甜菜产量（万千克）	1 035 761.1	325 829.06

资料来源：中国物价年鉴（1981—2008）；中国统计年鉴（1990—2009）；全国农产品成本收益资料汇编（1981—2009）。

1. 甜菜收购价格指数（x_1）。微观经济学原理告诉我们，商品的供给量由其价格决定，可以表示为：

$$S=a+bp$$

式中，S为商品的供给量；p为商品价格；a为截距；b为斜率。

在此，我们选用定基价格指数①表示公式中的价格，以反映不同时期甜菜价格水平的变化给甜菜供给带来的影响。根据蛛网理论，简而言之，即产品生产不是由当年价格决定，而是由上年价格决定的。因此，模型设定要选择价格变量的滞后一期变量。一般而言，价格指数越高，甜菜供给越多，价格指数与甜菜供给量应当正相关。

2. 甜菜播种面积（x_2）。甜菜播种面积是甜菜产量多少的另一个重要影响因素，并且甜菜单产随着时间的推移是不断增加的，因此，甜菜种植面积应当与甜菜供给量正相关。对于这一变量的选择，也许会带来甜菜收购价格指数是否与甜菜种植面积有很大相关性，从而使模型具有多重共线性的质疑。因为一般而言，甜菜收购价格指数越高，可能会导致甜菜的种植面积越大，我们在建立这一分析模型之前的基础性研究恰恰证实了由于我国必须保障粮食安全以及甜菜单产的提高，甜菜价格指数和甜菜种植面积之间相关性很小，不会导致模型的多重共线性。

（二）模型设定

除分析选择的两个重要影响因素外，还有影响甜菜产量的其他因素，如气

① 定基价格指数：以某一固定时期为基期，本研究中以1980年为基期。

候、土壤、温度、生产技术等因素，由于这些因素的不确定性或者不可获，我们在这里将这些因素归到 μ 中。模型表示为：

$$y=b_0+b_1x_1^{(-1)}+b_2x_2+\mu$$

式中，y 为甜菜产量；$x_1^{(-1)}$ 为上一年糖料作物收购价格指数；x_2 为糖料作物的播种面积；b_0 为价格指数和糖料作物播种面积都为零时，甜菜的供给量，在研究对象中没有一个样本符合这样的条件，因此分析 b_0 值的意义不大；b_1 为控制其他变量不变的情况下，上一年价格指数每提高一个单位对当年甜菜供给的影响；b_2 为控制其他变量不变的情况下，甜菜播种面积每提高一个单位，对甜菜供给的影响。

（三）影响因素分析

通过 EVIEWS 分析软件，采用普通最小二乘法（OLS 法），回归结果如下（见表 3）。

表 3　模型回归结果

解释变量	系数 b	t 值	相伴概率 p
c^{*}	−183 646.1	−1.947 528	0.062 8
$x_1^{(-1)}$***	1 912.443	8.370 026	0.000 0
x_2* **	1.640 543	12.917 42	0.000 0
R^2		0.883 648	
n		28	
F		0.000 0	

注：*、*** 分别表示变量在 10%和 1%的显著性水平上显著。

根据回归结果，模型可以表示如下：

$$y_1=-183646.14+1912.44x_1+1.64x_2$$

$$(94297.06)\ (228.487)\ \ (0.127)$$

$$n=28\quad R^2=0.884$$

从模型回归结果可以看出，甜菜价格指数和播种面积是影响甜菜生产的重要因素，方程联合显著（$F=0.000\ 0$），两者可以解释影响甜菜供给量 88.40%的原因（$R^2=0.884$）。具体分析如下：

1. 甜菜收购价格指数（x_1）。分析显示，价格指数对甜菜供给有着重要的正向影响，显著性水平为 1%（$p=0.000\ 0$），即随着价格指数的提高，甜菜供给量会增加。在控制其他变量不变的情况下，上一年价格指数每提高一个单位，当年甜菜供给量会增加 1 912.44 万吨（b_1＝1 912.443）。

2. 甜菜的播种面积（x_2）。与之前的预测一样，甜菜种植面积对甜菜产量也是正向影响，并且在 1%的显著性水平下变量通过检验（p＝0.000 0）。在控制其他变量不变的情况下，甜菜播种面积每提高一公顷，甜菜供给量会增加 1.64 万吨（b_2＝1.640 543）。

可见，甜菜价格及种植面积调整对于甜菜生产有着重要的意义，而甜菜供给的多少又直接影响着甜菜糖的生产规模和生产量。由此可见，价格和种植面积无论对于糖料作物本身，还是对糖业都有着重要的意义。因此，从甜菜的价格或者是种植面积的视角出发，制定合理的政策对于我国糖业市场的发展有着前瞻性意义。

三、甜菜生产发展的政策建议

尽管甜菜糖的生产在我国食糖行业中占据较小的百分比，但其对制糖业依然起着重要作用，因为我国是食糖消费大国，仅仅依靠甘蔗糖远不能满足我们对食糖的全部需要。如果甜菜生产不断削弱的话，甜菜糖产量就会不断萎缩，减产甚至停产，势必会影响到我国甜菜主产区制糖产业的发展，进而对该地区的农业经济发展产生负面影响。因此如何发展甜菜生产对食糖产业的发展具有重要意义。

（一）以提高单产和含糖率为主要方向，全面提高甜菜的经济效益

国家和各地政府应从人、财、物方面加大对良种选育以及推广先进栽培技术支持的力度，从而大幅度提高我国甜菜单产，提高含糖率，降低加工过程中的损耗，为 WTO 框架下我国甜菜产业的健康发展提供保证。以提高甜菜单产和含糖量为主要方向，方法包括选育高糖、高产、抗逆性强、工艺良好的甜菜品种；鼓励甜菜规模化、集约化种植；推广甜菜纸筒育苗移栽法；而且必须实行按质论价，鼓励糖农发展良种，提高糖分；认真贯彻国家 2002 年 6 月公布的《糖料管理暂行办法》的规定，农户种植糖料作物的种子由制糖企业负责统一发放并垫付种子费用，保证优良品种的迅速普及。针对我国土地资源匮乏的现状，这些举措使得不扩大甚至减少甜菜种植面积也可以提高甜菜的供给数量和质量成为可能。

（二）甜菜生产要向规模化集约化转变

种植规模小，不仅成本高、效益差，而且抵御风险的能力差。因此，要想

维持低成本并且稳定的甜菜供给，小规模的分散经营向大规模的集约经营的转化显得尤为重要。在甜菜主产区，政府应与企业协调出台有效措施，让土地向种植能手集中，促进规模种植户的形成和发展。由政府政策引导，企业和农户联手打造甜菜的大规模生产。如果生产规模扩大，其利润会相应增加，而生产费用相应减少。不仅能增加种植甜菜农产的收入，而且提高了甜菜生产效率，其结果使低成本的甜菜糖生产成为可能。今后在扩大甜菜的生产规模上，政府应出台一些有利于甜菜集约经营的政策，对农户间的土地转包、流动以及技术服务等方面也需要给予相应的政策引导。

（三）改善基础设施条件，开辟甜菜运输的绿色通道

目前，我国甜菜产区的道路建设相对落后，甜菜收购运距长，企业为了抵御成本增加的压力，肯定会压低甜菜收购价格，不但减少了糖农收入，又使得本不景气的甜菜种植业更加低迷。建议中央和地方政府部门应改善水利灌溉等农田基础设施条件，同时改善甜菜产区的道路、运输条件，降低运输损耗，稳定和提高农户收入，降低制糖企业成本。同时政府应当给甜菜运输活动开辟一条绿色通道，不仅可以减轻企业较高的税费负担，同时尽快地运达加工工厂对减少甜菜糖分损失，提高产品质量都有好处。

（四）形成企业与农户利益的共同体，降低原材料成本

强化糖厂和农户间的实质性利益关系，使企业和农户形成利益共同体。企业和农家通过合同实现甜菜的订单生产，使双方的责、权、利得到明确。同时，新的栽培技术和优良品种的普及、甜菜产区道路、水利灌溉等基础设施的建设，种子、农药、化肥的供给等这一系列服务体系的完善需要制糖企业方面作为自身问题加以考虑，建立一种与农户“利益共享，风险共担”的机制。这是因为对其而言，普及优良品种，扩大经营规模，改善生产条件的措施，使低成本并且稳定的原料供给成为可能。

（五）加强种植甜菜农户合作组织建设

我们必须注意到，我国分散的小农经济决定了农民在市场上并没有太多的发言权，农产品销售价格往往不是市场真实意愿的体现，而是由强势的企业来决定。这就需要我们强化种植甜菜农户的谈判力量，通过政府的间接调控，提供各种政策上的优惠措施，鼓励种植甜菜农户建立合作组织，来增加其在市场中的谈判力量和地位，进而减少由于自身力量不够强大而导致的收益损失，这

在某种程度上也等同于提高了甜菜的市场价格。

（六）制定合理的甜菜收购价格体系

1. *甜菜收购价的制定应逐步转向以含糖率作为标准。*甜菜含糖率的高低是原料品质的根本，也直接关系到砂糖成本的高低。现在实施的甜菜收购价格体系忽视了含糖率高低，一定程度上影响了农户提高甜菜含糖率的积极性。糖料收购标准的实施，是提高制糖企业利益的有效途径。以含糖率高低作为标准确定甜菜收购价格，公正并且客观地进行含糖率的检测必不可缺。在甜菜产区，应当引进甜菜含糖率的检测仪器，根据检测出的不同的含糖率，确定不同的收购价格。

2. *确立能反映砂糖市场供求关系的甜菜收购价格。*随着中国市场经济的深化，各种农产品的价格也随着市场供求状况的变化而发生波动，但是由于甜菜的收购价格受到政府管理的作用，其变动并非完全反映砂糖市场供求关系的变化。要解决这个问题应该考虑把甜菜收购价格与砂糖市场价格挂钩，糖料款项的支付也由一次支付方式改为分两回支付的方式。例如，2000年度内蒙古平均甜菜的收购价格为250元/吨，以230元的收购价格与砂糖市场价格3 300元/吨作为收购基准价格，砂糖市场价格以每100元单位上下波动，则甜菜收购价格相应地以每5元单位上下进行调整。同时，制糖企业以185元作为最低收购价格向农户予以保证，先行支付这部分款项。实际当年的砂糖市场价格上升至3 500元/吨，由于砂糖市场变动而产生的利益差别依据合同在第二次支付中予以补足。这种新的收购制度的实施，使农户和企业之间的利益和风险形成共享。这样把农户的甜菜生产与砂糖市场相互挂钩的结果，在砂糖市场价格上升时可保证农户的增收，在砂糖市场价格跌落时又能减少制糖企业的生产成本，可以降低由于砂糖市场价格的变动而导致的企业经营风险。

参考文献

[1] 韩卫平．糖料作物地区比较优势分析［J］．中国糖料，2009（4）：38－40.

[2] 司伟．中国糖料生产的地区优势分析［J］．中国农村经济，2004（3）：48－53.

[3] 卢秉福，周艳丽，李广忠．我国糖料作物种植与食糖产业发展分析［J］．中国糖料［J］，2009（1）：73－80.

[4] 陈曦．中国内蒙古自治区甜菜生产的经营分析［J］．农业经营研究，2001年39卷第1号：167－170.

[5] 张弓．设立价格的调整体系确保糖业的发展．特别评论，中国砂糖网，2000年9月．

[6] 广西壮族自治区农村社会经济调查队．WTO框架下我国糖业发展战略研究［J］．调研

世界，2004.
[7] 陈曦．中国砂糖供需的动向和制糖产业结构调整的课题［J］．日本农业经营研究，2000年第38卷第1号：165.
[8] 王秀清．扭曲的国际食糖市场：贸易政策与价格形成［R］．国家自然科学基金资助项目报告，2004.

作物生产风险和风险控制

Risks of Crop Production and Risk Control

陈世军

Chen Shijun

摘要： 风险反映人认识事物或参与事物运动过程所得结果的不确定性及相伴随的认识失误、利益损失或人身危害等后果。以满足人对作物产品的需要为目的、在人控制下的作物生产系统，其关键风险对象是产量、纯收益和人身。作物生产系统及其环境中因素的变动能影响目标对象。因此这些因素被称作作物生产风险源。作物生产风险控制即提高作物生产确定性、防范风险和减轻风险。本文提出控制作物生产风险的一些对策和措施，重点在于改革组织结构、完善制度等等。

Abstract: Risk reflects uncertainty of results from human cognizing thing or participating in activity process, and concomitant results such as misunderstanding of objects, loss of benefits, and human injury etc. The crux risk objects of crop production system which is in control of human and is for meeting people's needs for crop products, are yield, revenue and personal body. The variation of factors in crop production system and its environment can influence target objects; therefore, these factors are called risk sources of crop production. Control of crop production risks is to enhance certainty of crop production, take precaution against risks and mitigate risks. This paper presents some strategies and measures to control risks of crop production, the emphases of which are to reform organizing framework, to improve institutions and so on.

一、引　　言

抓住风险是困难的，然而我们常常在我们的意识或语言中发觉风险。深刻地理解风险对于在风险境遇中制订好对策措施和做出好的决策是重要的。本文将讨论风险概念，目的在于提出相对明晰的风险概念。

作物生产者面临多种风险，诸如植物病虫害、洪水、干旱、风暴、制度风险、价格风险和人身风险等。相对较低的收入和比较大的风险致使人们从事该产业的意愿较低；然而，作物生产是人们获得食物和适宜环境的基础，所以人们非常关注作物生产风险。本文将引领读者探索作物生产风险、风险之间的联系和控制风险的策略和措施。

二、风险概念

文献资料给出了多种含义的风险概念。《作物生产风险评估与保险对策》将这些风险概念归纳为四种类型：①风险是损失、危害；②风险是预期与实际结果的差异或变动程度；③风险是事物的不确定性；④风险是不利事物损失、危害程度及其发生可能性的综合度量。

本文提供的风险定义：风险反映人认识事物或参与事物运动过程所得结果的不确定性及相伴随的认识失误、利益损失或人身危害等后果。

风险是非独立的事物；它依赖于有关的认识者和被认识的对象。脱离对象的风险不存在；脱离认识者的风险是真正不确定的。

人们常常拿他/她们的认识或期望结果与实际状况或事物实际结果作比较，用效益或人身安全存在的差异或变动反映风险大小，因此，比较或对比是基本的风险测度模式。在这种测度模式中，风险大小依赖于对象和被当作标准的比较对象，风险大小随着对象和比较的标准改变而变化，这是风险相对性的另一方面。

缺乏多样性的单一事物，相关认识的不确定性比较低，与这些事物相伴随的认识或行为风险也比较低。难以将风险与静止的东西联系起来，风险一般与客观事物的运动或变化紧密联系在一起。多样性是不确定性的一个来源，运动是不确定性的另一个来源，于是风险有了表现的舞台。

偏差、差方、标准差和偏差率经常被用作风险指标，它们采用了比较测度模式。概率、概率分布、多样性、波动指标是用作反映不确定性、多样性和变动性的风险指标。

三、作物生产

作物生产系统是人主导的由多种要素和多种运动过程构成的动态系统。一种简明的作物生产系统基本模型如下：人及其技术行为＋作物＋作物产品＋装备/工具＋辅助材料＋能源/动力＋空间/土地＋时间。

一旦确定作物生产系统，那么其环境也就同时存在着。作物生产系统的边界就是划分作物生产系统及其环境的界限，然而，它也是它们之间的联结。这个边界是什么呢？它不仅仅是地理边界，它是多维的、相对的，部分具有无形特征。在作物生产系统基本模型中，每种要素就是区分系统及其环境的尺度，所以，作物生产系统具有多种边界。哪些人及其技术活动、哪些作物、哪些作物产品等，是作物生产系统的一部分，而其他的则是环境中的部分，这些划分是相对的、可变的。有些边界，例如人的活动、能源/动力、时间，具有无形特征。人们过去常常用农户、村、镇、县作为像农业这样的产业的边界，今天深思熟虑后发现那显得太不认真、太粗糙了。

动态的作物生产系统也可以被看成是许多事件的集合。作物生产系统的基本事件可被描述为一个综合的作物生产过程，它包括播种、移栽、施肥、灌溉、除草、植物病虫害防治、收获和销售作物产品等等。当我们评估作物生产风险时，理解作物生产系统的事件是非常重要的。

四、作物生产风险

作物生产系统的要素和事件乃至整个系统是风险的客体。生产者和与作物生产及作物产品相关的其他人是主体。不同的主体可能对风险有不同的准则和态度，此种情形影响着风险评估，也给了风险表现的机会。

要素风险一般反映要素质量、数量的偏离、多样性或不确定性。事件风险一般反映事件目标的偏离、多样性或概率。考虑风险之间的联系，事件风险根源于要素风险。

作为许多事件的集合，作物生产包含的目标有：作物产品，经济效益，生产者人身。因此，作物生产系统的关键风险是：产量风险、纯收益风险和人身风险。这些关键风险根源于构成作物生产系统的要素和显现在其环境的要素的风险。这些要素的风险可被称为关键风险的风险源。

作物生产关键风险的风险源非常多，范围涵盖从系统内部的品种风险、植物营养风险、农药风险、设备/工具风险、作业风险，到外部气候风险、自然灾害、制度风险、价格风险、人违法活动等等。许多研究人员报告生产者对这些因素的关注程度，关注程度最高的是政府法律法规（得分 3.02），其次是作物产量或牲畜产量（得分 2.95），第三是商品价格的不确定性（得分 2.91）[①]。

（一）产量风险

产量风险可认为是作物产品实际数量和标准或期望数量之间的偏离、偏差，以及在空间、时期、生产者之间产量的不确定性。

产量风险的风险源有很多，其中比较重要的风险源包括播种面积、品种风险、植物营养风险、植物病虫害、经营能力、气候风险、制度风险、价格风险、人身风险等。播种面积、品种风险、植物营养风险、植物病虫害、经营能力、气候风险的影响效果是不证自明的，法律法规和价格影响产量的效果可能不太直观。有些文献指出价格—产量相关系数量非常显著[②]，价格—产量相关系数是度量价格和产量之间关联强度的指标。法律法规影响播种面积、投入物（例如品种、农药等等）、生产者积极性，这些要素的变动导致产量变动，换句话说，法律法规能够导致产量风险。

（二）纯收益风险

纯收益综合反映了作物生产的经济效果。纯收益数量可以用产出价值减去投入价值计算出来。纯收益、产出价值和投入价值之间的数量关系可用下述算式描述：

$$R=\sum_{i=1}^{n}OV_i-\sum_{j=1}^{m}IV_j$$

式中，R 代表纯收益，OV_i 代表各种产出的价值，IV_j 代表各种投入的价值。

纯收益风险可认为是作物生产实际纯收益和标准或期望纯收益之间的偏离、偏差，以及在空间、时期、作物、生产者之间纯收益的不确定性。

纯收益风险比较重要的风险源包括有制度风险、价格风险和产量风险。那些影响价格和产量的因素对纯收益有间接影响。产出价值大小是产出物数量乘以它们价格的结果；投入价值大小是投入物数量乘以它们价格的结果。所以，价格和产量对纯收益的影响是直接而明显的。

人们在上式中看不到制度变量，但是法规和政策对纯收益有强大影响。

---

① Harwood，1999，P. 4.

② Harwood，1999，P. 12；陈世军，2008，P. 334.

首先，法规和政策可能影响价格；其次，它们间接影响产量。法规和政策对纯收益最重要的影响是它们影响算式中的变量结构。例如，当法规政策确定土地、设备/工具和作物产品属于国家，生产者的纯收益算式将失去许多变量；相反，当法规政策确定土地、设备/工具和作物产品属于生产者，生产者的纯收益算式将含有许多变量。在前面的制度环境中，生产者贫穷而又缺乏食物安全，在后面的制度环境中，生产者则比较富有、享有比较高的食物安全。

产品质量也能影响纯收益。在市场经济环境中，产品质量影响它的价格，进一步影响生产者的纯收益。2010 年发生在海南的一件事可帮助我们理解这种关系。产自海南的豇豆在武汉白沙洲农副产品市场被检测出农药残留超标，武汉农业局宣布停止销售海南产豇豆 3 个月。消息发布后，市场上海南豇豆的价格从每千克 6 元跌至 2 元左右，交易量也下降了。

（三）人身风险

人身风险可认为是个人身体上的伤害或变坏。

导致生产者身体伤害或变坏的因素主要包括高强度劳动、危险物质和他人的非法活动，因此这些因素是人身风险的风险源。人身风险的每种风险源包含有大量次级因素。危险物质包括多种农药、血吸虫、蚂蟥、工具创伤等。他人的非法活动包括干扰活动、强迫活动、暴力袭击等。这些次级因素的风险也是人身风险的风险源。

五、作物生产风险控制

了解了作物生产风险，我们将会找到许多控制作物生产风险的策略和措施。有些文献，例如《农业风险管理：概念，研究，分析》（Managing Risk in Farming：Concepts，Research，and Analysis)、《作物生产风险评估与保险对策》，已经提出了很多策略和措施，例如：改良生产技术，多种经营，采用合同/契约，采用产量保险或纯收益保险，采用“杠杆”，实施期货交易或期权交易，等等。

本文的重点不是告诉你如何改良品种、如何防治病虫害、如何保护水土和如何提高工作技巧以便增加作物产量或降低产量风险；本文的重点也不是告诉你如何定价、如何购买保险和如何采用合同/契约以便降低作物生产纯收益风险。本文的重点是讨论如何通过发展市场、改革组织结构、完善法律法规和政策去控制作物生产风险。

（一）发展市场

作物生产系统和它的环境同时存在。它们之间的边界既是划分它们的边沿也是联结它们的结。在它们之间存在广泛的联结和物质能量交换。一旦这些物质能量交换被当作人与人之间的交易，这个过程就是贸易过程。作物生产工作专业化和贸易过程的客观存在是发展市场的重要原因。

众多内外因素的变动是作物生产系统的风险源，所以，发展或改善市场是控制风险的有效措施。

为了增强作物生产的确定性，人们应该大力发展农地市场、作物/植物品种市场、肥料市场、农药市场、农机具市场和农副产品市场。发展这些市场，人们应该考虑一定规模区域的人口、面积、其他资源和产品之间的关系；然后应该就市场类型、位置和到达市场的途径做好规划。

（二）分工和行业组织

作为包括播种、移栽、施肥、灌溉、除草、植物病虫害防治、收获和销售作物产品等活动的综合过程，作物生产是专业工作，甚至传统作物生产中的部分工作已经转变为另一种专业工作，例如育种、灌溉和水土保护、病虫害防治和农机操作等。这些发展现象被称为分工。

分工可能提高劳动效率。为了获得分工效率，人们应该在作物品种经营、植物保护、水土保护和农机领域成立一些公司、合作社之类的专业组织。

（三）完善法律法规和政策

制度风险是作物生产风险的重要来源，完善机构及其相关法规政策是控制作物生产风险的重要策略和措施。

一些现行的有关产权和产权流转的法律法规和政策应该再检查、讨论和完善。法律中应该明确作物生产系统，确定生产者包括个人和专业组织以及股东拥有与作物生产系统有关的财产权利。产权应该按照公正的法律法规在市场上在所有者之间进行流转。

对于新的专业组织，人们应该制订或修订相关法律法规和政策，使得新组织在公正的法律法规机制上运行。

改革传统政府组织或公共事务组织，完善相关法律法规，也是控制作物生产风险的有效策略和措施。这些组织的职能包括如下方面：研究，教育，文化，金融，卫生医疗，保险和安全，司法。人们应该在紧扣人的需要明确组织功能的基础上改革传统政府组织或公共事务组织。朝着明晰职能、公正和高效服务/工作的目标方向，提高与这些组织有关的法律法规，这方面有大量的工作等待人们去完成。

六、结　　论

风险反映人认识事物或参与事物运动过程所得结果的不确定性及相伴随的认识失误、利益损失或人身危害等后果。依赖性和相对性是风险的突出特性。多样性和运动是风险的两个表现舞台。

作物生产系统可被认为是人主导的由多种要素和多种运动过程构成的动态系统。作物生产系统的关键风险是：产量风险、纯收益风险和人身风险。这些关键风险根源于构成作物生产系统的要素和显现在其环境的要素的风险。产量风险的比较重要风险源包括播种面积、品种风险、植物营养风险、植物病虫害、经营能力、气候风险、制度风险和价格风险等等。纯收益风险比较重要的风险源包括有制度风险、价格风险和产量风险。导致人身风险的因素主要包括高强度劳动、危险物质和他人的非法活动。

有许多控制作物生产风险的策略和措施。例如：改良生产技术，多种经营，采用合同/契约，采用产量保险或纯收益保险，采用“杠杆”，实施期货交易或期权交易，等等。本文重点讨论如何通过发展市场、改革组织结构、完善法律法规和政策去控制作物生产风险。人们应该大力发展新型市场和新型组织，改革传统政府组织或公共事务组织。一些现行的有关产权和产权流转的法律法规和政策应该再检查、讨论和完善。面向明晰职能、公正和高效服务/工作的目标，提高与政府组织或公共事务组织有关的法律法规。

参考文献

[1] 陈世军．作物生产风险评估与保险对策［M］．北京：中国农业出版社，2008.

[2] Joy Harwood，Richard Heifner，Keith Coble，Janet Perry，Agapi Somwaru. Managing Risk in Farming：Concepts，Research，and Analysis［R］. U. S. Department of Agriculture. Agricultural Economic Report No. 774. 1999.

我国蜂产业法律法规分析*

Analysis on Laws And Regulations about China's Apiculture

刘　剑

Liu Jian

摘要：了解现有蜂产业相关法律状况，有利于蜂产业的完善与发展。本文对我国蜂产业密切相关的法律法规收集分类，并进行重点分析。

Abstract: Acquaintance of current laws and regulations about apiculture enhances improvement and development of the industry. The paper collects and classifies all related laws and regulations closely linked with apiculture and carries out analysis on the key issues.

养蜂是我国的一项传统养殖业，具有投资少、见效快、用工省、收益高、男女整半劳力均能操作等特点，是一项非常好的脱贫致富项目。养蜂，既不与养殖业争饲料，又不与种植业争水土，只是利用自然界中的百花资源，便可获得蜂蜜、蜂王浆、蜂胶、蜂花粉、蜂蜡、蜂毒、蜂幼虫等十多种蜂产品。更为重要的是，蜜蜂授粉可大大提高农林作物的产量与质量。我国法的渊源是法的表现形式，即由我国不同的国家机关制定和认可的，具有不同法律效力和地位的法的各种表现形式。我国法的渊源主要由各种国家制定的规范性法律文件所组成。现将我国与蜂产业有密切关系的法律法规按照法的渊源作以下分类说明：

* 国家蜂产业体系建设专项经费资助。

一、宪　　法

《中华人民共和国宪法》是我国的根本大法，在整个国家法律系统中处于核心地位，具有最高的法律效力，规定的是国家的根本制度。与蜂产业有关政策法规的制定都应该遵守我国宪法的规定，所有养蜂的法律法规都是以我国宪法为准绳，不得与其相抵触。

二、与蜂产业有关的法律

这里的法律它特指我国全国人民代表大会及其常务委员会按照法定职权和法定程序制定的规范性法律文件。与蜂产业整个产业链的产前、产中、产后有关的法律有以下一些，分析如下：

在饲养蜜蜂的过程中，蜜蜂蜇人的事件时有发生，常常会给养蜂人带来一些纠纷。对于这些事件《中华人民共和国民法通则》第一百二十七条规定："饲养动物造成他人损害的，动物饲养人或者管理人应当承担民事责任；由于受害人的过错造成损害的，动物饲养人或者管理人不承担民事责任；由于第三人的过错造成损害的，第三人应当承担民事责任。"根据本规定，饲养的蜜蜂在无特殊情况下，蜇伤了他人或者动物，给他人或动物造成了人身伤害或者经济损失，蜜蜂的饲养人应该承担民事责任，赔偿经济损失。但是，该伤害或损失的产生是因为第三人自身原因造成的，如第三人不听养蜂人的劝阻，擅自走进蜂场、干扰蜂群、踢踏蜂箱等导致自己或他人被蜜蜂围攻致伤或者致死的，该第三人应当承担民事责任，养蜂人可根据情节，不承担或少承担民事责任。

养蜂过程中常见的刑事犯罪主要有四类。①盗窃罪，是指以非法占有为目的，秘密窃取公私财物，数额较大的，或者多次盗窃公私财物的行为。《中华人民共和国刑法》第二百六十四条的规定："盗窃公私财物，数额较大或者多次盗窃的，处三年以下有期徒刑、拘役或者管制，并处或者单处罚金……"②故意伤害罪，是指故意非法损害他人身体健康的行为。《中华人民共和国刑法》第二百三十四条规定："故意伤害他人身体的，处三年以下有期徒刑、拘役或者管制……"③抢劫罪，是指以非法占用为目的，以暴力、胁迫或其他手段令被害人不能抗拒的方法，当场强行劫取公私财物的行为。《中华人民共和国刑法》第二百六十三条规定："以暴力、胁迫或者其他方法抢劫公私财物的，处三年以上十年以下有期徒刑，并处罚金；有下列情形之一的，处十年以上有期徒刑、无期徒刑或者死刑，并处罚金或者没收财产：（一）入户抢劫的……"

入户抢劫，是指为实施抢劫行为而进入他人生活的与外界相对隔离的住所，例如：蜂农养蜂使用的封闭院落，蜂农转地放蜂作为生活场所的帐篷或临时住房，蜂农为生活租用的房屋。④抢夺罪，是指以非法占有为目的，不使用暴力、胁迫等强制方法，公然夺取公私财物，数额较大的行为。《中华人民共和国刑法》第二百六十七条规定："抢夺公私财物，数额较大的，处三年以下有期徒刑、拘役或者管制，并处或者单处罚金……"例如：乘被害人（蜂农）不备，当面公开夺取蜂农摆在摊位上的蜂王浆等蜂产品并且蜂产品的价格达到法定的犯罪数额。

《中华人民共和国农民专业合作社法》为促进农民专业合作社发展有明确的规定，主要有第八条："国家通过财政支持、税收优惠和金融、科技、人才的扶持以及产业政策引导等措施，促进农民专业合作社的发展。国家鼓励和支持社会各方面力量为农民专业合作社提供服务。"第九条："县级以上各级人民政府应当组织农业行政主管部门和其他有关部门及有关组织，依照本法规定，依据各自职责，对农民专业合作社的建设和发展给予指导、扶持和服务。"第四十九条："国家支持发展农业和农村经济的建设项目，可以委托和安排有条件的有关农民专业合作社实施。"第五十条："中央和地方财政应当分别安排资金，支持农民专业合作社开展信息、培训、农产品质量标准与认证、农业生产基础设施建设、市场营销和技术推广等服务。对民族地区、边远地区和贫困地区的农民专业合作社和生产国家与社会急需的重要农产品的农民专业合作社给予优先扶持。"第五十一条："国家政策性金融机构应当采取多种形式，为农民专业合作社提供多渠道的资金支持。具体支持政策由国务院规定。国家鼓励商业性金融机构采取多种形式，为农民专业合作社提供金融服务。"第五十二条："农民专业合作社享受国家规定的对农业生产、加工、流通、服务和其他涉农经济活动相应的税收优惠。支持农民专业合作社发展的其他税收优惠政策，由国务院规定。"从上述的条款中可以看出，蜂农、蜂产品企业可以通过组织和参加农民专业合作社，享受法律赋予的合法权利，从而获得经济效益，促进当地的蜂业发展。

《中华人民共和国畜牧法》第二条规定："蜂、蚕的资源保护利用和生产经营，适用本法有关规定。"这一条明确说明养蜂业属于畜牧业范畴，《畜牧法》所有的条款都适用于养蜂。第四十七条规定："国家鼓励发展养蜂业，维护养蜂生产者的合法权益。有关部门应当积极宣传和推广蜜蜂授粉农艺措施。"本条款确立了养蜂业在国民经济的重要地位，是国家鼓励发展的产业。国内外研究成果表明，地球上88%的有花植物必须依赖蜜蜂授粉才能受精结实；人类利用的1 330多种植物中，有1 000多种需要经过蜜蜂授粉才能繁殖和结实。

澳大利亚科研人员研究结果发现，由于授粉蜜蜂减少，植物的繁殖力明显降低。2006年6月19日中央电视台《新闻60分》报道：英国原有蜜蜂总科昆虫24种，已有3种灭绝，严重影响农作物的授粉结实。因此可见第四十七条第二款指出“有关部门应当积极宣传和推广蜜蜂授粉农艺措施”的重要意义。第四十八条还专门就蜂产品的质量安全，规范养蜂生产经营行为提出了明确规定：“养蜂者在生产过程中，不得使用危害蜂产品质量安全的药品和容器，确保蜂产品质量。养蜂器具应当符合国家技术规范的强制性要求。”该法第四十九条规定：“养蜂生产者在转地放蜂时，当地公安、交通运输、畜牧兽医等有关部门应当为其提供必要的便利。养蜂生产者在国内转地放蜂，凭国务院畜牧兽医行政主管部门统一格式印制的检疫合格证明运输蜂群，在检疫合格证明有效期内不得重复检疫。”转地放蜂、追花夺蜜，养蜂生产者在转换场地的过程中经常会遇到各种阻拦和障碍，需要有关部门给予大力支持。过去蜂农转地放蜂，经常换场地，有的检疫站为了增加收入在检疫有效期内，照样收检疫费、消毒费等，蜂农无可奈何，经常发生冲突，倒霉的当然是蜂农。现在有了《畜牧法》这个法律作保障，蜂车在检疫证明有效期内可畅通无阻。

《中华人民共和国农产品质量安全法》第二条规定：“本法所称农产品，是指来源于农业的初级产品，即在农业活动中获得的植物、动物、微生物及其产品。”这一条明确说明，养蜂及其蜂产品属于本法所包含的范畴。第二十五条规定：“农产品生产者应当按照法律、行政法规和国务院农业行政主管部门的规定，合理使用农业投入品，严格执行农业投入品使用安全间隔期或者休药期的规定，防止危及农产品质量安全。禁止在农产品生产过程中使用国家明令禁止使用的农业投入品。”这里说的农业投入品就养蜂而言，主要有：蜂药、花粉、饲料蜂蜜和糖、蜂用具等。第三十三条规定：“有下列情形之一的农产品，不得销售：（一）含有国家禁止使用的农药、兽药或者其他化学物质的；（二）农药、兽药等化学物质残留或者含有的重金属等有毒有害物质不符合农产品质量安全标准的；（三）含致病性寄生虫、微生物或者生物毒素不符合农产品质量安全标准的；（四）使用的保鲜剂、防腐剂、添加剂等材料不符合国家有关强制性的技术规范的；（五）其他不符合农产品质量安全标准的。”每一位蜂产品生产加工经营者都应该强化质量意识，确保蜂产品质量达到指标。第十三条规定：“农产品质量安全标准应当根据科学技术发展水平以及农产品质量安全的需要，及时修订。”我国蜂产品的标准、规范还比较滞后，根据本条款应该引起有关主管部门的重视，及时修改或更新。

《中华人民共和国动物防疫法》第七条规定：“国务院兽医主管部门主管全国的动物防疫工作。县级以上地方人民政府兽医主管部门主管本行政区域内的动物防疫工作。县级以上人民政府其他部门在各自的职责范围内做好动物防疫工作。”第四条对二类疫病定义为：是指可能造成重大经济损失，需要采取严格控制、扑灭等措施，防止扩散的。按照1999年农业部第96号公告，蜜蜂法定检疫对象为：美洲幼虫腐臭病、欧洲幼虫腐臭病、蜜蜂螨病、大蜂螨病、白垩病、蜜蜂孢子虫病共六种，归为二类疫病当中。《动物防疫法》对蜜蜂的检疫在第三条中明确规定：“本法所称动物，是指家畜家禽和人工饲养、合法捕获的其他动物。本法所称动物防疫，是指动物疫病的预防、控制、扑灭和动物、动物产品的检疫。”蜜蜂在生物学上虽然分类归属于昆虫，但是人工饲养特征的部分符合我国法律管辖范围。对蜜蜂的检疫主要在于预防蜂病。蜜蜂运载工具消毒在《动物防疫法》第二十一条中有明确规定：“动物、动物产品的运载工具、垫料、包装物、容器等应当符合国务院兽医主管部门规定的动物防疫要求。染疫动物及其排泄物、染疫动物产品，病死或者死因不明的动物尸体，运载工具中的动物排泄物以及垫料、包装物、容器等污染物，应当按照国务院兽医主管部门的规定处理，不得随意处置。”对于蜜蜂疫病的处理在《动物防疫法》第三十二条明确规定：“发生二类动物疫病时，应当采取下列控制和扑灭措施：（一）当地县级以上地方人民政府兽医主管部门应当划定疫点、疫区、受威胁区。（二）县级以上地方人民政府根据需要组织有关部门和单位采取隔离、扑杀、销毁、消毒、无害化处理、紧急免疫接种、限制易感染的动物和动物产品及有关物品出入等控制、扑灭措施。”关于蜜蜂检疫的收费，根据《动物防疫法》第四十九条规定：“依法进行检疫需要收取费用的，其项目和标准由国务院财政部门、物价主管部门规定。”

《中华人民共和国道路交通安全法》对蜂车装载要求在第四十八条规定：“机动车载物应当符合核定的载质量，严禁超载；载物的长、宽、高不得违反装载要求，不得遗洒、飘散载运物。”对转地养蜂运蜂车辆随车押运在第五十条规定：“禁止货运机动车载客。货运机动车需要附载作业人员的，应当设置保护作业人员的安全措施。”运蜂装卸、蜂群的管理都有蜂农来进行，因此蜂农随车押运应该属于附载作业人员，交警不应该以人货混装为由进行罚款。

三、与蜂产业有关的行政法规

行政法规是国务院制定的有关国家行政管理活动的规范性法律文件的总称。与蜂产业有关的有《中华人民共和国农药管理条例》，其中第二十七条规定：“使用农药应当遵守国家有关农药安全、合理使用的规定，按照规定的用药量、用药次数、用药方法和安全间隔期施药，防止污染农副产品。剧毒、高毒农药不得用于防治卫生害虫，不得用于蔬菜、瓜果、茶叶和中草药材。”第二十八条规定：“使用农药应当注意保护环境、有益生物和珍稀物种。”蜜蜂属有益生物，使用农药时施药人有责任对其加以保护，使其免受损失。

四、与蜂产业有关的部门规章

部门规章是指国务院各部委、中国人民银行、审计署和具有行政管理职能的直属机构为执行法律和国务院的行政法规、决定和命令，在本部门的权限范围内所制定的规范性法律文件。与蜂产业有关的部门规章主要有以下三个，分析如下：

《养蜂管理暂行规定》中国养蜂业的首份行业专门的规定，它分别在养蜂生产体制、喷施农药及蜜蜂保护、蜂病防疫及检疫对象、《养蜂工作证》的发放、转地养蜂及运输、种蜂场建设及蜂种的进出口、蜜蜂授粉、蜂产品生产环节的质量控制、蜂药与蜂机具、蜜蜂饲料产销各方面都做了详尽的规定。

《出口蜂蜜检验检疫管理办法》规定国家对出口蜂蜜加工企业实行卫生注册制度。未获得卫生注册的出口蜂蜜加工企业生产的蜂蜜不得出口。检验检疫机构将对出口蜂蜜实施批次管理。出口蜂蜜加工企业应按照生产批次逐批检验，并按规定要求在包装桶或外包装箱上标明该批蜂蜜的生产批次，厂检单应注明生产批次与数量。出口蜂蜜检验检疫结果的有效期为60天。出口蜂蜜加工企业必须建立原料蜜收购记录及生产用原料蜜的投配料记录，详细记录每批成品蜜所用原料蜜的蜜种、批号、产地、数量及品质情况等。经检验检疫发现蜂蜜中农、兽药残留、重金属、微生物等卫生指标以及国家检验检疫局规定的其他特殊项目不符合进口国规定或合同要求的，判为不合格，签发出境货物不合格通知单，不允许返工整理。必要时由检验检疫机构加施封识，按有关规定处理。出口蜂王浆及其他蜂产品的检验检疫与监督管理工作也将参照本办法执行。

《蜂蜜卫生管理办法》管理范围系指由蜜蜂吸采蜜源植物的花蜜酿造的天然或加工蜂蜜。蜂蜜要符合GBn239《蜂蜜卫生标准》。不得掺假、掺杂及含有毒有害物质，放蜂地点要远离有毒植物，防止蜜蜂采集有毒花蜜。接触蜂蜜的容器、用具、管道和涂料以及包装材料，必须清洁、无毒、无害，符合卫生标准和要求 。严禁使用有毒、有害的容器如镀锌铁皮制品、回收的塑料桶等。为防止污染，蜂蜜的贮存和运输不得与有毒有害物质同仓共载。食品卫生监督机构对生产经营者应加强经常性卫生监督，根据需要无偿抽取样品进行检验，并给予正式收据。

五、与蜂产业有关的地方性法规和单行条例

地方性法规是指一定的地方国家权力机关根据本地区具体情况和实际需要依法制定的适用于该地区的规范性法律文件。单行条例的根据本民族自治地方的特点，针对某一方面具体问题制定的规范性法律文件。与蜂产业有关的地方法规有两个，如下：

《湖北省蜂业管理办法》共二十八条，这是我国第一个以政府令方式发布的省级《蜂业管理办法》。它的发布规范了湖北省的蜂业管理工作，使湖北蜂业生产的各方面有法可依。湖北省为了提高蜂产品质量，加强养蜂生产管理，规范蜂产品市场秩序，促进养蜂产业的发展，根据有关法律、法规、结合本省实际，制定本办法。

《延边朝鲜自治州蜂业条例》共十八条，该《条例》的实施对蜜源植物保护、合理开发利用蜂业资源、规范蜂业生产、保障蜂产品质量、防控蜂病传播蔓延、促进农民增收具有十分重要的意义。

参考文献

[1] 宋心仿．建议制订和颁布中华人民共和国蜂业管理条例的提案．
[2] 杜相富．解读《畜牧法》中的养蜂条款．
[3] 胡元强．学习理解贯彻实施畜牧法促进养蜂业持续健康发展．
[4] 周贤森．蜂业常见刑事犯罪简介．
[5] 凌国良．蜜蜂伤人的法律责任与防范．
[6] 姜光信．蜜蜂检疫的法律依据和现实工作中存在问题的探讨．
[7] 周贤森，周国君，陈素花．莫愁前程无知己天下谁能不识君——让法律成为蜂业上新台阶的强力推进器．
[8] 颜志立．农产品质量安全法与蜂产品的质量安全．

我国蜂农专业合作社发展面临的困境及解决对策*

The Difficult Situation that Specialized Beekeepers Cooperatives Face in China and the Suggestions

孙炜琳　赵芝俊　孙丽然

Sun Weilin　Zhao Zhijun　Sun Liran

摘要：蜂农专业合作是分散的养蜂农户与大市场连接的桥梁和纽带，也是推动我国蜂业产业化的重要载体。本文分析了我国蜂农专业合作社发展存在的问题及面临的困难，提出了扶持蜂农合作社发展的政策建议。

Abstract: The Specialized Beekeepers Cooperatives is a very important bridge between the scattered beekeepers and the markets, and it is also beneficial to the industrialization of China's beekeeping. This paper analyzes the difficulties and problems that the Specialized Beekeepers Cooperatives is now facing in its development. Suggestions are put forward to promote the Specialized Beekeepers Cooperatives' development in a sound and efficient way.

农民合作社在促进农民增收、引导农户进入市场、提高农产品标准化和质量水平等方面发挥着积极作用。蜂农专业合作社作为农民合作社的重要组成部分，近年来也得到了蓬勃发展，成为联系小蜂农与大市场的重要纽带，对我国蜂业标准化、产业化水平的提高起到了促进作用。但是由于种种原因，这一组织形式在发展过程中面临着诸多困难，本身在管理和运营方面也存在一些问题，亟须政府扶持和引导。

* 国家蜂产业体系建设专项经费资助

一、我国蜂农专业合作社的发展现状

我国首家蜂农专业合作社——上海南汇区聚蜂养蜂专业合作社成立于1993年5月。2002年8月，河北省宁晋县宁晋康源蜂业专业合作社在当地工商部门注册登记，成为全国第一家在工商部门登记注册的蜂农专业合作社①。截至2008年4月，全国已成立226个蜂农专业合作社。

（一）基本现状

从发起方式来看，我国蜂农专业合作社的主要分为两类：蜂农自发成立和外部力量介入（龙头企业、县或乡（镇）政府、基层的蜂管站、供销社、蜂业协会等）成立两种，后者占据主要地位，其中龙头企业成为领办蜂农专业合作社的主体。根据中国蜂产品协会的调查，在147个蜂农专业合作社中，依托蜂业龙头企业的为98个，占总数的66.67%。其他为：依托地方农业部门的有9个，依托各地供销社的有9个，依托乡镇政府的有25个，依托蜂业协会的有5个，依托经营局的1个。虽然从合作社理论上讲，蜂农自发组织建立合作社是最理想的机制，更有可能真正履行合作社的原则，但是实践已经证明，如果没有外部力量的支持，尤其是来自政府的引导和支持，单靠农民内部自发力量合作社是很难发展的。

从组织管理来看，蜂农自发成立的合作社，组织管理体系并不健全，多数该类合作社并未建立起相应的规章制度和组织机构，也缺少正常的会员活动。龙头企业发起成立的合作社，规章制度相对健全，但是这些多是出于企业管理蜂农、保证产品原料质量的需要而设立的，并不完全符合合作社的原则和内部制度的要求。

（二）蜂农专业合作社发展存在的问题

虽然从数量上看，我国目前蜂农专业合作社队伍不断壮大，但是在合作社本身的运营过程中，还存在一些问题，如不加以解决，必将影响到蜂业的长远发展。

1. *合作社规模小，覆盖面窄，辐射带动能力弱。*目前，我国蜂农专业合作社的规模相对较少，即使是龙头企业发起成立的合作社，其覆盖规模最多也仅覆盖200～300农户。合作社由于资金和实力限制，服务领域还十分狭窄，

---

① 罗梦传．蜂农专业合作社基本情况调查分析．中国蜂业，2008（9）

在品种、技术引进与服务、蜂产品市场开拓、信息搜集以及经营网点分布等方面很难满足蜂农的需求。同时相对于现有蜂农的数量而言，我国的蜂农合作社数量还太少，覆盖面有限，很难将全部蜂农纳入其中。

根据课题组对山西省蜂农的调研，未加入蜂农合作社的蜂农中有90%是希望加入合作社的，主要想获取养殖技术指导、蜂药、养蜂用具、品种及市场信息，稳定产品的销路和价格。但是由于多数合作社处于起步阶段，规模比较小，提供的服务比较单一，对市场的影响力极为有限，带动社员增收的能力不强，难以有效开展经营活动，没有能真正发挥蜂农合作社的作用。龙头企业发起成立的合作社，企业的目标更多放在保证产品质量和原料供应的角度，服务蜂农的内容少。这些都降低了蜂农加入合作社的积极性，导致实际加入合作社的蜂农并不多。

此外，我国蜂农规模小、抗风险能力弱，投资能力十分有限，要想组建一个有较强经营能力的专业合作社，只有吸纳更多的蜂农才能满足资金的需求，而蜂农数量的增加，必然增加合作社协调和管理的难度，对于没有任何管理经验的蜂农来说，也是一个挑战。如果控制社员的数量和出资金额，在限制外来资本进入的情况下，则会造成合作社的规模小，覆盖面窄，辐射带动能力弱。这就使得蜂农自发成立的合作社的发展处于一种两难境地。

2. 组织管理不规范。依据我国《农民专业合作社法》的规定，合作社要设立相应的组织机构，执行本合作社的章程，定期召开成员大会，实现社员的民主权利。但是从蜂农合作社的实际运行情况来看，多数合作社的组织管理不规范。从调查来看，很多合作社没有设立相应的组织机构；有的合作社虽然设立了，也是形同虚设，并没有履行相应的职责；有的成立之后一年连一次活动都没有，合作社处于松散状态，对社员进行教育培训也流于形式；还有些合作社，虽然为社员提供了服务，但是由于服务的地域局限性，往往只注重在本地区的服务和协调，对出省、跨地区放蜂的组织、服务、协调工作做得较差。

应该说，组织管理不规范是我国农民专业合作社发展中存在的共性问题，蜂农合作社也未能避免。但是蜂业本身又有不同于其他产业的特点，所以除了要按照合作社的规范加强组织管理之外，对于蜂农专业合作社而言，更重要的是针对蜂农“追花夺蜜”、流动性强的特点，建立蜂农合作社特有的运行管理机制，从而促进合作社的健康发展。

3. 合作社缺乏与企业谈判的能力。在日常经营过程中，大部分企业只是把蜂农专业合作社认为是一个大的蜂农，其与单个蜂农的区别只在于数量，而并没有本质的区别，因此合作社在蜂产品产销链中的地位并不高，企业也并没有把合作社当成一个平等的法人，合作社在与企业谈判的过程中很难占到优势。出现这一状况的原因一方面是由于合作社对内而言是不以赢利为目的而以合作为目标的特殊法人组织；企业则是以利益最大化为经营目标的企业法人组织，这样在经营起点上就限制了合作社规模的扩大和竞争力的增强。另一方面，我国的蜂农合作社成立时间较短，合作社缺乏资金，没有实力培养或聘请较高水平的管理人员，导致其在市场谈判中依旧处于弱势地位，常常受制于企业。

这一问题如果长期得不到解决，目前我国蜂产业中普遍存在的“企业＋合作社＋蜂农”的运行模式很难长久发展下去，这对于蜂业的组织化、标准化和产业化发展将是相当不利的。

二、蜂农合作社发展的主要困境

（一）资金短缺

资金短缺是制约蜂农合作社发展的长期问题，也是当前最需要解决的重大问题。在对浙江省现有蜂农合作社的调查显示，80％以上的合作社都面临资金短缺的难题。根据调查，合作社资金短缺主要是由以下几方面原因造成的。

1. 缺少抵押担保品导致无法融资。由于大多数合作社处于初级阶段，规模比较小，能够提供抵押担保品的能力有限，加之金融机构对蜂农专业合作社认识不到位和信息上的不对称，正规金融机构不愿意为合作社提供信贷资金，合作社无法通过金融机构融资获得资金支持。

2. 缺少政府财政资金扶持。我国政府历来重视农业的发展，尤其是对高投入、高风险的畜牧业的扶持力度很大，每年都有专项的财政资金拨款，为畜牧业提供补贴资金，如：对养猪、鸡、鸭等的补贴。然而，政府从未对养蜂进行补贴。虽然有些地方在蜂农合作社成立之初给予了财政支持，但这些款项通常是一次性的，数额也不很大，难解合作社资金短缺的困境。

3. 产业特性限制投资资本的进入。众所周知，养蜂业是高风险的行业，靠天吃饭，收入的高低具有很大的不确定性。遇上不好的年景，很可能血本无归。蜂群在转场的过程中也存在较大的风险。加上我国农业保险体系处于缺失状态，蜂农“投保无门”的情况时有发生。从投资学角度讲，资金是不会流向低回报、高风险的行业。养蜂业的高风险性，导致蜂农合作社很难介入正规信贷资金，私人投资也存在减少的趋势，加剧了合作社资金的匮乏。

（二）人才匮乏

蜂农专业合作社发展面临人才制约瓶颈，缺少懂技术、善经营、会管理、市场开拓能力强的复合型人才，这在很大程度上影响了合作社的规范发展和产品市场的开拓。人才缺乏主要体现在：

1. 经营管理人才匮乏。目前，我国蜂农合作社的管理、销售人员多数是由“养蜂能人大户”担任，由于普遍没有接受过良好的高等教育，在市场信息把握、合作社规范化管理和国家政策法规的理解等方面存在明显的弱势。同时，由于合作社规模普遍比较小，还没有实力通过市场招聘的方式引进优秀的经理人才。

2. 技术人才匮乏。养蜂业完全溶于自然之中，工作环境与现代的都市社会相脱节，生活条件十分艰苦。有人曾用“一人、一灶、一帐、一群蜂”来描绘养蜂人的生活。蜂农合作社的技术人员虽然不需要像蜂农那样长期在外生活，但深入蜂场指导蜜蜂养殖是工作的一部分。艰苦的工作环境，使许多专业技术人才和新毕业的大学生不愿意投身到养蜂业之中，蜂农合作社凭借自己的力量，也很难引入这方面的人才。

3. 养蜂业后续乏人。在对“中国蜜蜂之乡”吉林省安图县蜂农合作社的调研中发现，入社成员呈现老龄化趋势。全县 35 岁以下蜂农不足 20 人，平均年龄在 60 岁以上，最高的一位 86 岁。青年、中年蜂农人数甚少。课题组在各省调研中也发现，参加蜂业技术培训的大多数是五六十岁的老人，年龄大影响了对养蜂新技术的消化吸收，导致技术普及推广速度慢。

由于养蜂人长年在外，生活单调枯燥，非常艰苦，而养蜂效益也不是很高，因此年轻人并不愿意从事这一行业，这导致养蜂队伍老龄化、养蜂业后继无人。

（三）部分地区政策落实不到位

虽然《农民专业合作社法》自 2007 年 7 月 1 日起实行，《农民专业合作社登记管理条例》、农民专业合作社税收优惠政策也已经出台，但是部分地区的基层工商部门和管理部门对于合作社相关政策法规的认识仍不到位，在一定程度上增加了蜂农合作社的行政负担。比如，蜂农独立经营时，并不需要办理健康证、卫生证，而蜂农入社后，工商部门会要求蜂农办理健康证、卫生证等。再如，一些地区的环保局要求合作社有环保处理等措施。在税收优惠政策方面，由于相关配套政策和措施的不完善，多数合作社在工商部门登记注册实现独立法人地位之后，需要交税，对于蜂农而言，不入社，没有税收，入社之后反而增加了更多的负担，必然影响到蜂农合作的积极性。

三、政策建议

合作社所追求的目标具有明显的外部效应，世界合作社运动史表明，合作社要保证健康发展离不开政府的支持。基于我国蜂农专业合作社发展面临的困境，本着适当、适度的原则，政府应当对蜂农专业合作社的发展给予引导和扶持。

（一）为合作社发展提供财政支持

1. 直接财政补贴。对合作社发展给予直接财政补贴是发达国家扶持合作社的重要手段。日本政府对农协中央会的补贴方式、德国政府对合作社的管理费用补贴的扶持方式都可以为我国政府所借鉴。为了蜂产业的长远发展，建议借鉴国外成功经验，对蜂农专业合作社组织直接财政补贴。比如对蜂农合作社给予启动资金和管理费用的补贴；依据农业良种补贴的办法，对蜂农良种蜂王的引进进行补贴；设立专项基金专门用于蜂机具的改进、蜂业技术的推广、良种的改进和蜂产品商标注册和品牌培育等。

2. 为合作社发展提供税收优惠支持。我国《农民专业合作社法》第五十二条第一款规定，“农民专业合作社享受国家规定的对农业生产、加工、流通、服务和其他涉农经济活动相应的税收优惠”。依照此规定专业合作社可以依法享受国家现有的支持农业发展的税收优惠政策。但是现行税法对蜂农专业合作社的促进作用并不明显，且存在着一定的局限性，主要表现在：对农村种植业产品税收优惠相对较多，而对养殖业产品税收优惠相对较少；对农产品生产环节税收优惠相对较多，而对销售环节税收优惠相对较少。建议政府从养蜂业的实际出发，联系蜂农专业合作社的发展状况，制定出切实能够扶持养蜂业发展的税收优惠政策。

（二）为合作社发展提供金融支持

1. 提供低利率贷款，简化贷款程序。建议制定针对蜂农专业合作社的贷款优惠政策，向合作社提供利率较低的优惠贷款，适当简化贷款程序；对蜂农资信和信用额度实行动态管理，根据用户的还款能力及信用状况，调整农户的授信额度。

2. 鼓励商业银行为蜂农合作社提供贷款。商业银行不愿向蜂农专业合作社提供贷款的主要原因之一是养蜂业的风险性较大，赢利能力较弱。对此，建议政府制定一些优惠政策来鼓励商业银行向蜂农合作社提供贷款。比如通过提供担保的方式解决蜂农合作社缺少抵押品的问题；制定一些激励措施，像政府贴息，鼓励和引导商业银行向蜂农合作社提供贷款等。

（三）为合作社培训相关人才

1. 开展蜂农培训。政府建立培训机制，定期对蜂农开展技术培训和管理培训。首先，采取一定措施，鼓励科研单位与蜂农专业合作社建立长期的合作关系，由科研单位在每年固定时间对蜂农进行培训，解决蜂农养殖过程中遇到的问题。其次，鼓励合作社加强对蜂农的素质教育，提高蜂农单个应对市场的能力。第三，加大合作社理念的宣传，以此调动更多的蜂农加入合作社，提高蜂业组织化水平。

2. 对养蜂大户定期培训，培养合作社管理人才。蜂农合作社的带头人是蜂农合作社健康运营的关键，他们上联公司、市场，下联广大农户，具有很强的带动效能。在合作社经营管理人才还不具备市场招聘的条件下，必须从蜂业自身挖掘人才，解决蜂农合作社人才匮乏的困境。专业养蜂大户是最有实力成为合作社的带头人。建议定期对专业养蜂大户进行培训，将其培养成具备一定能力的合作社管理人才。

3. 实施就业指导政策，鼓励专业人才进入蜂业领域。目前，我国已有多所农业类院校设立了养蜂相关的专业，还有进行专门合作社管理培训的合作社学院，但从这些毕业生的就业走向来看，真正进入基层合作社工作的人数相对甚少。建议出台相应的就业指导政策，引导和鼓励懂技术、会管理、善经营的大学毕业生投身到蜂农合作社的发展中。

（四）完善相关配套政策，落实合作社各项优惠政策

2007年5月国家颁布并实施了《中华人民共和国畜牧法》，首次将蜂业写入国家大法，并鼓励有条件的蜂农组建自己的协会组织；2007年7月1日起实行的《农民专业合作社法》，以法律的形式确立了农民专业合作社的法人主体地位；《农民专业合作社登记管理条例》、《农民专业合作社税收优惠政策》也相继出台。但是这些政策法规相对宏观，并没有具体统一的实施细则，导致各地在实际执行中存在很大的差异。建议尽快出台相关法规的配套实施细则，使国家对蜂农合作社的各项优惠政策得到有效的落实。同时，加强对蜂农的政策法规宣传力度，让蜂农学会运用法律法规，维护自己的合法权益；用好、用足各项优惠政策。

参考文献

[1] 汪礼国．发展新型合作组织，促进养蜂产业化发展．蜜蜂杂志，2002（1）．

[2] 胡元强．蜂农组织起来实行产业化经营确保蜂产品质量．中国峰业，2006（12）．

[3] 黄少卿．浅议我国蜂业专业合作社发展面临的主要问题和建议．中国蜂业，2009（2）．

[4] 胡元强．提高蜂农组织化程度是实行标准化生产和确保蜂产品安全的关键．中国蜂业，2008（5）．

[5] 黄祖辉，徐旭初，冯冠胜．农民专业合作组织发展的影响因素分析——对浙江省农民专业合作组织发展现状的探讨．中国农村经济，2002（3）．

[6] 罗梦传．蜂农专业合作社基本情况调查分析．中国蜂业，2008（9）．

[7] 浙江省蜜蜂产业协会秘书处．全省蜂农合作社建设经验交流会议材料，2009（5）．

[8] Abrahamsen，M. A. Discussion：government regulations and market performance：problems in regulations and future roles for agricultural cooperatives [J]．American Journal of Agricultural Economics，1966（48）：1439－1443.

[9] Akridge，J. K. &Hertel，T. W. Cooperative and investor-oriented firm efficiency：a multiproduct analysis [J]．Journal of Agricultural Cooperation，1992（7）：1－14.

[10] Alback，S. &Schultz，C. On the relative advantage of cooperatives [J]．Economic Letters，1998，59（2）：397－401.

我国牧草产业发展现状、未来趋势与政策建议*

On the Developing Situation, Future Trends and Policy Recommendations of Forage Industry in China

王明利　　杨　春
Wang Mingli　Yang Chun

摘要： 牧草是重要的饲草资源。发展牧草产业对于优化农业产业结构、推动草食畜牧业发展、改善农业生态环境以及应对气候变化等方面都具有重要意义。目前，我国牧草产业已初步建立起产业化、区域化的生产体系，但仍存在生产和加工技术落后、标准化水平低下、牧草市场不稳定等问题。预计未来，随着草食性畜产品需求增加、低碳经济观念推动，我国牧草产业将呈现较快发展态势。今后，需要通过加大政府政策支持、构建多元化经营机制、培育龙头企业、加强技术推广运用，促进我国牧草产业稳定发展。

Abstract： Forage is an important grass resources. The development of forage industry is important to optimize the agriculture industry structure、promote grass-eating livestock husbandry、improve agricultural ecological environment and cope with climate change. At present，Chinese forage industry has initially established industrialization and regional system，but problems still exist such as the backwardness of production and processing technology，lower standardizing level，instability of market. In the future，with the increased demand for grass-eating livestock products

* 本研究受“现代农业产业技术体系建设专项资金”资助。

and low-carbon concept, Chinese forage industry will have a rapid development. So it is necessary to get more government policy support, establish diversification management mechanism, cultivate leading enterprises and strengthen technology application, which will promote stable development of Chinese forage industry.

20 世纪 90 年代以来，我国牧草产业在国家西部开发、退耕还草、退牧还草的政策支持下，取得了较快的发展。2005 年之后，由于受良种补贴、退耕还林补贴政策等国家政策、市场价格以及其他因素的影响，产业发展起伏波动很大，尤其是受粮食补贴政策影响，牧草种植面积大幅下降。目前，我国的牧草产业正处于逐步恢复发展阶段。新时期发展牧草产业具有重要战略意义，发展牧草产业，是促进现代草食畜牧业可持续发展的关键手段，是改善农村生态环境的重大举措，是优化产业结构、促进农业和农村经济快速发展的重要增长点，是应对气候变化的重要途径，是促进生物能源产业升级发展的有效选择。

一、我国牧草产业发展的现状

自 20 世纪 90 年代中后期以来逐渐兴起的牧草产业，已经初步形成了集种子繁育、牧草种植、产品加工、贮运和销售等各环节联结的产业链条。但自 2004 年以来，随着国家粮食安全政策的强有力实施，对牧草产业形成了不小的冲击。自国内发生“三聚氰胺”事件以来，许多大型养殖企业，特别是奶牛养殖场开始注重用苜蓿饲喂奶牛，以提高奶产品产量和质量，从而拉动了苜蓿等主要草产品价格的快速回升，导致近两年我国牧草产业逐步趋向回升的势头。

（一）我国牧草已初步建立起一个产业体系，但产业规模很小

20 世纪 90 年代中后期，受农业政策及农产品相对过剩的影响，一些企业和个人开始从事牧草生产，我国草产业迅速崛起，涌现出很多牧草种植和加工企业，并初步形成了牧草种子繁育、牧草种植、产品加工、贮运销售等一个相对完整的产业链条。但牧草产业总体规模很小，远满足不了草食畜牧业快速发展的需求。目前，全国草产品加工企业 300 余家，其中年加工 5 万吨以上的有 33 家。总设计生产能力为 500 多万吨，总实际生产加工量只有 180 多万吨，占设计生产能力的 36%。2008 年累计人工种草面积 999.8 万公顷，其中耕地

种草面积342.3万公顷。2008年产干草6 039.5万吨，不及国内正常需求量的1/10。

（二）我国牧草产业与畜牧业发达国家相比，差距很大

在畜牧业生产发达国家，牧草属于作物生产的重要组成部分，在农业生产中占据重要地位。美国在20世纪50年代就将紫花苜蓿列入战略物资名录，草产业已成为美国农业中的重要支柱产业，为发展健康农业、有机农业、循环农业、改良中低产田和发展节粮型畜牧业方面做出了巨大贡献。然而，我国由于长期受农耕文化的影响，牧草产业一直没有真正发展起来。只是在20世纪90年代末，在牧草国际市场需求旺盛和国内农业产业结构战略性调整的大背景下，牧草产业才出现了短暂的兴盛。当前，我国牧草产业还非常落后，生产规模小，市场机制还不健全，所生产的大部分豆科牧草产品质量较低，缺乏在国际市场上的竞争能力。目前我国年产牧草6 000万吨，但商品草仅280万吨，且80%为3级以下。2008年美国干草收获面积为2 446.0万公顷，各类牧草总产量达到1.48亿吨，紫花苜蓿和其他牧草干草总产量分别为7 094.4和7 701.1万吨，一级品苜蓿干草占到苜蓿干草产品的70%以上，粗蛋白含量18%以上，出口苜蓿草产品总值达1.64亿美元。

（三）牧草产业区域化布局正在形成

牧草生产“两带一区”正在形成，即内蒙古西部、甘肃、宁夏、陕西为核心的苜蓿生产带，辽宁、吉林、内蒙古东部为核心的苜蓿生产带以及河北、山东和山西为核心的苜蓿生产区。在牧草加工方面，目前已基本形成了东北、华北和西北草产品加工优势产业带，青藏高原和南方草产品加工优势区。随着牧草产业的进一步发展，未来将在海河低平原、黄河沿岸、黄河三角洲、苏北沿海平原和淮北平原区的盐碱地、滩涂等区域形成规模化、集约化和产业化的牧草生产。

（四）草产品结构单一，在国际市场的份额很小，近年来呈净进口态势

我国的草产品品种主要是紫花苜蓿和羊草，其中紫花苜蓿占90%以上。产品结构中，77%为草捆，2%为草块，8%为草颗粒，7%为草粉，6%为其他草产品，80%以上的苜蓿草产品粗蛋白含量14%～16%。在国际草产品市场上，美国是最大的草产品出口国，日本是最大的草产品进口国。2008年我国草产品出口18.05万吨，只占世界贸易量的2.9%；进口量1.98万吨，占世

界贸易量的0.37%①。

（五）草产品需求快速增加，国内供应难以满足需求

当前，我国的畜牧业，特别是草食畜牧业已发展到相当大的规模，传统的"秸秆＋精料"的粗放型饲喂模式已难以为继，近年来频发的畜产品质量安全事件更为草食畜牧业的传统饲养方式敲响了警钟。养殖业者和决策部门已经认识到牧草对于草食畜牧业可持续发展的极端重要性。如自奶业中的"三聚氰胺"事件发生以来，国家政策及奶业市场不断推动着奶牛业的转型，对苜蓿的需求量快速增加，苜蓿进口量迅速提高，2009年共计进口美国苜蓿7.8万吨，比上年翻了一番。随着奶业市场和其他畜产品市场的不断规范，我国对草产品的需求会快速增加，而国内由于土地资源稀缺，用于牧草生产的土地极其有限，因而国内草产品供不应求的状况日趋凸显。

二、牧草产业发展中存在的突出问题

（一）粮食补贴政策的实施挤压了牧草种植

我国牧草产业曾在1999—2003年间发展较快，初步形成了牧草种植、收获、产品加工和销售为一体的现代牧草产业化体系，成为当时带动农村经济发展和农民增收的新经济增长点。特别是在一些农区和农牧交错地带，依托当地独特的自然条件、地理区位和经济条件，新发展了规模较大的连片种植牧草的基地。而2004年开始在全国范围推开的粮食直补政策，很大程度上鼓励了农民种粮的积极性，相反却挤压了牧草产业的发展，出现了"毁草种粮"的现象。以苜蓿种植为例，山东东营在苜蓿种植鼎盛时期达到1.33万公顷，目前只有2 667公顷左右（盛亦兵，2009）；河北沧州鼎盛时期达到7.33万公顷，目前只有3.67万公顷（刘忠宽，2009）；北京在牧草鼎盛时期达到1.93万公顷，目前只有4 000公顷（武菊英，2009）。

（二）牧草收割、贮存等手段的落后制约了种植面积的扩大

牧草收获具有很强的季节性，即到了收获季节必须在尽可能短的时间

① 该草产品中包括大量的秸秆和谷壳等的进出口，若单纯考察牧草的进出口，我国近年来从国际市场的进口肯定大于出口，呈现净进口状态。这里受数据资料所限难以支撑结论。中国海关年鉴中关于牧草进出口的数据资料十分有限，而FAO数据库和COMTRADE数据库中关于中国草产品进出口的数据资料又存在很大的矛盾。

内收割，这样才能保证牧草养分不致太多损失；另一方面，手工收割一般要比机械收获损失更多。目前种植牧草的地区大多为经济落后地区，牧草的产后收储大多采用传统的手工方式，导致牧草收割不及时，霉变、发黄的现象经常发生，失去了其应有的营养价值，甚至对牲畜造成毒害。小规模分散种植同样制约了牧草收储的机械化作业。目前牧草种植大多分布在西部和华北边远山区，立地条件较差、种植分散，一家一户又没有购置收储、加工等机械设备的条件和动力，给牧草的机械化作业带来很大影响。

（三）标准化生产的滞后制约了牧草的质量

与其他产业一样，牧草产业的持续健康发展也离不开行业的标准、规范来约束和指导科学生产。而目前我国还没有对牧草种子、牧草加工产品（草粉、草颗粒、草块、草捆）等制定相应的标准；对牧草生产环节的施肥、培土、收割、烘干（晾晒）、贮藏等也没有制定具体的操作规程。最终导致种子杂质多、牧草杂草多、草产品质量差等突出问题，影响了草产品的国内销售和出口。

（四）牧草收购价格的剧烈波动挫伤了农民的积极性

由于我国牧草产业自起步阶段就主要依赖出口而刺激国内生产。本世纪初牧草产业的快速发展主要得益于国际市场对草产品的强劲需求。当时建立起来的大型苜蓿产品加工企业，其目标市场主要瞄准日本、韩国和东南亚国家。这样，苜蓿的价格高低主要决定于这些国家经济状况的好坏和对苜蓿产品需求量的多少，同样也决定于这些国家的贸易政策。由于这些国家经济波动较为频繁，且对我国农产品出口经常设置各种名义的贸易壁垒，造成国内苜蓿产品价格的剧烈波动。而国内由于畜禽产品的优质优价机制和监管环境还很不成熟，养殖户更愿意使用价低质次的劣质饲草料，使本来必需苜蓿的养殖行业——奶牛养殖基本不饲用苜蓿，肉牛、肉羊等的养殖更是见不到饲喂苜蓿。

（五）牧草科技及推广的滞后制约了牧草产业的发展

近年来，我国牧草产业虽然取得了突破性进展，但牧草种植相关技术和机械技术仍是制约牧草产业发展的主要瓶颈障碍。一是牧草产业技术缺乏，如北京缺乏优质高产苜蓿品种的筛选与高效节水栽培技术；山东缺乏贮藏技术和草产品加工技术，草畜配套技术，牧草收获技术；河南缺乏草产品（皂甙等）的精深加工技术等，均成为制约当地牧草产业发展的关键。二是国产牧草机械技术含量低，关键设备依赖进口。我国的牧草机械装备虽在不断发展，但国产的牧草机械普遍存在技术含量低、品种少、适应能力差、各机型之间配套性能差，以及单机可靠性差、作业效率和质量差等问题。大部分厂家只能生产割草机、粉碎机等简单机型，不能批量生产刈割压扁机、打捆机等高档机型，许多牧草机械只能依赖进口，但大多数进口机械又很难适应国内不同地区、分散种植的现实情况。

（六）草畜结合不紧密，生产与消费脱节严重

畜牧领域多年来形成的秸秆养畜传统，对种草养畜不重视；草业领域单纯研究牧草的生态价值，对其在畜牧生产中的重要作用没有开发或开发不够，没有对草产品的市场开发引起足够重视，特别是理应在当前追求绿色、追求安全的现代消费观念中能显著提高牧草的地位，但现实畜牧生产中，仍然是“秸秆＋精料”的落后饲喂模式。实践证明，单纯种草其效益是很有限的，但如果种草与养畜结合起来，牧草的潜在效益就能有效地转化和增值。在畜牧业发达国家，以优质牧草为主要饲草料的草食性精品畜产品是中高档消费品，其价格比以粮食和饲料为日粮的畜产品价格高出数倍。只有实现草畜结合，才能真正体现出草产品的价值。必须大力倡导种草养牛、种草养羊、种草养鹅和种草养兔，甚至还有种草养猪、种草养鱼和种草养鸡等。

三、我国牧草产业未来发展趋势分析

（一）草产品市场继续看好

自2000年以来，世界草产品贸易量一路下滑，价格一路飙升，凸显了世界范围内草产品供求失衡的基本状况。美国是世界上最大的草产品出口国，但草产品继续大幅增加的潜力有限；日本是最大的草产品进口国，近年来对草产品的进口持续增加。多方面因素导致未来增加草产品的供给能力有限。一是近年来的能源危机加剧了对牧草的需求；二是随着人们生活水平的提高和对健康安全的关注，对草食性畜产品的需求快速增加；三是全球性的粮食安全问题持续存在，客观上对牧草产业的发展造成现实挤压。近年来，国内消费者基于对健康、安全的不断追求，对草食畜产品的消费需求强劲增长，特别是近年来不断发生的动物食品卫生安全事件，更加强了对天然安全

的草食畜产品的偏爱。

（二）低碳经济观念将助推牧草产业快速发展

当前，世界经济正在进入绿色的低碳经济时代，它不仅是本世纪人类最大规模的环境革命，而且也是一场深刻的经济发展能力变革。草地是面积最大的绿色资源，具有固碳能力大、固碳成本相对低廉、固碳形式比较稳定、地球温度调节器等多重功能，是推动我国低碳经济发展的重要支柱和保障。据测算，以种草、围栏、补播、改良等综合措施，每保护建设1公顷草原，投入约1 000元，能固碳5吨，平均每吨碳的成本约为200元；而人工造林每固定1吨碳的成本约为450元，是草原的2.25倍。草原植被所保护的地面，对于减少长波辐射、调控大气温度等，起到了关键性的作用。因此，在全球正推行低碳经济的今天，具有吸碳、固碳优越性的牧草产业将具有非常有利的发展环境和广阔的发展空间，未来几年将处于快速发展状态。

（三）牧草种植继续向区域化、规模化推进

近年来，随着我国种植业结构的优化调整和畜牧业区域化、规模化、集约化的发展，牧草种植正在逐步向羊、牛、兔、鹅等草食畜禽优势产区集中，这些地区在发展牧草种植时立足发挥当地资源优势，结合畜牧业发展情况，已由零星的一家一户种植逐步向规模化方向迈进。当前，我国的牧草产业主要分布在甘肃、河北、陕西、山东、山西、内蒙古、黑龙江、吉林、辽宁、海南、四川、云南等省份，牧草种植的“两区一带”格局基本形成。牧草加工已逐步形成东北、华北和西北草产品生产加工优势产业带，青藏高原和南方草产品生产加工优势区。未来，随着我国畜牧业生产结构的继续调整，节粮型草食畜牧业区域化的进一步发展，牧草产业将继续向区域化、规模化推进。

（四）牧草产业化进程有所加快

自上世纪90年代后期以来，适应国际市场的强劲需求，牧草产业中迅速崛起一批龙头加工企业，如成都大业、宁夏农垦、横店草业等，2008年，我国牧草加工企业达到300多个，其中设计加工能力5万吨以上的33个，占11%。通过牧草加工企业的带动，在部分地区初步形成了“公司＋基地＋农户”的产业化运作模式。近两年，随着人们对“三聚氰胺”事件认识的不断深入，部分企业更加注重优质牧草对畜产品质量和安全的重要性，如北京三元绿

荷、内蒙古多伦绿满家生态肉牛繁育场等与草农签订协议，按照合同价收购农户的牧草。

四、推进牧草产业发展的政策建议

（一）应尽早实施扶持牧草产业发展的有关政策

首先应尽早出台种植牧草与种粮享受同样的优惠政策。种植牧草在一定条件下可以替代饲料粮的种植，并且是提高草食家畜生产水平和产品质量的最有效措施。建议尽快出台牧草良种补贴政策、种植牧草直补政策和牧草种植、收储、加工机械补贴政策等，尽快实现种植牧草与种植粮食作物享受同样的优惠政策。其次，应扶持牧草专业合作组织的快速发展。在当前一家一户的分散种植情况下，必须建立适当的组织，将分散的农户组织起来，以共同完成一些一家一户难以完成的社会化服务。扶持建立牧草专业合作组织将是保障为社员提供社会化服务的良好形式。建议财政为合作社提供必要的服务设施设备，实现合作社的统一规范种植制度、统一供种、统一种植、统一收割打捆、统一收购等社会化服务，就可解决制约当前牧草发展的突出问题。

（二）积极培育苜蓿加工龙头企业，以带动产业快速发展

与其他产业一样，牧草产业的持续快速发展离不开龙头企业的带动。牧草种植户需要寻找稳定的市场需求，需要提供社会化服务，需要提供优良的品种，需要提供先进适用的技术推广与服务，这样他们才能一心一意从事专业化苜蓿种植，才能提高其生产效率。牧草龙头企业的培育主要应在设备购置上给予补贴，在贷款融资、税收征收等方面给予与其他农业企业同样的优惠政策。政府应积极行动，采取一切措施和必要手段，制定出台一系列优惠政策，帮助和扶持当地已经建成、具备一定的加工能力、并形成一定生产规模的重点企业，使其成为真正的龙头，依托龙头企业实施草业的规模化、专业化、集团化大生产，扶持龙头企业大力开拓国际、国内草业市场。

（三）应彻底改变传统观念，切实实施“三元结构”

首先应摒弃种草占用粮田，从而影响国家粮食安全的传统观念。从目前我国奶牛养殖的实践来看，种植苜蓿可在一定范围内替代饲料粮的种植，由此而

导致饲料粮占用耕地的减少完全可以满足目前奶牛日粮对苜蓿所需。其次，应大力宣传和推广“粮经草三元结构”种植模式，充分利用不同地区的荒滩、荒地等闲置资源，充分利用苜蓿对中低产田的改造作用和对土壤的改良作用，以更好实现粮食高产稳产。

（四）构建多元化的经营机制，建立产加销一体化的产业链条

首先是企业与农民结合，订单生产开发种草。由企业和农民签订牧草生产协议，明确任务和要求，企业垫付部分启动资金，负责生产过程技术指导，按协议要求收购草产品；农民按协议要求，搞好生产管理，向企业提供合格足量的草产品。第二，是农民联手合作，连片规模化生产。通过建立草产业合作社等组织形式，把同一片土地的农民联合起来，采取统种、统管、统收、统售，进行连片规模化生产管理，方便机械化作业，保证技术到位，实现科学种、科学管、科学收，提高生产水平和综合效益。

（五）强化社会化服务体系建设，提高组织化程度

加强牧草生产技术服务组织建设，强化服务功能，是提高牧草生产技术水平的关键环节。一是围绕牧草生产加工基地建设开展技术服务，为农牧民提供生产、加工、储藏、运输、信息、资金、技术等系统化服务。二是要大力发展农牧区多种形式的合作经营组织，发挥其在产销衔接、信息技术服务、组织销售、协调销售价格等方面的作用。三是加强基层牧草技术服务队伍建设，提高基层草业服务站专业技术人员的服务水平。

（六）应保持各项政策之间的衔接和联系

一是扶持牧草发展应与扶持奶牛等草食家畜发展相联系。国家在扶持奶牛等养殖小区或规模化养殖场时必须要求配套牧草种植基地。国家在出台扶持奶牛发展的有关政策时，对于养殖小区或规模化养殖场，必须保证每头奶牛配套至少 2 亩牧草地，达到该标准后才能给予扶持或奖励。地方政府在对奶牛养殖小区或规模养殖场的规划中，也应按照每头产奶牛至少配套 2 亩牧草地进行规划，同时，牧草地的规划一般应选在养殖小区或规模场附近，以充分实现农牧结合和循环经济。二是保持扶持牧草发展的各项政策之间的衔接和相互制衡。如规定种植牧草直补政策、良种补贴政策的优惠对象为加入牧草专业合作组织的农户；对牧草初加工设备的补贴必须要求加工企业带动一定数量的农户等。

参考文献

[1] 中国牧草产业网 . http：//www. forage. org. cn/.

[2] 韩建国，李志强 . 建立现代牧草产业的意义和措施 [J] . 中国牧业通讯，2008（4）：44 - 47.

[3] 王明利 . 积极推动苜蓿产业发展是全面提升我国奶产业的重要举措 [J] . 中国畜牧杂志，2010（8）.

我国生猪产业稳定发展问题的思考*

Considerations on Issue of Stable Development for Swine Industry in China

刘春芳　　王济民

Liu Chunfang　Wang Jimin

摘要：近年来，我国生猪产业生产和价格大起大落、养殖户比较效益下降、突发疫情等许多突出问题受到普遍关注，本文分析了生猪生产现状和产生问题的原因，提出了推动生猪产业稳定发展的思路和建议。

Abstract: In recent years, some prominent issues in swine industry in China had drawn a wide attention, such as the production and price fluctuations, the drop of the comparative benefit for pig raising household and the increase of the paroxysmal epidemic situation. The current status and reasons emerged in the swine production were analyzed. The policy recommendations for the steady development of the swine industry under new current situation in China were put forward.

改革开放以来，我国畜牧业呈现迅猛的发展势头，目前已经成为农业和农村经济中最具活力的支柱产业，在推动农业产业结构调整、满足市场需求、改善人民生活、增加农民收入、推动国民经济增长等方面做出了巨大贡献。特别是生猪产业发展对满足城乡居民畜产品需求方面起到了不可替代的作用，但同时也出现了如生产和价格大起大落、养殖户比较效益下降、突发疫情等许多突出问题而受到普遍关注，深入分析生猪生产现状和产生问题的原因，对准确掌

* 项目来源：2008年中央级公益性科研院所基本科研业务费专项资金（中国农业科学院农业经济与发展研究所）三期资助项目。

握产业发展状况，推动生猪产业稳定发展具有重要意义。

一、发展现状

进入21世纪90年代以后，中国畜牧业以惊人的速度持续、快速发展，从追求数量增长到质量、结构、效益并重，综合生产能力和保障市场有效供应能力得到进一步加强，基本满足了国内不断增长的消费需求。2008年全国猪肉产量4 620.5万吨，是1990年2 281.1万吨的2.03倍，占我国肉类总产量的63.5%[①]；生猪出栏6 1016.6万头，是1990年30 991.0万头的1.97倍；全国人均猪肉占有量34.79kg，是1990年20.12 kg的1.73倍。出栏50头以上生猪的规模化养殖比重达56.0%，同比提高7.6个百分点。比1990年不到15%提高40个百分点以上。从整体情况看，养殖效益总体较好，产业地位稳步提升，畜牧业对农民持续增收做出了重要贡献。但也面临着新的困难和问题，具体表现在：

（一）生猪生产快速恢复后，存栏又有所下降

2007年以来，在国家一系列扶持政策的推动和市场机制的作用下，我国生猪业克服了饲料和劳动力价格上升、南方雨雪冰冻灾害和四川汶川大地震的不利影响，呈现出快速恢复性增长的势头，进入2008年，在2007年生猪价格不断上涨和政策扶持力度加强的刺激下，广大农民生猪养殖的积极性不断高涨。2008年1—4月份养猪户占农户的比重基本保持在21%～22%之间，5月份猛增至26.83%，一直到12月份比重均保持在26%左右。尤其是2008年实施增加对能繁母猪补贴的政策以后，能繁母猪存栏量所占比重上升，母猪生产能力提高，后续的活猪出栏量得到明显增加。监测数据显示，2009年12月，全国千家生猪养殖企业育肥猪出栏量环比增加3.92%。据国家统计局的数据，2008年全国生猪存栏46 291万头，同比增长5.23%；其中能繁母猪存栏4 696万头，占比10.14%，同比增长10.92%；出栏6.10亿头，同比增长7.98%，猪肉产量4 620.5万吨，同比增长7.76%，生猪生产基本恢复，市场供应比较稳定。

然而，进入2009年3月份以来，由于受全球金融危机和甲型H1N1流感以及生猪供给持续高位运行、猪肉消费需求季节性下降等综合因素的影响，生猪生产开始下滑，存栏又出现持续下降、能繁母猪比重偏高的趋势。据农业部

① 中国养猪第一网.2009-09-09.

畜牧业司提供的最新数据，2009年3月全国生猪存栏44 861万头，能繁母猪4 942万头，比重11.02%。6月存栏44 720万头，与2008年底相比下降3.51%，能繁母猪4 830万头，比重10.80%，环比减少1.33%和1.02%。

（二）价格先升后降，并出现较大幅度下滑

活猪价格：2008年1月份为每千克16.50元，随后持续上涨，4月达到最高，每千克16.89元，从5月份开始连续7个月下降，11月份活猪平均价格为11.90元/千克，环比下降4.8%，尤其进入2009年以来，出现大幅度下滑，5月份跌至9.75元/千克，创25个月以来的新低。6月中旬以后，价格下降趋势才得到扭转。

猪肉价格：2008年1月份每千克25.53元，2月份达到最高，每千克26.19元，从3月份开始连续9个月下降，11月份猪肉平均价格为19.46元/千克，环比下降6.7%，到2009年5月猪肉平均价格降至13.42元/千克。6月份以后，才有所回升。

仔猪价格：2008年1月份29.66元/千克，随后3个月连续上涨，到4月份到达最高点，为38.29/千克，然后开始跌落，从5月份连续7个月下降，11月份仔猪平均价格20.02元/千克，环比下降14.6%，2009年1月仔猪平均价格为20.06元/千克，环比上涨3.3%，同比下降32.37%。6月全国仔猪平均价格跌至14.50元/千克。7月份以后，才有所回升。

2009年5月，国家有关部门针对生猪市场波动连续采取有关调控措施，并在全国35个库点按照不低于市场价原则进行冻肉收储等措施，取得积极成效。据农业部农产品批发市场信息网监测，7月底，猪肉价格为每千克14.94元，环比涨1.6%，活猪价格为10.32元/千克，活猪、猪肉和仔猪价格同比分别下降30.3%、30.1%和51.6%。

（三）养殖利润一路下滑，一度出现全面亏损局面

进入2008年，在价格上涨和政策扶持力度加强的刺激下，生猪生产有所恢复，但随后养殖成本快速增加，养殖利润一路下滑，一度出现全面亏损。据农业部全国生猪定点监测户调查数据，2008年，平均每头生猪净利润由1月份的567元下降到10月末的23元，下降95.94%。到2009年5月生猪养殖效益持续下降并出现全面亏损，养猪户每头生猪销售收入为1 036元，亏损26元，同比下降106.52%。降幅之大前所未有，为自2008年1月监测以来生猪养殖效益首次出现亏损（表1）。亏损面占出栏户数的45.76%，主要集中在生猪生产大省，个别省份亏损面超过60%。

在市场经济条件下，生产和价格在一定幅度范围内的正常波动，符合市场经济运行的规律，也有助于产业调整；但我国生猪出现生产和价格的异动，超出了正常的市场可控范围，严重地影响了养殖户的生产积极性，扰乱了生猪产业的健康稳定发展。

表 1　定点观察户 2009 年 5 月生猪饲养成本收益情况

单位：元

	2009 年 5 月	2009 年 4 月	2008 年 5 月	环比（相对数、绝对数）		同比（相对数、绝对数）	
每头出栏肥猪销售收入	1 036	1 129	1 655	−8.24%	(−93)	−37.41%	(−619)
每头出栏肥猪成本	1 062	1 062	1 254	−0.01%	(0)	−15.32%	(−192)
（1）仔猪费用	268	276	479	−3.00%	(−8)	−44.02%	(−211)
（2）饲料总费用	721	711	673	1.37%	(10)	7.06%	(48)
（3）防疫治疗费	23	21	25	5.26%	(1)	−9.98%	(−2)
（4）雇工费	23	23	26	−1.75%	(0)	−12.70%	(−3)
（5）水电费	9	10	9	−1.95%	(0)	4.00%	(0)
（6）死亡损失费	9	11	20	−12.68%	(−1)	−53.51%	(−11)
（7）其他费用	9	10	20	−7.53%	(−1)	−52.93%	(−11)
每头出栏猪纯收入	−26	67	401	−139.12%	(−93)	−106.52%	(−427)

二、存在问题

（一）生产方式落后，技术服务体系不健全

生产方式落后主要表现在三个方面，一是饲养方式落后。目前，生猪养殖正处在一个由传统养殖向现代养殖转型的过程，规模化养殖虽然得到较快发展，2008 年全国出栏 50 头以上生猪的规模化养殖比重占 56.0%，比上年提高 7.6 个百分点。但总体水平不高，千家万户分散养殖仍占主体地位。饲养方式落后，既不利于动物疫病防治工作的开展，也不利于标准化生产技术的推广，影响了规模养殖效益。二是加工方式落后。绝大部分是传统的初级加工和粗加工，现代化的肉类加工量不到 20%。三是流通方式落后。冷鲜肉和肉制品销售应是今后的主要发展趋势。但是，目前生猪外销 80%以上为活大猪，冷鲜肉和肉制品销售份额很少。活大猪运销，既增加了运销成本，又容易引发疫病。

另外，我国生猪生产中的技术服务体系不健全问题尤为突出。主要表现在：一是良种繁育体系不够完善，层次结构不分明，种猪场基础设施薄弱，选育水平低，供种能力小。二是技术服务机构不健全，基层畜牧兽医队伍不稳定，技术员素质差，基层养殖技术薄弱。三是兽医管理体制以行政区域管理为基础，监管不力，检测设备和手段落后，国家有关规定得不到切实贯彻，可能导致防疫不力和兽药滥用。四是产销信息服务网络不完善。

（二）科技含量和产业化程度低

当前，我国畜牧业科技水平仍然比较低，良种良法不配套，畜牧业科技投入与产值比重不适应，新技术、新科研成果也难以得到及时转化，畜牧业的产业化水平还比较低，在养殖、加工、经营、销售等环节不配套，小生产和大市场之间的矛盾突出。

一是品种改良与育种体系建设相对滞后。生产性能高、效益好的优良品种及配套系不足，瘦肉型猪品种改良、优良地方品种资源的开发与利用不够、国家（或区域性）与企业育种体系建设、猪人工授精等技术应用程度低。

二是疫病综合防控技术问题较多。在实际生产与疫病防控中发现，引起生猪饲养死亡率高的原因除高致病性猪蓝耳病外，更多是由于继发感染或混合感染造成的。在猪病防控过程中，过多地依赖疫苗的效果，对不同疫苗的免疫时机、免疫拮抗等因素考虑不多。另外，疫苗问题突出：第一，农民不愿意在防疫上过多投入。主要依赖国家向生猪养殖户免费提供口蹄疫、蓝耳病、猪瘟三种疫苗。第二，疫苗浪费严重。由于领取免费疫苗必须与所报数据相符，以达到100%免疫，而实际却因疫苗数量多于猪的数量造成浪费。

三是生产技术设施不完备。我国生猪生产仍以千家万户的小规模、分散饲养为主，规模化、标准化程度低，生产不规范，不同养殖模式设施设备及技术差距大，一些在规模化养殖推广较好的技术，如多点养殖、全进全出、高床、猪人工授精、阶段饲养等技术，在农村散养甚至多数中小型规模化养殖场均无法应用，制约了新品种、新产品、新技术的推广应用。这一方面是受设施设备的影响，另一方面也受技术员素质影响。

（三）生猪疫情频繁发生，动物疫病防治形势严峻

据全国畜禽疫病普查资料显示，我国现有畜禽传染病202种，其中流行面广、危害严重或在局部发生但存在较大潜在危险性的就有38种。全国每年因动物疫情造成的畜禽直接经济损失达260亿～300亿元。近年来，我国生猪疫病呈多发态势，是造成生猪生产波动的一个重要原因。2003年禽流感引发了

消费者和生猪养殖户的恐惧心理，造成生猪生产陷入低谷，2006年爆发的高致病性蓝耳病，导致猪肉市场供应紧张，2007年猪肉价格大幅度上涨，2009年初的甲型H1N1流感的发生和国际金融危机的影响，导致上半年猪肉价格大幅度下跌到盈亏平衡预警点以下。在当前我国畜牧业大发展和大流通的局面下，活畜流通引发重大疫病的危险不断增加，动物疫病防治形势依然严峻。

（四）规模化猪场的环境污染治理和环境保护政策问题突出

一是随着畜牧业规模化的发展，农村养殖业特别是养猪业粪污处理问题突出。规模化猪场的数量不断增加、猪场的规模不断扩大、生猪存栏与猪肉产量逐年递增，然而，与规模化生产相适应和配套的排污处污技术与管理水平却严重滞后，目前国内猪舍粪便排放方式大多都是结合水冲的直接排放，已成为主要的污染源，对周围资源与生态环境的造成了巨大压力。二是环境保护政策对养猪业发展的压力增大。养猪业粪尿处理难度较大，治理成本较高，特别是节能减排一票否决对养殖业发展非常不利。目前，上海、广东、福建很多地方由于环保问题，在没有任何补偿的情况下，逼迫养殖场迁移，这对当地养猪业造成很大冲击。养殖户也面临的困难较多。另外，农村散养猪的排泄污染也不容忽视，在某些地区威胁着农村饮用水安全，一些地方畜牧业发展和生态环境保护的矛盾在加剧，如何处理好这个问题关系到养猪业未来的发展方向和前景。

（五）饲料、劳动力供需缺口较大，资金、土地问题突出

我国土地资源有限，随着人口不断增加，饲料粮短缺特别是蛋白饲料短缺将是我国畜牧业发展面临的突出问题。特别是受2007年粮食、石油价格上涨的影响，饲料原料价格持续上涨，使生猪行业各环节的养殖成本增加。同时，随着我国工业化和城镇化步伐的不断加快，农村劳动力成本增加，从事副业养猪的散养农户减少。目前规模化发展还不足以弥补散养户的退出而带来的产量减少，将在一定时期内影响生猪生产和市场供应。规模化畜牧业的发展依赖于资金与技术的集约投入，养殖户自有积累资金有限，需要向银行贷款。近年来，养猪业已成为高投入和较高风险的产业，养猪扩群资金投入缺口大，但目前生猪养殖业贷款渠道少、贷款实际操作困难大，门槛高，利率高，融资难的问题一直困扰着养殖户规模的扩大。另外，在国家实施严格保护耕地政策的情况下，对畜牧业用地的审批难度加大。

（六）价格波动周期缩短，波动幅度增大

近年来，我国生猪产业得到了较快的发展，生产能力大幅度提高，基本可

以满足市场需求，但同时生猪生产呈现周期性波动的特点也日渐明显，且波动周期明显缩短，波动幅度增大（图 1），直接影响到生猪生产的稳定性。我们把生猪价格指数波动的最大振幅看作一个波动周期[3]，1980—2008 年我国生猪价格波动周期有越来越短，波动幅度有越来越大的趋势，波动周期由上个世纪 80 年代的 4～6 年缩短为 90 年代以后的 3～4 年，平均为 3.86 年，其中，下降阶段为 2 年，上升阶段为 1.86 年；波动幅度由 35.9%～53.0%上升到 12.3%～62.9%，平均波幅为 40.64%（表 2）

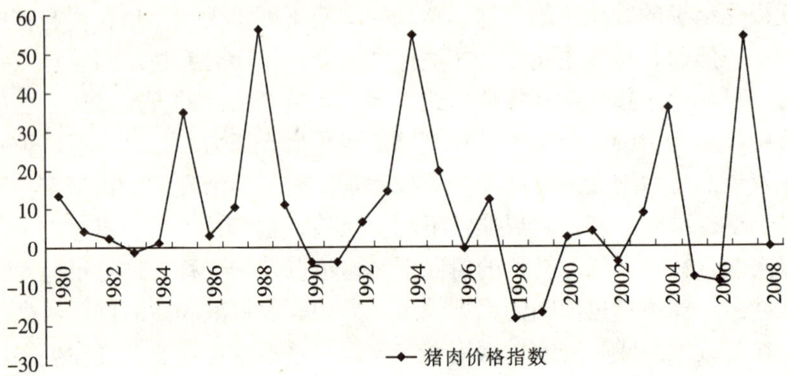

图 1　1980—2008 年猪肉价格波动情况

表 2　1980—2008 年我国生猪价格波动周期

单位：年，%

波动周期	下降阶段①	上升阶段①	波谷②	波峰②	波长	振幅
1980—1985	1981—1983 (3)	1984—1985 (2)	1983 (−1.1)	1985 (34.8)	5	35.9
1986—1988	1986 (1)	1987—1988 (2)	1986 (3.0)	1988 (56.0)	3	53.0
1989—1994	1989—1991 (3)	1992—1994 (3)	1991 (−3.9)	1994 (54.6)	6	58.5
1995—1997	1995—1996 (2)	1997 (1)	1996 (−0.1)	1997 (12.2)	3	12.3
1998—2001	1998—1999 (2)	2000—2001 (2)	1998 (−18.5)	2001 (4.0)	4	22.5
2002—2004	2002 (1)	2003—2004 (2)	2002 (−3.8)	2004 (35.6)	3	39.4

（续）

波动周期	下降阶段①	上升阶段①	波谷②	波峰②	波长	振幅
2005—2007	2005—2006 (2)	2007 (1)	2006 (−9.0)	2007 (53.9)	3	62.9
2008—2009	1998—2009 (2)	—	—	—	—	—
平均	2.0	1.86	−4.77	35.87	3.86	40.64

注：①括号内为年份数；②括号内为当年生猪价格指数。

（七）养殖成本在波动中不断上升，养殖利润随之缩小

自上世纪90年代以来，我国养猪业成本呈波动性增长态势，总体呈较快上升趋势。资料显示，1991—2008年生猪单位成本（每千克活猪的总成本，下同）平均为6.56元/千克。生猪单位成本从1991年的3.23元/千克上升到1997年的8.25元/千克，年均增长16.9%；2004年出现第二次波峰，达到7.55元/千克，并保持阶梯式增长态势，2008年单位成本高达11.68元/千克，从2004—2008年单位成本年均增长11.53%。随着国家对东北玉米采取1.5元/千克临时收购措施，全国饲料价格将保持较高水平。另外，水电、能源价格和人工费用的刚性上涨，养殖成本持续提高，效益持续下降，养殖利润将随之缩小。

三、原因分析

（一）生猪生产缺乏正确的市场信息引导

调查中养殖户反映，由于缺乏对市场信息的了解和分析，养猪户看到养猪有较大收益时便纷纷补栏，一旦价格下跌就大量出栏，导致经营不稳定，影响了生猪养殖产业的整体发展和收益。

（二）完全由市场调节的生猪市场供求失衡

随着畜产品买方市场的形成，市场因素已成为制约养猪生产发展的主要因素，特别是自我国加入WTO以来，生猪产业同时面临国内和国际竞争激烈的两大市场因素影响。市场价格调节又具有盲目性和生产的趋利性，容易引起市场供求失衡。当生猪价格持续下降、行情低迷时，养殖户丧失信心，造成一些

地区大量抛售生猪、空栏不补等现象；当生猪价格不断上涨时，养殖户又一哄而上，争相补栏。

（三）市场各环节利益分配不均

生猪生产与加工、销售环节利益分配不合理。近年来，生猪加工业发展迅速，增加了对生猪的需求。但同时，由于当前在我国生猪生产的产业链中，养殖与加工、销售环节利益分配不均衡，加工企业和流通环节处于强势地位，在生猪价格运行低迷时，市场货源充足，卖猪时受到收购、屠宰加工行业的挤压，联手压低生猪收购价格，将市场风险转嫁给养殖户，使周期向下波动被人为放大，推动价格进一步下滑；而在周期上升阶段，又抑制生猪价格上升，进而造成市场信息传递的制度性失真，引发价格波动。因而，生猪市场价格大起大落，生猪屠宰、零售商获利较大，而养殖户并未从中得到多少实惠。

（四）疫病防控力度不够

生猪疫病很大程度上影响到猪肉价格的涨跌，猪场防疫和社会化防疫工作力度有待进一步加强。在市场低迷的情况下，部分猪场为节约成本而放松防疫工作，这就导致价格高峰伴随疫病流行高峰也同时到来的局面。此外，疫苗质量和免疫程序方面不同程度的存在问题，近年来，由于新的疫苗生产企业迅速增加，疫苗质量参差不齐。免疫程序不合理，见疫苗就打，错误地认为打了就放心，使猪群一直处于疫苗免疫应激状态。种猪带毒现象比较严重，缺乏检测淘汰手段，加之疫苗质量欠佳，致使猪场疫病难控。养殖户的观念滞后，消毒防疫意识不强，导致疾病蔓延。兽药市场管理混乱，一些不合格的厂家有地上转为地下，大量的假冒伪劣药品流入市场，给生物安全造成隐患。

（五）能繁母猪调控措施不及时

母猪生产是养猪生产的基础，只有母猪基础的稳定，才能促使生猪生产的稳定。能繁母猪存栏量的多少基本能决定整个生猪市场的走势，当生猪价格暴跌，农民盲目地阉割、乱杀乱宰母猪的时候，有关部门未能对良种种猪、母猪采取有效的保护措施或措施滞后，导致能繁母猪存栏数锐减，在一段时期内影响了生猪生产和恢复。反之，当生猪价格上升时，能繁母猪的数量又增长过快，比重大多达到10%以上，往往又孕育着新一轮的供求失衡和价格波动。

（六）生猪保护政策有待进一步补充和完善

需继续加大扶持力度，加快制定价格低谷时的最低保护价政策。另外，大多数生猪养殖农户认为，国家出台的生猪政策性保险，对于化解生猪养殖风险、促进生猪业可持续发展发挥了重要作用，但也存在一定弊端，畜牧业政策性保险在商业保险公司投保，主要是对重大动物疫病的死亡赔偿，而扑杀的不赔偿。尽管近期推出了能繁母猪保险制度，但由于对生产者来说，目前产业风险主要集中在保育、生长肥育阶段，母猪死亡风险是很低的，造成母猪生产力水平低的风险是疾病引起的流产、死胎等现象，而这些高风险因素并未纳入保险体系。

四、生猪产业稳定发展的思路

（一）构建生猪生产稳定发展的长效机制

应进一步巩固和完善现有扶持政策，建立健全预警预报、信息引导、保险、期货、储备等风险防范机制[4][5]，构建适合生猪生产的长效机制。首先要对养殖业采取扶持政策，并以法规的形式予以确定，以减缓农户对政策延续性的担忧；加大生猪标准化规模养殖场（小区）建设资金补助的范围和力度；强化标准化猪圈建设和粪污处理设施配套；制定养猪业用地政策，做好养猪用地规划；建立养猪业信贷体系，为规模化养殖场提供贴息贷款，满足生猪产业发展资金需要，解决养殖户土地难、贷款难和饲料短缺等问题，切实保障生猪生产发展关键环节的资金投入和政策贯彻实施。其次要实行生猪业政策件保险制度，探索开展生猪生产政策性保险试点工作，将具有一定生产规模、有一定养殖经验的养猪大户和由疫病引起的母猪死亡纳入保险体系中，化解疫病风险。第三设立生猪重大疫病损失补偿基金，用于生猪疫病暴发后恢复生产、启动市场，帮助各类养殖经营者渡过难关。第四建立生猪期货交易机制，通过期货交易平台，吸纳各方信息，及时了解未来生猪市场价格走势，合理调整养殖规模和饲养周期，降低生产经营的盲目性，分散市场风险。第五加强储备调节，推进产业化进程，遏制生猪价格的短期、频繁、大幅波动[8][9]，确保生猪生产长期稳定发展。

（二）加快发展方式的转变

要以发展各种类型的生猪标准化规模养殖为主要途径，大力推行标准化养殖和生态养殖模式，发展适度规模经营，扩大规模场的生产能力。扶持建设标准化养殖小区（场），引导散养农户进入养殖小区，推行健康养殖方式，提高规模化、标准化、集约化生产水平。从适度规模发展、推广良种、普及科学饲养管理、规范饲料和兽药等投入品使用等环节入手，组建有效的技术支持平台，将不同单项技术进行集成，逐步提高生猪生产水平和可持续发展能力。扶持鼓励发展生猪养殖协会或专业合作组织，提高产业组织化程度。要充分发挥龙头企业的带动作用，扶持龙头企业推进“原种猪场—扩繁场—养猪大户—屠宰加工”的产业化模式，通过优惠政策扶持，引导和鼓励龙头企业抓好养殖环节饲料、兽药等投入品生产和产品加工、流通和猪粪等废物综合利用的前后延伸，构建完整的现代生猪产业化体系。要创新现代营销方式，鼓励发展期货交易、产销对接、订单配送、连锁超市，逐步建立现代化的畜牧业物流体系。要鼓励、引导社会资本投入畜牧业生产，建立多元化投入机制，加快推进生产方式的转变，不断提升产业化水平。

（三）大力促进科技进步

加强对生猪生产关键技术的研究。要加快优良品种的选育和遗传改良，解决母猪生产效率低下等问题；重点研究营养和饲料技术，实现饲料供应的合理、经济和安全；加快新型饲料原料开发和现代生猪饲养技术应用，提高饲料消化率和饲料转化效率，提高产业竞争力。加强对生猪饲养环境控制技术和疫病防控技术的研究，进一步解决疫病威胁和养殖粪污对环境的影响问题。加强生猪良种繁育体系建设，做好重点种猪场和品种改良中心的建设。进一步完善技术推广体系扶持政策，稳定基层畜牧兽医队伍，提高服务手段和服务能力，鼓励科技和推广部门技术人员研究和制定先进实用技术，促进实用技术的推广和普及，加快畜牧兽医科研成果的转化率，加大科技入户的力度，开展技能培训，帮助广大生猪养殖户解决生产中的技术难题，提升整个养猪业发展的科技水平。

（四）合理生猪产业各环节的利润分配

实行生猪最低保护价制度，合理生猪产业各环节的利润分配。在生猪产业低迷期间，一方面生猪养殖企业要加强技术管理减少经营亏损，另一方面政府和物价管理部门应对生猪产业各环节间的价格合理性进行适度干预和调控，加强对价格的监管力度，实行生猪最低保护价制度，合理利益分配，保护生产者和消费者利益，使生猪产业真正按照市场规律有序发展。

（五）切实加强疫病防控

有效建立全社会的疫病防控体系是生猪产业得以健康发展的根本保证。坚持生产发展和防疫保护并重的方针，切实加强生猪疫病防控。强化对生猪高致病性蓝耳病、猪瘟和口蹄疫等主要生猪疫病的基础免疫工作，提高疫苗免疫覆盖率。加强疫情监测预警，健全应急预案，提高突发重大动物疫情应急处置能力。积极推行动物疫病综合防治技术，加强重大传染病强制免疫，建立健全基层动物防疫体系和畜产品质量安全体系。加强畜产品产地和市场检疫，建立畜禽标识及其疫病溯源系统，逐步实现饲养、生产、经营环节全程追溯。加强生猪流通环节的检疫和监管，防止疫病的流行。加强和规范动物防疫监督检验，抓好无规定动物疫病区建设。

（六）加强养猪行业预警和宏观调控

在生猪定点监测统计的基础上，加强对生猪生产、流通、销售各环节的监测。一是围绕生猪主产区和重点销售市场，发挥各地养猪行业协会的作用，突出生产、流通和市场销售三个环节的价格监测，建立产销之间的价格联动网络。二是根据生猪产业的行业特点，加大对种猪生产的监测，为分析判断市场变化提供较科学的依据。三是开展国内、国际生猪及产品市场风险分析，逐步建立猪肉市场预警体系，及时发布市场预警分析报告，科学预测市场和消费需求走势，正确引导养殖户生产经营决策，规避市场风险。四是在适度发展规模化生猪养殖企业的同时，有效地做好对散养户的控制发展和合理转型工作，从宏观角度实现生猪生产和市场需求的相对平衡，减缓由于供需矛盾造成的市场波动，使生猪养殖进入良性发展轨道。五是建立生猪收购保护价制度，在生猪价格处于低谷时，及时按保护价实行收购，扶持养殖户渡过难关，在生猪价格处于高位时，适度抛出库存平抑市场价格，避免生猪生产的大起大落。此外，还应进一步加大农业部2008年开始建立生猪养殖定点监测体系的监测力度，以更好地做出动态预测和趋势判断，为决策部门和生产者提供科学的决策依据。

参考文献

[1] 聂凤英，张学彪，等.2008年猪肉市场形势分析［J］. 中国猪业，2009（2）：30－32.

[2] 王济民.2008年养猪业发展与2009年养猪形势预测［J］. 猪业科学，2009：128－130.

[3] 王济民. 我国生猪生产和价格波动的规律分析［M］. 农业经济与科技发展研究，中国农业出版社，2008.

[4] 陈瑶生. 我国生猪产业形势分析与发展对策［J］. 中国畜禽种业，2008（4）：12－14.

[5] 肖红波，王济民. 我国生猪业发展的现状、问题及对策［J］. 农业经济问题，2008年增刊.

[6] 赵云焕，等. 我国畜牧业的地位现状与发展趋势.

[7] 浦华，郑彦，王济民. 我国畜牧业生产现状与发展建议［J］. 中国农业科技导报，

2008.10（1）：63－66.

[8] 綦颖，吕杰，宋连喜．关于中国生猪产业的周期波动问题探析［J］．农业现代化研究，2007（5）：567－570.

[9] 綦颖，宋连喜．生猪市场价格周期性波动的原因分析与缓解对策［J］．中国畜牧杂志，2006（16）：11－14.

[10] 陈影．影响我国生猪产业可持续发展的相关因素分析与对策［J］．猪业科学，2008（5）：56－58.

[11] 中国畜牧业年鉴［M］．北京：中国统计出版社，2009.

[12] 中国物价年鉴［M］．北京：中国统计出版社，2009.

我国畜产品供求区域均衡状况及变化趋势

Regional Livestock Products Supply and Demand Situation and Its Fluctuant Trend in China

辛翔飞　　王济民

Xin Xiangfei　Wang Jimin

摘要：本文采用 1985—2008 年省区数据，选择对我国主要食物性畜产品省区供求的均衡状况进行研究。研究发现：食物性畜产品主销区、产销平衡区、主产区产销情况的变动最主要的原因是由于产量与消费量相对增长速度不一致，使某些省区产销量差相对于全国平均水平发生变化。沿海经济发达地区消费增长更加快速，但生产增速相对较慢，大部分省区的产销差在全国排序逐步后移，部分省区正向主销区转变。各省区食物性畜产品产量增长速度的相对变化基本上可以归因于比较优势的变化。中部地区和东北地区由于生产具有比较优势，消费稳定增长，是我国主要畜产品特别是家禽、生猪、牛奶的主产区；而肉牛、肉羊等草食家畜的生产随着各省区比较优势的变动，生产布局出现向外扩张的趋势。

Abstract: This paper studies the supply and demand situation of livestock products and its fluctuant trend in China, using the data of 29 provinces in mainland China from 1985 to 2008. The paper finds that most of fluctuations in supply and demand balance are due to the difference in relative growth rate of production and consumption. Coastal developed areas are of more rapid consumption growth, but relatively slower production growth. Most of those provinces' difference values between supply and demand rank gradually forward the back among the nation, and even some of which are transforming into main producing areas. Central and northeastern regions have comparative advantages in production, which are China's the main producing areas of major livestock products, especially poultry, pig, milk. With the changes in comparative advantages, the production layout of herbivore appears outward expansion trend.

一、引　　言

改革开放30年来，我国畜牧业取得了巨大成就，一举扭转了畜产品供给绝对短缺的局面，已成为我国农业和农村经济中的支柱产业。随着我国经济持续快速发展，城乡居民收入明显增加，食物性畜产品消费量不断增长，并已由副食品变为人民群众生活的必需品，成为我国居民膳食结构的主要成分。在当前形势下，国民经济和社会发展对实现畜产品均衡供给的要求更加严苛，整个宏观经济运行和社会发展对畜产品供给更加敏感。在我国畜牧业快速增长的大趋势下，畜牧业生产和价格也出现过若干次较大的波动，例如，生猪生产和价格从改革开放到现在先后经历了1988年、1994年、1997年、2004年和2007年5次大波动，对生猪产业的健康发展和城乡居民的正常生活都产生了不利影响，国家也陆续实施了一系列关于生猪等畜产品生产的调控政策，以稳定供给平抑物价。

很多学者都对我国畜产品的供需问题进行了探讨，并为我国畜牧业发展提供了有益的政策建议。如，周俊玲（2001），周旭英、罗其友和屈宝香（2006），肖红波和王济民（2008）等从生产方面；蒋乃华、辛贤和尹坚（2002），刘秀梅和秦富（2005），佟晓晨（2007）等从消费方面；以及胡定寰（2000）、辛贤和尹坚（2004），袁学国、王济民和韩青（2001）等从生产和消费两个方面，分别进行了相关研究。但同时，我们也注意到，现有关于我国畜产品供给或需求的文献所考虑的多是全国总体供需水平的均衡，而基于省区层面分析畜产品供需的文献相对缺乏。虽然辛贤和尹坚（2004）运用空间均衡分析方法从省区层面对我国肉产品的区域生产和消费进行了深入研究，但他们的研究仅是基于2000年数据对我国畜产品供需情况进行判断，未能提供关于我国畜产品供需趋势变化的分析。

准确把握新形势下我国食物性畜产品区域供求状况及其变化趋势，有助于及时发现未来我国食物性畜产品可能存在的供求缺口，对提高农民收入和改善居民食品消费结构都具有十分重要的现实意义。选择对一个较长时间段的供求状况进行分析，可以避免因个别省份某一年数据突然变动而导致的分析结论的片面性。基于以上因素的考虑以及相关数据的可获得性，本文采用1985—2008年的相关数据，选择对猪肉、牛肉、羊肉、禽肉、蛋类和奶类六种主要食物性畜产品省区供求的均衡状况进行研究。

二、研究方法和数据

根据全国各省区畜产品生产和消费数据，本文分别计算了各省区1985年、1990年、1995年、2000年、2005年和2008年猪肉、牛肉、羊肉、禽肉、蛋类和奶类的产量与消费量之间的差值，将各省区六年产销差平均值与全国平均值作比较，以此作为划分各类畜产品主产区、产销平衡区和主销区的主要依据。

由于相关统计年鉴中缺乏关于我国各省区主要畜产品消费的直接数据，只提供了各省区农村居民人均主要畜产品消费量以及1985年和1990年城镇居民人均主要畜产品消费量，本文首先利用1995年、2000年、2005年和2008年各省区城镇居民畜产品支出金额和价格计算得到相应年份城镇居民人均主要畜产品消费数据，然后根据城乡居民人口数量分别计算了各省区城乡居民畜产品消费数量，继而加总得到我国各省区主要畜产品消费量。此外，由于城镇居民的牛羊肉消费数量和支出金额没有进一步细分统计，考虑到牛羊肉消费在肉类消费中所占的份额相对较小，并且同一地区内部城乡居民的饮食消费习惯具有很大相似性，本文采用各地区农村居民牛羊肉消费比例替代城镇居民牛羊肉消费比例，利用这一比例数据和城镇居民牛羊肉消费总量数据计算得到城镇居民牛肉和羊肉的消费数量。其中，农村居民人均主要畜产品消费量数据来源于《中国农村住户调查年鉴》（相应年份），1985年和1990年城镇居民人均主要畜产品消费量和价格数据来源于《城镇居民家庭收支调查资料》（相应年份），1995年、2000年、2005年和2008年城镇居民人均主要畜产品消费金额数据和相关价格指数来源于《中国统计年鉴》（相应年份），城乡居民人口数量来源于《中国统计年鉴》（相应年份）。各省区主要畜产品产量数据来源于《中国畜牧业年鉴》（相应年份）。1997年重庆从四川划分出去单设为直辖市，1986年海南从广东划分出去单独设省，为了保证数据的延续性，本文在计算分析过程中将重庆和四川合并为一个省，将海南和广东合并为一个省。

此外，还需要说明的是，在实证分析过程中，限于各省区城乡居民分类畜产品户外消费数据获取上的难度，以及估算城乡居民户外消费数据可能存在的较大偏差，同时考虑到各省区居民对主要畜产品的户外消费占当地畜产品产出的比例相差不会过于悬殊，对于本文所关注的主要食物性畜产品供求区域均衡状况的判断不会产生太大的影响，所以没有将居民户外消费纳入到分析框架中来。

限于篇幅，在此仅列出2008年各省区食物性畜产品的产量和产销差，见

表 1。

表 1　2008 年我国食物性畜产品产量和产销差值

单位：万吨

地区	猪肉		牛肉		羊肉		禽肉		禽蛋		奶类	
	产出	产销差	产出	产销差	产出	产销差	产出	产销差	产出	产销差	产出	产销差
北京	22.31	−17.98	2.13	−1.56	1.45	−4.08	18.98	12.08	15.24	−5.88	66.54	−68.23
天津	23.48	−1.07	3.68	1.34	1.44	−2.24	8.29	5.00	19.69	1.93	70.12	5.37
河北	245.78	164.10	56.83	48.92	26.48	18.57	81.81	71.40	411.00	345.92	515.33	340.10
山西	45.43	11.16	4.23	2.71	5.05	0.50	6.97	4.17	61.60	32.10	70.02	−36.91
内蒙古	64.68	21.19	43.09	40.05	84.84	65.95	20.33	16.06	45.55	30.50	921.23	842.67
辽宁	210.00	113.58	37.70	22.43	7.34	−1.82	112.69	99.95	254.20	199.22	107.26	−71.41
吉林	104.59	60.06	39.97	28.32	3.51	1.56	65.14	56.37	87.10	61.17	39.74	−27.14
黑龙江	96.61	33.98	32.60	20.95	10.47	3.48	27.50	14.70	93.68	61.72	512.84	414.58
上海	17.34	−25.05	0.00	−5.63	0.54	−3.84	8.48	−9.56	6.20	−13.19	23.29	−92.69
江苏	194.93	55.31	2.97	−15.27	7.00	−5.16	113.58	58.96	172.10	107.51	61.05	−152.82
浙江	126.85	46.32	0.98	−8.50	1.84	−4.48	38.74	4.54	41.43	11.27	22.51	−145.40
安徽	217.39	132.77	17.11	3.66	13.42	10.05	94.04	57.41	112.09	58.63	18.10	−172.72
福建	136.60	40.38	2.14	−8.93	1.65	−3.89	27.02	−2.46	33.02	7.91	14.87	−89.48
江西	198.08	110.20	10.58	−1.91	1.15	1.15	49.29	30.19	40.02	18.40	11.19	−96.93
山东	321.34	199.62	70.67	60.74	33.21	13.35	502.41	474.57	364.98	247.51	254.92	−47.81
河南	367.10	291.27	84.10	65.33	26.50	21.81	98.46	74.62	371.70	273.65	298.62	123.60
湖北	260.38	136.99	16.09	4.98	7.30	−0.11	55.67	39.05	124.10	87.13	33.18	−111.08
湖南	370.23	238.27	14.61	2.45	10.57	6.51	48.88	17.04	87.47	59.89	15.21	−130.28
广东	290.85	−7.99	7.95	−32.38	1.86	−8.78	163.93	32.71	35.46	−11.15	13.75	−252.96
广西	218.36	112.56	12.45	−3.80	2.92	2.92	112.97	61.89	17.94	1.62	7.50	−50.03
四川	576.90	285.19	33.87	28.29	25.78	21.84	209.43	149.81	184.31	125.13	74.40	−88.51
贵州	134.60	30.95	10.22	7.96	3.04	3.04	12.81	1.18	10.82	−0.26	4.27	−31.39
云南	219.58	95.32	26.12	17.84	11.47	8.71	29.21	8.50	19.41	−2.95	97.32	66.32
西藏	1.21	0.32	14.19	10.90	8.28	5.48	0.00	−0.02	0.28	−0.17	52.44	45.94
陕西	73.47	34.10	7.59	6.30	7.37	2.22	8.08	2.84	48.20	31.69	182.30	83.46
甘肃	42.92	7.07	14.77	13.45	15.35	10.72	4.12	0.68	11.88	1.44	34.69	−8.31
青海	8.74	1.67	7.28	4.71	8.67	4.78	0.65	−0.02	1.39	−1.07	27.23	16.44
宁夏	8.45	2.34	6.83	5.15	5.88	3.18	1.81	−0.32	6.44	3.75	89.22	70.74
新疆	22.29	11.91	32.42	23.45	45.97	21.04	8.18	2.69	24.89	15.21	142.32	97.33

注：若该地区产出量大于消费量，则产销差为正；若该地区产出量小于消费量，则产销差为负。

三、结果和讨论

(一) 数据分析结果

根据上述研究方法和数据，计算得到主要食物性畜产品 1985 年、1990 年、1995 年、2000 年、2005 年和 2008 年六年全国产销差均值（D），分别为：猪肉 56.39，牛肉 8.30，羊肉 4.23，禽肉 21.02，禽蛋 40.02，奶类 8.55。通过将各省区六年产销差均值进行排序，并与全国均值作比较，排序在前面大约 1/3 的省区我们认为是主产区，后面大约 1/3 的省区是主销区，中间大约 1/3 的省区是产销平衡区，基于此，本文形成了对我国主要食物性畜产品供求区域均衡情况的判断，见表 2。

表 2 我国食物性畜产品主产区、产销平衡区和主销区

猪肉	主产区（D>70）：	四川、河南、湖南、山东、河北、湖北、安徽、广西、江苏、江西
	产销平衡区（20<D<70）：	辽宁、云南、吉林、浙江、福建、黑龙江、广东、陕西、内蒙古
	主销区（D<20）：	贵州、山西、甘肃、新疆、宁夏、天津、青海、西藏、北京、上海
牛肉	主产区（D>10）：	河南、山东、河北、内蒙古、吉林、四川、辽宁、安徽、新疆、黑龙江
	产销平衡区（3<D<10）：	云南、甘肃、西藏、陕西、贵州、青海、山西、
	主销区（D<3）：	宁夏、湖北、湖南、广西、天津、北京、江西、上海、福建、浙江、江苏、广东
羊肉	主产区（D>10）：	内蒙古、河南、山东、新疆、河北、四川、
	产销平衡区（1<D<10）：	甘肃、江苏、青海、安徽、西藏、云南、湖南、贵州、陕西、山西、宁夏、黑龙江
	主销区（D<1）：	广西、江西、吉林、天津、湖北、浙江、福建、北京、上海、辽宁、广东
家禽	主产区（D>20）：	山东、辽宁、四川、河北、江苏、吉林、河南、广东、安徽
	产销平衡区（4<D<20）：	湖北、江西、广西、黑龙江、湖南、北京、内蒙古、
	主销区（D<4）：	上海、天津、陕西、新疆、山西、云南、宁夏、甘肃、贵州、西藏、青海、福建、浙江

（续）

禽蛋	主产区（D＞30）：	河北、山东、河南、辽宁、江苏、四川、湖北、黑龙江、安徽、吉林、湖南
	产销平衡区（5＜D＜30）：	陕西、山西、内蒙古、江西、福建、浙江、新疆、天津、
	主销区（D＜5）：	北京、甘肃、宁夏、广西、广东、贵州、西藏、青海、云南、上海
奶类	主产区（D＞9）：	内蒙古、黑龙江、河北、新疆、陕西、宁夏
	产销平衡区（−10＜D＜9）：	西藏、云南、河南、青海、天津、山西、甘肃、山东、吉林、贵州、广西
	主销区（D＜−10）：	北京、辽宁、江西、福建、上海、湖北、四川、浙江、湖南、江苏、安徽

（二）关于食物性畜产品供求区域均衡变动趋势的讨论

从全国各省区畜产品产量在1985—2008年这一阶段的变化趋势可以看出，各省区各种类畜产品产量总体趋势在逐渐增加，但是产销差值存在波动，这说明我国畜产品供给能力在逐步提高的同时，供与需的相对状况并不稳定。本文分三个阶段：1985—1990年、1990—2000年、2000—2008年，以当年全国平均水平为参照，分析各省区食物性畜产品产销差值的变动情况。虽然，各省区产销差的相对排序在不同阶段都会存在或大或小的变动，但那些相对较小的变动并没有对该省区产销均衡情况的总体把握产生影响，我们在这里着重讨论的是因产销差值变化显著而使其主产、主销区的角色定位发生改变的省区。

1. 猪肉供求区域均衡变化趋势。对比发现，1985—1990年我国各省区猪肉的产销差没有出现异常明显的变动。但是，1990—2000年部分省区产销差出现了较大变动。其中，广东、浙江的产销差变化异常明显：1990年，广东、浙江产量水平较高，产销差高于全国平均水平，且居全国各省区前列，是1990年猪肉主产区；到2000年，两省的消费量相对于产量增长更快，且浙江2000年产量出现下降，这两个省成为主销区。此外，黑龙江、内蒙古在此期间产量相对于消费量增长更快，产销差增长较大，1990年两省区是比较明显的主销区，到2000年成为产销平衡区。在2000—2008年这一阶段，浙江猪肉产量有相对较快的增长，由主销区成为产销平衡区，其他省区没有大的变动。

随着城乡居民人口的增加以及收入水平的提高，各省区猪肉消费不断增长，并且产量水平也呈现总体增长的趋势，供求均衡状况的变化主要是由于各省区产量和消费量之间相对增长速度的快慢产生的，而且主要是由于产量增长速度决定的。随着经济的发展，劳动力、土地和资本等用于生猪生产的机会成本逐渐加大，出现了资源从生猪生产逐渐转向其他产业的趋势，这是广东、浙江沿海经济发达地区从主产区转变成为产销平衡区、主销区的重要原因。并且，随着之前规模生产的优势潜力基本被挖掘完毕，这两个省生猪生产的资源禀赋优势逐渐下降。而黑龙江、内蒙古从主销区成为产销平衡区，则主要是由于饲养规模的扩大，以及科技进步带来的生猪生产技术、养殖条件的改善，使产量相对于消费量有了较快增长。

2. 牛肉供求区域均衡变化趋势。1985 年，全国总体而言，牛肉产量大大低于消费量，1985—1990 年间我国牛肉产量迅速增长，到 1990 年，产销差已经由负转正。尤其河南、黑龙江、吉林、辽宁四省产量增长较快，产销差增加较大。其中，河南由主销区成为主产区，其他四省区黑龙江、吉林、辽宁由主销区成为产销平衡区。

1990—2000 年间，黑龙江、辽宁的产销差仍保持较快增长，与河北、新疆一起由产销平衡区成为主产区。甘肃、陕西、西藏、山西、青海虽然产销差本身没有太大变动，但是，相对于全国平均水平而言，这五省区产量增长速度明显低于消费量的增长，产销差值相对于其他省区较小，由主产区成为产销平衡区。

2008 年各省区牛肉产销量基本保持了 2000 年的状况，除安徽省外，其他省区没有出现大的变动。通过对安徽省 2000—2008 年的产销量数据分析发现，2007 年牛肉产量下降明显，由 2006 年的 34.4 万吨下降到 2007 年的 17.1 万吨，且 2008 年继续保持 17.1 万吨的产量水平。安徽省近两年产量水平的下降，导致产销差值明显下降，在 2007 年和 2008 年成为牛肉主销区。安徽省 2007 年牛肉产量明显下降，主要原因在于国家统计局依据第二次全国农业普查数据对畜产品产量数据进行了修订所致。

可以看到，改革开放以来，我国肉牛产业发展迅猛，牛肉产量有了较大幅度的增加，已经从供给不足转变为供给大大高于需求，同时也是由于产量的快速增长带来了河南、黑龙江、吉林、辽宁、河北、新疆六个省区产销差的较快增长。明显的生产资源优势和我国城乡居民日益增长的牛肉消费需求，促进了上述省区牛肉产量的快速增长，也促进了中原肉牛优势区（山东、河南、河北、安徽）和东北肉牛优势区（黑龙江、吉林、辽宁、内蒙古）的形成和快速发展，也使西北的新疆成为凸显出比较优势的新的肉牛养殖区域。

3. 羊肉供求区域均衡变化趋势。1985 年我国羊肉产量大大低于消费量，1985—1990 年间羊肉产量迅速增长，到 1990 年羊肉产量已明显高于消费量。这期间，产销差值增长较为显著的是河南和江苏。1985 年河南、江苏两省羊肉的产量还低于消费量，产销差值为负值。到 1990 年，产量已增长至高于消费量的水平，且产销差值高于全国平均水平，成羊肉主产区。此外，黑龙江省也由于产量增长明显快于消费量的增长，从 1985 年的主销区成为 1990 年的产销平衡区。

1990—2000 年，安徽、湖南、云南、陕西四省由于产量相对于消费量有更快速的增长，从主销区分别转变为产销平衡区。

2000—2008 年，羊肉产销量相对变化较大的是江苏，其他各省区产销量基本保持了 2000 年的状况，没有出现大的变动。江苏省 2007 年和 2008 年在羊肉消费量延续了继续增长的情况下，产量出现了较大幅度的下滑，产量水平由 2006 年的 17.95 吨下降到 2007 年的 7.12 万吨，2008 年继续下降到 7.00 万吨，江苏在 2007 年和 2008 年成为羊肉主销区。江苏 2007 年羊肉产量出现明显的下降，主要原因也是由于国家统计局依据第二次全国农业普查数据对畜产品产量数据进行了修订所致。

近几年我国肉羊生产进入快速增长期，我国已跨入世界生产大国先列，羊肉产量位居世界之首。同时随着我国城乡居民收入水平的不断提高，消费观念逐步转变，羊肉消费量呈上升趋势。通过观察各省区羊肉的生产消费趋势，可以发现，我国羊肉供求均衡状况的变化也主要是由于不同省区产量和消费量之间相对增长速度的快慢产生的，并且主要是由于产量增长速度决定的。上述产销差增长较快的省份主要是凭借突出的饲草资源和品种资源优势取得了相对较快的增长速度。

4. 禽肉供求区域均衡变化趋势。1985—1990 年，多个省区禽肉的产销差情况在这一阶段发生了较大变化，主要原因是由于产量较消费量有更快速的增长。其中，上海禽肉产量的增长较消费量的增长速度最快，由主销区成为主产区；河南、江西、湖北、湖南由主销区成为产销平衡区；吉林也由产销均衡区成为主产区。虽然宁夏和甘肃的消费和产出也均在增加，但相对于全国平均水平而言，其产量的增长速度明显低于消费量的增长速度，产销差值相对于其他省区较小，由产销平衡区成为主销区。

1990—2000 年，广西产量增长迅速，1990 年产量为 13.60 万吨，1995 年增长到 45.08 万吨，2000 年进一步增长到 55.95 万吨，产量增长速度的加快使广西由主销区成为产销平衡区。虽然山西的产出和消费水平一直持续增长，但相对而言，其产出和消费处于较低水平，产销差明显低于全国平均水平，成为主销区。而上海在这一阶段虽然保持了 1985—1990 阶段产量增长的趋势，但由于这一阶段全国禽肉产量增长迅速，造成上海产销差在全国各省区中的排序有所下降，成为产销平衡区；而且可以看到，上海禽肉产量在 1995 年达到较高水平后，开始持续下降，2000 年的产销差水平低于 1995 年。

2000—2008 年，除广西禽肉产销差出现了显著的变化外，其他各省区没有出现较大变化。广西产销差的显著变化主要是禽肉产量出现较大幅度波动导致的，其中，2000—2004 年产量持续下降，2000 年为 55.9 万吨，2004 年下降到 28.37 万吨；2005—2008 年产量持续上升，并且在 2007 年产量增幅非常大，从 2005 年的 33.47 万吨、2006 年的 43.4 万吨，增加到 2007 年的 105.3 万吨，产量的大幅波动使广西从 2000 年的禽肉产销平衡区变成 2007 年和 2008 年的禽肉主产区。而在此阶段，上海禽肉延续了 1995—2000 年持续下降的趋势，使得在禽肉消费量持续上升的情况下，上海禽肉产销差再次成为负值，且持续下降，上海又从产销平衡区成为主销区。

我国禽肉生产和消费的增长速度都很快，禽肉在肉类生产中所占比重逐年上升，禽肉的消费已成为仅次于猪肉的第二大肉类消费品。与 1985 年相比，我国各省区禽肉生产的区域格局经历了一些比较明显的变动，禽肉生产在空间上有扩散的趋势。影响各省区禽肉生产的显著因素除了饲料、劳动力等成生产成本大幅增加带来的家禽养殖机会成本的增加外，更为关键的一点是规模化家禽养殖的发展程度。我国从 20 世纪 80 年代开始出现了工厂化家禽生产，建设工厂化家禽场的目的是丰富大中城市的“菜篮子”，满足人民日益增长的对禽肉和禽蛋的需求，到 90 年代规模化家禽饲养有了较快的发展。上述产销差增长较快的省区也多是得益于规模化养殖。

5. 禽蛋供求区域均衡变化趋势。我国禽蛋消费水平起点低，随着国民经济的持续快速发展和居民收入的不断增加，禽蛋消费量增长较快。我国禽蛋总产量自 1985 年跃居世界第一之后，连续 20 多年保持世界第一禽蛋生产大国的地位，可以说我国蛋鸡业经过长期的发展，已经进入相对过剩的时期。相对于其他种类的畜产品，禽蛋各省区产销状况变化相对较小。其中发生的主要变化有：1985—1990 年间，黑龙江由于产量相对于消费量的更快增长，由产销平衡区成为主产区。1990—2000 年间，北京由主产区成为主销区，原因在于，随着成本优势的逐渐下降，从 1998 年开始北京禽蛋产量出现持续下降的态势，而消费量持续上升。此间，新疆由于产量相对于消费量的更快增长，由主销区成为产销平衡区。2000—2008 年间各省区禽蛋供求相对状况没有出现异常明显的变化。

6. 奶类供求区域均衡变化趋势。1985—1990 年，四川省由奶类主产区成为主销区；1990—2000 年，山东省由主产区成为主销区。二者的变动都是由于消费量相对于产量增长更快。2000—2008 年，除河南省外，其他省区奶类供求的均衡状况没有发生异常明显的变化。2000—2008 年河南奶类产量增长迅速，2000 年产量为 20.21 万吨，2005 年产量增长到 108.50 万吨，2008 年进一步增长到 298.62 万吨，2000 年、2005 年和 2008 年的产销量差值由于产量的显著增长也发生了较大幅度的变化，分别为－22.97 万吨、－20.76 万吨和 123.6 万吨。

此外，还需要指出的是，2000 年全国范围奶类产量和消费量的相对状况出现了非常显著的变化。2000 年全国总体产销差值为－174.91 万吨，而 1985 年、1990 年、1995 年、2005 和 2008 年分别为 144.77 万吨、277.94 万吨、292.45 万吨、514.36 万吨和 432.42 万吨。可以说，在国内消费需求的拉动下，我国奶业得到了迅猛发展。观察奶类产量和消费量随时间变化的趋势，可以明显看出，2000 年各省区奶类产量和消费量均有明显增长，但产量增长的幅度明显小于消费量。到 2005 年，奶类产量更大幅度的增长总体上扭转了 2000 年出现的产销差值为负的局面，但是，仍需要注意的是，2008 年我国仍有 60％的地区供给量大大低于消费量。

四、简短的结论和评述

我国畜产品生产呈现鲜明的区域性特色，畜产品生产与消费在很大程度上保持着一致性，主产区一般都是主要消费地区。总的来讲，我国畜产品的产、销量均呈持续上升的趋势。食物性畜产品主销区、产销平衡区、主产区产销情况的变动最主要原因是由于产量与消费量的相对变化速度不一致，使某些省区产销量差相对于全国平均水平发生变化。消费量的增长主要是由于随着经济发展和收入水平的提高，城乡居民对食物性畜产品消费的刚性增长趋势。沿海经济发达地区消费增长更加快速，但生产增速相对较慢，大部分省区的产销差在全国排序逐步后移，部分省区正向主销区转变。各省区食物性畜产品产量增长速度的相对变化基本上可以归因于比较优势的变化。中部地区和东北地区由于生产具有比较优势，消费稳定增长，是我国主要畜产品特别是家禽、生猪、牛奶的主产区；而肉牛、肉羊等草食家畜的生产随着各省区比较优势的变动，生产布局出现向外扩张的趋势。

参考文献

[1] 胡定寰．影响我国肉牛生产和消费行为的各因素研究．中国农村经济，2000（9）：38－43.

[2] 蒋乃华，辛贤，尹坚．我国城乡居民畜产品消费的影响因素分析．中国农村经济，2002（12）：48－54.

[3] 刘秀梅，秦富．我国城乡居民动物性食物消费研究．农业技术经济，2005 (3)：25 -30.

[4] 佟晓晨．中国畜产品消费分析．内蒙古民族大学学报（社会科学版），2007 (6)：Vol. 33 No. 3，86 - 89.

[5] 肖红波，王济民．我国生猪业发展的现状、问题及对策．农业经济问题，2008 (增刊)：4 - 8.

[6] 辛贤，尹坚．贸易自由化背景下中国肉产品区域生产、消费和流通．中国农村经济，2004 (4)：10 - 16.

[7] 袁学国，王济民，韩青．中国畜产品生产统计数据被高估了吗？——来自中国六省的畜产品消费调查．中国农村经济，2001 (2)：48 - 54.

[8] 周俊玲．中国乳品消费研究．中国奶牛，2001 (2)：18 - 22.

[9] 周旭英，罗其友，屈宝香．我国肉类生产区域布局调整的对策措施．中国畜牧杂志，2006 (8)：21 - 24.

中国蛋品国际贸易现状与前景展望*

Current Situation and Prospects of China's Egg Trade

刘合光　　秦　富　　孙东升　　冯贞柏

Liu Heguang　Qin Fu　Sun Dongsheng　Feng Zhenbai

摘要： 本文在分析中国蛋品生产及贸易概况的基础上，探讨了中国蛋品贸易的特征，发现中国蛋品国际贸易呈现产地和出口来源相对集中、出口快速增长的阶段性特点，中国蛋品的产业竞争力及显性比较优势都快速上升，中国蛋品出口前景看好。

Abstract: The paper provides China's egg production and trade profiles, then, using concentration index, analyzes the characteristics of China's egg trade. Subsequently, applying the indices of revealed comparative advantage and competitiveness, it shows the fast increasing trend of the competitiveness of China's egg industry. Some favorable factors will bring a bright future for China's egg exports.

中国是世界上最早驯养禽类的国家之一，到目前已有 4 000 多年的历史。改革开放是我国蛋鸡业迅猛发展的起点，从 20 世纪 70 年代末至今近 30 年间，我国蛋品产量连续 26 年雄踞世界第一，平均年增长率超过了 10%。蛋鸡产业的快速发展奠定了我国蛋品贸易的坚实基础。

一、中国蛋品生产贸易概况

中国是人口大国，也是蛋品消费大国。随着经济的发展和生活水平的提高，中国的蛋品消费量和生产量有了很大的扩展，全国蛋品总产量由 1961 年

* 本文得到“国家蛋鸡产业技术体系建设专项经费”资助。

的 121 万吨提高至 2007 年的 2 529 万吨，增长了 21 倍；中国蛋品占世界蛋品产量的比重也由 1961 年的 8.41%提高至 2005 年的 43.09%，增长了约 5 倍；蛋品产量稳居世界第一位，2007 年产量约为世界第二位国家（美国）的 5 倍。① 自从中国加入 WTO 以后，中国蛋品出口快速增长：2002 年蛋品出口达 8 105 万美元，增长率达到 123.3%；随后的几年，蛋品出口呈现螺旋式上升的态势，2004 年，我国鲜蛋出口量为 10.47 亿枚，同比增长 30.07%；至 2008 年，中国蛋品出口总金额达 26 071 万美元。

我国虽然是世界第一产蛋大国，但却是一个蛋品贸易小国。2008 年我国鲜蛋进口量为 0.84 万吨，116.9 万美元；出口量为 27.3 万吨，26 071.8 万美元，仅占全球出口总量的 8.3%，年出口量也不足我国蛋品总产量的 0.5%。同时我国蛋品在国际市场上，因为药物残留和微生物指标等因素，只能销售到中国香港、澳门和阿拉伯等地区和国家，价格也较低。影响我国蛋品出口的因素较多，其中蛋品保鲜期短、加工和贮藏条件要求较高是产蛋高峰期需要解决的主要问题。另外，由于我国蛋品生产分散，收集、运输所用时间较长，而蛋品生产又集中在高温高湿季节，致使蛋品大量积压，极易腐败变质。这些因素严重影响了我国蛋品对外贸易的地理半径。

二、蛋品贸易现状与特征

中国是蛋品的生产和消费大国，其蛋品贸易表现为如下特征：蛋品出口来源相对集中、规模相对产量而言比较小、出口目的地集中，蛋品出口呈现快速发展的势头。

（一）中国蛋品贸易呈现明显的阶段性发展特征

中国蛋品国际贸易还处在单向贸易阶段，产业内贸易指数很低，也就是说，中国蛋品主要还是以出口为主，进口数量和金额极少，而且进口的地区及数额也很不稳定：1995 年，中国进口世界各国的蛋品总金额为 167.6 万美元，至 2008 年，中国进口蛋品的总金额不增反减，仅为 117 万美元。

如图 1 所示，中国蛋品出口则呈现明显的阶段性特点：1995—2001 年间，蛋品出口总金额没有太大变化，1995 年为 3 356.9 万美元，2001 年为 3 629.1 万美元；2001—2008 年，中国蛋品出口总额快速攀升，至 2008 年，中国蛋品

① 具体数据参见 http：//www.caaa.cn/show/newsarticle.php? ID=82747 以及《中国统计年鉴（2008）》。

出口总额上升为26 071.8万美元，7年间共提高了7倍多，年均增长率超过100%。这些特点可能与中国于2001年加入WTO，出口环境得到了极大的改善有关。

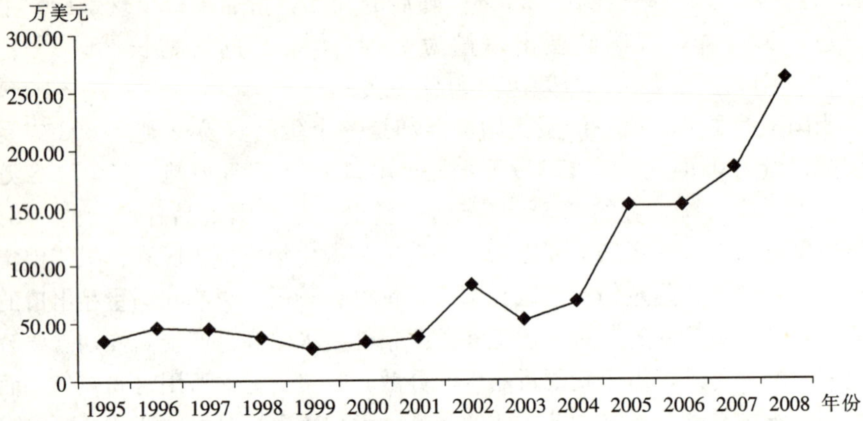

图1　中国蛋品出口增长曲线

数据来源：中国统计年鉴（2008）。

（二）中国蛋品贸易品种相对集中

如图2所示，从产品的结构来看，中国蛋品进口主要以种用禽蛋为主，以及少量其他蛋黄。2008年，中国进口蛋品总金额为117万美元，其中种禽蛋总金额93.51万美元，占进口总金额的80%。从结构上来看，鲜鸭蛋

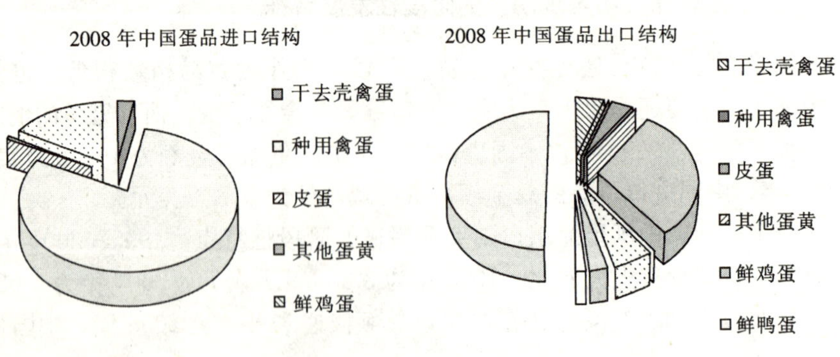

图2　中国蛋品贸易的结构示意图

数据来源：www.fao.org.

和鲜鸡蛋是中国蛋品出口的主要品种，另外还出口少部分干去壳禽蛋、咸蛋和皮蛋。2008 年，中国出口蛋品总金额为 26 071.8 万美元，其中，鲜鸭蛋 13 035.9 万美元，占出口总金额的 50%；鲜鸡蛋 7 990.0 万美元，占出口总金额的 31%；咸蛋 1 473.4 万美元，占出口总金额的 6%；干去壳蛋品 1 397.0万美元，占出口总金额的 5%；皮蛋 1 061.5 万美元，占出口总金额的 4%。

（三）中国蛋品出口市场集中度高

本文用市场集中度 *CR*（concentration ratio）指数来分析中国蛋品出口市场的集中程度特征。*CR* 最初指在一个行业中，若干最大企业的产出占该行业总产出的百分比，绝对集中度反映一个行业的垄断程度。本文引用 *CR* 指数来衡量中国蛋品市场的特征，也可以反映中国蛋品行业在整个世界市场分布的状况[①]。

在一定时期范围内，中国蛋品销售地区排名榜单中，排名最前面的 n 个国家对于该项目数值的和占到同期市场总和的比值。那么市场集中度 CR_n 的计算公式为：

$$CR_n = \frac{\sum (X_i)n}{\sum (X_i)N} \times 100\% \qquad (N>n)$$

式中，CR_n 代表规模最大的前几个销售地区的市场集中度；X_i 表示第 i 个地区的销售额；n 表示前几个蛋品销售规模最大的地区；N 表示中国蛋品出口的地区总数。表 1 是 2008 年中国蛋品出口的地理方向，我们可以由此计算出市场集中度指数。

从表 1 不难看出，中国蛋品的市场集中度是非常高的，销售目的地主要是亚洲及北美洲地区，这两大市场集中了中国蛋品出口的绝大部分销售额。尤其是亚洲地区的中国香港、澳门和日本 、韩国等地是中国蛋品的最大且最集中的销售市场。经计算，2008 年，中国蛋品出口市场的 CR_5 为 85.18%，CR_{10} 为 93.43%，可以反映出中国蛋品出口的地域集中度很高，这同时也说明了中国蛋品出口受到了某些条件的制约，尤其是加工技术的限制，使得出口的半径大为缩小，只能出口亚洲邻近国家和地区。

---

① B. Ohlin，Interregional and International Trade，Cambridge，Mass.：Harvard University Press，1933.

表 1　2008 年中国蛋品出口的主要市场

单位：万美元

国家（地区）	出口总额	国家（地区）	出口总额	国家（地区）	出口总额
中国香港	8 179.17	约旦	157.54	塞拉利昂	7.6
日本	1 272.30	沙特阿拉伯	141.76	蒙古	7.5
中国澳门	822.9	科威特	109.0	俄罗斯	5.82
美国	465.16	吉尔吉斯斯坦	82.5	巴基斯坦	5.48
韩国	364.79	乌克兰	41.98	越南	2.50
印度尼西亚	281.99	澳大利亚	37.7	新西兰	1.8
新加坡	241.73	泰国	26.76	爱沙尼亚	1.69
加拿大	185.6	塔吉克斯坦	18.0	哥伦比亚	1.59
中国台湾省	183.82	也门	17.72	加纳	1.4
哈萨克斯坦	182.04	土耳其	10.83	文莱	1.4
马来西亚	163.74	阿联酋	8.47	毛里求斯	1.0

数据来源：中国海关。

（四）中国蛋品产地及出口来源地相对集中

中国蛋品的生产多年来一直呈现稳步增长的轨迹。据中国统计年鉴，1996 年，中国禽蛋总产量为 1 965.2 万吨，至 2007 年，中国禽蛋总产量达 2 529.0 万吨，增长 28%，年均增长 2.3%。根据 2007 年底数据，中国禽蛋生产的主产区是河北、山东、河南、辽宁、江苏、四川等省份，其中，河北产量为 396 万吨，占全国产量的 16%；山东产量为 360 万吨，占全国产量的 14%；河南产量为 337 万吨，占全国产量的 13%；辽宁产量为 204 万吨，占全国产量的 8%；江苏产量为 166 万吨，占全国产量的 7%；四川产量为 145 万吨，占全国产量的 6%。若以排名前四位的省区作集中度测算，则可得到 CR_4 为 51.3%；若以排名前六位的省区作集中度测算，则可得到 CR_6 为 63.6%。

另外，我们可以引用赫芬达尔—赫希曼指数来说明中国蛋品生产省份的总数和规模分布，即将所有省份的市场份额平方后再相加的总和，计算公式如下：

$$HHI = \sum_{i=1}^{N}(X_i/X)^2 = \sum_{i=1}^{N}S_i^2$$

其中，X_i 表示第 i 个省份的蛋品年产量；X 表示全国蛋品年总产量①。

中国蛋品生产的赫芬达尔—赫希曼指数可以作如下解释：当产地高度集中时，该指数等于 1，当所有企业规模相同时，该指数等于 $1/n$，故而这一指标在 $1/n$～10 000 之间变动，数值越大，表明产地分布的不均匀程度越高。2008 年中国蛋品产量的赫芬达尔—赫希曼指数是 862.68，说明中国鸡蛋生产集中度比较高，产地分布处于竞争型向寡占型过渡阶段（表 2）。

表 2　中国蛋品生产的产量及赫芬达尔—赫希曼指数

省　份	各地产量（万吨）	产值比重 S_i（%）	S_i^2
全国	2 528.98		
北京	15.56	0.62	0.38
天津	19.36	0.77	0.59
河北	396.45	15.68	245.74
山西	47.30	1.87	3.50
内蒙古	43.02	1.70	2.89
辽宁	204.15	8.07	65.16
吉林	86.26	3.41	11.63
黑龙江	91.39	3.61	13.06
上海	5.54	0.22	0.05
江苏	166.09	6.57	43.13
浙江	37.87	1.50	2.24
安徽	108.58	4.29	18.43
福建	39.69	1.57	2.46
江西	36.37	1.44	2.07
山东	359.90	14.23	202.53
河南	336.72	13.31	177.28
湖北	110.29	4.36	19.02
湖南	85.62	3.39	11.46
广东	29.80	1.18	1.39
广西	16.82	0.67	0.44
海南	2.17	0.09	0.01
重庆	32.35	1.28	1.64

① 参见金碚：中国工业国际竞争力—理论、方法和实证研究，经济管理出版社，1997。

（续）

省　份	各地产量（万吨）	产值比重 S_i（%）	S_i^2
四川	145.22	5.74	32.97
贵州	10.35	0.41	0.17
云南	17.95	0.71	0.50
西藏	0.28	0.01	0.00
陕西	43.29	1.71	2.93
甘肃	12.36	0.49	0.24
青海	1.26	0.05	0.00
宁夏	5.65	0.22	0.05
新疆	21.31	0.84	0.71
赫希曼指数			862.68

数据来源：中国统计年鉴（2008）。

从出口地数据情况分析，2008年底，中国禽蛋出口的主要地区是湖北、辽宁、山东、广东、福建等省。与生产地排名比较，二者之间的一致性不明显，这与国内外市场的需求状况有关。其中，湖北是中国最大的出口省份，出口金额4 119.0万美元，占全国出口总额的31.6%；其次分别为辽宁、山东、广东、福建，出口总额分别为2 243.9万美元、1 792.9万美元、1 425.1万美元、855.7万美元，占全国出口总额的比重分别为17.2%、13.8%、10.93%和6.56%。若以出口排名前五位的省区作集中度测算，则可得到 CR_{10} 为80.05%；若以出口排名前十位的省区作集中度测算，则可得到 CR_{10} 为88.27%。由此不难看出，中国蛋品出口地集中度也是比较高的，反映了产地蛋品生产和出口的规模经济特征（表3）。

表3　2008年中国蛋品进出口的省份及金额

单位：万美元

省份	出口总金额	进口总金额	省份	出口总金额	进口总金额
湖北	4 119.0	0.0	陕西	100.5	0.0
辽宁	2 243.9	3.3	北京	77.7	100.7
山东	1 792.9	5.9	江苏	62.6	0.0
广东	1 425.1	0.3	新疆	57.8	0.0
福建	855.7	0.7	上海	55.8	0.4
山西	810.8	0.0	河北	55.3	0.0

（续）

省份	出口总金额	进口总金额	省份	出口总金额	进口总金额
吉林	641.1	0.0	内蒙	7.5	0.0
天津	442.7	2.9	河南	5.5	0.0
江西	142.9	0.0	重庆	3.4	0.0
浙江	134.9	0.0	云南	0.0	2.8

数据来源：中国海关，2009。

三、蛋品比较优势变迁情况

（一）显示性比较优势

美国经济学家巴拉萨（Balassa）于 1965 年提出了显示性比较优势指数（Revealed Comparative Advantage Index，简称 *RCA* 指数）①。它是衡量一国产品或产业在国际市场竞争力最具说服力的指标。旨在定量地描述一个国家内各个产业（产品组）相对出口的表现。通过 *RCA* 指数可以判定我国蛋品出口是否具出口竞争力，从而揭示我国在国际贸易中的比较优势。

中国蛋品贸易的显示性比较优势指数是指中国蛋品出口额占中国货物出口总值的份额与世界出口总额中蛋品出口额所占份额的比率，用公式表示：

$$RCA_{eC}=\frac{X_{eC}/X_{tC}}{X_{eW}/X_{tW}}$$

式中，X_{eC}表示中国出口蛋类产品的出口值，X_{tC}表示中国的总出口值；X_{eW}表示全世界出口蛋类产品的出口值，X_{tW}表示全世界总出口值。表 4 是中国蛋品出口的 *RCA* 指数。

显示性比较优势指数反映了一个国家某一产业的出口与世界平均出口水平比较来看的相对优势，剔除了国家总量波动和世界总量波动的影响，较好地反映了该产业的相对优势。一般而言，*RCA* 值接近 1 表示中性的相对比较优势，无所谓相对优势或劣势可言；*RCA* 值大于 1，表示该商品在该国家中的出口比重大于在世界的出口比重，则该国的此产品在国际市场上具有比较优势，具有一定的国际竞争力；*RCA* 值小于 1，则表示在国际市场上不具有比较优势，

① Balassa，B. 1965，Comparative advantage，trade policy and economic development，1989. New York University Press，New York.

国际竞争力相对较弱。中国蛋品外贸 *RCA* 指数很低，表面上看目前中国蛋品在国际市场上的显性比较优势不明显。但是，从上面的分析及表 4 的结果可以看出，中国蛋品出口的 *RCA* 指标从 2000—2007 年有逐年提高的趋势。

表 4　中国蛋品贸易与世界的比较及 *RCA* 指数

年份	中国蛋品（百万美元）	中国商品（10 亿美元）	世界蛋品（10 亿美元）	世界商品（10 亿美元）	*RCA*
2000	33.17	249.20	6 404.63	6 185 601.00	0.13
2001	36.29	266.10	6 123.74	5 984 235.18	0.13
2002	81.06	325.60	6 441.86	6 272 000.00	0.24
2003	50.79	438.23	7 517.74	7 294 000.00	0.11
2004	67.30	593.32	9 105.34	8 907 359.00	0.11
2005	150.19	761.95	10 370.73	10 159 080.00	0.19
2006	151.48	968.94	11 935.48	11 783 000.00	0.15
2007	182.56	1 217.78	13 999.03	13 618 937.00	0.15

数据来源：WTO 官方网站以及 FAO 网站数据计算而得。

（二）贸易竞争指数

在分析一国产品在世界市场上是否具有竞争优势不仅可以从 *RCA* 指标来分析某种产品的相对竞争力，还可以利用 *TC*（贸易竞争指数）来分析。贸易竞争指数是一国某产业或产品的净出口与其进出口总额之比。除了表示产品的竞争力外，该指标还被用于衡量国际分工的类型。一般而言，*TC* 指数总是处于－1 与 1 之间。越接近于 1，说明该项产品越处于比较优势地位，国际竞争力就越强；越接近于－1，说明该产品越处于比较劣势地位，国际竞争力就越弱。若 $-1<TC<-0.3$，表明一国某产品处于输入型垂直分工；若 $-0.3<TC<0.3$，表明处于输入型（输出型）水平分工；若 $0.3<TC<1$，表明处于输出型垂直分工[①]。

中国蛋品出口的竞争力指数计算公式如下：

$$TC_{eC}=(X_{eC}-M_{eC})/(X_{eC}+M_{eC})$$

式中，TC_{eC}表示中国蛋品贸易竞争优势指数，X_{eC}和M_{eC}分别代表中国蛋品或蛋品产业的出口额和进口额。表 5 显示我国蛋品贸易竞争力指数自 1995—2008 年均为正值，而且大部分年份几乎接近于 1，这就表明我国蛋品贸

① 彭丽红．企业竞争力——理论和实证研究．北京：经济科学出版社，2000.

易在整体上处于优势地位，有很强的国际竞争力。

表5 中国蛋品贸易的 TC 指数

年份	中国蛋品进口总金额（1 000 美元）	中国蛋品出口总金额（1 000 美元）	$X_{eC}-M_{eC}$	$X_{eC}+M_{eC}$	TC_{eC}
1995	1 675.7	33 568.7	31 892.99	35 244.33	0.90
1996	1 133.1	44 748.2	43 615.12	45 881.27	0.95
1997	1 297.2	44 753.7	43 456.50	46 050.99	0.94
1998	739.1	36 606.5	35 867.43	37 345.66	0.96
1999	764.4	27 365.1	26 600.73	28 129.46	0.95
2000	584.7	33 172.2	32 587.45	33 756.91	0.97
2001	472.96	36 291.34	35 818.38	36 764.29	0.97
2002	373.7	81 057.3	80 683.61	81 431.02	0.99
2003	385.86	50 793.00	50 407.14	51 178.86	0.98
2004	70.51	67 304.42	67 233.91	67 374.94	1.00
2005	39.9	150 193.1	150 153.13	150 233.00	1.00
2006	1 190.8	151 480.9	150 290.12	152 671.68	0.98
2007	139.3	182 559.9	182 420.55	182 699.22	1.00
2008	1 169.5	260 718.4	259 548.94	261 887.95	0.99

数据来源：中国海关，2009。

四、中国蛋品贸易发展前景展望

综上所述，中国蛋品外贸的主要特征表现为贸易集中，贸易品种相对集中，蛋品出口有着较强的竞争力。

未来中国蛋品贸易进一步发展，会受到各种不利因素和有利因素的影响。如下主要因素制约着我国蛋品贸易的发展：

第一，蛋品的生产方式以农户散养为主，严重制约了中国蛋品业的养殖和生产规模。据统计，2007 年，我国蛋鸡饲养量 500 只以下的农户占总农户的 96.4%，而这些小规模农村养殖户所提供的蛋品产量占总产量的 41.3%。这在很大程度上制约了蛋品生产的规模经济效应，限制了为蛋品出口创汇能力以及产业国际竞争力的提升。

第二，蛋品的加工技术不高，导致整个产业链不够长，并且附加值低，处于微笑曲线的底端，结果贸易半径有限。我国蛋品主要用于食品等行业，用蛋量仅为 4%，蛋制品市场较窄，禽蛋加工产品主要以皮蛋、咸蛋等二次加工产品为主，禽蛋的加工转化率不到 5%，与欧洲 30%、日本 50%和美国 33%有很大的差距。而且，中国蛋品出口受到加工技术的限制，出口的半径大为缩小，只能出口亚洲邻近国家和地区。

当然，未来中国蛋品出口也会受到一些有利因素的支撑。

第一，中国具有丰富的劳动力资源，为蛋品生产提供了资源禀赋支撑。蛋品生产属于劳动密集型产业，适应中国的资源禀赋结构。中国 13 亿多人口中，还有 9 亿左右的劳动力从事于农业生产，劳动力价格低廉，有利于禽蛋生产和加工，这为蛋品的国际贸易提供了很好的要素条件。

第二，规模化养殖模式的迅速崛起，将改变我国蛋品出口格局。未来一段时间是中国蛋业市场洗牌的若干年，蛋业位于前列的龙头企业将积极推动行业集中度的提升，促进我国蛋业从“粗放”的小农生产经营模式向“集约化”产销体系的过渡。首先，龙头企业规模化的生产方式，将对诚信发挥承载作用，强化消费者对蛋品的信赖，增强出口蛋品质量，开拓技术壁垒严格的各国市场，扩大蛋品出口半径。其次，龙头企业的出现，有助于稳定市场价格，稳定我国蛋品生产，有效抵抗蛋品市场急剧波动对蛋品生产的影响，稳定出口规模。最后，集约化生产，有助于促进技术革新。龙头企业可以在鸡蛋的品质上下功夫，开拓更多的国际细分市场。

此外，政府的有效组织、民间主体积极参与国际分工与市场竞争的意识也在逐步提高等等，都是有利于中国蛋品外贸发展的因素。

在要素充裕、比较优势明显、规模化养殖模式崛起等有利因素的推动下，中国蛋品贸易将克服各种障碍，呈现美好的外贸发展前景。按照中国蛋品出口 2000—2008 年期间的发展速度，到 2015 年，中国蛋品出口的总额有望达到 50 000万美元左右，中国蛋品出口量与竞争力都将登上一个新台阶。

参考文献

[1] B. Ohlin. Interregional and International Trade，Cambridge，Mass，Harvard University Press，1933.

[2] Balassa. B. 1965，Comparative advantage，trade policy and economic development. 1989. New York University Press，New York.

[3] 金碚. 中国工业国际竞争力——理论、方法和实证研究，北京：经济管理出版社，1997.

[4] 彭丽红．企业竞争力——理论和实证研究，北京：经济科学出版社，2000.
[5] 刘会珍．我国鸡蛋生产现状及蛋品工业面临的主要问题，北方牧业[J]，2007（5）.
[6] 张复宏，张吉国．中国—东盟水果贸易之特征及互补性分析，对外经济贸易大学学报[J]，2009（5）.
[7] 黄建忠．中国对外贸易概论[M]．北京：高等教育出版社，2003.
[8] 干春晖．并购经济学[M]．北京：清华大学出版社，2004.

对南疆农业可持续发展问题的思考

Study on Sustainable Agricultural and Rural Development in Southern Xinjiang

刘　静　　陈秀敏
Liu Jing　Chen Xiumin

摘要：论文从农业可持续发展的重要意义、优势和潜力以及影响农业发展的因素和相应对策四个方面，全面论述南疆农业可持续发展面临的问题，指出今后应该从土地荒漠化控制和盐渍化改良、促进地方经济发展缓解贫困、以农业科技提升为中心、加强完善相关制度政策，促进农业可持续发展。

Abstract: To explore and analyze in detail the issue of the Sustainable Agricultural and Rural Development (SARD) in southern Xinjiang in the following four aspects, including the role of SARD, advantage and potential of SARD, the problems of SARD and the countermeasures and suggestions for SARD, the research findings show that to promote agricultural sustainable development, we should pay more attention to the control and improvement of land desertification and salinization, poverty alleviation, enhancement of agricultural science and technology, and strengthening institution and policy.

一、农业可持续发展是南疆农村经济健康发展的必然选择

新疆维吾尔自治区的天山以南地区，俗称南疆是我国西部之边陲，直接与吉尔吉斯斯坦、塔吉克斯坦、阿富汗、巴基斯坦、印度等国接壤，南疆地区是我国维吾尔民族的主要聚居地之一。南疆的大部分绿洲属于在天然绿洲基础

上，投入劳动而形成的高于天然绿洲生产性的人工—天然复合绿洲，如塔里木盆地的喀什绿洲、阿克苏绿洲和和田绿洲，现已成为新疆乃至全国的粮食、棉花以及糖、油生产基地。南疆的发展需要一个和谐、稳定、高效的绿洲，农业可持续发展是南疆实现这一目标的方式和途径，对南疆生产的发展具有重大的现实意义和深远的历史意义，是南疆农村经济健康发展的必然选择，具体可体现在以下几方面：

（一）绿洲系统特殊性

新疆总绿洲面积是135 714平方千米，其中南疆的绿洲面积为76 828平方千米，占全部面积的56.61%（韩德林，2001）。绿洲是在干旱荒漠中有稳定水源，适于植物生长和人类生活的独特地理景观区域（高华君，1987）。绿洲是在荒漠地带特殊的自然环境下，形成的特有的地理区域，气候、水文、地貌、土壤类型特殊，生态系统的构成及循环方式特别，经济系统的结构、功能及运行独特与一般地区差异极大。从新疆绿洲系统本身来看，绿洲一直处于恶劣、严酷的自然环境，外被荒漠包围内又缺水，风、沙、旱、碱从内外侵袭，水资源的有限性与干旱炎热的大陆性气候的组合，降低了土壤的自然生产力。由于灌溉和种植技术落后，使水资源浪费严重、利用效率低，加剧了土地的盐渍化、荒漠化等一系列问题，使绿洲人与自然的矛盾日益尖锐，人类活动稍有不当就会导致整个绿洲系统的崩溃。因此，面对资源、环境巨大压力的绿洲，重要的是如何克服绿洲的萎缩，协调绿洲经济发展与自然生态环境关系，建立可持续发展的新绿洲体系。

（二）水资源稀缺土壤肥力低下

新疆年平均降雨量为145毫米，只占全国平均年降水量的23%，而蒸发量约为2 000～2 500毫米。新疆地表水径流量为884亿立方米，仅占全国径流量的3 %，暂不能利用的有250多亿立方米，已开发利用的仅为水资源的41%，水利用系数仅为0.4左右，新疆的水资源地区分布十分不均，西部优于东部，北疆优于南疆，可见南疆的水资源是极其贫乏的。新疆耕地仅占总面积的2.39%，耕地中中低产田面积占2/3左右；而且开垦利用的耕地本身质量差，虽然多年的耕作培肥，但总体上土壤肥力仍属中低档水平，按国家土壤普查资料确定的土壤肥力六级标准测定，耕地土壤肥力大都在四、五级水平；由于全疆对土地化肥投入增长较快，有机肥投入较少，加之不合理灌溉，造成土壤污染、土质板结、次生盐渍化等问题，致使耕地的60%有不同程度的质量退化，生产力较低，耕地质量差。实施农业可持续发展，能有效促进农业发展和水资源节约，土壤肥力改善的双向协调，使资源永续地支持农业的发展。

（三）植被稀少生态脆弱

南疆广大地域植被稀少，古尔班通古特沙漠的植物总数只有200种左右，塔里木盆地南缘不超过100种，人类生态系统是以人类自身的利益重组的生态系统，人类用各种手段强烈抑制那些对人类不利的物种存在，加剧原本就脆弱的生态系统。例如由于采伐林木、毁林开荒、森林火灾等原因，新疆的天然植被大量破坏，森林资源日趋减少。据统计，塔里木河岸的胡杨林面积从新中国成立初期到现在已减少26.67万公顷，准噶尔盆地的梭梭林减少8万公顷（于琳，2000）。草场超载过牧，只用不养，牧草得不到生息的机会；加之滥垦土地、滥挖中草药、大量的鼠虫危害，进一步加大了草场的载畜压力，加快了草场的退化速度，新疆第二大草场——南湖草场2/3面积已严重退化，部分草地已开始沙化。经过人类活动改造后的系统，物种数量大为减少，可持续发展是基于解决人类社会发展所带来的生态退化和生态脆弱。

（四）农业生产技术落后

南疆丰富的光热资源有利于农业发展，在水资源的刚性约束条件下，充分利用光热资源促进绿洲农业的发展，应使农业产业结构、产品结构、品质结构与资源禀赋相适配。但是目前，南疆农业中种植业比重高，种植业中粮食作物、棉花作物比重高，加大稀缺水资源的耗损，资源优势未能充分发挥。南疆科技水平相对落后，对应地其生产技术与生产方式也比较落后，使南疆农业发展建立在资源的高投入、生态的高消耗基础上，势必造成自然资源的过度消耗和环境破坏。在技术发展水平有限的情况下投入产出低，为了满足社会经济发展的需要，只能扩大规模，于是开荒造地开垦草原。由于技术水平限制，水土资源利用效率低，于是大规模的开发利用资源，导致绿洲大面积的水土流失和土地荒漠化，因此为促进资源高效循环永续利用，提高农业生产技术，必须要走农业持续发展道路。

（五）人口增长速度过快

绿洲可持续发展的前提是绿洲人口规模应与绿洲承载力相适应，新疆绿洲作为各少数民族集聚地，少数民族的计划生育政策是城市允许生两胎农村可以生三胎，造成新疆人口出生率和自然增长率依旧偏高，分别高出全国平均水平3.6和4.77个千分点，均位居全国第四位（新疆日报，2004）。1949—2007年，新疆总人口从433.34万人增至2 095.19万人，由于新疆95%以上的人口生活在仅有 61 905.01 平方千米的人工绿洲上，这样计算下来，人工绿洲上的人口密度高达 338 人/平方千米，按新疆绿洲总面积 135 714 平方千米计算，人口密度也高达 154 人/平方千米。人口的迅速增长加上不可持续的生产、生活消费形态，不仅对有限的资源、能源构成巨大压力，而且巨大的人口基数（联合国沙漠会议提出在干旱地带人口密度的临界指标不宜超过 7 人/平方千米，新疆已经是这一指标的 2 倍），直接制约着南疆生态系统的维护和经济系统的发展。人口过快增长迫切要求南疆农业走可持续发展，维护和保持农业生态环境和人类的平衡稳定发展。

二、南疆农业可持续发展的优势和潜力

（一）光热资源丰富

自然气候为农业生产提供物质和能量，是农业生产得以顺利进行的先决条件。气候资源要素包括光、热、降水、无霜期等，其要素的数量、组合及分配状况在一定程度上决定了一个地区的农业生产类型、农业生产率和农业发展潜力。南疆年太阳辐射量为 543—627 千焦/平方厘米，仅次于西藏，居全国第 2 位，年日照时数达 2 500～3 360 小时，也是中国平均日照时数最多地区之一，白天光照强，光合作用强，制造的有机物多，同时，南疆昼夜温差为 12～16℃，最大达 25℃，夜晚温度低，呼吸作用弱，消耗的有机物少，不利于降解糖分的酶活动，白天积累的糖分被大量地储存了下来，由于雨水少更加有利于糖分贮存。这些独有的特殊地理气候条件和其他产区无法媲美的独特的生态环境，使新疆林果产品具有品质好、含糖量高、香甜多汁、口感细腻、润脆和营养丰富等特点。丰富的光热资源条件特别适合于哈密瓜、葡萄、巴旦木、核桃、石榴、番茄、红花和名贵中药材等经济作物生长，为农业生产的发展提供了向深度和广度进军的条件。

（二）林果业发展潜力大

新疆是闻名遐迩的瓜果之乡，栽培瓜果的历史有 2000 多年，是中国葡萄、甜瓜、西瓜的发祥地之一。新疆林果业保持了强劲的发展势头，每年林果种植面积都以百万亩以上的速度递增，特别是南疆各地把发展瓜果、园艺业摆在突出的位置，林果业取得重大突破。以环塔里木盆地为重要基地的林果园艺业快速发展，南疆地区拥有若干特色鲜明的林果基地，总面积已达 66.9 万公顷形成了名副其实的产业带。其中库尔勒市发展香梨生产基地 2.5 万公顷，和田县

核桃种植面积 2.2 万公顷（梁宝君等，2008）。新疆瓜果依托本身的自然生长方式病虫害轻，极少使用农药化肥，基本上都是无公害产品和绿色产品。此外新疆林果业发展重视质量品质控制，建立了安全质量标准体系、质量检测体系和信息体系，制定了与国际接轨的果品质量标准、产地环境标准和与之相适应的栽培技术规程，南疆各地实现了一县一品或几县一品，县县有特色，特色有基地，基地有规模，规模出效益，效益带发展，发展出精品。如库尔勒香梨是新疆传统的优质特色果品，自 1975 年库尔勒香梨出口香港地区，东南亚市场以来，一直保持良好的销售势头，市场比较稳定，年出口量 3 万吨左右，国内市场主要销往北京、上海、广州、深圳等大中城市。除了传统的库尔勒香梨，近年来南疆地区注重林果品牌效应，先后发展了和田的“有机核桃”、阿克苏的“奥运苹果”、克州的“木纳格绿色葡萄”、“沙依东香梨”、“阿克苏红富士”、“东方圣果”、“楼兰红枣”、“乡都葡萄酒”等品牌脱颖而出，在国内外市场上享有较高的声誉和知名度。林果业发展生态效益高，可以同防风治沙、荒山造林、荒滩造林等生态建设相结合。这方面典型的案例是阿克苏市从 20 世纪 80 年代中期开始实施的“柯柯牙”工程，在世界第二大沙漠——塔克拉玛干沙漠北缘造林 0.33 万公顷，用 320 万株各类林木给大漠植入了绿色（姚永军，2007）。“柯柯牙”已开始贡献 560 公顷成林面积，累计 4 000 吨的各类果品，是新疆唯一获联合国粮农组织全球 500 佳境的林业工程。林果业发展，为南疆农业可持续发展带来巨大潜力和优势。

（三）畜牧业发展具有较大优势

自古以来，新疆就以丰美的草原、优良的畜种而著称国内外，南疆作为少数民族地区有饲养牛、羊等牲畜的传统。新疆天然草地面积辽阔，类型多样，具有发展草地畜牧业的良好资源条件和物质基础，既是我国重要牧区，也是我国重要的良种畜基地和畜产品基地。畜牧业在新疆经济中占有重要地位，畜牧业总产值占大农业总产值的 30%以上（新疆农牧厅，2005），畜牧业已成为新疆特别是南疆地区农村经济的支柱产业之一。自治区党委、政府对畜牧业工作非常重视和支持，在政策上为畜牧业创造发展创造了良好的外部环境，促进了社会资金、技术、人才向畜牧业聚集，为畜牧业快速高效发展提供物质基础。随着新一轮水、土资源开发利用和较大规模的饲养基地、畜产品加工龙头企业的建立，以及畜产品市场的不断开拓，必将为南疆的农业可持续发展提供有力的物质基础、技术基础和广阔的市场空间。随着南疆农业和农村经济结构调整的不断深入，各族农牧民群众从发展畜牧业产业中得到了实惠，发展畜牧业的积极性空前高涨。广大农牧民依靠畜牧业增收的强烈愿望，为农业可持续发展提供了强大的推动力。

(四) 生态保护耕作技术示范推广具有较大优势

早在20世纪80年代中期就在南疆部分地区引进和开发了以免耕为主要内容的保护性耕作技术，结合南疆的气候气温、土壤类型和耕作方式等区域特点因地制宜的进行试验示范取得了一定的效果。90年代中、后期，新疆先后引进深松机、秸秆还田机等机具进行试验示范，为大面积推广保护性耕作技术积累了一定的经验。2001年，自治区农机推广总站在南疆喀什、阿克苏地区、逐步示范推广。2002年8月经农业部科教司批准立项，中国农学会和中国农业科学院主持“发展生态农业治理沙漠化土地试验示范项目”，在全国设立24个示范区（基地），其中有4个在新疆，分别是洛浦、阿拉尔、石河子、奇台。项目针对我国沙漠化土地91%的原因是农业或与农业有较大关系，并且沙漠化土地多处于农牧交错带，必须采取农牧结合、综合治理的方法。项目研究推广的主要技术措施包括：①基本技术，包括推广免耕法，做好草原建设，灌草结合，人工种草、划区围栏、封育保护结合；调整畜群结构，改变饲养方式；开发农村能源，把对植被的破坏减少到零。②生态农业接口技术，包括青贮技术、沼气技术。③节约资源技术，包括滴灌技术、精确施肥技术。④农民增收技术，包括大棚种植技术、人工种植饲草技术、食用菌生产技术。上述成熟有效技术，为今后南疆农业可持续发展提供了重要的科学指导和技术保障。

(五) 西部大开发为农业可持续发展创造良好外部环境

进入21世纪之后，我国的生产力布局和区域经济开发将由点轴开发逐步转变为网络开发，国家发展战略将由以东南沿海为主逐步转变为东、中、西部协调发展。区域发展战略的调整和西部大开发战略的实施，为新疆特别是南疆地区农业可持续发展提供了历史机遇。主要体现在：一是在全国范围内进行调整资源配置和经济利益的宏观调整。为了促进全国经济社会的整体协调发展，将在宏观层次上进行资金、物质、人力资本、市场资源的重新配置。促进西部地区经济发展，必定实施一系列的政策倾斜，会给南疆相关地区及群体带来直接的经济利益及发展机遇。二是增加国家投资，加快经济社会发展的基础条件的改善，促进区域产业结构的调整，将直接改善农业发展的物资条件和市场条件。三是西部大开发本身就十分强调区域经济社会的可持续发展。如国务院西部开发办正在制定的一系列相关政策，包括加快基础设施建设，加强生态环境保护和建设，巩固农业基础和调整产业结构，发展科技教育和文化卫生事业等。这些都直接关系到西部地区农业可持续发展的基础要素。四是国家注重对西部地区的开发将带来观念的冲击，生态文明观、市场竞争意识、公正公平观念等将在西部地区广大农村得以传播和认同。这些无疑都将促进西部地区包括新疆的农业可持续发展。

三、影响南疆农业可持续发展的主要因素

（一）土地荒漠化和次生盐渍化的威胁

新疆是我国沙化土地面积最大、分布最广的省区，也是世界上沙漠化危害最严重的地区之一。南疆塔里木盆地南缘米兰至莎车近800千米地带内，土地沙漠化面积达1.4万平方千米，风沙流以每年3～10米或更高的速度逼近绿洲，被吞食的耕地3万余公顷。由于缺水和人为破坏胡杨林，塔里木河下游东岸库鲁克沙漠每年以3～5米移动，1942年，塔里木河下游绿色走廊宽50～100千米，现被两侧沙漠压缩到2～5千米（白思敏，2007），塔里木河下游绿色走廊正在消失，面临东面库鲁克沙漠和塔克拉玛干沙漠合拢的危险。由于荒漠化程度明显加剧，出现了农田盐碱化、水质碱化、植被、森林、草场破坏严重等恶性环境问题，是影响南疆地区农业可持续发展的关键因素之一。例如，喀什地区次生盐渍化面积则占该区耕地总面积的0.7%；塔里木河水质碱化，1958年以前全是淡水，矿化度低于1克/升，现在全年有9个月矿化度超过1克/升，其中3个月超过5克/升；南疆塔里木盆地的胡杨林，是当今世界上分布面积最大的胡杨，50年代初有52.93万公顷，后来由于乱砍滥伐，毁林开荒，滥牧过牧，林地面积少到现在的22.53万公顷（于琳，2006）。

（二）地区贫困阻碍农业可持续发展

新疆30个扶贫工作重点县的分布来看，有21个贫困县分布在南疆地区，占70%；从贫困人口的区位分布来看，北疆地区占20%，南疆地区占80%。就南疆贫困状况的分布而言，21个贫困县，有19个贫困县分布于克州、喀什与和田地区，占南疆贫困县总数的90%以上；而南疆贫困人口中，和田占51.5%，喀什占41.2%，克州占2.9%，仅这三地州就占95.6%（李雪艳，2005）。由于贫困造成大量高素质人才外流，以喀什为例，人才外流情况严重，其中80%是具有中级以上职称的成熟人才。经济发展归根结底需要人才支撑，人才外流造成南疆地区经济发展缺乏后劲，从而影响农业可持续发展。

（三）观念落后阻碍农业可持续发展

发展意识的确立是实施农业可持续发展的一个根本思想前提，需要社会各界尤其是从事农业生产的微观主体农户的认同。由于南疆地区农村劳动力文化素质普遍较低（喀什地区农村劳动力的平均受教育年限为7年，全国平均水平为7.67年），对农业可持续发展重要性认识不足。传统观念认为农业资源是大自然赋予人类永远的取之不尽、用之不竭的天然财富，在对待自然资源上，往往采取一种短期的以占有物质利益为目的的价值取向，具体表现在对耕地的粗放掠夺经营，对草场的过度使用，水资源浪费污染现象严重等方面，严重阻碍农业长期稳定持续发展。

（四）制度与政策的不完善影响农业可持续发展

农业可持续发展与制度间相互作用，相互影响，相互制约，相互促进。农业可持续发展离不开制度的支持，不同性质的制度对农业可持续发展产生不同的作用。农业的可持续发展要求有相应的制度及制度创新来保证，南疆很多与农业可持续发展紧密相关的许多方面都存在政府制度的滞后或缺失，严重影响和阻碍了农业可持续发展。例如，保护水资源，防止水源污染、浪费，促进水资源节约方面；保持土地肥力，防止土地沙化、土壤流失、土地板结及使用有害杀虫剂，保证土地的可持续利用方面；保护森林，防止滥砍滥伐，烧林垦荒，保护脆弱的生态环境方面；促进农业科研发展方面，等等。

四、南疆农业可持续发展政策建议

农业可持续发展是立足于当前，着眼于长远，通过内涵挖潜、外延扩展等科学手段，正确处理资源与环境、利用与保护、生存与发展的关系；在社会、经济、环境、资源、人口、技术等因素与农业协调发展的基础上，寻求农业经济发展与环境协调的有效途径；在满足对农业产品的需求的同时，提高农牧民收入，促进农业与生态环境的协调可持续发展。具体来说，要做好以下四个方面：

（一）土地荒漠化控制和盐渍化改良

加大水（土）保持及防护林建设力度，改善农业生产条件。坚持不懈地改善山区生态环境，重点建设绿洲生态环境，采取生物治理与工程措施相结合，封沙固沙与导沙疏沙相结合，推动经济林、生态林、防护林建设，提高绿洲区域的森林覆盖率，遏制沙漠化的趋势，并逐步解决干旱、盐碱、风沙、污染等生态环境的危害。新疆地区土地盐碱化的关键是因为大面积地采用大水漫灌的方法进行土地的浇灌，土壤盐渍化、水质恶化会使灌溉农业的简单大规模发展以失败告终。对盐碱地的土壤改造技术主要是滴灌和种植，滴灌可以滋生微生物，改良土质，使之恢复良性生态功能，选择适宜的草种或树种种植可以改良土质，保护耕地防治土地荒漠化。

（二）促进地方经济发展缓解贫困

促进农村产业结构调整，提高农户收入缓解贫困。首先，利用丰富的光、土、热等资源，充分发挥各地优势，发展带有区域特色的种植业，积极发展香梨、哈密瓜、葡萄、石榴、巴旦木、番茄、红花和中药材等名优特新产品。大力发展畜牧业，新疆是全国第二牧区，要抓住构建和谐社会的大好机遇，通过改良品种，改变养殖方式，扩大经营规模等措施，进而扩大新疆畜产品出口的份额，带动畜产品加工转化增值，实现新疆畜牧业产业化。把农村的市场建设和与个体私营企业、乡镇企业和第三产业的发展结合起来，形成集聚效应，促进产地市场的建设，进而带动销售、服务等行业的发展。通过种养结构调整，完善社会化服务体系，把分散生产经营与市场联结起来，实现规模化、集约化生产，进而促进农业向商品化、专业化、现代化发展。经济发展水平提高为提高人才待遇水平、引进高素质人才提供了雄厚物质基础，人才建设是农业可持续发展基本保障。

（三）改变观念坚持以科技为中心

农业的发展最终动力在于对资源和科技的运用和创新，应以一种友好的、可持续的发展方式来面对我们赖以生存的自然环境，而不是采取破坏性和掠夺性的方式处理人与自然的关系。要贯彻宜农则农，宜林则林，宜牧则牧的原则，建立和完善“以人为本”的生态建设新机制，实施生态恢复技术。加强环保科技的研究，力争在区域综合治理开发、病虫害与自然灾害的综合防治、农业生态环境保护、工业“三废”综合治理及污染防治等方面取得重大突破，特别要增强节水灌溉、防治水污染等研究推广应用。

（四）加强完善制度政策促进农业可持续发展

农业可持续发展的水土资源开发利用、绿洲生态建设与维护、绿洲产业发展等关键问题的解决，与人们的行为方式密切相关，不仅需要采取必要的策略、方法、技术措施等，更需要从制度方面规范、诱导、约束、激励有关绿洲可持续发展的行为。水资源开发利用方面要建立健全一体化管理体制和可交易水权制度，运用经济杠杆和市场机制进一步加快水价改革步伐，建立符合新疆区情、科学、合理的水价形成机制和水价制度。土地资源开发利用方面要建立完善审批制度、规划制度、开发制度、使用制度等。

参考文献

[1] 于琳．新疆资源环境与农业可持续发展．农业经济问题，2000（12）：38－42.

[2] 于琳．新疆绿洲生态经济系统可持续发展研究．西南大学博士学位论文，2006.

[3] 韩德林．新疆人工绿洲．北京：中国环境科学出版社，2001.

[4] 梁宝君，岳太青．新疆林果业发展现状及对策，防护林科技，2008（3）：116－118.

[5] 姚永军．新疆林果业的发展优势整合研究．新疆大学学报（哲学·人文社会科学版），2007，35（2）：10－14.

[6] 新疆日报．蓝皮书告诉我们什么．新疆日报，2004－12－21，第008版．

[7] 新疆农牧厅．新疆畜牧业50年．新疆畜牧业，2005年增刊，4－12.

[8] 李雪艳．新疆南疆贫困地区全面建设小康社会实证分析．新疆社科网，http://www.xjskw.org.cn/article/list.asp? SelectID=1506&ClassID=26.

[9] 白思敏．新疆农业可持续发展研究．新疆大学硕士研究生学位论文，2007.

关于我国草原生态环境保护的思考*

A Consideration about Ecological and Environmental Protection of China's Grassland

朱立志　徐　冉①

Zhu Lizhi　Xu Ran

摘要：草原是我国面积最大的陆地生态系统，尤其在西北部干旱半干旱地区，草原生态系统是主体生态系统，具有其他任何生态系统都不可替代的特性。草原不仅是一种可更新的自然资源，更是一个丰富完善的碳储库、蓄水库和能量库。草原生态环境持续恶化的形势相当严峻，沙尘暴、荒漠化、水土流失等危害日益加剧，已成为制约中国社会经济可持续发展的重要"瓶颈"。要加大我国草原生态环境保护的保护力度，必须在以下几个方面展开工作：健全草原产权制度、发展草原循环畜牧业、加快建立草原生态补偿制度、争取更多国际合作项目、强化草原监测和草原执法监督力度。

Abstract: Grassland is the largest terrestrial ecosystem China, especially in the northwestern arid and semi-arid area, which is an irreplaceable eco-system. Grassland is not only a renewable natural resource, but also a rich and sound carbon storage, water reservoirs, and energy storeroom. However, the continued deterioration of grassland ecological environment is quite severe with dust storms, desertification, soil erosion and other hazards growing rapidly, which has become an important "bottleneck" as a constraint on China's social and economic sustainable development. We should step up our

* 为中央级公益性科研院所基本科研业务费专项资金项目论文，同时得到了中国农业政策实验室的支持。

① 美国密歇根大学（University of Michigan）。

efforts in protecting grassland eco-environment and start work in the following areas: improve grassland property rights system, develop cycling grassland animal husbandry, accelerate the establishment of grassland ecological compensation system, attract more international cooperation projects, and strengthen monitoring and supervision over law enforcement.

一、我国草原生态系统的地位

我国是一个草原面积较大的国家，拥有各类天然草原近4亿公顷，占我国陆地面积的41.7%，占世界草原面积的13%，在我国农田、森林和草原等绿色植被生态系统中占到63%，是森林面积的2.5倍，耕地面积的3.2倍。因而草原是我国面积最大的陆地生态系统。尤其在我国西北部干旱半干旱地区，降水量多在400毫米以下，草原生态系统是主体生态系统，具有其他任何生态系统都不可替代的特性。另外，中国重要江河源头也在草原地区，如长江、黄河、澜沧江、怒江、雅鲁藏布江、辽河和黑龙江等。黄河水量的80%，长江水量的30%，东北河流一半以上的水量直接源自草原，草原的兴衰关系到我国水系的变化。

天然草原不仅是一种可更新的自然资源，更是一个丰富完善的碳储库、蓄水库和能量库。草原生态系统通过光合作用，除了向大气提供O_2外，还把大量碳贮存在牧草组织及土壤中。在草原黑钙土与栗钙土的腐殖质层与冻原泥炭层中所贮藏的巨大碳素，使草地与森林和海洋并列为地球的三大碳库，在碳循环中起着重要作用。

二、我国草原生态环境状况与影响因素

改革开放以来，特别是进入新世纪后，中国草原保护建设各项工作取得了较大的进步。例如，我国的《草原法》提出国家了对草原实行科学规划、全面保护、重点建设、合理利用的方针，还对草原权属及草原规划、建设、利用、保护等作出了明确的法律规定。此外，中国近年来还出台了一系列与草原资源与生态环境保护相关的法律法规，如《环境保护法》、《防沙治沙法》、《野生植物保护条例》等，这些法律法规从不同的角度对草原保护和管理工作作出了具体的规定。从20世纪80年代以来，中国政府开始推行草原家庭承包制，这项牧区的基本政策充分激发了农牧民的主人翁意识，有效调动了农牧民保护建设

和合理利用草原资源的积极性。为进一步完善草原保护管理政策，中国政府于2002年出台了专门政策，明确提出要建立和完善基本草原保护、草畜平衡、禁牧休牧等重大制度，还提出了稳定和提高草原生产能力等具体措施。同时，为进一步完善草原生态保护和资源利用的机制，近两年来中国政府又进一步提出要加快建立草原生态补偿机制，落实草原生态补偿制度。自2003年开始，为适应依法管理草原的需要，各地先后成立了草原监理机构，专门负责草原执法监督工作。2000年以来，中央政府先后组织实施了天然草原植被恢复与建设、牧草种子基地、草原围栏、退牧还草、京津风沙源治理等草原生态保护建设重点工程。

尽管近年来中国草原保护与建设取得了显著成效，但我们还应清醒地看到，我国草原仍面临着许多急需解决的问题，草原生态环境持续恶化的形势相当严峻，沙尘暴、荒漠化、水土流失等危害日益加剧，已成为制约中国社会经济可持续发展的重要“瓶颈”。

人类活动范围及其频率的加大是我国草原退化的主要原因。长期以来，人们对草原生态系统的整体功能缺乏完整的理解，特别是草原的巨大环境效益常常被人们所忽略；对草原气候的波动性、环境的严酷性、生态系统的脆弱性与生产力的有限性等草原固有的本性，没有充分认识。

自20世纪50年代以来，我国累计开垦草原约2 000万公顷。有些地方受经济利益驱动，不合理开发利用草原资源的现象时有发生，开垦草原、乱采滥挖草原野生植物、非法征占用草原等破坏草原的现象一直未得到根本的遏制，不仅造成草原植物资源减少，还对草原生态造成严重破坏。还有一些地方不合理开采水资源，致使下游湖泊干涸、绿洲草原及其外围植被不断消失。

我国草原畜牧业经营粗放、管理落后、效益低下等现象较为突出。长期以来，草原畜牧业主要依赖天然草原放牧，再加上草原地区基础设施建设极其薄弱，“靠天吃饭”、“靠天养畜”的格局没有根本改变。而且，“草原—畜牧”成为人们的思维定式，单纯地把草原视为天然牧场。尤其是近年来，我国草原地区人口、家畜数量不断增加。2006年全国牛、羊饲养量分别是1978年的2.7倍和3.5倍。全国草原平均超载牲畜34%，较20世纪80年代增加了17个百分点。多年来，已经是满负荷、超负荷利用草原，不仅突破了草原生态系统自组织功能和水、土、生物循环再生机制的低限，甚至超越了丰年的高限，所以草原必然出现不断退化的严峻局面。草原的生产和生态功能严重受损，使草地成为我国沙尘暴的发源区，严重威胁我国的生态安全。尽管人们也在竭力挽留草原退化的脚步，但从20世纪初到现在，我国北方草原已向北退缩约200千米，向西退缩约 100 千米。可以看出，人类对草地的掠夺性经营使草地不仅丧失了其生态功能，而且经济功能也逐渐枯竭，草地生态系统处于崩溃的边缘，给生产和生活造成巨大影响，与现代和谐社会的精神背道而驰。

我国草原生态环境问题的主要表现有：一是草原退化愈演愈烈。目前我国 90%的天然草原出现不同程度的退化，其中中度程度以上的退化草地已达 1.3 亿公顷，严重退化草地 5 650 万公顷。我国草地退化的面积每年以 200 万公顷速度递增。天然草地退化面积的速度每年约为 0.5%，而改良草地和人工草地的建设速度每年低于 0.3%。二是草原沙化趋势加剧。据调查，我国沙漠化潜在发生面积占国土面积的 27.3%。目前我国草地沙漠化每年以 2 460 平方千米速度发展。三是草地盐碱化规模扩大。目前我国草地盐渍化面积已达 930 万公顷以上，特别是在地下水位较高的草场，由于重牧形成大面积寸草不生的盐碱裸地。四是草地资源生物多样性减少。1991 年中国科学院植物研究所编写的《第二批中国稀有濒危植物名录》共收入了 627 种、10 个变种，而这些稀有濒危种大都分布在草原地带。五是草原鼠虫害危害加剧。我国北方和西部牧区草地每年鼠害发生面积都在 2 000 万公顷以上，草地虫害达到防治指标的发生面积每年为 550 万公顷左右。六是草原开垦后果严重。尤其是 50 年代至 80 年代，为满足粮食需求，全国先后开垦了 1 334 多万公顷草地成为农田，其中 50%被撂荒成为裸地和沙地，使其生态环境恶化。七是草地水资源日益枯竭。内陆河上游截留水源，使中下流断流、湖泊干涸，地下水位大幅下降，下游绿洲及其周围的草地植被枯死、消失。

三、我国草原生态环境保护对策建议

客观存在的现实教训要求我们加强草原的生态建设与环境保护，落实科学的草原生态经济发展观，实现人类与自然的和谐共处，最终达到人类社会的可持续发展。

（一）健全草原产权制度

历史上的草原畜牧业，由于人口少，草牧场相对牲畜数量较为丰裕，通过游牧迁移，能够很好地解决草原平衡利用和保护牧场的休牧、再生。随着经济的发展，草原人口和牲畜越来越多，户均草牧场面积越来越小，传统的放牧方式已行不通，我们迫切需要从制度上寻找突破口。

然而，当今不完善的草牧场承包制度，导致承包到户的草牧场面积已不能满足牧草再生的起码规模条件，形成对草牧场的过度、重复利用，成为草牧场退化的新的制度原因。

要想突破这一制度设计的缺陷，就要在草牧场承包制度的基础上，完善产权制度，既要规避传统经济的产权模糊，又要保证草原生态系统所必需的轮牧—休牧制度。首先要保证轮牧—休牧制度能够运行的草牧场面积，这一面积的确定是在草原科学研究基础上的、明确产权界线的外在制度设计。可以通过联户经营，也可以是股份制牧场，少数有条件的地区也可由牧业大户或牧场主经营，使草牧场面积达到或超过轮牧—休牧制度能够有效实施的界限。

现代经济制度的基本特征之一是产权关系明晰。草牧场是广大牧民赖以生存的最长久、最稳定的生产资料。由于牧民群体在知识、文化、技能等多方面处于市场竞争中的弱势地位，他们一旦失去赖以生存的草牧场，其生存安全就会直接受到威胁。从有效、长期、稳定的产权制度设计看，草牧场使用权应长期归属于牧户。牧民草牧场使用权的永久化同集体所有权并不矛盾，因为集体经济的基本结构单元是牧户，牧户对草牧场拥有间接的或被称作有限的占有权。这种间接的、有限的占有权构成牧户对草牧场使用权永久化的符合逻辑的推论。

健全草原产权制度，要加快推进出台稳定和完善草原承包经营制度的政策性文件，为加快推进草原承包工作提供政策保障。积极推进草原确权和承包制落实，明确草原属性和范围，依法发放草原所有权证和使用权证。建立健全规范的草原承包合同管理、草原承包经营权流转管理等方面的制度。

（二）发展草原循环畜牧业

按照循环经济发展原则，根据生态环境承载能力，在草畜平衡的基础上，以牧草的循环再生产促进牲畜的循环再生产，达到草原畜牧业的可持续发展。具体来说，就是要加强草原的保护，采取围建草库、划区轮牧、封育、以草定畜等方法，大力推行草原集约化经营，建设人工草场，改良天然草场，发展灌溉草场，多渠道增加饲草生产能力，推广牧草加工机械，转变畜牧业生产方式，科学稳健地发展草原循环畜牧业。

当前，迫切需要采取以资源利用的减量化拓宽草原畜牧业可持续发展的草原循环畜牧业模式。即根据生物生长规律的“时间差”，对草场资源进行合理配置，组织季节性畜牧业生产，推广肉畜异地育肥技术，达到草畜同步循环再生，从而将草地畜牧业生产中“夏肥、冬瘦、春死”的恶性循环生产方式改为青草期多养畜、枯草期多出栏，草畜配套的季节性生产。专家认为，如果将传统草原畜牧业的“消耗战”改为季节性的异地育肥的“阵地战”生产，一个周期，牛出栏由过去4～5年缩短为1.5～2年，羊由2～3年缩短为当年育肥，这样就可以用较少的草料养同样多的牲畜，大力缓解草畜矛盾。这属于典型的资源减量化循环经济模式。

要通过项目带动、政策宣传等措施，切实加快实施草原循环畜牧业。积极推广先进适用的畜牧业生产技术，帮助、指导农牧民开展家畜品种改良，提高家畜良种覆盖率，优化畜群结构，加快出栏周转，提高畜产品商品率，增加畜牧业生产收益。

（三）加快建立草原生态补偿制度

草原生态补偿作为一种激励型生态补偿手段，实质上是对生态建设与保护所付出的成本（包括放弃发展机会的损失）进行补偿，将其经济效益的外部性内部化。其目的在于对生态建设与保护的行为，因其外部经济性进行补偿，提高该行为的收益，从而激励实施行为的主体数量不断增加。另外，它在调动生态建设与保护者积极性的同时，还能提高生态效用接受者的环保意识，因此，它是促进生态环境保护的利益驱动机制、激励机制和协调机制的综合体。

草原生态补偿制度的建立要求生产者、开发者、经营者、消费者改变环境资源无需付费的观念，要求整个社会认同生态功能的价值，创新了公共物品的管理模式。作为生态受益人支付一定的费用，既是所有权人实现其经济利益的方式，也是对那些为环境保护做出努力并付出代价的人群的合理经济补偿。这种补偿机制的建立，促使人们由“谁破坏谁治理”的惩罚性补偿理念向“谁受益谁付费、谁治理补偿谁”的激励性补偿理念的转变。这一转变不仅会打破最初的“先破坏后治理”的发展模式，更会通过经济手段使生态意识深入到人们生产和生活的各个环节，强化人们环境保护的责任感，在潜移默化中将生态保护变为人们的自觉行动。这种生态意识的深化不仅有利于生态保护资金的筹措，也可以缓解社会发展同环境的矛盾对立与冲突。

建立草原生态补偿制度要在加强调查研究的基础上，科学提出草原生态补偿的补偿内容、补偿标准、补偿主体、补贴对象和补偿方式，并在主要牧区开展生态补偿试点。在建立草原生态补偿制度的初级阶段，政府应积极发挥核心作用，如及时保障实施，对牧民实施种草、牧草良种、禁牧休牧等补贴政策。在政府的引导下，草原生态补偿主体和补偿方式应逐步多元化，规范化。

（四）争取更多国际合作项目

我国是一个草原面积较大的国家，占世界草原面积的13%，因此，我国草原生态环境保护引起了国际上的关注，相关国际合作项目越来越多。由于草原生态建设需要的资金量大，我们一定要抓住国际上的有利时机，在加大国家投入力度的同时，多渠道争取资金，尤其是国际合作项目资金。

我们在这方面已积累了丰富经验。例如，国家农业部和联合国粮农组织签署的项目FAO/TCP/CPR/2902（A）项目，提高了青海牧区牧民自身防御自然灾害的能力，减少了草地畜牧业生产中的各种风险因素及造成的损失。同时，通过项目实施，减轻了当地环境退化，促进了草地畜牧业的可持续发展。再如，可持续放牧管理项目被中加合作项目SADPI列为第一项，通过项目实施，既建立了个体牧户的放牧制度，也建立了联户草地上的放牧制度，示范的内容还包括改进全季节饲料的供给。该项目在各个示范地点还建立了牧草品种引种试验，来确定最适合早春季节、晚秋季节放牧的牧草品种。对这些品种进行了抗寒性、生长期、产量和抗旱性的评估。利用这些数据和中方已有的实验数据，结合在加拿大广泛应用的一些重要参考指南一起制定出牧草推荐指南。项目还为内蒙古的天然草场编制了草场条件评估和载畜量指南，用来对草场条件进行评估和制定可持续的载畜量；利用北美成功的经验进行了沙丘治理试验；利用加拿大设计中国制造的秸秆镇压机在固定沙丘、种植牧草方面取得了成果。

今后，我们应全方位加大国际合作项目在草原生态建设中的作用，主要领域有推进退牧还草，发展灌溉草场，恢复草原生态植被，加快荒漠化石漠化治理，加强自然保护区建设等方面。

（五）强化草原监测和草原执法监督力度

必要的数据和科研将为草原生态环境保护提供科学依据。因此，我们一定要把草原资源与生态监测网络体系的建设放在首要位置，并全面开展监测工作，研究动态变化趋势，掌握演变规律。要逐步建立一批国家级草原定位监测站，持续开展草原定位观测和资料数据收集工作。

我国虽然制定了“草原法”以及其他与生态环境保护有关的法律，如《环境保护法》、《防沙治沙法》、《野生植物保护条例》等，但法律的执行、监督与法律的制定还不系统。相对来说，执行环节十分薄弱，监督环节更需大力加强。完整的法律体系既需要这三方面紧密配合，更需要这三方面的相互制衡。因此，一定要把强化草原执法监督力度作为重要工作来抓。要通过项目引导、宣传鼓励等措施，积极推动地方各级草原监理机构建设；在加大草原执法人员培训力度的同时，充分发挥基层干部、农牧民的监督作用。

参考文献

[1] 敖仁其．草原产权制度变迁与创新．内蒙古社会科学，2003年7月．

[2] 章力建，朱立志．农村环境污染问题及对策．农业环境与发展，2007年6月．

[3] 朱立志，章力建，李红康．农业污染防治的财政与市场补偿机制．财贸研究，2007年4月．

海河流域农业非点源污染负荷估算方法研究

Agricultural Non-point Source Pollution Load Estimation Method in Haihe River Basin

黄　仁

Huang Ren

摘要： 与工业等点源污染相比，农业非点源污染主要表现出分散性、随机性、模糊性、累积性等特征。由于中国缺乏长期、完整、系统的农业污染源数据，需开发出一种适合信息不充分条件下估算农业非点源污染负荷的新方法-“IS（Investigation-Statistics）估算法”，用于估算中国海河流域农业污染负荷。

Abstract: The agricultural non-point source pollution shows some special features such as dispersion, randomness, fuzziness and cumulative compared with industry and other point source pollution. Due to the lack of long-term, complete and systematic data on agricultural sources of pollution, the new method of agricultural non-point source pollution load, "IS (Investigation-Statistics) estimation method" is constructed to estimate agricultural pollution loads in Haihe River Basin under insufficient information condition.

本项研究是根据GEF海河项目农业非点源防治战略研究的需要，用于评价目前海河流域农业非点源污染状况，服务于制定水环境管理政策和农业非点源污染治理措施而作出的努力。

一、农业非点源污染的基本特征

与工业等点源污染相比，农业非点源污染主要表现出以下特征，并决定其从宏观角度不能直接测定其负荷量，因而需要研究更加便捷有效的估算方法，利用相关的技术和经济参数进行估算。

1.（排放的）分散性。与点源污染的集中性相反，非点源污染具有分散性的特征。它随流域内土地利用状况、地形地貌、水文特征、气候、天气等的不同而具有空间异质性和时间上的不均匀性。排放的分散性导致其地理边界和空间位置的不易识别，无法集中处理污染物。

2.（发生的）随机性。造成非点源污染的必要条件是通过地表径流和淋溶把污染物排入河道后产生水体污染。发生大面积非点源污染主要伴随强降雨事件而发生，但强降雨天气的随机性决定了非点源污染的发生具有较大的随机性。

3.（边界的）模糊性。农业非点源污染物的产生、迁移过程和形成机理非常复杂，一个区域内常常涉及多个污染来源，而且它们的排放是相互交叉的，加之不同的地理、气象、水文条件对污染物的迁移转化影响很大，因此很难确定特定区域水体中的某一污染物是哪一个污染源造成的，同时也很难确定某一污染物最终进入受纳水体的精确数量。

4.（过程的）累积性。化肥和农药施入农田后，化肥所含有氮、磷有效成分未被作物吸收、农药有害成分未降解的部分积累在土壤中，在无降雨或灌溉退水形成径流和其他地表径流时，往往累积于土壤中。这一特点表明，如不能适当控制化肥、农药的农田施入量，潜在污染程度和非点污染的风险随生产周期增多而不断加大，一旦有较大径流形成，累积时间越长，其污染危害性越大。

二、海河流域农业非点源污染源的界定

中国农业生产中普遍存在肥料施用结构不合理、过度施用化肥的现象，农田流失的氮磷是受纳水体富营养化的重要污染源。在种植业方面，本项研究主要考虑施入农田的氮磷在环境中流失量。

在养殖业方面，主要考虑畜禽排泄的粪、尿及其他废弃物对水环境的影响。一般说来，规模化养殖场的污染源应归类于农业点源污染，但从海河流域目前的情况来看，畜禽养殖仍以小规模或农户分散养殖为主，因此，我们认为

可以忽略养殖规模的大小，把所有畜禽养殖产生的污染物都归类于非点源污染源，着重研究畜禽养殖产生的COD、总氮（TN）、总磷（TP）和氨氮（NH_3-N）对水体污染的程度。

对于人口居住集中、卫生条件较好的乡镇和大村庄，其污染源应视为点源污染。从海河流域目前的情况来看，人口数量少、分散居住的村庄仍然占多数，而且绝大多数村庄卫生条件较差，生活污水和生活垃圾集中处理设施严重不足，具有非点源污染明显特征。基于农村常住人口生活污染源来估算农村生活非点源污染，符合中国现阶段的实际情况。

按照以上界定的范围来估算农业非点源污染，有可能夸大了农业非点源污染的负荷在总污染负荷中比重，但是科学地区分农业生产和农村居民生活的点源污染和非点源污染至今还存在一定困难，适当地模糊点源和非点源的界线，从农业生产和农村居民生活的整体状况来研究农业非点源污染问题，符合海河流域农业生产和农村生活现阶段的实际情况，有利于把握问题实质，揭示农业非点源污染现状和演变趋势。

大气氮沉降有干、湿两种。在农田生态系统中，人工合成的氮肥被大量施入农田后，在土壤中经过一系列的物理、化学与生物化学等转化过程，其中部分通过土壤—大气界面，向大气排放各种含氮化合物。随着氮素气态损失的增加，大气氮的沉降量也明显增加。过多的氮素沉降会产生土壤酸化、地表水富营养化等环境问题。影响氮素气态迁移过程的主要因素包括环境条件、土壤性质、肥料类型、作物种类、施肥方法、水肥管理和土地利用方式等。

本项研究包括农业非点源中生产源——种植业和畜禽养殖业，以及生活源两部分，污染因子包括氮、磷、氨氮、COD。

三、海河流域农业非点源污染“IS（Investigation-Statistics）估算法”

目前，由于中国缺乏完整的系统的农业污染源数据，使用复杂的数学模型进行估算的难度较大，而且很难得到科学结论。因此，我们需要开发出一种适合信息不充分条件下的快速估算全流域农业非点源污染负荷的新方法，我们把这种方法暂时叫做农业非点源污染“IS（Investigation-Statistics）估算法”。

（一）创立“IS估算法”的意义和作用

根据海河流域农业生产特点和农村生活状况，应用已有的农业与环境科学知识及农业生产和农村生活污染因子迁移特征分析等相关研究成果，通过多点现场和通讯调查，利用相关统计数据，快速估算年度农业非点源污染负荷以及污染因素构成比例，建立一个基于现场调查和数理统计相结合的快速估算方法，为科学评价和改善海河流域农业生产和农村生活环境状况提供科学依据，提出农业非点源污染防治战略对策和措施，促进经济社会和环境和谐发展，十分必要。

（二）"IS 估算法"的设计思路

形成农业非点源污染有以下必要条件：

——污染因子潜在数量；

——入河比率；

——径流量。

上述条件缺一不可，否则就不可能造成实际影响。污染因子潜在数量越多，入河比率越大，在入河径流足够大情况下，农业非点源污染负荷越大。用计算公式表示为：

$$Q_{PL}=Q_{PI}\times C_i\times C_r$$

式中，Q_{PL}代表污染负荷量；Q_{PI}污染因子存量；C_i 入河比率（系数）；C_r 径流量（不超过全部污染物入河径流量）。

显然，在不考虑通过地下水渗漏污染水体的情况下，如果知道农业非点源的污染因子是什么，可能造成污染的数量多大，其中能够流入河道的比例多大，携带这些污染物进入河道的径流量多少，就可以估算出某一时段某一流域（河道）农业非点源污染的负荷。污染负荷以 TN（总氮）、TP（总磷）、铵态氮（NH_3-N）和 COD 在水体中含量来表示。

（三）农业生产与农村生活潜在污染负荷的估算方法

1. 种植业潜在污染负荷的估算。"种植业潜在污染负荷"就是指有可能通过淋溶以及径流流失的总氮、总磷和氨氮数量。

氮肥施入土壤——作物体系后，其基本归宿主要有三个方面：一是被作物吸收；二是在土壤剖面中以无机氮（ N_{min}）形态或有机结合形态残留；三是以各种形式损失。氮肥损失的途径很多，主要包括硝态氮淋洗、反硝化和氨挥发造成的气态损失（以 NH3、NO_2、NO_X 等形态）、侧渗和径流以及通过作物叶片的生理损失等。残留于土壤的氮素，对当季作物没有贡献，可被下季作物吸收利用，但也是潜在的氮素污染源。

施入农田的磷肥，部分磷养分被农作物吸收，另一部分流失地土壤中成为潜在污染源。磷的流失以吸附作用为主，因为磷与土壤胶粒间亲和力的存在，多数土壤可溶态磷随土壤侵蚀、径流、排水、渗漏进行。农业流域磷污染迁移传输方式有两种：一是表面径流传输过程；二是土壤中传输过程。土壤表层（土壤表层 0～5 厘米）磷的迁移以颗粒态为主，但是磷在土壤中层的传输也很明显，且以溶解性磷为主，颗粒态含量很低。

根据氮磷的迁移转化机理，种植业潜在污染负荷计算公式如下：

种植业潜在污染负荷＝（施肥前）土壤氮磷含量＋当年氮磷施用量（纯量）－作物吸收量－气态损失

“土壤氮磷含量”是在没有施肥的条件下土壤氮素含量。一般说来，以上数据需要通过严格的科学测试来获得，对于不同的地形地貌、土壤类型、作物种类、种植模式、施肥数量和施肥方式，差异都很大。但是，科学实验仅能限于若干个地块，不可能普及到整个海河流域。但可利用推广的“测土施肥”项目的有关数据。

对于没有实施测土施肥项目的地区，可以通过调查，向当地土肥管理和技术服务部门了解土壤养分情况。

“当年氮磷施用量”可从各市统计年鉴或实地调查中获取。

“作物吸收量”采用农业部推荐的不同作物单位产量养分吸收量，具体数值见表 1。

“气态损失”主要是氨挥发，约占氨肥施用量的平均值 20％。

表 1　主要作物单位产量养分吸收量

作　物	收获物	形成 100 千克经济产量所吸收的养分量（千克）		
		氮（N）	五氧化二磷（P_2O_5）	氧化钾（K_2O）
水稻	籽粒	2.25	1.10	2.70
冬小麦	籽粒	3.00	1.25	2.50
春小麦	籽粒	3.00	1.00	2.50
大麦	籽粒	2.70	0.90	2.20
玉米	籽粒	2.57	0.86	2.14
谷子	籽粒	2.50	1.25	1.75
高粱	籽粒	2.60	1.30	1.30
甘薯	鲜块根	0.35	0.18	0.55
马铃薯	鲜块根	0.50	0.20	1.06
大豆	豆粒	7.20	1.80	4.00
豌豆	豆粒	3.09	0.86	2.86
花生	荚果	6.80	1.30	3.80

（续）

作　物	收获物	形成100千克经济产量所吸收的养分量（千克）		
		氮（N）	五氧化二磷（P_2O_5）	氧化钾（K_2O）
棉花	籽棉	5.00	1.80	4.00
油菜	菜籽	5.80	2.50	4.30
芝麻	籽粒	8.23	2.07	4.41
烟草	鲜叶	4.10	0.70	1.10
大麻	纤维	8.00	2.30	5.00
甜菜	块根	0.40	0.15	0.60
甘蔗	茎	0.19	0.07	0.30
黄瓜	果实	0.40	0.35	0.55
架芸豆	果实	0.81	0.23	0.68
茄子	果实	0.30	0.10	0.40
番茄	果实	0.45	0.50	0.50
胡萝卜	块根	0.31	0.10	0.50
萝卜	块根	0.60	0.31	0.50
卷心菜	叶球	0.41	0.05	0.38
洋葱	葱头	0.27	0.12	0.23
芹菜	全株	0.16	0.08	0.42
菠菜	全株	0.36	0.18	0.52
大葱	全株	0.30	0.12	0.40
柑橘（温州蜜橘）	果实	0.60	0.11	0.40
苹果（国光）	果实	0.30	0.08	0.32
梨（廿世纪）	果实	0.47	0.23	0.48
柿（富有）	果实	0.59	0.14	0.54
葡萄（玫瑰露）	果实	0.60	0.30	0.72
桃（白凤）	果实	0.48	0.20	0.76

2. *养殖业潜在污染负荷的估算方法*。畜禽养殖污染是指在畜禽养殖过程中，畜禽排泄的粪便以及清理粪便和其他废弃物的污水，对水环境造成的危害和破坏。畜禽粪便一般通过两种途径进入水体：一是在饲养过程中直接排放进入水体；二是在堆放储存过程中因降雨和其他原因进入水体。由于在一定技术条件下，畜禽喂养成长达到屠宰标准的期间内，同类畜禽的粪尿排泄量的个体差异不明显，可根据不同畜禽饲养量、饲养周期及其日（或年）的排泄系数来

计算粪尿排泄总量，减去已无害化处理数量，以及不同畜禽粪便中污染物（TN、TP、NH_3-N、COD）平均含量来估算养殖业污染负荷潜在量。计算公式如下：

养殖业潜在污染负荷＝（畜禽饲养数量×畜禽粪便日排泄系数×饲养天数－已处理量）×畜禽粪便中污染物平均含量

各类畜禽饲养数量可从各地统计年鉴或实地调查中获取。

畜禽粪便排泄系数是指单个动物每天排出粪尿的数量。它与动物的种类、品种、性别、生长期、喂养饲料甚至天气条件等诸多因素有关。表 2 和表 3 数值是参考中国农业科学院主持完成的“畜禽养殖业源产排污系数测算”结果和国家环保总局 2004 年发布的“畜禽养殖业排放标准”的相关系数整理出来的，可在农业非点源负荷估算时参考使用。

表 2　畜禽粪便排泄系数

项目	单位	奶牛	肉牛	猪	蛋鸡	肉鸡	鸭
粪	千克/天	23.84	15.01	1.63	0.12	0.12	0.13
	千克/周期	8 701.6	5 478.65	324.4	43.2	24	15.6
尿	千克/天	10.69	7.09	2.32	—		—
	千克/周期	3 901.85	2 587.85	461	—		—
饲养周期	天	365	365	199	365	120	120

表 3　畜禽粪便中污染物平均含量

单位：千克/吨

项目	COD	NH_4^+-N	TP	TN
牛粪	186	1.7	1.18	4.37
牛尿	24.5	3.5	0.40	8.0
猪粪	209	3.1	3.41	5.88
猪尿	16.7	1.4	0.52	3.3
鸡粪	169.0	4.78	2.43	6.26
鸭粪	185	0.8	2.50	6.65

没有排泄系数的畜禽折算成猪来计算。根据国家“畜禽养殖业排放标准”，30 只蛋鸡折算成 1 头猪，60 只肉鸡折算成 1 头猪，1 头奶牛折算成 10 头猪，1 头肉牛折算成 5 头猪，3 只羊换算成 1 头猪。

畜禽粪便已处理量需要进行实地调查获取。

畜禽粪便中污染物平均含量的具体数值见表 4。

总氮和总磷的估算也可采用畜禽饲养期间每头（只）畜禽日平均产生量来估算。

表 4　每天每头（只）产生量

单位：千克

畜禽种类	猪	奶牛	肉牛	蛋鸡	肉鸡
TN（总氮）	0.032 43	0.197 955	0.072 74	0.001 04	0.001 27
TP（总磷）	0.006 49	0.026 29	0.013 69	0.000 3	0.000 3

3. *农村生活潜在污染负荷的估算方法*。农村居民生活污染主要来源于农村中常住人口的日常消费和生理排泄所造成的污染。根据相关排泄系数，农村生活潜在污染负荷的估算公式为：

农村生活潜在污染负荷＝农村常住人口×农村生活人均日产污系数×365天×（1－已处理百分比）

农村常住人口可以从各市统计年鉴中获取。

农村生活人均日产污系数是指农村生活污染物排放量除以农业人口数和天数，得到农村人均每日生活污染物排放量。农村生活人均产物系数可参考表5数值。农村生活污水和生活垃圾已处理量数据需要进行实地调查获取。

表 5　农村生活人均排污系数

单位：克/人·天

人均生活污水量（升/人·天）	COD	总氮	总磷	氨氮
48.37	46.09	3.78	0.44	1.80

四、“IS 估算法”应用前景

应用“IS 估算法”估算农业非点源污染负荷可以利用统计、农业、水利等部门有关统计资料，并通过特定估算区域的实地调研修正有关技术参数，使之更加切合估算区域的实际情况，缩小估算值的误差，有利于全面了解有关区域农业非点源污染状况，有助于提高水环境保护政策和管理措施的制定的科学性和便于贯彻落实，改善水质量。

“IS 估算法”符合现阶段中国的国情，可以快速地估算某一流域或地区农业非点源污染负荷和结构，在进行农业生产的安排时就能预测出可能产生的非点源污染负荷量及其影响，为政府管理部门调整农业产业结构，使之与环境承载能力相匹配，提供依据和政策建议。比如某个地区的畜禽养殖已成为农业非点源污染的主要来源，就可适当缩小这个县的畜禽养殖规模，或增加畜禽排泄物的处理能力。

农业非点源污染估算是一项极为复杂的工作，至今没有一个完美无缺的估算方法，即使是应用非常精确的实验方法来测算，也只是适合小范围地区，在制定区域性、流域性非点源污染防治战略时意义不大。农业非点源污染本身是一个模糊事件，使用“IS 估算法”去估算污染负荷，反映其趋势性变化，找出农业生产和环境约束之间的关系，调整农业产业结构，把发展农业生产、建设新农村和保护水资源水环境结合起来，仍然具有广泛的应用前景。

五、对海河流域农业非点源污染负荷初步估算

应用上述方法对海河流域农业非点源污染负荷进行估算。估算过程中，根据海河流域农业生产及农业污染特点，适当地修订了畜禽养殖排泄系数和粪便污染物含量系数；由于土壤氮磷含量现状数据不足，在种植业污染负荷估算时以氮、磷流失比率替代。2007 年海河流域农业非点源污染负荷状况估算结果如表 6 所示。

表 6　海河流域农业非点源污染潜在负荷估算

单位：吨，%

污染负荷	COD	TN（总氮）	TP（总磷）	NH_4^+-N（氨氮）
种植业		73 393 (12.33%)	4 162 (4.78%)	2 871 (1.63%)
畜禽养殖	8 201 052 (89.77%)	399 834 (67.19%)	76 978 (88.43%)	156 977 (89.14%)
农村生活	886 950 (10.23%)	43 461 (7.30%)	5 913 (6.79%)	16 261 (9.23%)
大气沉降		78 406 (13.18%)		
合计	9 088 002	595 054	87 053	176 109

参考文献

[1] Novoty V, Chester G . Handbook of nonpoint source pollution and management . New York: Van Nostrand Reinhold Company, 1981.

[2] Jeffrey T. Maxted . Matthew W. Diebel . M. Jake Vander Zanden. Landscape Planning for Agricultural Non-Point Source Pollution Reduction. II. Balancing Watershed Size,

Number of Watersheds, and Implementation Effort . Environmental Management (2009) 43: 60 - 68.

[3] Edwin D, Ongley. Control of water pollution from agriculture . FAO Irrigation and Drainage, 1996: 55.

[4] Bao, Q. S. , Mao, X. Q. and Wang, H. D. Non-point source pollution of water environment Prospects in China . Shanghai Environmental Sciences, 1995, 15 (5): 11 - 16.

[5] Dong, W. H. Rural non-point source pollution of water environment research in China. Global Geology, 2002, 1 (21): 57 - 62.

[6] Li, H. E. Estimation of non-point source pollution load applied the average concentration method . Journal of Environmental Sciences, 2000, 4 (7): 397 - 400.

[7] Li, H. E. Non-point source pollution model research and development trend . Water Resources Protection, 1996 (2): 14 - 18.

[8] Zheng, Y. and Wang, X. J. Non-point source pollution studies progress and prospects. Advances in Water Science.

加强耕地质量管理
提高粮食综合生产能力

Strengthen the Quality Management of Cultivated-land to Improve the Capacity of Grain Production

邱　君
Qiu Jun

摘要：在快速工业化和城市化的过程中，我国优质耕地流失过快，存在破碎化、劣质化的趋向；水土流失等日益严重的生态问题也加剧了耕地总体质量下降，对提高粮食综合生产能力提出了巨大挑战。这些问题亟待从法律、制度、资金投入和社会动员等方面来加以认识和解决。

Abstract: In the process of rapid industrialization and urbanization, the high-quality cultivated lands got lost in a high-speed way, and the remained lands became more fragmented and deteriorated. The more severe environmental problems, like the loss of water and soil, make the quality of cultivated land further deteriorated. All the above-mentioned problems mean the big challenges for promoting the comprehensive grain productivity. In order to tackle these challenges, we need a multilateral approach, referring to law, institution, investment and social mobilization.

我国人均耕地少、土地后备资源紧缺，又处于快速工业化阶段，耕地保护压力大，在保障耕地数量基本稳定的前提下，保护和改善耕地质量是全面提升我国粮食综合生产能力、确保粮食安全的重要前提。因此，落实科学发展观，加强耕地质量建设，提高粮食综合生产能力，是保证国家粮食安全的必然要求。

一、我国耕地质量的现状与问题

（一）耕地质量总体偏低，中低产田面积大

根据国土资源部近期完成的耕地质量等别评定，我国耕地质量等级总体偏低，优等地只占2.67%，低于平均质量等别的10～15等地占全国耕地评定面积的57%以上。土壤营养元素含量不均，全国有95%的耕地缺磷，23%的耕地缺钾，14%的耕地磷钾俱缺。中低产田面积大，现有1.2亿公顷耕地中，2/3是中低产田，这些耕地的有机质含量平均只有1.8%，粮食产量只有高产田的40%～60%。同时，我国有55%的耕地缺少灌溉条件，基本上“望天收”，抗灾能力很弱。

（二）优质耕地流失过快，存在破碎化、劣质化的危险

国土资源部的研究显示，我国大中城市主要分布在优质耕地集中区，即我国最强劲的经济发展区域与最需要保护的集中连片优质耕地分布区域在空间上高度重合。这意味着，我们不仅面临着提高现有耕地质量的压力，还面临着集中连片的优质耕地逐步被城市、工业蚕食，逐步向破碎、零星和劣质耕地转变的危险。事实上，自20世纪90年代中期以来，我国工业化和城市化进程加快，城镇化水平由29.04%提高到44.94%，经济社会发展对粮食等农产品的需求呈现刚性增长。与此同时，我国城镇发展和各项基础设施建设每年都占用大量优质耕地，而补充的耕地主要分布在水、热、区位、地形条件相对较差的地区，总体质量不高。高等级耕地流失过快，补充耕地等级偏低，耕地质量总体下降，严重影响我国粮食综合生产能力，威胁国家粮食安全。从这个意义上讲，仅保住1.2亿公顷耕地数量是不够的，要以建设促保护，通过提高耕地质量等级，确保粮食生产能力的稳步提升。

（三）水土流失严重，土壤沙化、盐碱化加重，耕地退化加剧

耕地退化是指由于人类不合理的开发利用所造成的土地生产力衰减，主要包括水土流失、土壤沙化、盐碱化以及土壤污染等。我国现有水土流失总面积多达356万平方千米，占国土面积的37.1%。每年因水土流失损失耕地约7万公顷，东北黑土区平均每年流失表土0.4～0.7厘米，耕地质量严重退化。耕地水土流失尤其是表土流失，使富含养分的土壤被大量冲走，不仅造成土壤瘠薄，还加重了土壤沙化、盐碱化程度。我国荒漠化土地总面积已经达到

263.62万平方千米，约有400万公顷农田处在荒漠化威胁之中。中国科学院测算，沙漠化致使全国每年损失土壤有机质及氮、磷、钾等达5 590万吨，折合化肥2.7亿吨，相当于1996年全国农用化肥产量的9.5倍。同时，盐碱化和土壤污染又进一步加剧了耕地质量的退化。目前全国受盐碱化危害的耕地高达933万公顷，其中27%为中强度盐碱化，对农业生产影响较大。我国土壤污染总体形势也相当严峻，受污染的耕地约有1 000万公顷，占全国耕地的1/10以上，每年造成的直接经济损失超过200亿元。

二、耕地质量偏低的主要原因

（一）对耕地质量管理的重要性认识不足

在耕地面积日趋减少的情况下，一些地方的领导和农民对耕地质量建设的重要性、紧迫性和长期性认识不足。只顾眼前利益，不考虑长远利益，重使用，轻管理。另外，各地在耕地保护上，对耕地数量保护都有明确的指标，对耕地质量都不明确，没有建立耕地质量监测管理体系，领导责任也不明确。

（二）耕地保护政策不够完善

一方面，农村集体土地所有权主体不明确，权责利不分明，公益性征地和商业性征地没有严格区分，而非农收益与种粮收益存在巨大的利益落差，因此各利益主体都从自己的利益出发、钻法律的空子，争相侵占耕地；另一方面，以耕地总量动态平衡为核心的耕地保护政策对耕地质量平衡强调不足、占补耕地之间的耕地质量缺乏针对性比较、政策可操作性差，在实际的耕地占补操作中主观性、随意性大，补充的耕地质量难以保证，增减耕地质量不同，导致耕地数量的隐性流失和质量总体水平的下降，并危及粮食综合生产能力。

（三）资金投入不足

农民经济条件差、投入少。耕地收益相对较低，在市场经济的作用下，农民不愿意将有限的资金投入到耕地里，而投入到其他产业。另外，国家和地方对耕地质量建设资金投入也严重不足。

（四）不合理的耕作方式

在我国不少地方还是采用漫灌的方式，农田水利设施也很不健全；化肥、农药的大量施用，虽然在短期内使得耕地单位面积产量增加，但同时也污染了土壤，并使得土壤板结，耕地的生产力下降。

（五）人口增长的压力

人口增长一方面要求建设用地增加，一方面对粮食提出了更高的需求，要求在更少的耕地上生产出更多的粮食，而农业生产技术的提高还赶不上人口增长对耕地生产能力的要求，这从根本上造成了人类对耕地地力的掠夺。提高复种指数，缩短轮作期，开垦坡地，投入更多的化肥，都加快和加重了土壤退化趋势。

三、加强耕地质量管理，提高粮食综合生产能力的政策建议

（一）建立保护耕地质量建设的法律机制

完善并认真贯彻《土地管理法》、《农村土地承包法》、《基本农田保护条例》等法律法规和有关政策，实行最严格的耕地保护制度，这是加强耕地质量建设的前提。要在现有《土地管理法》的基础上，研究并制订专项的、操作性更强的耕地保护法，进一步明确耕地数量和质量保护要求、执法主体、耕地建设管理和资金保障、破坏耕地行为的法律责任和处罚等，把耕地质量管理纳入法制化轨道，切实做到“有法可依，有法必依，执法必严，违法必究”。

（二）完善统一高效的耕地质量建设与管理机制

建立并认真落实耕地质量保护目标责任制。科学制定耕地质量建设规划，明确目标、任务和各级各部门的职责。充分发挥各级部门在耕地质量建设与管理中的技术优势，明确各级部门在土地出让、土地整理、农业综合开发、新开耕地建设等工作中的职能权限。要进一步明确耕地占补平衡验收的程序、内容、方法，加强对当地复垦、整理等补充耕地的质量验收，确保新增耕地与被占耕地质量相当，实现真正意义的耕地占补平衡。

（三）建立耕地质量动态监测及预警预报机制

在全国性耕地质量调查基础上建立土壤质量评价体系，积极开展耕地质量等级更新、变更调查，建立耕地质量监测网络、标准农田质量管理信息系统和耕地质量预警预报制度，对耕地质量实行有效的跟踪监测。

（四）开展耕地保护制度创新，建立土地投入的长效机制

开展农地使用权与所有权创新，增加提高耕地综合生产能力方面的财政投入，建立耕地质量维护奖励制度，调动农民进行耕地地力培育与耕地质量建设的积极性。建立取之于土、用之于土的耕地质量建设投入机制。各地应按照“取之于土，用之于土”的原则，每年从土地出让金和新增耕地开垦费中安排不少于10%的资金，建立耕地质量保护与建设专项基金，用于耕地质量建设、耕地质量动态监测，并对测土配方施肥、有机肥施用、秸秆还田和绿肥种植等实行直接补贴。坚持农田基础设施建设以中央投资为主，地方投资为辅的原则，加大沃土工程、土壤有机质提升和标准粮田建设等地力提升项目的实施力度；地力培肥应以政府投资为导向，农民投入为主体，并鼓励企业投资耕地质量建设。

（五）制定耕地保护与培育长期规划，加强耕地质量管理技术的研究与推广

要制定耕地保护与培育的长期规划，加强对耕地质量管理技术的研究与开发，为农民提供科学而具体的耕作、施肥、灌溉等质量管理技术规范。大力推进土地整理，实施田、林、路、渠、宅综合整治，完善农田基础设施，提高土地利用率、增加有效耕地面积，改善耕作条件，提高耕地质量，建设标准农田。大力推广改良土壤，草炭泥造肥、测土施肥、高茬收割，秸秆粉碎还田，施绿肥等技术措施，实施耕地培肥，有效地提高耕地有机质含量，改善土壤的不良性状，为农作物的稳产高产提供充足的条件。加强农田水利基本建设，修渠改地，从根本上改善农业生产条件，提高耕地质量。

（六）广泛宣传，形成耕地质量建设与数量保护同等重要的全民意识

耕地是我们的生命线。对耕地数量的保护已经引起足够的重视，而耕地质量表面上看不见、摸不着，在没有发生质的变化之前往往被人们所忽视。必须针对当前耕地保护中普遍存在的“重数量、轻质量”、“重利用、轻养护”、“重外部环境建设、轻土壤培肥”等倾向，站在维护国家安全和经济社会可持续发展的战略高度，切实加大宣传力度，唤起社会各界和广大农民群众的耕地质量建设意识，调动全社会尤其是广大农民群众参与耕地质量建设与管理的自觉性和积极性。

参考文献

[1] 吕苑鹃．国土资源部就耕地质量等级调查与评定成果答问．中央政府门户网站，

www. gov. cn. 2009－12－25.

[2] 张启文，秦勇．加强耕地质量建设确保国家粮食安全．农业技术经济网，www. agritechecono. gd. edu. cn. 2008－1－5.

[3] 解读．大规模实施土地整治、加快中低产田的改造．中国国土部官网，http：//www. mlr. gov. cn/tdzt/zhgl/gtzyhh60/ 2009－08－12.

[4] 王韩民、吴振鹏、倪文进．小水利攸关大农业：我国小型农田水利设施建设困境与对策．中农办调研资料［2005］第5号．

[5] 水利部．中国每年因水土流失损失耕地约100万亩．http：//news. xinhuanet. com/politics/ 2009－03－18.

[6] 胡跃高．中国国土1/3已荒漠化专家称主因为人类行为失当．中国荒漠化防治网，http：//www. forestry. gov. cn/portal/zsb/s/982/content－1.

[7] 张春侠．挑战沙荒．北京：新世界出版社，2006.

[8] 土壤盐碱化．人与生态网，http：//loess. geodata. cn/html/kepu/docc/product _tabbrow. asp-id＝1857&classid＝49. html.

[9] 王冬梅、任飞．我国土壤污染形势相当严峻1.5亿亩耕地受到污染．新华网，http：//news. xinhuanet. com/politics/2006－07－19.

农户化肥施用行为影响因素分析

——兼论科学施肥与环境污染

Analysis on the Influencing Factors of Fertilization Behavior of Farmers

—Also on Scientific Fertilization and Environmental Pollution

王祖力　　肖红波　　胡向东

Wang Zuli　Xiao Hongbo　Hu Xiangdong

摘要：本文对农户化肥施用行为特征、最佳施肥量的确定及化肥施用与环境污染进行了分析，结果表明：农户化肥施用技术相对较差，政府科学施肥技术的推广力度相对较低；农户单位面积化肥投入的影响因素主要有家庭耕地面积、家庭农业收入比重、户主文化程度、劳动力投入、有无外出务工人员等；从经济效益的角度考虑，开封农户施肥还没有达到最佳水平；化肥施用与农产品质量安全和环境污染并不存在必然联系。

Abstract: This paper analyzed the fertilization behavior characteristics of farmers, the best determination of fertilization amount, and the relation of fertilization and environmental pollution. The results showed that the fertilization technique of farmers is relatively poor and the efforts of government to promote scientific fertilization technique is relatively low; The main factors affecting fertilization amount per unit area of farmers are land area of the family, farm income share of the total income, education level of the household head, labor input, with or without migrant workers, etc. From the economic benefit point of view, farmers in Kaifeng county have not yet reached the best level of fertilization; chemical fertilization, quality of agricultural products and environmental pollution are not necessarily linked.

当前，我国化肥年生产量约占世界总量的1/3，表观消费量约占世界总量的35%，已经成为世界上最大的化肥生产国和消费国，同时也是化肥进出口贸易大国。作为一种工业品和极其重要的农业生产资料，化肥为国民经济的发展作出了巨大贡献，有力推动了农作物增产，尤其是对中国这样一个人口大国的粮食安全战略的实施，起到了不可替代的保障作用[1]。然而，近年来我国农业施用化肥过程中出现了许多值得关注的问题，如过量、不均衡施肥导致的农产品品质降低，农业生产成本增加，还对环境造成严重污染，这些问题引起了政府和学术界的广泛关注。农户是化肥的最终消费者，其化肥施用行为特征及施肥量的确定对国家粮食安全战略的实施和施用化肥所导致问题的解决，都至关重要。

一、农户化肥施用行为特征

（一）农户化肥施用行为特征总体状况

农户化肥施用行为是化肥需求与施用的重要方面。为对农户化肥施用行为特征进行分析，赴河南省开封县和通许县进行了问卷调查和部门访谈①。调查回收有效问卷124份，基本能够反映农户化肥施用行为特征。

由表1可以看出，对于施肥技术信息的获取方式上，有41.94%的农户是通过邻里相互之间口头介绍获取的，有23.39%的农户是通过销售人员介绍学习到的，还有64.52%的农户是通过其他方式获得（通过了解，这里的“其他”方式主要是指农户根据长期以来形成的施肥习惯来施用化肥，而并非从选项中列举的方式来获取技术信息）。有74.19%的农户认为增加化肥施用量对农业增产的效果比较好，认为增产效果一般的农户占15.32%，认为非常好的农户占9.68%，说明化肥施用量的增加对农产品产量增长的作用还是比较显著的。对于氮、磷、钾三种化肥的施用比例，基本没有农户“非常了解②”，有一点了解的农户占69.35%，还有30.65%的农户不太了解。这些农户对三种肥料的施用选择只能根据自己的施肥习惯，这种状况导致了当前我国化肥施

① 本次调研主要涉及三个方面：农户化肥施用行为；农户对化肥市场的认知；化肥市场政策。

② 调查问卷中设置了这一选项，但没有农户对这一选项作出选择。

用结构不够合理的现状。有52.42%的农户“不清楚”自家的化肥施用结构是否合理，只有不到一半（47.58%）的农户认为自家化肥施用结构是合理的。

表1 农户化肥施用行为特征调查表统计结果

选　项	样本数（户）	占比（%）	选　项	样本数（户）	占比（%）
您主要通过哪些方式获取施肥技术信息			您认为增加化肥施用量对农业增产的效果		
邻里口头介绍	52	41.94	非常好	12	9.68
销售人员介绍	29	23.39	比较好	92	74.19
宣传材料	9	7.26	一般	19	15.32
技术人员介绍	1	0.81	不好	1	0.81
广播、电视	1	0.81			
其他	80	64.52			
您对氮、磷、钾三种肥料的大致施用比例了解吗			您觉得您家施肥结构合理吗		
有一点了解	86	69.35	合理	59	47.58
不太了解	38	30.65	不清楚	65	52.42
您对测土配方施肥技术和精准施肥技术了解吗			您对当地常见的化肥品种及其作用了解吗		
比较了解	1	0.81	比较了解	1	0.81
有一点了解	40	32.26	有一点了解	61	49.19
不太了解	83	66.94	不太了解	62	50.00
您家是否使用过测土配方等施肥技术			当地政府是否对您家推广过施肥方面的技术		
是	6	4.84	是	5	4.03
否	118	95.16	否	119	95.97
如果有，推广的技术是			您家平时选择的施肥方式主要是		
测土配方	4	80	撒施	113	91.13
精准施肥	1	20	沟施	11	8.87

资料来源：河南开封抽样调查统计结果。

对于“测土配方”和“精准施肥”等技术要求较高的化肥施用方式，有66.94%的农户对其“不太了解”，还有32.26%的农户对其仅“有一点了解”，“比较了解”的农户只占0.81%。有一半农户对当地常见的化肥产品及其作用“不太了解”。在所调查的124户农户中，仅有6户使用过测土配方施肥技术，其他农户均没有使用过。当地政府等相关部门对农户测土配方等施肥技术的推广力度相对较低，从调查结果来看，普及率仅为4.03%，说明科学施肥技术的推广力度还应继续加大。在科学施肥技术推广力度不够的情况下，绝大部分农户只有通过粗放式的施肥方式来施用化肥（有高达91.13%的农户采用“撒施”这样一种化肥利用率较低的施肥方式）。

（二）单位面积化肥投入的影响因素：农户微观分析

1. 模型、变量与数据选择。农户单位面积化肥投入受多种因素影响，具有不同家庭特征的农户其家庭亩均化肥投入存在明显差异。为分析农户单位面积化肥投入的影响因素及影响大小，建立如下形式的农户单位面积化肥投入影响因素模型（Cobb-Douglas 函数形式）：

$$\mathrm{Ln}(fert)=C+a_1\mathrm{Ln}(area)+a_2\mathrm{Ln}(edu)+a_3\mathrm{Ln}(perc)+a_4\mathrm{Ln}(lab)+a_5 Trans+a_6 D_1+\varepsilon$$

式中：*fert* 为每亩化肥投入费用；*area* 为家庭耕地面积；*eud* 为户主受教育年限；*perc* 为农业收入在家庭总收入中的比重①；

lab 为家庭劳动力人数；*Trans* 为有无外出务工人员虚变量；D_1 为地区虚变量；ε为残差；a_1、a_2、a_3、a_4、a_5 和 a_6 为待估计参数，分别表示耕地面积、户主受教育年限、农业收入在家庭总收入中的比重、家庭劳动力个数、有无外出务工人员虚变量和地区虚变量的待估计系数。

理论上讲，化肥价格是影响农户化肥投入量的重要因素，但本研究所用数据来自距离较近的河南开封县和通许县的农户抽样调查，化肥价格在两个地区差异较小，不同农户所面对的化肥价格基本相同，因此模型中没有考虑化肥价格对亩均化肥投入的影响。

2. 模型回归结果与分析。表 2 给出了模型回归结果。从模型估计结果来看，校正后的拟合优度为 0.42，由于使用数据为截面数据，这一结果基本可以接受。耕地面积、农业收入在家庭总收入中的比重、户主受教育年限、家庭劳动力人数、和有无外出务工人员虚变量对亩均化肥投入费用的影响均在 95%的置信水平上高度显著。模型基本上反映了亩均化肥投入费用与各影响因素之间的关系。

从模型估计结果来看，农户家庭耕地面积对亩均化肥投入费用的弹性为 0.128，说明家庭耕地面积每多出 1%，亩均化肥投入费用将增加 0.128%，即家庭耕地面积较多的农户倾向于施用更多的化肥；农户农业收入在总收入中的比重其弹性为 0.131，说明农户家庭农业收入在总收入中的比重每提高 1%，

① 事实上，用“种植业收入占家庭总收入的比重”这一指标更为合理，但由于被调查地区为粮食主产区，种植业收入为农业收入的主要部分［王姣（2006）[4]对粮食主产区的调查显示，在 20 个行政村 331 个农户中仅有 18 户有养殖行为，占所有样本的比例仅为 5.1%，每户养殖业年均收入为 823 元，占农户家庭总收入的 6.7%］，所以用“农业收入在家庭总收入中的比重”这一指标基本能够反映农户化肥施用特征。

农户亩均化肥投入费用将增加0.131%，即农户家庭农业收入比重相对较高的农户更加注重农业生产，在农业生产中会施用更多的化肥；户主受教育年限对亩均化肥投入费用也有显著影响，从回归结果来看，户主文化程度越高，在农业生产中会使用更少的化肥，可能的原因是，户主受教育程度高，对化肥施用方式的选择上会更加科学，较少的化肥投入便可获得更高的化肥利用率；家庭劳动力人数对化肥投入费用的影响也为负值，说明农户家庭劳动力人数越多，亩均化肥投入越少，劳动力投入对化肥投入存在一定的替代性；有外出务工人员的农户相对于没有外出务工人员的农户其家庭亩均化肥投入较多，外出务工收入对于农村居民来说相对较高，是其收入来源的重要组成部分，只要有机会外出，农户会尽量选择外出，并利用其务工收入加大对耕地的化肥投入力度以期获得更高的农业产出；地区虚变量回归结果并不显著，说明处在同一地区①的开封县与通许县在亩均化肥投入费用上不存在显著差异。

表2　农户单位面积化肥投入影响因素模型回归结果

Variable	Coefficient	t-Statistic	Prob.
C	5.523 909	28.039 22	0
LOG（AREA）	0.128 17	2.050 458	0.042 6
LOG（PERC）	0.130 576	3.621 167	0.000 4
LOG（EDU）	−0.166 23	−2.511 31	0.013 4
LOG（LAB）	−0.233 27	−4.065 13	0.000 1
TRANS（有外出务工人员=1，其他=0）	0.119 743	2.404 069	0.017 8
D_1（通许=1，开封=0）	−0.063 11	−1.250 67	0.213 6
R-squared	0.448 965	Durbin-Watson stat	1.658 559
Adjusted R-squared	0.420 706	F-statistic	15.887 92

资料来源：根据抽样调查数据经Eviews5.0回归得出。

二、农户最佳施肥量的确定

（一）农户最佳施肥量确定的理论分析

理论上讲，对于作为生产者的农户而言，化肥投入的目的是能够带来更大的经济收益。按经济学边际报酬递减律，过量施肥会造成经济效益下降。因此在施肥时应选择适宜用量，少施则化肥增产的潜力无法充分发挥出来，足量施

---

① 开封县与通许县同属于河南省开封市，开封县距开封市相对较近，经济状况比通许县稍好。

肥虽可能获得高产量，但从经济效益的角度讲很可能是大大增加化肥成本，增产不增收（产品产量较高，但按价格计算却不是收益最高）。这一经济效益指标的计算方法如下：

设增施化肥的增产量为 Q_Y，产品价格为 P_Y，增施化肥量为 Q_X，化肥价格为 P_X，则：

1. $Q_Y \times P_Y > Q_X \times P_X$

此时，增施化肥既增产又增收，应该选择继续增加化肥投入。

2. $Q_Y \times P_Y = Q_X \times P_X$

此时，化肥成本与增产产品的价值相同，但施肥的总收益此时最高，一般把这一施肥量叫最佳施肥量。这里应当指出：最佳施肥量时的作物产量不是最高产量（它一般低于最高产量，往往是最高产量的95%左右）。这一水平是应当采用的科学合理施肥量。

3. $Q_Y \times P_Y < Q_X \times P_X$

此时，增施的化肥可能会使作物略有增产，甚至达到最高产量，但增施化肥却使总收益下降。对农户而言，一般不会选择这一施肥水平。

由前面的分析可以知道，农户一般会选择上述第二种施肥方案，即最佳施肥量水平，由此可以获得最佳经济效益。但是，在当前我国粮食安全问题还没有完全得到解决的情况下，政府一般会通过各种方式促使农户选择上述第三种施肥方案，即选择粮食最高产量水平的施肥方案。因此，我国政府为鼓励农民加大农业生产的投入以保障国家粮食安全，一直对化肥市场价格进行限制，同时自2004年开始采取了对种粮农民的农资综合直接补贴政策，其目的主要在于最大限度地提高粮食产量，弥补农民因加大要素投入量和化肥等农资价格上涨带来的成本损失。

（二）农户最佳施肥量确定的实证分析：一个典型案例

上面对农户最佳施肥量水平进行了理论探讨，这里将结合实地调研数据对上述理论进行实证分析。以尿素为例，根据对河南省开封县农户的调查可知[①]，当前农民小麦生产每亩尿素投入约50千克，尿素价格为1.8元/千克，即每亩小麦尿素投入费用为90元。当地小麦平均产量为400千克/亩[②]，小麦

① 2008年1月对河南开封县和通许县农户化肥施用行为进行了实地调研，调研回收有效样本农户124户。

② 河南省信息中心2005年数据显示，河南小麦平均亩产400千克，按市场价格1.36元/千克计算，一亩小麦的毛收入为544元；投入为：肥料95元、种子25元、机耕费20元、机播费8元、浇水费20元、防虫治虫10元、收打费35元，合计213元；扣除投入后，开封县农民种植小麦的亩纯收益为331元。

价格约为 1.5 元/千克，即每亩小麦总收益为 600 元。

研究表明，化肥投入每增加 1%，粮食产量将增加 0.20%①。现假设其他要素投入不变，尿素投入增加 1%，则有：

$$Q_X = 50 \times 1\% = 0.5 \text{ 千克}$$

$$P_X = 1.8 \text{ 元/千克}$$

$$Q_Y = 400 \times 0.2\% = 0.8 \text{ 千克}$$

$$P_Y = 1.5 \text{ 元/千克}$$

$$Q_Y \times P_Y = 1.5 \times 0.8 = 1.2 \text{ 元}$$

$$Q_X \times P_X = 0.90 \text{ 元}$$

因为 $Q_Y \times P_Y > Q_X \times P_X$，对于开封县农户来说，增施尿素既能增产又能增收，可以选择继续增加尿素投入。其他变量不变的情况下，当尿素投入水平为 66.7 千克/亩时，$Q_Y \times P_Y = Q_X \times P_X$，从经济效益的角度讲，这一施肥水平为开封县农户的最佳施肥量②。

三、科学施肥与环境污染

上面主要是从经济效益的角度考虑农户化肥投入水平，但衡量化肥施用总体效益还要考虑其社会效益和生态效益。合理施用化肥，不仅能提高作物产量和品质，还能提高土壤肥力和发挥良种潜力[5]。然而，近年来越来越多的消费者认为，化肥是环境污染、某些农产品品质下降的主要原因[6]。多年来，人们对化肥一直存在某种程度的误解甚至偏见。

化肥本是推动农业发展的革命性技术，却成了污染源。相关专家指出，这不是化肥本身的问题，而是农民施用不当造成的。有学者[7]认为，过量施用化肥，或者偏施某一种化肥；不重视有机肥和无机肥的合理配合施用；或者将其直接排入水体等，均会导致局部地区严重的生态环境问题。大量连续地施用化肥，特别是在不平衡与不合理施用的状况下，化肥的一些负面影响或副作用，会日益显现出来。由此可见，化肥施用与农产品质量安全和环境污染并不存在必然联系，只有不当施用才会对农产品质量和环境带来一定的负面影响。在农业生产相对落后和人口众多的中国，生产和施用化肥是必然选择，科学施肥技术的全面推广应用势在必行。

---

① 详见：王祖力等．化肥对粮食产量增长的作用分析．农业经济问题，2008（8）：65-68.

② 这里计算得出的化肥投入水平相对较高，主要原因在于农户化肥施用技术较差，化肥利用率较低。

中国农科院土肥所调查显示，全国已有17个省氮肥平均施用量超过国际公认的上限225千克/公顷[①]。河南省农业厅土肥站一项调查表明，目前全省每年施用的300多万吨化肥中，只有1/3被农作物吸收，1/3进入大气，1/3沉留在土壤中，残留化肥已成为巨大的污染暗流。河南省农业环境保护监测站对14个县监测表明，区域内已有5%的耕地被农用化学物质污染，目前污染面还在扩大，局部地区土壤状况恶化。

中国科学院的相关研究表明，化肥污染主要有三个方面，一是化肥中的氮元素等进入大气后，增加了“温室气体”，导致温度升高；二是残留在土壤中的化肥被暴雨冲刷后汇入水体，加剧了水体的“富营养化”，导致水草繁生，许多水塘、水库、湖泊因此变臭，成为“死水”。三是一旦土壤中某种营养元素过多，还会造成土壤对其他元素的吸收性能下降，从而破坏了土壤的内在平衡。

化肥污染最大特点是隐蔽性强和具有长期性，由于单位面积上的污染负荷小，人们往往忽视其宏观效应，但积累到一定临界点，释放时会产生巨大的累加效应，使农业环境质量下降。而有好的农业环境，才有好的农产品，否则，农业可持续发展就难以真正实现。新中国成立以来，全国有2亿吨化学物质用在土壤中。虽然我们用占世界7%的耕地养活了占世界22%的人口，但我们也消费了世界上35%的化肥，而在发达国家，施用化肥已经达到非常精确的程度。

农民施肥误区主要表现为：①误认为“化肥就是氮肥”，只单一施用某一种化肥，忽视了平衡施肥。我国土壤施肥氮磷钾比例应为1∶0.5∶0.4，而目前这一比例却为1∶0.4∶0.17（高祥照，2004）。②忽略了地情变化，按照传统习惯施肥，加剧了土壤内在结构的不平衡。③不注重深耕施肥，而是粗放地大量用肥，不但影响农作物吸收养分，还造成大量化肥存留在土壤中。相关数据表明，目前我国化肥利用效率只有35%，而发达国家为80%。

四、主要结论与政策建议

主要结论有：①农户化肥施用技术相对较差，政府科学施肥技术的推广力度相对较低；②农户单位面积化肥投入的影响因素主要有家庭耕地面积、家庭农业收入比重、户主文化程度、劳动力投入、有无外出务工人员等；③从经济效益的角度考虑，开封农户施肥量还没有达到最佳水平；④化肥施用与农产品

---

① 事实上，根据笔者的计算结果，当前已有22个地区单位面积施肥量超过了这一标准。

质量安全和环境污染并不存在必然联系，只有不当施用才会对农产品质量和环境带来一定的负面影响。

根据以上结论，提出如下三点建议：①提高农民素质，增强其科学施肥技术的接受能力；②加快测土配方施肥等科学施肥体系建设，促进农民科学用肥、节约用肥；③加强宣传力度，提高居民对化肥施用与环境污染问题关系的认识。

参考文献

[1] 肖海峰，王姣，李鹏．我国粮食综合生产能力保护体系的完善对策［J］．农业经济，2004（11）：33－35.

[2] 国家统计局．中国农村统计年鉴［M］．中国统计出版社，1978－2007.

[3] 国家统计局．全国农产品成本收益资料汇编［M］．中国统计出版社，历年．

[4] 王姣．全国及主产区粮食综合生产能力影响因素分析［J］．调研世界，2005（9）：24－26.

[5] 奚振邦．化肥与农业——简析化肥对现代农业的作用［J］．磷肥与复肥，2003（2）：5－10.

[6] 周淑清，等．化肥与农产品质量及过量施肥问题的探讨［J］．中国农村小康科技，2006（3）：14－15，39.

[7] 高祥照，等．我国施肥中存在问题的分析［J］．土壤通报，2001（6）：258－261.

台湾农地政策变迁及其对农业经营模式的影响*

The Rural Land Policy Reform in Taiwan and Its Impact on Agricultural Business Model

薛　莉　　任爱荣

Xue Li　Ren Airong

摘要：自1950年代起，台湾农地政策经历了三个阶段的改革，内容各有侧重；同时期，台湾农业经营模式也发生了相应的变化，而其变动趋势也从一个侧面反映了农地改革的成效。

Abstract: Since the 1950s, Taiwan's rural land policy has gone through three stages of reform which have focused on the content. Over the same period, the corresponding changes of Taiwan's agricultural business model have taken place, and its trend reflects the effectiveness of the rural land reform to some extent.

台湾光复前，土地集中化程度很高，产权相对集中于地主手中。1948年，占总户数11.7%的地主拥有56%的耕地，占总户数48.6%的自耕农和半自耕农拥有22.4%的耕地，而占总户数39.7%的佃农和雇农没有土地；剩下的21.6%的耕地，是台湾当局从日本殖民者手中接管的（表1）。可见，台湾土地改革前，"耕者"所有的土地仅占22.4%。60%以上农民无地少地，地租往往高达年收获量的50%，有的甚至70%。土地的这种高报酬，激励地主不断

* 本研究是中央级公益性科研院所基本科研业务费专项资金（中国农业科学院农业经济与发展研究所）资助项目，项目编号：2009YWF4-02；也是农业部软科学委员会委托项目（编号：0333）的后期研究成果；感谢中国人民大学农业与农村发展学院的程漱兰教授和中国国际扶贫中心的张慧东在课题研究前期所做的工作。

将资金用于购买土地，而不愿意把资金投入工业生产。这不但因压抑农民积极性而阻碍了农业生产，而且使工业缺乏投资，而阻滞了工业的发展①。也因此，这种封建土地占有制度，成为台湾工业化发展之初的最大障碍。

表1 1948年台湾省的农户结构和耕地所有权结构

<table>
<tr><th>类　别</th><th>户数（万户）</th><th>占总户数（%）</th><th>占有耕地（万公顷）</th><th>占总耕地（%）</th></tr>
<tr><td>台湾当局</td><td></td><td></td><td>17.6</td><td>21.6</td></tr>
<tr><td>地主</td><td>8.1</td><td>11.7</td><td>45.7</td><td>56.0</td></tr>
<tr><td>自耕农</td><td>18.1</td><td>26.3</td><td rowspan="2">18.3*</td><td rowspan="2">22.4*</td></tr>
<tr><td>半自耕农</td><td>15.4</td><td>22.3</td></tr>
<tr><td>佃农</td><td>23.1</td><td>33.4</td><td></td><td></td></tr>
<tr><td>雇农</td><td>4.4</td><td>6.3</td><td></td><td></td></tr>
<tr><td>合计</td><td>69.1</td><td>100</td><td>81.6</td><td>100</td></tr>
</table>

注：*表示自耕农和半自耕农的合计数。

资料来源：应廉耕．台湾省农业经济．北京：农业出版社，1983：42.

一、20世纪50年代初“台湾版”土地改革奠定了台湾“自耕小农经营”基础

1949年，国民党退守台湾，岛内人口急剧增加，农村土地产权集中带来的地主和农民矛盾突出，国民党势力和地方势力矛盾突出，粮食和生活问题尖锐。为了应付经济危机和社会矛盾，缓和阶级矛盾，促进农业生产，国民党政府在1950年代初期实行了“台湾版”土地改革。

土地改革有三项内容②，即“三七五减租”（1949年4月开始施行，1951年通过《三五七点五减租法》；受益农户29.6万户，占农户的44.5%；订约

① 台湾财团法人丰年社．台湾农家要览（综合篇）．台北：“中华”彩色印刷股份有限公司，1995：57。

② “三七五减租”是指佃农交给地主的地租不得超过主要作物正常全年收获量的37.5%，超过这一限额的减到这一限额，不足的不得再增加；“公地放领”是指以贷放的方式把日本统治时期侵占的土地及后来政府开垦的土地卖给缺地或者无地的农民，放领地价按耕地主要作物全年收获总量的2.5倍，以实物计算，领到土地农民在10年内分20期偿还，没有任何利息；“耕者有其田”是指把地主超过当局规定数量（中等水田3甲、旱田6甲）的土地由“政府”收购，再以贷款的方式转售给无地农民，放领地价以耕地主要作物全年收获总量的2.5倍计，农民在原定地价基础上以年息4%有偿受领，在10年内分20期偿付。

面积25.7万公顷，占耕地总面积的31.4%)①、“公地放领”(1951年6月颁布《台湾省放领公有耕地扶植自耕农实施办法》，1951—1976年分9期实施，连同1948年试办部分，共出售13.9万公顷公地给28.6万农户)② 和“耕者有其田”(1953年1月颁布《实施耕者有其田条例》、《台湾省实物土地债券条例》等法令，1953年12月完成，收购地主的土地13.9万公顷，转售给19.5万农户)③。

土地改革后，台湾的土地产权结构发生了重大变化，形成了普遍的小自耕农家庭经营。1952年，农业人口中，自耕农、半自耕农和佃农分别上升到38%、26%和36%；其后，自耕农的比例逐年提高，而半自耕农和佃农的比例则逐年降低；至70年代中期，自耕农占比已超过80%，基本实现了“耕者有其田”(见图1)。在全部私有耕地中，自耕农所有的占90%以上，地主的出租地已不到10%。④

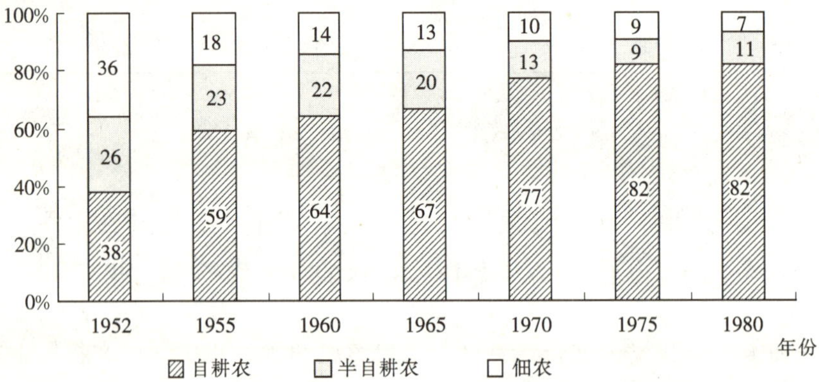

图1 1952—1980年台湾省土改后农业人口中自耕农、半自耕农、佃农的比重(%)

资料来源：应廉耕．台湾省农业经济．北京：农业出版社，1983：47.

土改后，一方面，由于租税的大幅降低和土地所有权转移，农民在经济上得以独立，生产积极性高涨，劳力和资本投入都有显著增加，加之政府兴修农田水利等基础设施、推广品种改良等先进农业技术及提供购置农业机械低利

① “寻访历史——第五章 三七五减租”，台湾土地改革纪念馆，http：//www. landreform. org. tw/html/02 - 05. htm＃chap05.

②③ “寻访历史——第六章 耕者有其田”，台湾土地改革纪念馆，http：//www. landreform. org. tw/html/02 - 06. htm＃chap06.

④ 唐忠．农村土地制度比较研究．北京：中国农业科技出版社，1999：57.

贷款等配套措施，[①] 促使农业生产率不断提高，粮食产量从 1953—1968 年，出现了历史上少见的长达 16 年之久的持续增长，年均增长达 5.2%。[②] 另一方面，地主将被征收地价资金中的 7.6 亿元转向工商业投资，同时，政府开放国营四大公司（水泥、纸业、工矿、农林）为民营，[③] 不但促进了台湾工商业及民营经济的发展，也有效推动了整体经济的繁荣。"土改"后的台湾农村，以小私有制为基础的资本主义性质的个体小农经济取代了旧时租佃制下的地主经济。[④] 跟大陆一样，台湾省的土地改革，为日后的经济发展奠定了良好的基础，成为经济腾飞的起点。

二、20 世纪 70 年代末至 80 年代后期以扩大农地经营规模为导向的农地利用政策

自土改结束到 20 世纪 60 年代中期，在土改的产权激励和政府农业技术支持政策作用下，台湾农业经历了快速发展时期。进入 60 年代末期，农业劳动力随工业化快速起飞机会成本上升、工农收入失衡而大量外移，数量绝对减少，兼业农户大量出现，农业粗放经营显现。虽然自 60 年代中期推行了"共同经营"、"农业生产专业区"和"委托经营"等不改变小农土地产权的生产组织形式，但是土地规模过小、地块分散，小自耕农分散经营与大规模"加工出口"工业发展之间的矛盾日渐突出。为此，70 年代末台湾当局启动了新的农地制度改革，进一步推广和发展"共同经营"、"农产专业区"和"委托代耕"，加速农地重划，辅导小农转业，扩大农业经营规模，实行贸工农一体化的现代经营方式。与 50 年代土改不同的是：前者是解决"地权分配"，以"安定社会"为目的，后者是解决"经营管理"，以"提高利润"为目的；前者是将土地"化整为零"，打破"大地主、小佃农"的局面，后者是将土地"化零为整"，造成"小地主、大佃农"的局面，最终目的是农业实现专业化、企业化和机械化，摆脱小农经营的困境，同时提高土地利用效率和农业劳动生产率。[⑤]

---

① 廖安定．台湾农地改革政策的回顾与展望．农政与农情，2008 年 7 月，第 193 期：45－49.

②④ 唐忠．农村土地制度比较研究．北京：中国农业科技出版社，1999：57.

③ "寻访历史——第六章 耕者有其田"，台湾土地改革纪念馆，http：//www. landreform. org. tw/html/02－06. htm＃chap06.

⑤ 李家泉，刘映仙．台湾农村经济关系的变化．载厦门大学台湾研究所．台湾经济问题（论文集）．福州：福建人民出版社，1982：59；应廉耕．台湾省农业经济．北京：农业出版社，1983：47.

表 2　1970 年代末开始的台湾农地制度改革各项措施效果一览

措　施	目　的	效　果
农地重划：将农地化零为整，节省田埂用地，扩大单位农地耕作面积	减低生产成本，提高单位面积产量	到 1987 年实际完成 35.4 万公顷的农地重划。重划后，耕地集中在一处的农户由原来的 42%增加到 86%，直接临路、直接灌溉和直接排水的农田，由原来的 20%增加到 100%，农田丘块面积由原来的平均 0.07 公顷提高到 0.25 公顷。
推行共同经营、委托经营和合作经营：以水稻育苗为核心，配合水利系统，就毗连的土地 10～20 公顷组织共同经营并接受委托经营。旱地配合作物种类，利用大型农机推行共同作业，实施契作栽培和共同运销。对具有发展潜力的长期作物，辅导设置生产专业区。	在不影响土地所有权的情况下，组织农民，扩大农场经营规模。	1979—1982 年间，办理合作经营的农户仅 2.8 万～3.0 万户，土地 14 988 公顷，接受委托的农户只有 1 000～2 000 户。
提供贷款辅导农民购地	扩大经营规模	1980 年放款额为 11 亿多元，借款户 4 453 户，平均每户购地 0.53 公顷。

资料来源：杨辉，曾玉荣．台湾农业．福州：福建科学出版社，1994：165－166.

尽管实施了新的农地制度改革，但是单个农户土地却没有大规模集中，改革效果不显著。一直以来，都是 0.5 公顷以下的农户数在总农户数中的比重最高，1970 年为 43.9%，2000 年增至 46.9%，2001 年进一步提高为 48.1%，之后甚至超过农户总数的一半，2005 年达到 52.6%，比 1970 年高出 8.7 个百分点（见图 2）。相应的，小规模农户的土地面积占总耕地面积的比重也有所增加，0.5 公顷以下农户的耕地面积占总面积的比重从 1970 年的 13.9%逐步上升到 2000 年的 15.7%，多了 1.8 个百分点（见图 3）。而 2 公顷以上的农户比重则有所下降，由 1970 年的 8.5%降为 2007 年的 7.1%，减少 1.4 个百分点（见图 2）；而其占有的耕地比重，到 2000 年为 31.2%，与 1970 年（30.8%）差别不大（见图 3）。由此可见，台湾小农经营的基本格局并没有发生变化。

在此阶段，由于台湾农地经营规模小、回报低，农业收入水平跟不上非农收入的增长；而城市工商业发展带来的商机和提供的就业岗位，吸引农业劳动力不断向外转移，以期用更高的非农收入弥补家庭农业收入的不足。因此，台湾农户的兼业化程度不断提高。

在全部农户中，兼业农户的比重由 1960 年的 50.7%逐步上升，到 80 年

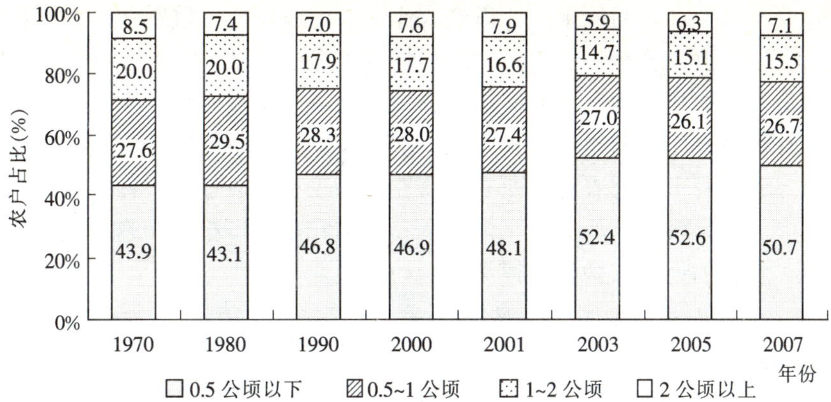

图 2　1970—2007 年台湾耕地规模农户结构（%）

资料来源：台湾农业统计要览（2002 年），台湾农业统计要览（2008 年）。

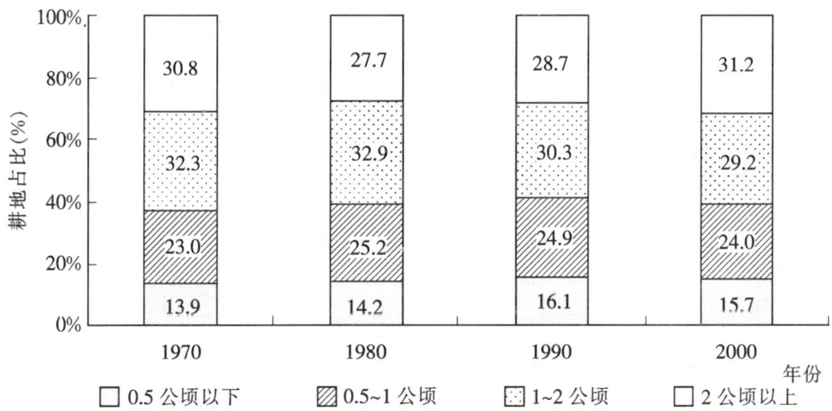

图 3　1970—2000 年台湾耕地规模耕地面积结构（%）

资料来源：台湾农业统计要览（2002 年）。

代末期已达 89%，直到 2001 年，兼业户占比均在 80%以上，其后虽有所下降，但也不低于 70%。从兼业农户内部来看，以农牧业为主的兼业户逐渐减少，而以兼业为主的兼业户逐渐增多，前者占总农户数的比重由 1960 年的 30.9%下降到 2007 年的 8.0%，同期后者比重则由 19.8%上升到 70.5%。[①]由此，可以看出，虽然专业农户的比重近年有所上升，但兼业农户中的兼业化

① 1960 年的数据来源于：曾祥炎，王学先．加强政府对农地流转的干预——对台湾第二次土地改革的反思．南华大学学报（社会科学版），2004 年 12 月第 5 卷第 4 期：9。其余数据来源于：台湾农业统计要览（2002 年）、台湾农业统计年报（1999 年）、台湾农业统计年报（2008 年）。

程度也在不断提高，而原来一些以农牧业为主的兼业户又重新转向专门从事农业生产，这不但说明劳动分工程度的增强，也是近年来台湾农业已发展出许多高附加值、高回报率的农产品，从而提高农业就业收益的真实反映。

此外，值得注意的是，台湾当局虽然采取了诸多措施以扩大农地经营规模，但在此过程中台湾农地的所有权属性从未改变，通过“耕者有其田”创设的自耕农一直是耕地的所有权主体。在农户和农业人口相对、绝对显著下降的过程中，农户的地权结构仅有很小的变动。

2007 年底，台湾地区共有农户 75 万户，与 1955 年的 73 万户没有太大差别，但其占总户数的比重，由 45%下降到 10%，比 1972 年的峰值（93 万户）下降了 18.8%；农家人口 305 万人，比 1955 年的 460 万人明显减少，其占总人口数的比重，也由 1955 年的 50.7%下降到 13.3%，且比 1972 年的峰值（623 万人）减少了 51%。①

按照农场地权来划分，台湾农户分为自耕农（耕地全部自有）、半自耕农（耕地部分自有）、佃农（耕地全部非自有）和非耕作农（无耕地者）。联系图 1 显现的 1980 年以前的情况可知，从 70 年代中期至 2007 年底，台湾农户中自耕农一直占 80%以上，是台湾主导性的农户类型；半自耕农和佃农一直份额较小；非耕作农比例下降很快（见图 4）。这与台湾土地改革以来始终扶植自耕农的产权结构政策不无关系，台湾不损害小农产权结构的合作和共同经营模式维持着小农为主体的农户结构。

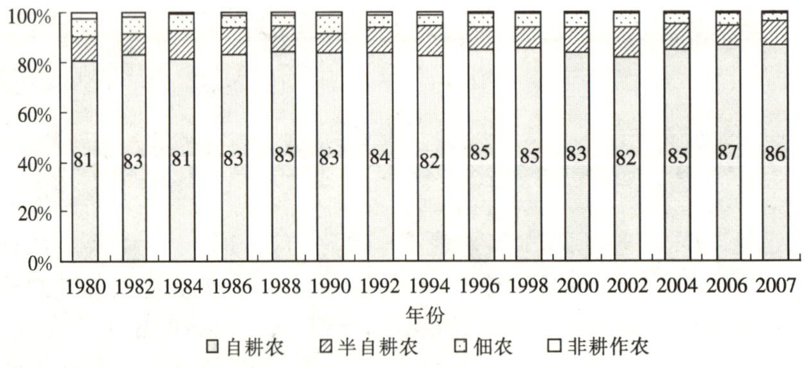

图 4 1980—2007 年台湾农户的地权结构（%）

资料来源：台湾农业统计年报（1991 年、1995 年、2000 年、2001 年、2008 年）。

---

① 资料来源：台湾农业统计要览（2002 年）、台湾农业统计年报（2008 年）。

三、21世纪初推出的“小地主大佃农”政策期望能形成规模化、企业化经营

进入21世纪，台湾农业的小农经营特点已无法满足经济全球化的要求，地块分散、生产成本高、规模效益差等问题进一步凸显，严重影响台湾农业的整体竞争力，农产品贸易逆差逐年增加。台湾农户平均耕地规模仅0.72公顷；依热量计算，2007年台湾粮食自给率仅约为31%；且农产品呈现出不足中过剩现象，小麦及饲料谷物等农产品95%以上依赖进口，而稻米、洋葱、橙子、大蒜、花生等农产品，却常存在过剩问题。① 2008年，台湾农产品贸易逆差已达82.7亿美元，是2001年38.3亿美元的2倍还多。②

而农民高龄化情形严重，缺乏年轻后继经营者，且农民兼业化程度偏高，农地利用率较低。2008年台湾农业就业人口仅占总就业人口的5.1%；③ 且农业就业人口年龄偏高，农场主平均年龄61.2岁，65岁以上者占43.6%，以此速度推估，至2015年农场主平均年龄将增加至67岁，65岁以上者将占60%，45岁以下者不到3%；④2000年之后，台湾兼业农户占比虽有所下降，但仍不低于72%⑤。目前，台湾可耕作面积仅约83万公顷，但农地休耕作物面积约22万公顷、废耕地约2万多公顷。⑥

此外，农地资源减少、农工争地等矛盾也随经济发展进程而日益突出；而台湾上世纪七八十年代的农地利用制度改革，受三七五减租条例等的约束，效果并不明显，没能实现扩大农户经营规模的目标。

为解决台湾农业发展和农地利用面临的诸多困境，台湾当局于2008年下半年又推出一项新的农地使用政策——“小地主大佃农”政策。“主要是借由辅导无力耕种的老农或无意耕作的农民，将自有土地长期出租给有意愿扩大农场经营规模的农业经营者，促进农业劳动结构年轻化，并使老农安心享受离农或退休生活。同时协助有意承租农地扩大农业经营者（包括专业农民、产销班、农会、合作社或农企业公司等大佃农），顺利承租农地长期耕作，并提供产销整合、技术研发、品牌通路及市场营销等专业培训机会，协助大佃农以企业化经营方式改善农业经营环境，降低生产成本，提高整体农业生产效益与竞

---

①④⑥ 蔡秀婉．台湾“小地主大佃农”政策之推动与展望．载任爱荣主编：《开拓海峡两岸农业合作新视野——新形式下海峡两岸农业合作与发展研讨会论文集．北京：中国农业出版社，2009：233。

② 台湾统计年鉴（2008年）。

③⑤ 台湾农业统计年报（2008年）。

争力。"[①] 既解决了农民年龄结构老化的问题，又能够扩大农业经营规模、提高经营效率。主要包括以下5项推动措施：建立老农退休机制、提供连续休耕农地出租与承租奖励及补助、提供大佃农长期承租农地租金零利率贷款及经营资金利率1%优惠贷款、提供大佃农企业化经营辅导与补助、强化农地银行服务管理功能。[②] 该政策于2008年9月试办，2009年5月正式推行，预计到2012年辐射面至少可达到1万公顷。[③] 而其实际的推动效果仍有待时间检验。

四、结论与启示

综上所述，台湾各阶段的土地改革有其明确的侧重点：第一阶段是以农地放领，实现耕者有其田为目标；第二阶段是通过推行共同经营、委托经营与合作经营以及提供低率贷款辅导农民购地和小农转业等方式，扩大农地经营规模；第三阶段则是藉由租赁方式，辅助"大佃农"承租"小地主"的土地，进行企业化经营，提高农业整体经营绩效。

在土地改革的基础上，台湾形成了以自耕小农为主体的农业经营模式，并在市场和政府共同配置资源的方式下，实现了农业经营模式的成功变迁，即以农户为中心的农业经营体系内外各相关主体间协作分工，随着产品和要素价格变动，为获得潜在收益，产生大量的"诱致性制度变迁"进行自发调节，最终在公共服务提供的技术和资本基础上，向真正的"精致农业"转变。期间，农户兼业化程度较高，但未曾触动过小农的土地产权。

台湾当局为提高农地经营效率与效益进行了不断的尝试，从中可以得到以下几点启示：

一是，农业经营模式会随农地政策的调整而改变，这是农地政策对农村经济的基础性作用的完整体现。农业经营主体产权支配范围内的要素禀赋特点决定了农业经营模式的基础结构，而最重要的要素之一即是农地产权结构及由其决定的农地占有、使用方式。农业生产者在特定的农地政策下，组织农业生产，形成相应的生产经营模式；同时又基于实践发展对变更农业经营模式提出的新要求，推动农地政策调整，引导农业经营模式逐步转型，以获得农业经营的最佳绩效。

---

① 蔡秀婉．台湾"小地主大佃农"政策之推动与展望．载任爱荣．开拓海峡两岸农业合作新视野——新形式下海峡两岸农业合作与发展研讨会论文集．北京：中国农业出版社，2009：234.

② 推动"小地主大佃农"政策执行方案．台湾农业主管部门网站，2009年5月27日．

③ 陈武雄．"小地主大佃农政策"扩大倡导说明会主委致词．农政与农情，2009年7月，第205期：6-9.

二是，农业经营规模的大小与农地所有权结构没有必然的联系，农地私有并不一定会导致农地的大规模集中。台湾经验表明，私有制下自耕小农经营的格局也是一种常态，“土地私有并非形成有效农地流转机制的必要条件”①。那种主张将大陆农地私有化，以有利于形成自由的农地流转市场，从而扩大规模经营的观点着实值得商榷。

三是，城市工商业的发展和非农就业机会的增加未必会推动农地流转和规模经营的发展。台湾农业劳动力向外转移的同时，耕地经营规模没有太大变化，小规模农户的比重反而有所增加，兼业农户的比重也始终居高不下。从大陆近年的发展实际来看，农业劳动力的非农就业也未相应地带来农地流转速度的加快，反而是家庭成员的内部分工和农业生产的兼业化成为农户家庭的理性选择。②

台湾正在实施的“小地主大佃农”政策与大陆的农地流转制度有异曲同工之处，二者皆鼓励农民通过土地使用权的转移，将农地适度集中，实行规模化、企业化经营；同时对于转出土地者，或辅导他们从事非农就业，或帮助他们安享退休生活。两岸虽然农地制度不同，但都是以小规模家庭经营为主，在发展中都面临着农地规模小、农民老龄化等问题，因此，可在农地利用与农业经营模式的选择方面相互借鉴、取长补短，共同为两岸农民谋福祉。

参考文献

[1] 推动“小地主大佃农”政策执行方案．台湾农业主管部门网站，2009-5-27.

[2] 寻访历史．台湾土地改革纪念馆，http：//www.landreform.org.tw/.

[3] 台湾统计年鉴（2008年），台湾行政主管部门网站；台湾农业统计年报（1991年、1995年、1999年、2000年、2001年、2008年），台湾农业统计要览（2002年、2008年），台湾农业主管部门网站．

[4] 蔡秀婉．台湾“小地主大佃农”政策之推动与展望．载任爱荣．开拓海峡两岸农业合作新视野——新形式下海峡两岸农业合作与发展研讨会论文集．北京：中国农业出版社，2009.

[5] 陈武雄．“小地主大佃农政策”扩大倡导说明会主委致词．农政与农情，2009年7月，第205期：6-9.

[6] 李家泉，刘映仙．台湾农村经济关系的变化．载厦门大学台湾研究所．台湾经济问题（论文集）．福州：福建人民出版社，1982.

① 曾祥炎，王学先．加强政府对农地流转的干预——对台湾第二次土地改革的反思．南华大学学报（社会科学版），2004年12月第5卷第4期：9.

② 钱忠好．非农就业是否必然导致农地流转——基于家庭内部分工的理论分析及其对中国农户兼业化的解释．搜狐新闻网，2008年10月27日，转引自中国改革报．

[7] 廖安定．台湾农地改革政策的回顾与展望．农政与农情，2008 年 7 月，第 193 期：45－49.

[8] 台湾财团法人丰年社．台湾农家要览（综合篇）．台北："中华"彩色印刷股份有限公司，1995.

[9] 唐忠．农村土地制度比较研究．北京：中国农业科技出版社，1999.

[10] 杨辉，曾玉荣．台湾农业．福州：福建科学出版社，1994.

[11] 应廉耕．台湾省农业经济．北京：农业出版社，1983.

[12] 曾祥炎，王学先．加强政府对农地流转的干预——对台湾第二次土地改革的反思．南华大学学报（社会科学版），2004 年 12 月第 5 卷第 4 期：9－11.

[13] 钱忠好．非农就业是否必然导致农地流转——基于家庭内部分工的理论分析及其对中国农户兼业化的解释．搜狐新闻网，2008 年 10 月 27 日，转引自中国改革报．

中国坡耕地改造模式研究*

China's Slope Farmland Transformation Model

梁书民　　莒　琳　　王晓凌
Liang Shumin　Jv Lin　Wang Xiaoling

摘要： 本文通过总结同湖南衡阳县、甘肃定西市安定区和四川汉源县的农户和有关部门的访谈，介绍了当地坡耕地改造的开发投资模式和农业生产模式；进一步探讨了利用国际资金的投资模式，归纳了内资项目投资模式和农业抗旱模式，并研究了西南地区水电资源开发对坡耕地改造的影响；概括了我国坡耕地改造中存在的问题，提出了相关的对策建议。

Abstract: Through summarizing the interviews with farmers and relevant agencies in Hengyang County, Hunan Province, Anding District, Dingxi City, Gansu Province, and Hanyuan County, Sichuan Province, this paper introduced local development investment model and agricultural production model for slope farmland transformation; further explored the model of using international capital investment, summed up the domestic investment models and drought-resistant agricultural models, and studied the impact of hydro-electricity development in Southwestern China on the slope farmland transformation; summarized the problems in slope farmland transformation, and provide relevant countermeasures and suggestions.

* 本文研究得到中央级公益性科研院所基本科研业务费专项资金项目“中国坡耕地改造模式研究”（2009YWF4－13）的资助。

一、被调查区县概况

为研究中国的坡耕地改造和梯田建设情况，笔者于2009年实地考察了湖南省衡阳县，甘肃省定西市安定区、岷县，以及四川省汉源县、雅江县。被调查5县区的农业生产特点分别是衡阳县人口众多，人均耕地资源少；定西安定区土地资源丰富，但干旱严重；岷县水资源丰富，但温度低限制了当地的农业发展；汉源县热量条件极佳，但耕地以坡旱地为主人均耕地资源少；雅江县水资源极为丰富，但川平地极为贫乏。

二、同农户和县级有关单位访谈

（一）湖南衡阳县

湖南省衡阳县岘山乡高兴村有3种坡耕地耕作模式。模式1：单季稻一熟制。每亩产600千克稻谷，产值为1 100元，成本500元，农民纯收入600元；需投入10个劳动日，每个劳动日纯收入为60元。模式2：双季稻两熟制。每亩产750千克稻谷，产值为1 350元，成本700元，农民纯收入650元；需投入20个劳动日，每个劳动日纯收入为32.5元。模式3：油菜＋单季稻两熟制。每亩产100千克油菜和600千克稻谷，产值为1 500元，成本700元，农民纯收入800元；需投入15个劳动日，每个劳动日纯收入为53.3元（表1）。当地农民选择模式3，油菜＋单季稻两熟制，而放弃种植早稻，这种耕作模式同政府鼓励早稻生产提高粮食产量的政策相悖。主要原因是由于双季稻劳动力投入量大，粮食产量增加有限，经济效益低。1985—1993年，当地以双季稻为主，1994年以来油菜＋单季稻两熟制占主导地位。

表1　湖南衡阳县农作物复种模式比较

模　式	油菜＋水稻	单季稻	双季稻
每亩劳动力投入（日）	15	10	20
每亩粮油产量（千克）	600稻谷＋100油菜籽	600稻谷	750稻谷
每亩纯收益（元）	800	600	650
每个劳动日纯收入	53.3	60.0	32.5

评论：中国农户已成为一个小型公司，中国农民已成为这些公司的经理，其农业经营决策符合利润最大化原则，由过去片面追求总产量逐步转为追求单

位土地利润最大化。在土地资源利用上，追求单位耕地的利润最大化，在劳动力资源分配上，追求单个劳动力年收入的最大化。油菜＋水稻模式使单位耕地的利润最大，劳动力日收入也较高，所以当地农民首选的是该种植模式，其次为单季稻，双季稻几乎绝迹。

湖南省衡阳县世界银行贷款紫色页岩荒坡地改造项目的坡耕地利用模式。该项目以冬枣＋油菜为主，可采取许多林—果—粮油—草—牧渔相结合的模式进行开发。适合在紫色页岩风化土壤上生长的林木主要有紫穗槐、乌桕、柏树、竹林、荆条、构树等；果树主要有冬枣、枇杷、柑橘、柚子等；农作物主要有棉花、甘薯、马铃薯、荞麦、蚕豆、绿豆、棉花、油菜、花生、大豆等；草类主要有龙须草（可为造纸原料）、草苜蓿、山榨草；可依托牧草养鹅、羊、牛和养鱼发展牧渔业。成本回收期计算结果表明，在紫色页岩丘陵上开发冬枣＋油菜种植模式，若农民自费出资挖地，静态投资回收期为 5.02 年，按年贴现率 6%计算，动态投资回收期为 5.21 年；若由项目出资挖地，静态投资回收期为 4.17 年，按年贴现率 6%计算，动态投资回收期为 4.32 年（表 2）。世界银行项目支持约可使农民提前 10～11 个月收回成本。

表 2　紫色页岩项目冬枣＋油菜模式成本回收期计算

（项目出资挖地，年贴现率 6%）

时间	总成本（元/亩）	总收益（元/亩）	净现金（流量）	贴现率（0.06）	折现值	累计折现值（元）
1	1 000	0	−1 000	1.00	−1 000	−1 000
2	850	400	−450	0.94	−425	−1 425
3	850	400	−450	0.89	−400	−1 825
4	850	2 400	1 550	0.84	1 301	−524
5	850	2 900	2 050	0.79	1 624	1 100
6	850	5 400	4 550	0.75	3 400	4 500

评论：农业受自然条件和社会经济因素的双重影响，气候风险和价格风险大，市场规律还要求农业开发要有一定规模，而大规模农业开发需要大量资金投入，一家一户无法进行，需要外界资金投入，即使是理论上利润丰厚的开发项目没有外界资金支持也难以展开。坡地改造项目由于是开发利用荒地资源更需要农业综合开发资金支持。

基于耕地占补平衡的衡阳县坡耕地改造模式。土地开发征地条例规定，占补平衡应利用小于 25 度的荒坡地，不在大于 25 度的坡地上整理耕地。国土局每年安排任务，通过摸底，选择低于 25 度、无树木的荒草荒坡地，根据土地详查绘制的土地利用分布图，进行对照和审核。废弃果园和荒坡地具有改造潜力，适宜于立项，利用耕地开发费，开发耕地交当地农民耕种。耕地开发费为2 000元/亩，通过二级提水可将第四纪红土上的旱地（红薯和花生）改为水田。农民不要补偿，在土地开发过程中有偿提供劳动力，可得到一定收入。项目一般通过论证、规划设计两次征求意见；通过专家评审认同后反馈给当地村组征求意见，由村民评价项目是否对当地有好处和效益。紫色页岩地区浇水下渗，不可开发水田，而第四纪红土上的可发展水田。2 000元/亩包括建造提水站、蓄水池、排水沟。全县开发水田面积2009年为120公顷，2008年为88公顷，2000—2007年均在67公顷以上。开发的水田统计为新增耕地，用于建设用地占补平衡。问题主要有新开发耕地地处偏远地区，农民利用积极性不高，管护不好。国土局对策是对新开土地头两年给农民100元/亩补助，保证开发的耕地被农民耕种，2～3年内变为熟田。新开发耕地要求耕作层厚度在30厘米以上，后期管护补助农民用于增肥地力。国土局只管占补平衡，耕地质量由农业部门负责，国土局对耕地质量有要求，但无监督标准。先立项，后验收，其间农业部门都参加。衡阳县机耕和机收已经普及，但是机播（插秧）远未普及。对城镇建设用地征收的耕地开垦费交给国土局，占用水田、望天田需交11 000元/亩，水浇地、旱地7 000元/亩，用于耕地保护、农业综合开发、基本农田示范区、信息化建设、管理费、规划设计费等。衡阳县耕地保护中农户占地较少，工矿用地占地较多。

评论：当地耕地后备资源缺乏，盲目执行本地耕地占补平衡困难重重；农民种植积极性低主要是由于新开垦耕地位置偏远，不便实施机械化作业，异地开发耕地资源可以克服这种问题，建议国家开放异地占补平衡。

同衡阳县农业局探讨当地坡耕地改造模式。调研组向农业局询问了坡耕地开发模式，发展规划和经验总结，农业局同志介绍情况如下：衡阳县的缓坡地在20世纪60和70年代已得到开发利用，虽然将可利用的缓坡地都开发了，但是开发利用水平低，少部分改为水田，大部分是旱地大豆，还有小部分旱地花生和红薯。80年代由于联产承包责任制的推行，调动了农民的生产积极性，农业单产明显提高，同时国家组织的荒地开垦停止，但农民和集体仍有少量垦荒活动。90年代，耕地保护和开发利用重新兴起，1998年以来，耕地开发利用归国土局管，实施耕地占补平衡。80年代，农民自发开发耕地的积极性较高，有的25度以上的坡地也种上了大豆；后来由于劳务输出增加，大坡度的耕地开始退耕。2000年以来，实施退耕还林，25度以上坡地逐步退耕。林业局的长江防护林项目，在退耕还林之前就在营造生态林，退耕还林中以发展经济林为主。总体上是林业局主管造林，国土局主管耕地开发。衡阳县的坡旱地以种植大豆为主，其次为花生，退耕后发展果园和经济林，但在全县农业规划中坡耕地开发不是重点，不主张利用；本县坡耕地主要分布于西部和北部山地，因为利用坡耕地容易造成水土流失。目前坡耕地利用以农民自发种植为主，问题是如何防止耕地撂荒。本县坡耕地开发利用模式主要有：枣树，山前地区有种植习惯，全县有300公顷枣林，以冬枣为主，由于水利设施不发展，需开挖和覆土，开垦难度大，开发利用不足；草类主要有龙须草，护坡效果好，可用于造纸，苏丹草为一年生禾本草，可用于养鱼；蔬菜瓜类，主要有香瓜、西瓜、西红柿、辣椒，在紫色页岩碱性土壤上，通气性好，抗病虫害，可重茬种植；棉花，可在土层深厚的紫色页岩土壤上种植。

从经济角度讲，坡耕地改造只适宜于经济价值较高的经济林，对单位面积产值较低的农作物，需建设抗旱水利设施，投入大，不经济。农民分散进行的坡耕地开发，无获取长期利益的打算；而通过龙头企业、集体和个体户进行开发的模式较为可行。农民试验性开发，一般规模为几十亩，但投入要几十万，贷款难，风险较大，需要国家投入规避风险。临近的永兴县结合退耕还林发展脐橙经济林，每户承包30～40亩，收入可达10万元。当地坡耕地上适宜种植的果树品种主要有枇杷、板栗、罗汉果、柑橘、柚子、桃、李、杨梅、核桃，农作物主要有红薯、花生、大豆、油菜。其中以冬枣、枇杷、油菜组合效益最好。种植苜蓿可用于鱼塘养鱼。关键是要改善立地和土壤条件，解决水源问题。当地山地开发已有几十年历史，发展较好的有松树、杉树用材林，枣树、板栗、李子经济林。关于坡耕地改造利用国家政策有反复，先是开荒造田，后来又退耕还林。梯田上的水田开发当地已有几百年的历史，经济效益好，水稻品种丰富多样。先是毁林开荒，后来退耕还林，目前则是坡耕地水田濒临荒废，主要是由于退耕还林政策的实施，农业比较效益低下，农村劳务输出造成了农村劳动力的大量流失。当地坡改田不会造成水土流失，有发展潜力。当地紫色页岩风化后的土壤以碱性为主，适宜于种植许多农作物；石灰岩上的土壤瘠薄，不适宜耕种；还有红壤和砂性土，亚洲开发银行曾投资开发红壤，但是效果较差。紫色页岩也有人投资开发，种植枣和龙须草，龙须草经济效益低，销路差，已经开发的面积小，处于初始阶段。也有人投资开发砂性土，效果也不好，主要是由于技术不过关。农民自己进行开发存在资金问题，可能性小，应以项目开发为主。本县缺乏龙头企业，坡耕地开发较难形成主导产业，粮棉油为主导产品。对于非主导产业，加强加工和销售环节薄弱，发展农业产业化是坡耕地改造的重点。

坡耕地开发可分三大类：①发展果树，如枣、柚、板栗。②种植多种经济农作物，绿豆、红豆和小杂粮，豆科作物可固氮，紫色页岩母质土壤多磷；

③种植蔬菜瓜类，山地气候好，气温低，无污染，适宜于发展有机蔬菜，需技术扶持，有效益后可以自然发展。坡耕地上发展农业生产潜力大，紫色页岩丘陵适宜发展粮棉油大田作物生产。水稻结实饱满，千粒重高；本县油菜种植面积发展迅速，名气大同紫色页岩广泛分布有关，春季可见满山油菜花，施肥少，产量高；棉花的产量也较高，效益好。紫色页岩由于土壤通透性好，化肥需求少，也适宜于发展旱作小杂粮、大豆、红薯。紫色页岩母质发育的土壤一般由砂土向黏土演化，初期为砂土，适宜种植花生、豆类、芝麻、高粱、玉米、西瓜和小杂粮。坡耕地开发的限制因素主要有土壤持水性差，不保水，天雨一把糟，天旱一把刀，雨后土壤易干裂，天旱易缺水，影响农作物产量，生地不保水，灌溉投入需求大；坡耕地改造需开挖、风化、回填，工程措施负责，开发成本高，投入产出比高，投资回收期长。冬季为雨季，紫色页岩坡地可种植油菜；夏季伏旱，高温干旱，灌溉成本大，夏秋坡耕地多撂荒，红薯、高粱、玉米面积逐年减少；大豆可在小于 15 度的坡耕地上种植，由于伏旱，需与油菜套种。衡阳县 3、4、5、6 月份为雨季，7、8、9 月份为旱季（伏旱）。当地灌溉设施投入情况。一口 80～100 米的深井需投入 10 000 元，出水 10 吨/小时，覆盖 10 公顷，铺设水池管道需 600 元/亩，平均每亩灌溉设施资金投入需要 733 元。世界银行紫色页岩项目 1 800 元/亩包括整地和建设灌溉设施明显偏少，国土局仅整地就投入 2 000 元/亩。

评论：农业部门拥有先进的农业技术和丰富的生产经验，对保障我国的粮食和油料等大田农作物的生产发展和食物安全做出了重大贡献。但由于资金缺乏，在当前传统农业利润低下，农民进城务工日趋增加的情况下，对逐步下降的种粮积极性十分无奈。转变思想，引进先进农业技术，发展经济作物和特色农产品，发展农产品加工业，开拓农产品市场是农业部门未来生存和发展的方向。

（二）甘肃定西市安定区

同甘肃定西市安定区国土资源局探讨当地坡耕地改造模式。安定区国土资源局对坡改梯的补贴为 1 000～1 200 元/亩，资金主要来自耕地开垦费和新增建设用地有偿使用费。安定区年降水量为 420 毫米，集中于 8、9、10 月，适宜种植马铃薯和玉米，小杂粮早熟，生长季节在旱季。全区梯田占耕地的 2/3，海拔 1 930 米，1/3 为红土（离石黄土）。实施坡改梯过程中遇到的困难主要有争取国家项目难。1997 年以来仅有 2006 年一个项目，投资 3 030 元，坡改梯 989 公顷，折合 2 042 元/亩。当地的农作物主要有早春作物豌豆、扁豆和亚麻，秋收作物玉米、马铃薯、谷子、糜子。内关、符家川一带地下水丰富，适宜种植蔬菜，如甘蓝、芹菜、辣椒。内关、象泉、凤翔一带使用地下水灌溉，正在由漫灌向节水灌溉发展。

评论：利用耕地开垦费和新增建设用地有偿使用费进行坡改梯，使当地国土部门的坡改梯和土地整理具有可持续性。利用项目资金进行坡改梯，使坡改梯单位面积的投入大大提高，质量有所保证，所以争取项目资金是未来黄土高原地区坡改梯高质量快速发展的关键。

同甘肃定西市安定区农业技术推广中心探讨当地坡耕地改造模式。本地60年代开始坡改梯建设，1980年实现联产承包责任制以后坡改梯靠农民投入义务工进行，进展缓慢。1999年开始有项目支持，依靠区政府国家扶贫款亿元贷款项目进行坡改梯。2005年水利局依托项目发展坡改梯，每亩需要500元，水利局给农民补助350元。安定区粮食单产80年初为80千克/亩，以小麦为主，还有豌豆和扁豆。80年代存在化肥短缺问题。1995年化肥价格放开，化肥供给充足。全区原有耕地16.67万公顷，退耕1.73万公顷以后为14.93万公顷，目前80%～90%的耕地已经梯田化。大坪村梯田为当地典型，建有梯田和淤地坝，曾有远学大寨，近学大坪的口号。坡改梯60－70年代为起步期，80年代中后期水利局开展官川河流域治理项目，利用世界银行贷款，在1985—1995年十年间大修梯田，使梯田化率达到70%～80%。安定区自然坡耕地上的农作物主要有小麦、豆类和马铃薯，在缓坡梯田有少量地膜覆盖。梯田上种植小麦、豆类和马铃薯，地膜覆盖比例高。坡改梯总体上使地膜覆盖的面积上升。2008年全区地膜覆盖面积2.64万公顷，占耕地总面积的17.7%。安定区地膜覆盖起始于1988—1989年，起初用于玉米、大白菜，实施半膜窄垄覆膜，目前地膜覆盖已经应用于各种农作物，并且有半膜覆盖发展为全膜覆盖。地膜覆盖方式有半膜双垄沟向全膜双垄沟发展，保墒集雨效果大大提高。玉米单产，传统的小金黄品种无地膜覆盖仅为200千克左右，杂交玉米无地膜覆盖无法成熟。1989年地膜覆盖杂交玉米单产达500千克/亩，由于地膜抗旱增温，杂交种子可以成熟。目前已有玉米早中晚熟品种10多个，中晚熟玉米品种单产最高可达800千克/亩，相当于水浇地的单产。半膜覆盖玉米单产可达300千克/亩，全膜覆盖玉米单产可达500千克/亩。当地气候有变干的趋势，年降水量由常年的430毫米下降为近十年的380毫米。本地最高海拔2 560米，90%的耕地在2 200米以下，川地海拔1 700～2 000米。1 900米海拔以上原本不生产玉米，半地膜覆盖使玉米可在2 000米海拔种植，全地膜覆盖可使玉米在2 200米海拔种植。玉米单产在2 000米以下的川地全地膜覆盖河南省的晚熟品种可达1 000千克/亩，其他品种产量可达500～600千克/亩。1 900～2 200米梯田中早熟玉米单产可达400～500千克/亩。玉米品种向多样化和专业化方向发展，当地畜牧业发达，猪牛羊养殖量大，饲料玉米种植广泛，青贮玉米种植面积大。甜玉米、糯玉米等专业玉米已有一定规模，急需资金支持产业化发展。

马铃薯、牧草、和劳务输出是当地农民的主要收入来源。安定区有建设薯都的计划，全区马铃薯种植面积达6.93万公顷。土豆一般亩产1.2吨鲜土豆，出售价格0.7～1元/千克，农民纯收入可达700元/亩，产量稳定，风险性。而玉米亩产500千克，出售1.56元/千克，产值高，但劳动力投入大，易受早晚霜灾之害，风险大。坡改梯后种植土豆，加大农家肥施用量，新土也可不减产，而玉米则需熟化土壤。目前全区玉米种植面积为2.6万公顷。2007年86天春夏连旱，7月20日方下雨，土豆由于耐旱，减产较少。

关于地膜覆盖成本。玉米和土豆地膜覆盖成本，半模覆盖为70元/亩，全模覆盖为90元/亩。全区有水浇地5万～10万亩，以蔬菜种植为主，甘蓝纯收入可达3 000元/亩，有早中晚熟多个品种，其他还有大白菜、芹菜、辣椒。

机械化水平。当地以畜力为主，川地区机械化推广较快。玉米生产每亩用工，播种1，覆膜3，苗期管理、追肥、除草5，收获玉米4，清除秸秆2，总计15劳动日/亩，当地雇工价格为35元/人劳动日。玉米每亩生产成本，化肥100元，种子20元，农药5元，地膜90元，总计215元/亩。土豆生产每亩用工，播种2，覆膜3，苗期管理、追肥、除草2，收获3，总计10劳动日/亩。土豆每亩生产成本，化肥100元，地膜90元，种子80元，农药20元，总计290元/亩。

农业生产存在的问题是农村年轻人多外出打工，多老人和妇女，农业技术水平提高困难。机械化仅在川平地推广，坡耕地以畜力作业为主。旱地农作物产量波动大，风险大，机械作业费投入风险大，阻碍农业机械化发展。地膜覆盖玉米单产在偏旱年份为300千克/亩，丰雨年份可达500千克/亩；地膜覆盖土豆单产在偏旱年份为1 800千克/亩，丰雨年份可达2 000千克/亩；露天土豆单产在偏旱年份为1 000千克/亩，丰雨年份可达1 435千克/亩。地膜覆盖对小麦效果也较好，但是由于夏播，本地春夏干旱，降水集中于秋季，小麦品质差，价格低，不如亚麻效益好，面积逐年下降。其他小杂粮有谷子、莜麦、糜子，本地荞麦较少。

评论：农业部门是当地坡耕地资源开发利用的技术中坚力量，当地的农技推广部门工作积极认真，为当地的主要农作物生产提供了强有力的技术支撑。今后国家应加大对农业部门的资金投入，使先进适用的农业技术能够快速推广，如地膜覆盖、节水灌溉、梯田机械化、土壤改良、专业施肥、优良品种、合理密植、植物保护、田间管理等农业技术。

同甘肃定西市安定区水利水保局探讨当地坡耕地改造模式。安定区2000年实施了1亿元的扶贫开发项目，进行坡改梯。其中5 700万元用于梯田建设，完成1.47万公顷，政府补贴每亩300元。2007—2009年坡改梯补贴上升为700元/亩，其中直接补贴450元，农民出工折合250元。截至2009年中，全区已完成坡改梯10.47万公顷，占耕地总面积14.73万公顷的71%，仅剩余2.53万公顷自然坡耕地未修建梯田（2.13万公顷宜修梯田，0.4万公顷为石质山地，不宜修梯田），其余1.73万公顷为川平地。实施坡改梯项目的单位有区发展与改革委员会，区农业综合开发办公室，区国土资源局，区水利局，区扶贫办公室，计划2010—2014五年间完成坡改梯1.04万公顷，使梯田化率达到90%。2010年坡改梯任务分配方案为发展与改革委员会2 087公顷，其中巩固退耕成果项目和基本口粮田项目1 740公顷，重点退耕区347公顷；区农业综合开发办公室业综合开发梯田项目167公顷，区国土资源局土地整治开发项目213公顷，区水利局官川河水土保持重点建设工程287公顷。总计2 753公顷，按400元/亩计算需1 652万元。安定区1997年开始大力实施坡改梯工程，一般投入模式为700元/亩，其中政府出资400元，农民出资100元，投劳折资200元用于平整土地。由于存在青苗费和化肥费投入，农民无力自行开展大面积坡改梯，在政府支持小，由于利润高，农民积极性高。存在的问题是物价上涨，剩余自然坡耕地分布零散，坡度大，机械化作业困难。机械作业费偿付方式为先发放启动资金进行施工，通过工程分期验收后分期付款，2009年全区已经预付111万元。坡改梯机械化施工开始于1995年，推土机工作效率高，可达2亩/日，一般为1～2亩/日，每台挖土机配有两人轮番作业，每日施工可达10～16小时。

评论：水利水保部门是当地坡改梯的主角，资金充足，改造面积大。但是水利水保部门的坡改梯以防止水土流失为主要目的，单位面积投入资金少，在没有农业技术人员的支持下很难保证梯田的质量和利用效率。建议加大单位面积投入，同农业技术人员紧密结合，建设高标准梯田，以提高梯田的总体质量。

（三）四川汉源县

同四川汉源林业局探讨当地坡耕地改造模式。汉源县在一村退耕梯田上建设500亩的核桃园需投资10万元，平均2 000元/亩，花椒投资更多。坡改梯归农业局管，如石漠化治理项目，但本次调研当地农业局不予接待和配合。当地坡改旱地梯田的费用一般为2 000～4 000元/亩，坡改水田梯田需10 000元/亩。当地旱雨季分明，适宜种植多种水果，如柑橘、李子，本县是全国经济林示范县，发展立体农业、田埂经济、田园经济的典型县。李子每棵树产 250 千克，销售 1 元/千克，每亩 20 棵树可收入 5 000 元；海拔 1 400 米以上种植甜樱桃每棵树产 100 千克，销售 20 元/千克，每亩 20 棵树可收入 40 000 元，高产户单价倍增，亩均收入可达 4 万～5 万元，中华樱桃售价较低，2～4 元/千克。1 200 米海拔以下适宜于发展苹果、李子、桃。汉源海拔在 550～4 020 米之间，1 800～2 100 米坡耕地种植荞麦；2 000～3 000 米山坡分布有云杉林、桦、山杨；河谷地适宜种植桂圆、柑橘等经济林和桉树等阔叶林。本地 1 800 米海拔以上分布有以松树为主的针叶林，以下分布有落叶阔叶林。海拔 3 000 米以上为铁树和高山草甸。本地核桃树寿命可达 150 年。天然林保护工程国家投资 100～200 元/亩，包括苗木、人工费和整地费。山地荞麦、土豆和红薯均有种植。汉源县竹林面积少，有箭竹灌木林，分布有漆树。种植有黑麦，发展山地畜牧业。有珙桐树 1 万亩。经济林主要有梨、苹果、李子、桃、花椒、核桃、樱桃、桑树，汉源县市花椒之乡、樱桃之乡，经济林示范县，贡花椒原产地。

评论：在瀑布沟水库淹没大量川地水田，汉源县上等耕地面积日趋减少的情况下，汉源林业部门的经济林建设成为本县农业土地利用的主体。借助优越的自然条件和品牌效应，当地的经济林成为农民收入的主要来源。虽然未同农业部门接触，但从农户调查中发现，当地农民通过实施水田与蔬菜等经济作物套作，农果间作，实现了多熟制和立体农业，充分发挥了西南干热河谷地区的水热资源优势，增加了农民的收入。

同四川汉源畜牧局探讨当地坡耕地改造模式。汉源县发展畜牧业种植黑麦草最好，状如小麦，蛋白质含量低于苜蓿，适宜于在高山 1 700～1 800 米海拔种植。紫花苜蓿产量不稳定，适宜于 800～1 000 米海拔种植。本地黄牛为西门达尔同本地牛的三元杂交改良种。奶牛在坝区养殖，饲料主要是购入干草、稻草、玉米秸秆等。由于劳动力投入量大，种草养畜效益差。本县有黑麦草几万亩，紫花苜蓿种植面积小。放养牲畜劳动力投入少，圈养劳动力投入大，本地羊和牛均在山上放养半年。有的牛群 50 只上山，下山时发展为 80 头。绵羊分布于高山区，小尾寒羊不适宜本地生长，山羊分布于中低山区。海拔 2 000 米以上高山为彝族聚集区，有牦牛，半野生，农民自侍卫住自养自食为主。关于推广圈养，1998 年有秸秆养牛项目，发展氨化饲料，投资 300 万元，发展了 3 万头，目前项目完结，圈养模式也跟着消失，所以项目支持对发展畜牧业至关重要。

评论：当地高山草场资源丰富，适宜于发展放牧畜牧业。只是应注意保护幼林苗木，发展林牧结合的模式，在有条件地区发展人工草场，在人工草场上发展放牧畜牧业。当地气候条件好，人工草场可以四季放牧，不必割草储藏饲料备冬季喂养。

三、坡耕地改造与开发模式探讨

（一）利用国际资金的投资模式

1990—2008年期间中国的外债余额由525.5亿美元增加为3 746.6亿美元，其中外国政府贷款、国际金融组织贷款和国际商业贷款均呈数量增加到稳定的趋势，但其比重在下降，唯有贸易信贷呈数量和比重齐增的发展态势。国际金融组织贷款余额由62.86亿美元增加为270.54亿美元，但其占外债余额的比重则由1990年的12.00%在2000年上升为最高值18.10%后，于2008年下降为7.22%。

世界银行成立于1944年，总部设在华盛顿特区，在全球设有100多个代表处，共聘有1万多名工作人员。该行由归186个成员国所有的两个独特机构国际复兴开发银行和国际开发协会构成，向发展中国家提供低息贷款、无息贷款和赠款，用于包括教育、卫生、公共管理、基础设施、金融和私营部门发展、农业以及环境和自然资源管理投资在内的多重目的，其工作由国际金融公司、多边投资担保机构和国际投资争端解决中心的工作予以补充。

1997—2002年世界银行对华总投资为105.39亿美元，占同期中国接受国际金融组织贷款外债余额总计1 489.3亿美元的7.08%。1997—2002年期间世界银行对中国农业的总投资为23.66亿美元，占该期间世界银行对华总投资的22.45%。1982年以来世界银行对中国农业的总投资为96.49亿美元，其随时间变动趋势为“六五”期间5.85亿美元，“七五”期间快速上升为21.34亿美元，“八五”期间上升为28.41亿美元，“九五”期间稳定在27.56亿美元，“十五”期间快速下降为7.18亿美元，“十一五”期间下降为6.15亿美元。从当前有7.47亿美元的农业项目正在准备中来看，“十二五”期间世界银行在华的农业投资将有显著增加。

世界银行对中国农业的贷款项目覆盖范围很广，其近30年来项目重点随时间的变化体现了中国农业发展主题的变化。80年代以农业发展、灌溉、区域开发类项目为主，90年代扶贫和生态保护项目有所增加，2000年以来以林业和生态建设项目为主，目前在准备中的项目以生态、水土保持和可持续发展项目为主。以下为对2个项目实施情况的简介。

世界银行贷款黄土高原水土保持项目。黄土高原水土保持世界银行贷款项目实施期为1994—2001年，是我国政府首次利用国际金融机构贷款开展的大规模水土保持项目。在水利部的组织协调下，由黄河水利委员会组织在陕西、山西、甘肃、内蒙古4省（区）实施。项目区涉及4省（区）7个地（市）22个县（旗、市）的9条流域（片），总面积15 600平方千米。项目实施期为8年（1994—2001年），利用世行贷款1.5亿美元，加上国内配套资金，总投资折合人民币21亿元；规划治理水土流失面积4 843平方千米，主要建设内容包括土地开发、植被建设、苗圃、水保工程及支持服务等。项目实施期间，累计治理水土流失面积49万公顷，其中建设基本农田10万公顷，果园经济林6万公顷，造林23万公顷，种草10公顷。各项措施年减少土壤流失3 800万吨，植被覆盖率由17.1%提高到41.1%，农民人均年纯收入由306元提高到1 263元，人均粮食由378千克增加到532千克。项目实施促进了大面积退耕还林还草，使项目区地面植被大幅增加，有效地遏制了水土流失，减少了入黄泥沙，农业生产条件和农村基础设施得到改善，产业结构得到合理调整，生态环境得到明显改善，农民生活水平显著提高。

世界银行贷款安宁河农业综合开发项目。世界银行贷款安宁河农业综合开发项目实施期为1999—2006年，建设地点为四川西南部的安宁河流域，是中国利用世界银行贷款实施的国家级农业综合开发项目。项目分布在凉山州和攀枝花市的15个县（市、区），总投资20.11亿元人民币，其中利用世行贷款1.2亿美元。实际实施子项目25个，完成投资21.33亿元，比中调确定的21.96亿元总投资节省6 300万元。项目旨在支持四川省加快开发安宁河流域的农业资源，改善农畜产品质量，增加农畜产品的附加值，以此缩小区域经济发展的差距。项目由水资源开发、作物开发、果园开发、蚕桑发展、畜牧发展和农产品加工等6类子项目构成，机构强化包含于各个子项目中。鉴于实施过程中，市场需求和建设条件发生了较大变化，2001年按照以市场为导向，以效益为中心，以有利于项目总体目标实现为标准的原则提出了中调方案，经世界银行批准增加了红豆杉、山葵、玫瑰、花卉、葡萄、奶牛基地和脱水蔬菜7个子项目。项目经济效益显著，经济内部收益率达到29.7%，年增加粮食产量16.94万吨；直接参与农户26.5万户，每年人均增收1 475元，贫困人口由33%降为13%，取得了良好的社会效益；生态效益明显，森林覆盖率有所提高，增强了当地的水土保持能力。

世行项目管理特点：①有关部委的支持，包括项目立项、签约、资金报账、内配资金筹措等。②项目区各级政府的支持，包括出台相关的土地承包、放牧管理、资金使用等政策规定。③设置项目实施管理机构，负责项目的规划、实施、组织管理、经费使用等各项工作。④制定了完整的项目实施管理制度，包括项目技术规程和管理办法，定期检查督促，世行年度检查，撰写备忘录。⑤对项目进行监测评价，包括完善项目监测评价体系，设立监测评价指标，积累监测资料。⑥建立科研和技术咨询体系，开展项目的考察和培训活动，提高技术人员业务素质，为项目实施提供技术支持。⑦在资金使用和管理上，实施正规化、制度化、系统化的管理，制定财务管理和资金使用办法和规定，资金支付方式采用报账制，世行每年对项目资金使用情况进行全面检查，审计部门每年对资金使用情况进行审计。⑧项目采购实行招标制，由项目单位编制采购计划，报送世行审批，国际采购委托国际招标公司代理，国内采购按不同级别由各级项目办负责招标和评标。

（二）内资项目投资模式

内资项目涉及多个部门，每个部门又有多种工程，从而使中国的坡耕地改造呈现九龙治水的多头管理局面，以下为调研中发现的多部门多项目进行坡耕地改造的情况。水利部门：长江上游水土保持重点防治工程，国家农业开发水土保持工程，国债水土保持工程，水土流失综合治理，水利水土保持资金。农业综合开发办公室土地治理项目：中低产田改造、草原建设、小流域治理、土地沙化治理、中型灌区节水配套改造，高标准农田建设示范工程，优质粮食基地建设，优质饲料作物基地建设。林业部门：退耕还林，荒山造林，封山育林，退耕还林后续工程，退耕还林荒山造林工程，植被恢复费，长江防护林工程。国土部门：耕地整理、村庄整理、土地开发、土地复垦资金，国土矿产开发恢复资金。财政部门：国债，财政专项。扶贫办公室：以工代赈，扶贫开发。发展与改革委员会：岩溶地区石漠化综合治理试点工程。其他政府部门：水库移民后扶资金。

（三）农业抗旱模式

坡耕地的农业利用方式多种多样，具体情况已在访谈一节介绍。关于坡耕地利用与改造的农业抗旱模式也复杂多样。现归纳总结如下，按照改造与否可分为自然坡耕地，梯田旱地，梯田望天田，梯田水浇地和梯田水田 5 种利用模式；按照雨养农业耕作方式可分为传统平播，畦播，宽垄畦播，半膜覆盖，全膜覆盖 5 种利用模式；按照灌溉农业耕作方式可分为覆膜痕灌，覆膜微灌，覆膜滴灌，覆膜穴灌，覆膜畦灌，平行喷灌，圆形喷灌，垄沟，橡皮管灌，塑料带管灌，小畦灌溉，大畦漫灌和漫灌 13 种利用模式；按照灌溉水源可分为水窖，集雨场，井灌，渠灌，扬水灌溉和跨流域引水 6 种利用模式。

四、西南水电开发对坡耕地改造的影响

我国以水电资源丰富，但开发程度低而闻名于世。中国曾于 1950 年、1955 年、1958 年、1980 年和 2005 年进行了 5 次水能资源普查与修正，水能资源理论蕴藏量分别为 1.49 亿、5.44 亿、5.83 亿、6.76 亿和 6.944 亿千瓦。经过 2005 年的大复查得到的较可靠数字是我国大陆部分水电的理论蕴藏容量为 6.944 亿千瓦，按 8 760 运行小时计，年电量 6.082 9 万亿千瓦小时，其中技术可开发年发电量为 2.474 万亿千瓦小时，占世界的 28.3%，列世界之冠。2008 年全球水电总发电量 30 450 亿千瓦时，占技术可开发量 87 280 亿度的 39.5%，其中多数发达国家开发度都在 80%以上，发展中国家水平多在 30%以下，非洲总的开发度还不到 8%。截至 2008 年底，全国水电发电量为 5 655 亿千瓦时，占世界的 18.6%，占全国技术可开发量的 22.86%；美国 2007 年水电发电量是 2 700 亿千瓦时，占技术可开发量的 71.8%，水电资源开放程度远高于中国。

由于我国幅员辽阔，地形与雨量差异较大，因而形成水力资源在地域分布上的不平衡，水力资源分布是西部多、东部少，集中分布于西南地区。按照技术可开发装机容量统计，我国经济相对落后的西部云、贵、川、渝、陕、甘、宁、青、新、藏、桂、蒙等个省自治区、直辖市水力资源约占全国总量 81.46%，特别是西南地区云、贵、川、渝、藏就占 66.70%。2005 年新的水能资源复查成果将全国规划为 13 个水电基地：东北、黄河北干流、黄河上游、闽浙赣、湘西、长江上游、乌江、大渡河、雅砻江、金沙江、澜沧江干流、怒江、南盘江—红水河。加上西藏的雅鲁藏布江水系，中国实际上有 14 个水电基地。根据国家发展和改革委员会 2007 年 9 月制定的《可再生能源中长期发展规划》，2006—2020 年中国将投资水电建设 13 000 亿元。近期水电建设的重点是金沙江、雅砻江、大渡河、澜沧江、黄河上游和怒江等重点流域，到 2010 年，全国水电装机容量达到 1.9 亿千瓦，是 2005 年 1.17 亿千瓦的 1.6 倍；到 2020 年，水力发电量约占水电技术可开发量的 42%，同时开展西藏东部水电外送方案研究，以及金沙江、澜沧江、怒江“三江”上游和雅鲁藏布江水能资源的勘查和开发利用规划，做好水电开发的战略接替准备工作。在中国水能资源最为发达的西南地区，目前已完成流域水电开发规划的流域有大渡河 24 级，雅砻江 21 级，金沙江 25 级，澜沧江 16 级，怒江 19 级，雅鲁藏布江 13 级，岷江 18 级，嘉陵江 17 级，涪江上游 31 级，沱江上游 23 级，乌江 12 级开发方案。这些流域的梯级水电开发有的已经完成，有的正在实施，有的已

完成规划准备实施，有的规划在进行中，有的流域仍处于规划前期准备阶段。

目前，西南水电大开发正在进行中，快速发展水电事业是大坝、水库、水电站、和施工料场用地成为西南地区土地利用变化的主要因素，给当地本来就稀少的耕地资源带来了更大压力。应统筹规划耕地保护、水库移民和坡耕地改造问题。在解决大坝建设和耕地保护的矛盾中，黄河黑山峡河段调整是一个很好的例子。宁夏提出大柳树高坝一级，坝高 163.5 米，库容 114.7 亿立方米，装机 200 万千瓦。甘肃起初提出两级，小观音高坝，坝高 140 米，库容 74.1 亿立方米，装机 140 万千瓦；大柳树低坝，库容 1.5 亿立方米，装机 44 万千瓦。后来甘肃提出修改的四级，分红山峡，五拂，小观音，大柳树 4 级开发。甘肃的修改通过修建 4 座较小的大坝既大大降低了水库淹没面积和水库水面蒸发，又充分利用了 163.5 米高的水头，同时由于上游有大水库保证稳定的水流，也能保证发电出力的稳定性。西南诸河的少库多级水电开发符合耕地保护的要求，但在实际操作中应注意尽量保护耕地丰富的河段，必要时可以适当损失一些水头，而减少水库对上等耕地的大量淹没。

五、发现的问题与对策建议

在野外调查研究中发现了坡耕地改造和利用过程中存在的问题，归纳如下：①农户的农业生产和种植结构调整决策主要决定于单位劳动力投入可获得的纯收入。如衡阳县的油菜—水稻两熟制替代双季稻；汉源县肉牛放养而不舍饲推广缓慢。②农村劳动力缺乏使一些劳动力需求量大的农作物生产不能大面积推广。如安定区土豆生产和地膜覆盖，由于需要劳动量大，仅有老人和妇女劳动力难易进行整地和覆膜。③蔬菜和水果是目前农村增长较快的农作物。各地因地制宜发展特色蔬菜和水果，如汉源借助光照优势发展的水果、花椒和青蒜种植，使单位耕地农业产值最大化；安定的蔬菜大棚解决了当地的青菜供应问题，利润也是当地农业生产中最丰厚的；衡阳蔬菜瓜类生产利润较低，而特色水果冬枣的价格较高，且劳动力需求少，当地农民的生产积极性高。④坡耕地改造具有明显的地域性。黄土高原坡改梯较易，应全覆盖推广；热带风化软土层较厚的红壤地区较适宜，如澜沧茶园；南方石灰岩地区较难，造价高如湖南永顺；无土壤条件的地区不宜，如湘西石缝地，汉源陡坡地。⑤水电开发大量占用耕地是山区上等耕地流失的主要原因之一。如沿途所见雅砻江梯级开发，大渡河梯级开发，双河口水电站，瀑布沟水电站，以及规划建设中的 14 个大型水电基地。⑥坡耕地改造利用涉及部门众多，缺乏统一规划和开发计划。调研发现农业局、畜牧局、水利局、林业局、国土局、发展与改革局、财政局和农业综合开发办公室等都涉及坡耕地改造和开发利用业务。

针对上述问题，提出对策建议如下：①流域水电梯级开发应建小坝为主，尽量避免建大坝。全流域只需修建1～2个大型坝，以获得稳定水源，防止过多占用耕地、森林和牧场。②实施水库耕地占补平衡，设立耕地改造基金，用于坡改梯，或修筑灌溉工程，提高耕地质量，或用于异地开荒移民。③利用不断发展的交通网络，支持交通区位、自然条件、人文条件较好的山区利用坡耕地发展规模化水果、蔬菜等经济作物生产。④坡改梯应当同当地的支柱产业发展结合，这样农民愿意投资，政府安排项目资金充足，效果更好。⑤整合各部门和各种来源的资金，统一规划坡耕地改造，集中使用资金，发展规模化农业生产，以提高资金使用效率。⑥坡耕地改造同水利设施建设相结合效果更佳显著，如黄土高原区的跨流域调水工程和南方山地的堰渠工程建设。

参考文献

[1] 贾金生，袁玉兰，郑璀莹，马忠丽．中国2008水库大坝统计、技术进展与关注的问题简论．中国大坝协会秘书处．

[2] 国家统计局．中国统计年鉴（历年）．北京：中国统计出版社．

[3] 世界银行贷款黄土高原水土保持项目办公室．世纪丰碑——黄土高原水土保持世界银行贷款项目纪实．北京：中国计划出版社，2004.

[4] 世界银行贷款安宁河流域农业综合开发项目．安宁河项目实施纪实．四川省发展与改革委员会，2007.

中国农村生活能源消费影响因素分析*

Analysis on Factors Affecting Energy Consumption in Rural China

吕开宇　　刘怀桔

Lv Kaiyu　Liu Huaiju

摘要：本研究利用农户调查数据，采用 Tobit 模型，依据最大似然法估计了农户生活能源消费的影响因素。经验数据表明，我国农村能源消费具有一定的规模效应，能源价格、农户收入、资源禀赋、家庭特征和地区类型等都是影响农户生活能源使用的主要因素。研究结果对于提高农村地区能源消费水平，升级能源消费层次，引导农户合理利用能源，保证能源和环境的可持续发展具有现实意义。

Abstract: The paper uses the rural household survey data, applying the Tobit model with maximum likelihood method to estimate factors affecting energy consumption in rural China. Clinical data indicate that, in rural China, the energy consumption has a certain scale effect. All factors including energy price, household income, natural resources endowment, household characteristics and region have an important impact on energy use for farmers in life. The results have empirical significance for improving the level of energy consumptions, upgrading the energy consumption, leading farmers' rational use of energy, ensuring sustainable development of energy and environment, in rural area.

* 本文是农业部课题《中国农村生活能源消费升级调查研究报告》的部分成果。作者感谢农业部科教司李少华处长、郝先荣处长，北京市城市系统工程研究中心娄博杰女士，瑞士再保险北京分公司邢鹏博士等对本文有价值的建议和帮助，同时感谢农业部农研中心的数据支持。

一、引　　言

现阶段，我国农村能源供需矛盾虽已基本得到了改善，但距离小康水平的能源需求仍有较大的差距。农村居民的生活用能能源结构极不合理，优质能源的比例很低，其中约50%仍然依靠直接燃烧秸秆、薪柴等供应。这种较为落后的用能方式严重地污染了室内外空气质量，危害人们身心健康，影响生活质量的提高。而且，过度依赖秸秆、薪柴还造成森林等生态林草植被资源的破坏，严重威胁生态环境，秸秆中氮、磷、钾等元素和有机质难以还田，也降低了土壤肥力。

党的十六届五中全会提出，按照“生产发展、生活宽裕、乡风文明、村容整洁、管理民主”的要求，扎实推进社会主义新农村建设。大力发展农村能源建设，着力改进农村能源结构，对于满足农民生产生活用能需求、增加农民收入、繁荣农村经济、优化农村环境、提高农村文明程度都具有十分重要的意义，也是建设社会主义新农村的主要内容之一。因此，从能源消费和经济发展的关系来看，通过引导社会能源终端消费行为，在影响能源需求的作用上，和依靠科学技术进步提高能效同样重要。通过对我国农村生活能源消费选择影响因素进行研究，能够提出新时期有效的农村生活能源政策，从而寻求一种合理的能源消费模式，并在能够承受的范围内有效控制不断增加的能源供给对环境所带来的负面影响。

二、国内外研究现状

当考虑影响消费选择因素时，许多学者发现收入是决定农户能源消费选择的主要决定因素。陆慧和卢黎（2006）利用层次分析法实证分析了农民收入水平对农村家庭能源消费结构的影响，发现农户的收入水平对农村家庭生活用能源种类的选择影响较大，不同收入水平的农户家庭能源消费的结构存在较大的差异。Jiang 和 Neill（2004）发现随着收入和总支出的增加，人们更倾向于使用更加清洁、高效的能源。

此外，研究发现家庭规模大小是决定农户需求选择行为的另一重要因素，随着规模经济的降低，人口较多家庭较之小规模农户的平均能耗要低。Sheinbaum 等（1996）发现在 1970—1990 年间，墨西哥农户家庭规模的变化对其消费行为的影响甚至大于收入变动的影响。另外，由于能源消费趋势将会随着时间转变，年龄也会对农户能源选择产生直接的影响（Yamasaki 和

Tominaga，1997)；年龄还将通过家庭规模变小导致规模经济降低的趋势对农户能源消费产生间接影响（O'Neill，MacKellar，Lutz，2001；Gaffin，1998）。

除了以上一些基本决定因素以外，一些学者还发现资源的可获得性对能源选择也有重要的影响。当某一地区具有可供使用的资源，农户将会更容易使用这种资源，并根据价格决定自己的能源消费结构（Leach，1992）。还有研究发现现代化能源使用的初期成本也是影响农户使用该种能源的重要影响因素(Reddy，2003；Adeoti 等，2001)。一个地区乃至整个国家的消费结构往往受政策因素的影响，能源的消费也如此。不同政策下，能源的消费结构存在着很大的差异。

综上所述，许多学者从能源供给和需求角度提出了解决农村能源问题的措施，较少有人从微观角度运用实证方法分析农户的选择行为。因此，本研究将通过分析农户能源选择的影响因素，从农户选择行为角度分析我国农村能源消费结构，以寻求一条优化能源结构的途径。

三、研究范围和数据来源

本研究中农村能源的具体分类见图 1。其中，非商品能源中直接燃烧的称为传统能源，如，薪柴、秸秆等，需经过技术转化的称为新能源，如沼气、太阳能、风能等；商品能源中根据燃烧后环境影响分为低质商品能和高质商品能(娄博杰，2008)。

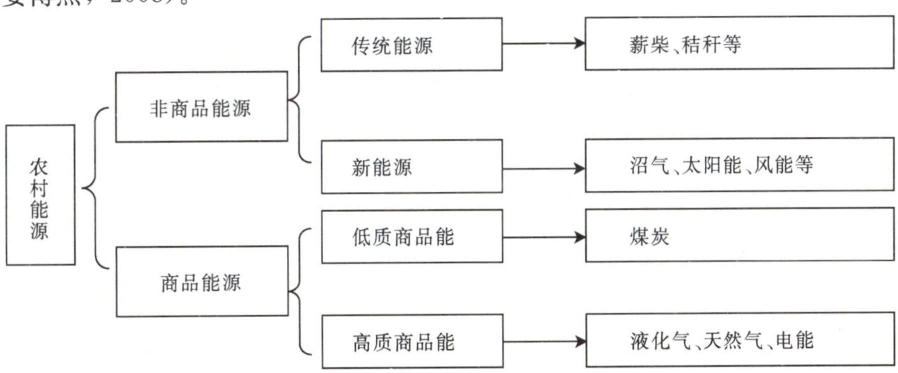

图 1　农村能源分类

本研究的数据除了具体说明外，主要数据均来自农业部农村经济研究中心“农村固定观察点”的农户调查数据资料。

四、实证分析和结果讨论

（一）模型的选择及设定

现实中，能源消费水平的观测值尽管是连续的，但是在0这点上受到了限制（在回归模型中因变量是非负的），得到的观测值并不完全反映因变量的实际状态。在实际应用中通常就用这个极限水平0值来代替那些我们观测不到的值。因此，用普通最小二乘法估计的值将有偏和不一致。为此，我们采用Tobit模型，依据最大似然估计方法来估计各种影响因素对农户能源消费的影响，并与最小二乘法（OLS）的结果进行比较。

Tobit模型是Tobin（1958）首次提出的。结合已有研究，本文模型设定如下：

$$q_i^* = \alpha + \beta_1 price + \beta_2 budget + \beta_3 family + \beta_4 acceptble + \beta_5 D + \varepsilon_i \quad (1)$$

$$q = \max(0, q^*) \quad (2)$$

式中，q_i为各种能源消费量，β_i（$i=1, 2, \cdots$）为待估参数。同时，模型主要采用了双对数模型。

（二）变量选择

因变量为传统能源、低质商品能、高质商品能和新能源等的人均消费水平。根据经济学理论和已有文献，自变量主要包括五个方面：

1. 价格。模型中只考虑两种价格：低质商品能价格和高质商品能价格。前者主要是指原煤使用的价格，后者是以油、气和电使用量为权重的综合价格。在计算过程中，这些价格是经过各自能源标准煤换算系数折算后的最终价格。

2. 预算。实证分析中，预算可以用家庭前几期的收入或消费表示；考虑到家庭耐用消费品和住房具有高价值和使用年限较长等特征，对于大多数农村家庭，其家庭财富在很大程度上可用家庭的耐用消费品和住房来表示，因此也是预算的一种很好的测度方法。限于数据的可获性，我们仅能用该农户的当期收入来表示。

3. 家庭特征。不同家庭在能源消费种类决定和具体能源数量决策方面存在很大差异，不仅受到整个家庭与能源消费有关的总体特征影响，还受到户主（一般是主要能源决策者）对能源消费偏好等影响。家庭特征包括：家庭人口规模、家庭常住人口比例、家庭人均耕地面积、户主年龄、户主教育、户主性别等。

4. 能源可获性。一般来说，人均耕地面积越多，获取秸秆薪柴的能力越强，增加消费的可能性也会增强，本文以人均耕地面积作为农民获取秸秆薪柴的主要变量。对于煤炭等低值商品能，以及石油、煤气、天然气、液化气和电等高质商品能，由于能源市场的完善程度是其消费的首要前提，文中将用村的信息考察农户所住地区能源市场发育。对于太阳能而言，最主要的使用地区的光照强度和光照天数，以及太阳能使用设备器材，因此设备市场的完善和发育程度将在很大程度上影响到该类能源的普及和使用。对于沼气这种新能源，使用方式仍以自产自用为主，因此成本主要是农户自家沼气池的建造以及后期的管理费用。

5. 地区特征。除了上述因素，我们还加入了地区自然禀赋条件、农业生产条件、地区发展水平等特征变量。此外，考虑到各地方政策以及其他与能源间接有关的环境改变会影响农户的能源消费行为，我们也加入了虚拟变量。

从表 1 可以看出，从样本平均情况看，大体上，一家农户在能源消费选择的时候，处于这样一种境况：市场上有两种能源的价格，低值商品能价格约为 1.15 元/千克标准煤，高质商品能价格约为 4.58 元/千克标准煤；其家庭人均纯收入为 6 414 元；该农户家中有 3.97 口人，其中常住人口（根据家庭个人在家居住系数计算）约占家庭总人口的 80%，人均有耕地面积 1.80 亩；户主年龄约为 53 周岁，受教育年限约为 7 年，多是男性；80%的村不在城市郊区，92%的村不是镇政府所在地；所在村地势多为平原和丘陵地区，多属农区；其中有 30%的家庭生产以非农业为主；37%的村属于小康村，10%的村是贫困村。

（三）实证结果和政策建议

为了更好地比较 Tobit 模型和 OLS 估计方法的差异，我们给出了各自的结果（表 2、表 3）。可以看到，所估计的参数差异较大，总体上 OLS 所估计参数要高。由于 Tobit 模型的系数并非边际影响，需要进一步计算出其边际效应。计算 Tobit 模型边际影响的方法主要有三种：潜因变量平均变化（$\beta=\partial E(y_i^*)/\partial x_i$）、可观察因变量的无条件期望变化（$\partial E(y_i)/\partial x_i$）、可观察因变量的有条件期望变化（$\partial E(y_i \mid a<y_i<b)/\partial x_i$）。由于潜因变量边际效应中没有考虑部分未消费能源农户的情形，因此我们重点介绍后面两种计算结果（对应表格 2、表 3 Tobit 模型注有上标 a 的边际影响一栏），并探讨模型的政策含义。

第一，价格和收入对农户的消费行为会产生显著影响。提高低质商品能

表 1　变量主要统计特征

指　标	含　义	样本	平均数	标准差	最小值	最大值
低质商品能价格	元/kgce	16 408	1.15	0.68	0.28	7
高质商品能价格	元/kgce	16 408	4.58	1.06	0.51	20
家庭人均纯收入	元	16 408	6 414	8 382	−20 958	510 000
家庭人口规模	人	16 408	3.97	1.54	1	12
家庭常住人口比	—	16 408	0.80	0.22	0.004	1
家庭人均耕地面积	亩	16 408	1.80	3.44	0	120
户主年龄	周岁	16 406	53.02	11.19	16	96
户主受教育	年	15 849	6.77	2.59	0	18
户主性别	1=男，0=女	16 408	0.93	0.26	0	1
村是否是郊区	1=是，0=否	15 218	0.20	0.40	0	1
村是否是镇政府所在地	−1=是，0=否	15 218	0.18	0.38	0	1
村地势	1=平原，2=丘陵，3=山区	15 171	1.83	0.80	1	3
村经济区域	1=农区，2=林区，3=牧区，4=渔区，5=其他	15 171	1.33	0.95	1	5
村非农户比重	—	15 218	0.30	0.27	0	1
村是否是小康村	1=是，0=否	15 218	0.37	0.48	0	1
村是否是贫困村	1=是，0=否	15 218	0.10	0.30	0	1

数据来源：根据调查样本整理。

表 2　能源消费量的决定

	Ln（传统能源）				Ln（低质商品能）			
	系　数	Tobit 边际影响[a]	边际影响[b]	OLS	系　数	Tobit 边际影响[a]	边际影响[b]	OLS
Ln 低质商品能价格	0.706 5***	0.669 4***	0.568 0***	1.256 2***	−2.080 6***	−1.248 9***	−0.878 9***	−3.519 5***
	(0.061 0)	(0.057 8)	(0.049 0)	(0.147 6)	(0.087 9)	(0.052 8)	(0.037 1)	(0.164 7)
Ln 高质商品能价格	0.163 4	0.154 8	0.131 4	0.157 5	0.380 3**	0.228 3**	0.160 7**	0.594 1**
	(0.108 9)	(0.103 2)	(0.037 6)	(0.259 6)	(0.166 2)	(0.099 8)	(0.070 2)	(0.293 6)
Ln 家庭人均纯收入	−0.500 9***	−0.474 6***	−0.402 7***	−1.077 0***	0.515 4***	0.309 3***	0.217 7***	0.750 3***
	(0.034 1)	(0.032 3)	(0.027 4)	(0.084 5)	(0.050 4)	(0.030 3)	(0.021 3)	(0.090 7)
Ln 家庭人口规模	−0.455 3***	−0.431 5***	−0.366 1***	−0.219 0*	−0.204 7**	−0.122 9***	−0.086 5***	0.194 2
	(0.053 4)	(0.050 6)	(0.042 9)	(0.129 8)	(0.079 5)	(0.047 7)	(0.033 6)	(0.133 1)
家庭常住人口比	−1.109 2***	−1.051 0***	−0.891 7***	−0.605 1**	−0.933 1***	−0.560 1***	−0.394 2***	−0.580 3**
	(0.102 6)	(0.097 3)	(0.082 5)	(0.280 6)	(0.152 1)	(0.091 3)	(0.064 3)	(0.270 8)
Ln 家庭人均耕地面积	0.159 1***	0.150 7***	0.127 9***	0.348 5***	−0.006 1	−0.003 7	−0.002 6	0.012 9
	(0.005 2)	(0.004 9)	(0.004 2)	(0.014 8)	(0.007 6)	(0.004 6)	(0.003 2)	(0.013 3)
Ln 户主年龄	0.544 0***	0.515 5***	0.437 3***	1.224 2***	0.093 5	0.056 1	0.039 5	−0.019 4
	(0.100 5)	(0.095 2)	(0.080 8)	(0.227 8)	(0.151 5)	(0.090 9)	(0.064 0)	(0.251 7)
Ln 户主受教育	−0.029 5**	−0.027 9**	−0.023 7**	−0.092 6***	−0.007 0	−0.004 2	−0.003 0	−0.006 3
	(0.012 4)	(0.011 8)	(0.010 0)	(0.025 4)	(0.018 7)	(0.011 2)	(0.007 9)	(0.031 4)
户主性别	0.353 2***	0.332 1***	0.278 2***	0.653 7***	0.424 6***	0.245 5***	0.173 5***	0.649 6***
	(0.090 0)	(0.085 3)	(0.072 4)	(0.214 7)	(0.134 1)	(0.080 5)	(0.056 6)	(0.211 8)
村是否是郊区	−0.868 9***	−0.811 6***	−0.674 0***	−1.745 8***	−0.224 6**	−0.133 0**	−0.093 8**	−0.497 2***
	(0.062 3)	(0.059 0)	(0.050 1)	(0.144 7)	(0.091 9)	(0.055 2)	(0.038 8)	(0.157 1)
村是否是镇政府所在地	−0.118 0*	−0.111 6*	−0.094 4*	−0.169 7	0.238 0***	0.145 0***	0.101 9***	0.573 3***
	(0.060 8)	(0.057 6)	(0.048 9)	(0.134 9)	(0.088 9)	(0.053 4)	(0.037 6)	(0.152 4)
丘陵	0.421 1***	0.400 2***	0.341 4***	0.959 9***	−0.665 8***	−0.390 8***	−.275 88***	−1.262 8***

（续）

	Ln（传统能源）				Ln（低质商品能）			
	系　数	Tobit 边际影响[a]	边际影响[b]	OLS	系　数	Tobit 边际影响[a]	边际影响[b]	OLS
	(0.056 6)	(0.053 6)	(0.045 5)	(0.135 4)	(0.082 8)	(0.049 7)	(0.035 0)	(0.149 0)
山区	0.365 8***	0.347 80***	0.297 5***	0.459 5***	−1.226 5***	−0.689 8***	−0.490 5***	−2.131 1***
	(0.063 8)	(0.060)	(0.051 3)	(0.150 2)	(0.094 3)	(0.056 6)	(0.039 8)	(0.176 5)
是否林区	0.761 3***	0.731 0***	0.636 6***	1.424 5***	−3.417 5***	−1.445 6***	−1.116 0***	−4.108 1***
	(0.098 1)	(0.092 9)	(0.078 9)	(0.213 9)	(0.186 1)	(0.111 7)	(0.078 6)	(0.267 7)
是否牧区	−1.985 9***	−1.750 0***	−1.372 8***	−2.819 1***	2.576 8***	1.893 3***	1.359 7***	6.031 0***
	(0.276 3)	(0.261 8)	(0.222 1)	(0.617 4)	(0.375 8)	(0.225 6)	(0.158 7)	(0.486 9)
是否渔区	−1.097 6***	−1.007 8***	−0.818 7***	−0.567 3*	0.821 9***	0.530 4***	0.372 30***	1.964 1***
	(0.207 9)	(0.197 0)	(0.167 1)	(0.322 6)	(0.242 0)	(0.145 3)	(0.102 2)	(0.475 2)
是否其他区	0.009 5	0.009 1	0.007 7	−0.391 2	−0.434 5**	−0.250 6**	−0.177 2**	−0.981 2***
	(0.115 9)	(0.109 8)	(0.167 1)	(0.255 5)	(0.179 2)	(0.107 5)	(0.075 7)	(0.327 6)
村非农户比重	−1.418 7***	−1.344***	−1.140 5***	−2.555 8***	1.486 1***	0.892 0***	0.627 7***	2.553 7***
	(0.105 0)	(0.099 5)	(0.084 4)	(0.267 4)	(0.155 0)	(0.093 0)	(0.065 5)	(0.268 4)
村是否是小康村	−0.199 2***	−0.188 5***	−0.159 6***	−0.532 4***	−0.363 8***	−0.216 4***	−0.152 5***	−0.495 8***
	(0.053 6)	(0.050 8)	(6.043 1)	(0.126 1)	(0.078 1)	(0.046 9)	(0.033 0)	(0.140 7)
村是否是贫困村	0.482 6***	0.461 1***	0.397 3***	1.424 1***	0.350 5***	0.216 2***	0.151 9***	0.388 6*
	(0.079 8)	(0.075 7)	(0.064 21)	(0.158 8)	(0.123 8)	(0.074 3)	(0.052 3)	(0.207 1)
省虚拟变量			略				略	
常数	8.562 3***	8.113 5***	6.883 6***	9.824 6***	0.385 2	0.231 2	0.162 7	−3.753 2**
	(0.661 4)	(0.626 7)	(0.531 7)	(1.514 0)	(0.971 6)	(0.583 2)	(0.410 4)	(1.770 6)
样本	14 524			14 524	14 524			14 524
R^2				0.341 1				0.433 7

注：(1) *，**，***：分别表示10%，5%和1%的统计显著水平；(2) β系数边际效应的计算主要有三种方法：潜因变量平均变化 [$\beta=\partial E(y_i^*)/\partial x_i$]、可观察因变量的无条件期望变化 [$\partial E(y_i)/\partial x_i$]、可观察因变量的有条件期望变化 [$\partial E(y_i \mid a<y_i<b)/\partial x_i$]，表中边际影响上标 a 为无条件边际影响，b 为有条件边际影响。

资料来源：根据样本整理计算获得。

表 3　能源消费量的决定

	Ln（高质商品能）				Ln（新能源）			
	系　数	Tobit 边际影响[a]	边际影响[b]	OLS	系　数	Tobit 边际影响[a]	边际影响[b]	OLS
Ln 低质商品能价格	0.051 6**	0.051 6**	0.051 5**	0.041 3	1.266 2***	0.057 3***	0.170 3***	1.073 4***
	(0.024 4)	(0.024 4)	(0.024 3)	(0.030 8)	(0.206 3)	(0.009 3)	(0.027 8)	(0.114 7)
Ln 高质商品能价格	−0.508 8***	−0.508 7***	−0.508 3***	−0.593 9***	−0.902 2**	−0.040 8**	−0.121 4**	−0.087 5
	(0.043 0)	(0.043 0)	(0.043 0)	(0.058 2)	(0.381 6)	(0.017 3)	(0.051 3)	(0.194 3)
Ln 家庭人均纯收入	0.468 0***	0.468 0***	0.467 6***	0.493 4***	1.464 5***	0.066 3***	0.197 0***	0.616 0***
	(0.013 5)	(0.013 5)	(0.013 5)	(0.021 8)	(0.133 8)	(0.006 1)	0.018 0)	(0.057 4)
Ln 家庭人口规模	−0.217 6***	−0.217 6***	−0.217 4***	−0.165 0***	1.764 3***	0.079 8***	0.237 3***	0.903 9***
	(0.021 2)	(0.021 2)	(0.021 1)	(0.030 7)	(0.207 3)	(0.009 4)	(0.027 9)	(0.089 2)
家庭常住人口比	−1.009 4***	−1.009 4***	−1.008 5***	−0.962 4***	1.071 0***	0.048 5***	0.144 1***	0.730 4***
	(0.040 6)	(0.040 6)	(0.040 5)	(0.065 5)	(0.379 7)	(0.017 2)	(0.051 1)	(0.167 7)
Ln 家庭人均耕地面积	−0.010 9***	−0.010 9***	−0.010 9***	−0.009 7***	0.106 0***	0.004 8***	0.014 3***	0.040 5***
	(0.002 0)	(0.002 0)	(0.002 0)	(0.002 9)	(0.020 5)	(0.000 9)	(0.002 8)	(0.008 4)
Ln 户主年龄	−0.483 3***	−0.483 3***	−0.482 9***	−0.519 1***	−1.038 7***	−0.047 0***	−0.139 7***	−0.417 0**
	(0.040 0)	(0.040 0)	(0.040 0)	(0.048 7)	(0.376 5)	(0.017 0)	(0.050 6)	(0.166 0)
Ln 户主受教育	0.023 3***	0.023 3***	0.023 3***	0.025 6***	0.151 4***	0.006 8***	0.020 4***	0.064 1***
	(0.005 0)	(0.005 0)	(0.005 0)	(0.008 2)	(0.056 0)	(0.002 5)	(0.007 5)	(0.019 1)
户主性别	0.019 2	0.019 2	0.019 2	0.024 7	0.470 6	0.019 5	0.061 9	0.260 8*
	(0.034 8)	(0.034 8)	(0.034 8)	(0.045 8)	(0.344 2)	(0.015 6)	(0.046 3)	(0.142 6)
村是否是郊区	0.247 3***	0.247 3***	0.247 1***	0.249 2***	−0.570 3**	−0.024 0**	−0.075 3**	0.037 0
	(0.024 4)	(0.024 4)	(0.024 4)	(0.028 7)	(0.235 8)	(0.010 7)	(0.031 7)	(0.099 7)
村是否是镇政府所在地	−0.156 6***	−0.156 6***	−0.156 5***	−0.147 5***	0.160 4	0.007 4	0.021 7	0.067 6
	(0.024 2)	(0.024 2)	(0.024 2)	(0.031 2)	(0.213 9)	(0.009 7)	(0.028 8)	(0.108 6)
丘陵	−0.259 4***	−0.259 4***	−0.259 1***	−0.258 2***	1.882 7***	0.099 1***	0.262 7***	1.204 5***

（续）

	Ln（高质商品能）				Ln（新能源）			
	系　数	Tobit 边际影响[a]	边际影响[b]	OLS	系　数	Tobit 边际影响[a]	边际影响[b]	OLS
	(0.022 3)	(0.022 3)	(0.022 3)	(0.028 7)	(0.205 6)	(0.009 3)	(0.027 7)	(0.101 0)
山区	−0.443 2***	−0.443 2***	−0.442 6***	−0.433 0***	2.451 7***	0.148 5***	0.354 9***	1.254 1***
	(0.025 5)	(0.025 5)	(0.025 5)	(0.033 4)	(0.233 7)	(0.010 6)	(0.031 4)	(0.122 3)
是否林区	0.030 2	0.030 2	0.030 2	−0.006 6	−0.958 1**	−0.036 4**	−0.123 2**	−0.398 8**
	(0.039 7)	(0.039 7)	(0.039 7)	(0.052 0)	(0.402 1)	(0.018 2)	(0.054 1)	(0.155 7)
是否牧区	−0.147 0	−0.147 0	−0.146 9	−0.137 6*	−24.770 4	−0.099 4	−1.342 2***	−1.676 9***
	(0.111 2)	(0.111 2)	(0.111 1)	(0.070 7)	(0.000 0)	(0)	(0)	(0.177 1)
是否渔区	0.457 3***	0.457 3***	0.457 1***	0.471 1***	2.860 6***	0.232 1***	0.450 5***	0.775 8***
	(0.066 1)	(0.066 1)	(0.066 1)	(0.058 4)	(0.642 4)	(0.029 1)	(0.086 4)	(0.296 2)
是否其他区	0.085 7*	0.085 7*	0.085 7*	−0.066 5	−0.184 6	−0.008 1	−0.024 6	−0.328 4*
	(0.045 8)	(0.045 8)	(0.045 8)	(0.089 3)	(0.449 3)	(0.020 3)	(0.060 4)	(0.177 3)
村非农户比重	0.046 7	0.046 7	0.046 6	0.053 0	0.212 8	0.009 6	0.028 6	0.321 5
	(0.041 5)	(0.041 5)	(0.041 5)	(0.050 8)	(0.372 9)	(0.016 9)	(0.050 2)	(0.199 7)
村是否是小康村	0.222 4***	0.222 4***	0.222 2***	0.245 2***	0.241 5	0.011 1	0.032 6	0.279 0***
	(0.021 2)	(0.021 2)	(0.021 2)	(0.025 5)	(0.195 7)	(0.008 9)	(0.026 3)	(0.091 8)
村是否是贫困村	0.053 6*	0.053 6*	0.053 6*	0.096 1**	−1.601 1***	−0.055 6***	−0.201 1***	−0.731 8***
	(0.032 4)	(0.032 4)	(0.032 4)	(0.040 6)	(0.332 6)	(0.015 0)	(0.044 7)	(0.132 1)
省虚拟变量			略				略	
常数	4.426 7***	4.426 4***	4.422 8***	4.442 5***	−13.752 3***	−0.622 2***	−1.850 0***	−11.555 2***
	(0.264 3)	(0.264 3)	(0.264 1)	(0.335 0)	(2.310 6)	(0.104 5)	(0.310 8)	(1.366 6)
样本	14 524			14 524	14 524			14 524
R^2				0.253 3				0.156 2

注：(1) *，**，***：分别表示10%，5%和1%的统计显著水平；(2) β系数边际效应的计算主要有三种方法：潜因变量平均变化［$\beta=\partial E(y_i^*)/\partial x_i$］、可观察因变量的无条件期望变化［$\partial E(y_i)/\partial x_i$］、可观察因变量的有条件期望变化［$\partial E(y_i \mid a<y_i<b)/\partial x_i$］，表中边际影响上标 a 为无条件边际影响，b 为有条件边际影响。

资料来源：根据样本整理计算获得。

价格，农户会显著增加传统能源（价格弹性为0.71）、高质商品能（价格弹性为0.06）和新能源的消费（价格弹性为0.06），而减少低质商品能本身的消费（价格弹性为1.25）。提高高质商品能价格，农户会显著增加低质商品能的消费（价格弹性为0.23），而减少高质商品能本身（价格弹性为0.51）以及新能源的消费（价格弹性为0.04）。增加家庭人均纯收入，农户会减少传统能源的消费（收入弹性均为0.47），而增加低质商品能（收入弹性为0.31）、高质商品能（收入弹性均为0.47）和新能源的消费（收入弹性为0.07）。

第二，能源消费具有一定的消费规模效应。传统能源、低值商品能和高质商品能消费的人口规模较强，家中人口越多，分摊到各人头的能源数量越低。但对于新能源，因为具有一次投资、多年享用的特性，因此一旦投资购买或建造，农户将充分利用这些能源。

第三，资源禀赋和能源可获性与农户能源消费行为关系极为密切。耕地、丘陵和山区的传统能源资源等都将吸引农户更多使用传统能源，而降低对高质商品能的使用程度。由于获取商品能源的便利，郊区农户和乡镇周围农户更喜欢使用商品能源，而减少传统能源。总体上，需要加强丘陵和山区等能源市场建设，从而降低能源交易价格，刺激农户新能源的使用；同时，需要适当引导丘陵和山区新能源的使用，尤其是条件适合地区增加沼气、太阳能和风能等的使用。

第四，家庭户主特征也会影响到能源的消费。总体上，户主年龄越大，越倾向于增加传统能源的消费而减少高质商品能和新能源的消费；户主所受教育越多，越倾向增加高质商品能和新能源的消费而减少传统能源的消费。因此，今后需要加强新能源使用意识的普及和宣传，改变更新家庭决策者的能源消费意识，通过外界宣传推动清洁能源的广泛使用。

第五，不同农业生产地区类型也会影响农户能源使用。总体上，林区农户更愿意增加薪柴秸秆等传统能源的使用，而减少对低质商品能和新能源的使用；牧区和渔区的农户更愿意减少秸秆薪柴等传统能源的使用而增加低质商品能的使用，渔区农户还更愿意增加高质商品能和新能源的使用。因此，政府在制定相关农村能源政策时，需要结合该地区农户的生产生活特性：对于农区，在完善能源市场的同时，重点加强对新能源的补贴和新能源技术的推广；对于林区，如何通过改革林地产权增加农户收入，同时提高这些地区能源市场的建设将是重点；对于牧区，如何结合其流动性，通过补贴增加风能、太阳能等的使用从而减少对煤炭等低值商品能的依赖；对于渔区，继续加强农户所住社区能源市场建设，并增强沼气养鱼技术的推广和应用。

第六，地区非农就业活动以及经济条件也将对农户能源消费产生影响。总体上，农村非农化程度越高，农户更愿意减少秸秆薪柴等传统能源的消费，而增加低质商品能的消费，同时村经济条件越好，村民更愿意减少传统能源和低质商品能的消费，而增加高质商品能的消费。

参考文献

[1] Adeoti，O.，Idowu，D. O. O. and Falegan，T.. 2001. Could fuelwood use contribute to household poverty in Nigeria? . Biomass & Bioenergy. Vol. 21：205－210.

[2] Gaffin，S. R. 1998. World population projections for greenhouse gas emissions scenarios. Mitigation and Adaptation Strategies for Global Change（3）：133－170.

[3] Leach. 1992. G.. The energy transition. Energy Policy. Vol. 20，No. 2：116－123.

[4] Leiwen Jiang，Brian C. O'Neill. 2004. The energy transition in rural China，Int. J. Global Energy Issues，Vol. 21，Nos. 1/2：2－26.

[5] O'Neill，B. C.，L. MacKellar，and W. Lutz，2001，Population and climate change（Cambridge University Press，Cambridge，UK）.

[6] Reddy. 2003. B. S.. Overcoming the energy efficiency gap in India's household sector. Energy Policy. Vol. 31：1117－1127.

[7] Sheinbaum，C.，Martinez，M. and Rodriguez. L. 1996. Trends and prospects in Mexican residential energy use. Energy. Vol. 21，No. 6：493－504.

[8] Tobin，J. 1958. Estimation of Relationships for Limited Dependent Variables. Econometrica，26：24－36.

[9] Yamasaki，Eiji，and Norio Tominaga. 1997. Evolution of an aging society and effects on residential energy demand. Energy Policy 25：903－912.

[10] 娄博杰．农户生活能源消费选择行为研究．中国农业科学院硕士学位论文，2008.

[11] 陆慧，卢黎．农民收入水平对农村家庭能源消费影响的实证分析．财贸研究，2006（3）：28－34.

中国农业温室气体减排潜力及其政策意涵

Reduction Potential and Control Policy of China Agro – Greenhouse Gas Emissions

黄德林　　蔡松锋

Huang Delin　Cai Songfeng

摘要：本文通过农业温室气体减排 GTAP – E 模型及其数据库构建，模拟了中国农业温室气体减排潜力及其政策意义。其结论为：农业温室气体减排 5%，我国 GDP 降低 0.059%，社会福利提高 11.6 亿美元。水稻的价格上升 22.08%，其他农作物价格上升 2.9%。牛羊类的价格上升 163.43%，猪禽类的价格上升 0.57%，其他畜产品价格下降 0.98%。农业温室气体减排 5%降低了我国农产品在国际市场上的竞争力，使得农产品的出口大大下降，但是却提高了其他部门的出口，导致我国净出口增加了 45.5 亿美元。农业征收排放税的税收收入为 223.11 亿美元。

Abstract: By constructing the model of GTAP – E of Reduction Potential and Control Policy of Chinese Agro – Greenhouse Gas Emissions and its data base, this paper simulates the reduction potential and control policy of China agro – greenhouse gas emissions. The result shows that by 5% reduction, China's GDP will be reduced by 0.059% and social welfare will increase 1.16 billion U.S. dollars, 22.08% increase in the price of rice and other crop prices will increase 2.9%. The price of cattle and sheep increased by 163.43%, the price of pigs and poultry increased by 0.57%, other livestock prices fell 0.98%. By 5% reduction, the competitiveness of Chinese agricultural products would be significantly reduced in international market, and their export would be reduced, but exports in other sectors would be increased, resulting in China's net exports increase by 4.55 billion U.S. dollars. Agriculture emission taxes imposed would reach 22.311 billion U.S. dollars.

一、研究背景

《京都议定书》附件A给出的人类排放的温室气体主要有6种，即二氧化碳（CO_2）、甲烷（CH_4）、氧化亚氮（N_2O）、氢氟碳化物（HFCs）、全氟化碳（PFCs）和六氟化硫（SF_6）。其中对气候变化影响最大的是CO_2。自工业革命以来，人类活动对生物圈的影响已从区域扩展到全球（P. M Vitousek, etal. 1997），特别是大气中二氧化碳、甲烷、氧化亚氮和氯氟烃等温室气体的浓度一直在逐年增加（Rodhe，H. A. 1990）。Mauna Loa的观测结果表明，在过去200年中，大气CH_4与N_2O浓度分别增加了约145％和15％。而在过去的250年里，CH_4和N_2O的浓度则分别增加了151％和17％。而且CH_4和N_2O分别以0.8％和0.25％的速率增长（IPCC，1990）。目前大气中CH_4和N_2O浓度分别为1 760ppbv和316ppbv（Keeling和Whorf，2005；IPCC，2001）。

人为活动是CH_4和N_2O浓度增长的主要原因。大气中70％的CH_4和90％的N_2O来源于农业活动和土地利用方式的转换等过程（Bouwman，1990）。CH_4是增温贡献仅次于CO_2的温室气体，其在全球增温效应中的贡献为15％，单位质量的甲烷其增温潜势是CO_2的56倍。大气中温室效应甲烷的浓度在工业革命前为0.8ppmv，到1990年时已达到1.72ppmv，是工业化前的2倍，目前仍以每年0.6％（即10ppbv）的速度增加，其在大气中的总含量约为4 700Tg（即47亿吨）（IPCC，1995a）。N_2O是目前第三大温室气体，其在全球增温效应中的贡献为6％，工业化前其大气中的浓度为275ppbv，但到1990年时已达到310ppbv，目前仍以每年0.25％（即0.8ppbv）的速度递增。

在农业生产中，肠道发酵、粪肥管理、水稻种植、农业土壤、热带草原划定的烧荒、农作物残留物的田间燃烧、其他、废物、陆地固体废物处置、废水处理、废物焚化等都会产生温室气体。据估计，全球范围内农业排放的CH_4占源于人类活动产生的CH_4排放总量的50％，N_2O占60％，如果不实施额外的农业政策，预计到2030年，农业源甲烷和氧化亚氮排放量将比2005年分别增加60％和35％～60％，减缓农业源温室气体排放对控制全球气候变化有重要作用。

《中华人民共和国气候变化初始国家信息通报》的数据显示，中国甲烷排放主要来源于农业活动、能源活动和废弃物处置。1994 年排放甲烷约 3 429 万吨，其中农业活动排放 1 720 万吨，能源活动排放约 937 万吨，废弃物处置排放约 772 万吨。农业活动是甲烷的最大排放源，占 50.15%，包括反刍动物肠道发酵排放 1 018 万吨、水稻种植排放 615 万吨和动物粪便管理系统排放 87 万吨。

作为一个向工业化发展，并且在相当一段时间内，农业仍然处于基础地位的大国，中国的减排政策一直是国际政界、经济界、环境界、学界关注和研究的热点之一。中国的 GHG 减排问题之所以引起全球关注，主要是由于以下几个方面的原因。首先，中国经济自 20 世纪 80 年代以来一直高速发展，并且这一态势可望在相当长的时段内持续下去，这使中国成为 GHG 排放率上升较快的国家之一。其次，尽管中国人均 GHG 排放率远低于美国等发达国家，但由于中国人口基数极大，从而使其总排量上升快。第三，中国人口基数大，对于农业生产的依赖性大，农产品生产随人口的增长速度加快，这就为农业温室气体减排带来挑战。随着中国经济的发展，中国的 GHG 排放量将进一步增加。这使得中国在全球 GHG 减排问题上必须要明确：①如何评估全球气候变化对中国的风险性；②如何认识中国在全球 GHG 减排问题上的国家利益；③如何参与全球 GHG 减排机制的变革与创新（首先要明确各项减排机制的利弊得失）；④如何在国际和国内层面制定与全球 GHG 减排有关的政策（包括外交、经济、易和环境政策等等）；⑤如何引领农业温室减排。在此基础上，对有关全球农业 GHG 减排问题形成一个完整统一的中国国家战略，以指导 GHG 减排问题中内政和外交政策。

二、研究综述

（一）关于非 CO_2 温室气体—农业源温室气体排放潜力的研究

2002 年，美国的 Robert C. Hyman 等在环境建模与评估杂志中发表的“非二氧化碳减排环境模型及评价”一文中利用全球的 CGE 模型模拟了非 CO_2（包括农业温室气体 CH_4 和 N_2O，还有 SF6 和 PFCS）参与减排的潜力和成本，研究发现非 CO_2 由于有很高的综合温热势，所以非 CO_2 气体减排是重要的成本有效性的政策，对于温室气体减排有重要作用。研究还发现，非 CO_2 对成本有效性的贡献不和其排放份额成比例，对于美国、日本和欧盟，非 CO_2 对于以 GWP 为标准的温室气体排放贡献额低于 20%，而它对温室气体成本有效性的贡献为前者的 2 倍；对于发展中国家，非

CO_2 温室气体的排放份额更大，但是这些排放来自难于减排的反刍动物和水稻生产，所以发展中国家非 CO_2 对成本有效性的贡献较大，但是这个份额和其排放份额有很大联系。

2008 年，美国华盛顿环境保护局 Steven K. Rose 和日本国家环境研究所 Huey－Lin Lee 研究了非 CO_2 温室气体（包括了农业温室气体）排放对温室效应影响的数据特征。他们认为非 CO_2（carbon dioxide）温室气体排放相当于第三种辐射力，与土地有关的活动大约排放了全球 2/3 的非 CO_2（carbon dioxide）温室气体，所以，模拟非 CO_2（carbon dioxide）温室气体排放对于研究气候变迁和估计气候变迁战略的净环境影响很有必要。

表 1　2001 世界与土地使用相关的非 CO_2 排放比重

部　门	比重
水稻	8.00%
小麦	2.30%
谷类粮食	2.70%
水果，蔬菜，坚果	6.00%
油菜籽	2.00%
甘蔗，甜菜	0.70%
种植业纤维	1.30%
谷物类	2.20%
牛、羊（山羊）、马	24.60%
动物产品类	5.50%
原料奶	5.40%
森林	0.00%
其他部门	39.40%

从表 1 中可以看出，全球 60%的非 CO_2 温室气体排放来自于土地经济，25%来自于反刍兽，8%来自于水稻田。借此研究，美国环境保护局建立了详细的非 CO_2 温室气体排放数据，这组数据被用于全球经济模型，包括能源、土地，整合各国各部门，符合 GTAP 数据库要求，以及排放模型的需求。他们将非 CO_2 的数据中的 24 个大类 119 个子类映射到 GTAP 数据中，开创了 GTAP－E 模型分析非 CO_2 温室气体减排的先河（表 2）。

表 2　非 CO_2 排放部门与 GTAP 模型部门的对应关系

类　别	温室气体	GTAP 所对应的部门
己二酸和硝基的生产	N_2O	化工橡胶制品
农业土壤	N_2O	水稻，小麦，谷物，蔬菜水果，油料作物，糖料作物，植物纤维，其他作物
生物燃烧	CH_4&N_2O	水稻，小麦，谷物，蔬菜水果，油料作物，糖料作物，植物纤维，其他作物
煤矿的泄露	CH_4	煤炭
石油和天然气系统的泄露	CH_4	天然气生产和输送
人类污水	N_2O	公共服务
固体废弃物填埋	CH_4	公共服务
牲畜肠道发酵	CH_4	牛羊马，猪禽
牲畜粪便管理	CH_4&N_2O	牛羊马，猪禽
其他工业非农业来源	CH_4	矿产品交通设施
牧场和围场	N_2O	牛羊马，猪禽
水稻种植	CH_4	水稻
固定和移动的燃烧	CH_4&N_2O	煤，石油，天然气，煤和石油制品等
废水处理	CH_4	公共服务
铝生产	CF_4	非铁金属
电的输送和分配	SF_6	电力
HCFC－22 的生产	HFC－134a	化工橡胶制品
镁的生产	HFC－134a	非铁金属
消耗臭氧层物质替代品	HFC－134a	化工橡胶制品
半导体生产	CF_4	电力

在国内，李长生等用 DNDC 完成了对中国农田 1990 年温室气体排放的估算。结果表明中国农业生态系统的 CO_2 净排放量约 95 百万吨 C/年、CH_4 约 9.2 百万吨 C/年、N_2O 约 1.3 百万吨 N/年。根据全球增温潜势（GWP）计算，中国农田释放的 N_2O 对全球增温的影响高于 CO_2 和 CH_4。

王效科的研究认为人类活动向大气排放的 CO_2，主要来源于能源消费、水泥生产及土地利用，其中能源消费和水泥生产的排放量是土地利用的 3～4 倍。CH_4 排放中，人为源是自然源的 2.3 倍。在 CH_4 排放的人为源中，煤矿、天然气和石油生产是第一大来源（占 27%），其次为动物发酵（占 23%）和水稻田（占 16%）。N_2O 排放量根据 1997 年 IPCC 的估算，人为源是自然源的 0.8 倍。N_2O 排放的人为源中，来自农业土壤的排放量最大，占 46%，其次为牲畜饲养（占 29%）和工业源（占 18%）。在农业生产中进行 CH_4 和 N_2O 的减排，是减少温室气体排放的一项重要内容。

（二）关于非 CO_2 温室气体—农业源温室气体减排意涵的研究

1997 年，C. V. Cole 等在农业生态系统杂志发表的“农业温室气体的国际减排潜力估计”一文中提出在估算农业温室气体减排潜力时指出农业温室气体减排潜力存在许多不确定性，不确定性的主要来源是缺乏基期土地利用和农业温室气体排放量的数据，经济和政策条件下的减排策略实施程度的不可预测性加大了减排的不确定性。另外，农民不会自愿地采取减排技术，除非该技术能使他们提高利润。

IFPRI（2008）认为，必须把农业纳入气候变化会议的议程，在国际气候变化基金中明确划分出与农业相关的投资领域，例如有助于减排的农业科技、农业减排技术推广、减排基础设施建设和制度创新、农业减排数据库和低成本监测体系等。如果农业不能被列入议程，应对气候变化而制定的新政策，就可能会损害发展中国家农民的利益，使之失去这次谈判带来的新的农业发展机会。另外他们还指出设计激励制度和制定相关政策，鼓励农民改善土地管理，停止毁林造地；对采用减排技术者按照农地面积给予奖励津贴；对毁林改变土地用途者征收重税。同时，将农业排放量纳入全球碳交易市场，按照农地面积核发排放定额。

在国内，张厚瑄、林而达认为农业部门响应全球气候变化的重要政策和行动计划的研究应包括两方面的内容：一是研究如何提高农业产量增强国家对未来气候变化的适应能力，二是研究如何减少农业温室气体排放（主要是 CH_4、N_2O 等）保护生态环境。在农业和气候变化领域，不仅要着眼于调整农业结构，加强管理，提高农业对气候变化的适应性，同时也要看到农业在温室气体减排方面巨大的潜力。通过开展国际合作，为在中国实施农业温室气体减排和相关交易项目提供相应的技术支持，开展与农业温室气体减排和交易活动。

中国农业科学院农业经济与发展研究所黄德林课题组自 2006 年在农业立体污染防治战略研究中，开始引入 GTAP－E 模型，利用第 7 版数据库，研究了中国主要粮食作物和畜产品征收碳税后的温室气体减排和损失程度。除此之外，应用 GTAP－E 模型研究农业温室气体减排政策很少见到。

三、中国农业温室气体减排 GTAP-E 模型

（一）模型基本假设

对生产者的假设：①每个部门生产一种产品；②对市场没有影响，是价格接受者；③极小化成本；④嵌套的 Leontief/CES 生产函数，允许国内生产和进口投入间的替代（Armington 假设），劳动、资本和土地间的替代。

对投资者的假设：①价格接受者；②最小化成本；③用国内商品和进口商品来建造资本品。

对消费者的假设：①只包括一类消费者；②在预算约束内极大化效用；③价格接受者；④消费结构用 CDE 函数表示；⑤总消费固定或者是 GDP 的一定比例。

对出口的假设：①允许用于出口的产品和用于国内使用的产品不是完全替代的；②出口需求曲线是向下倾斜的。

对政府的假设：①最小化成本；②总支出固定或者是总消费的一定比例。

对价格的假设：①价格等于成本，即零利润条件；②模型是货币中性的，因此需要一个价格作为货币等价物。一般选用汇率作为货币等价物。

对商品市场的假设：商品市场总是均衡的，即市场出清假设。

其他假设还有：①资本和劳动力在本国内是完全流动的；②土地资源在本国内是不完全流动的；③各个产品和要素的市场为完全竞争市场。

（二）模型结构

1. 生产模块。CES 生产函数，在生产中，生产者的目标是利润最大化即成本最小化。以两种中间投入为例。

目标函数：

$$\underset{x_1,x_2}{Min} p_1x_1+p_2x_2 \tag{1}$$

限制条件：$y=\alpha\ (\delta_1x_1^{-\rho}+\delta_2x_2^{-\rho})^{-1/\rho}$ (2)

式中，x_1 和 x_2 是中间投入的量，p_1 和 p_2 是他们的市场价格。y 是生产水平，a 是效率参数。σ_1 和 σ_2 是分配参数。$\sigma=1/\ (1+\rho)$ 是不变的两个中间投入的替代弹性。

通过建立拉各朗日函数来最小化总成本：

$$C=p_1x_1+p_2x_2+\lambda[y-\alpha(\delta_1x_1^{-\rho}+\delta_2x_2^{-\rho})^{-1/\rho}] \tag{3}$$

一阶条件为：

$$\partial C/\partial x_1=p_2-\lambda[\partial f(x)/\partial x_2] \tag{4}$$

$$\partial C/\partial x_2 = p_2 - \lambda[\partial f(x)/\partial x_2] \tag{5}$$

$$\partial C/\partial \lambda = y - \alpha(\delta_1 x_1^{-\rho} + \delta_2 x_2^{-\rho})^{-1/\rho} \tag{6}$$

通过求解可以求出中间投入的需求函数为：

$$x_1 = y \cdot (\frac{s_1 \cdot p}{p_1})^{\sigma} \tag{7}$$

$$x_2 = y \cdot (\frac{s_2 \cdot p}{p_2})^{\sigma} \tag{8}$$

其中

$$s_i = p_i x_i / (p_1 x_1 + p_2 x_2) \tag{9}$$

$$p = (s_1 \cdot p_1^{1-\sigma} + s_2 \cdot p_2^{1-\sigma})^{1/(1-\sigma)} \tag{10}$$

GTAP－E的生产结构图用CES标注的分支结构的方程式是上面推导结果的应用，每层CES的方程式是一样的，各层的区别在于它们投入要素不同以及要素间的替代弹性不同。

对于顶层的里昂惕夫结构，具体的表达式如下：

生产函数：$Q = \text{Min}\ (ax_1,\ bx_2)$ (11)

中间投入需求函数：

$$x_1 = Q/a \tag{12}$$

$$x_2 = Q/b \tag{13}$$

式中：Q 最终产出，a 和 b 为技术参数，x_1 和 x_2 为要素投入量。最后完全竞争市场利润为0的方程表示为：

$$P \cdot Q = \sum_e PFE_i \cdot QFE_i + \sum_e PF_i \cdot QF_i \tag{14}$$

式中，P 为最终产品的市场价格，Q 为最终产出，PFE_i 为初级要素投入的价格，QOF_i 为其投入量，PF_i 为中间投入的价格，QF_i 为中间投入的量。最终产品的市场出清方程为：

$$Q(i,r) = QDS(i,r) + QST(i,r) + \sum_{s \in REG} QXS(i,r,s) \tag{15}$$

式中，i 代表商品或服务，r 和 s 代表区域；Q（i，r）代表 r 区域商品或服务 i 的产出。QDS（i，r）代表国内消费的商品或服务 i；QST（i，r）代表用于边际产品的商品或服务 i；QXS（i，r，s）代表从区域 r 出口到区域 s 的商品或服务 i。

2. 商品流通模块。商品从生产出来会有一个厂商价值 VOA（i，r），然后对厂商征税或给予补贴 $PTAX$（i，r），就会得到市场价值 VOM（i，r），如果商品出口的市场价值为 $VXMD$（i，r，s）的话，对商品征收出口关税或给予出口补贴 $XTAXD$（i，r，s），得到出口离岸的国际价值 $VXWD$（i，r，

s），再加上运输到 s 的运费 $VTWR$（i，r，s），得到到岸的国际价值 $VIWS$（i，r，s），进口国对商品征收进口关税 $ITAXD$（i，r，s），得到进口国国内市场价值 $VIMS$（i，r，s），然后进口商品的国家 s 将商品分布消费在私人部门、政府部门和作为生产者的中间投入。当然，区域 r 的商品出口剩下的 VDM（i，r）由本国的私人部门 $VDPM$（i，r，s）、政府部门 $VDGM$（i，r，s）、和生产者 $VDFM$（i，r，s）购买。以上关系用方程表示为：

$$VOM(i,r)=VOA(i,r)+PTAX(i,r) \tag{16}$$

$$VXWD(i,r,s)=VXMD(i,r,s)+XTAXD(i,r,s) \tag{17}$$

$$VIWS(i,r,s)=VXWD(i,r,s)+VTWR(i,r,s) \tag{18}$$

$$VIMS(i,r,s)=VIWS(i,r,s)+ITAXD(i,r,s) \tag{19}$$

$$VIMS(i,r,s)=VIPM(i,r,s)+VIGM(i,r,s)+\sum_{j\in PROD}VIFM(i,r,s) \tag{20}$$

$$VDM(i,r)=VDPM(i,r,s)+VDGM(i,r,s)+VDFM(i,r,s) \tag{21}$$

3. 市场出清。在以后的方程中，各个变量后面的标注的代表含义如下：r 代表区域；s 代表区域（目的地）；n 代表非储蓄商品；d 代表需要的商品；p 代表生产的商品；t 代表可流通的商品；e 代表禀赋产品；em 代表流动性禀赋产品；es 代表非流动性禀赋产品；ec 代表禀赋性资本商品；c 代表资本商品。

（1）可交易的商品市场出清方程：

$$QO(t,r)=QDM(t,r)+QST(t,r)+\sum_{s\in REG}QXMD(t,r,s) \tag{22}$$

（2）进口商品的市场出清方程：

$$QIM(t,r,s)=\sum_{r}QIMS(t,r,s)=\sum_{p}QIFM(t,p,r)+QIPM(t,r)+QIGM(t,r) \tag{23}$$

（3）国内生产国内消费的商品的市场出清方程：

$$QDM(t,r)=QDPM(t,r)+QDGM(t,r)+\sum_{s\in REG}QDFM(t,p,r) \tag{24}$$

（4）完全流动禀赋类商品市场出清方程：

$$QO(em,r)=\sum_{s\in REG}QFM(em,p,r) \tag{25}$$

（5）不完全流动禀赋类商品市场出清方程：

$$QO(es,p,r)=QFE(es,p,r) \tag{26}$$

4. 区域收入和资本模块。

（1）私人家庭部门总支出方程：

$$PRIVEXP(r) = INCOME(r) - SAVE(r) - \sum VGA(t,r) \tag{27}$$

(2) 区域收入方程:

$$\begin{aligned}
INCOME(r) = & \sum_{e}[PS(e,r) \cdot QO(e,r) - (1 - DEP(r)) \cdot KB(r)] \\
& + \sum_{n}[1 - TO(n,r)] \cdot PM(n,r) \cdot QO(n,r) \\
& + \sum_{em}\sum_{p}[TF(em,p,r) - 1] \cdot PM(em,p,r) \cdot QFE(em,p,r) \\
& + \sum_{es}\sum_{p}[TF(es,p,r) - 1] \cdot PMES(es,p,r) \cdot QFE(es,p,r) \\
& + \sum_{t}\sum_{p}[TFM(t,p,r) - 1] \cdot PIM(t,p,r) \cdot QFM(t,p,r) \\
& + \sum_{T}\sum_{p}[TFD(t,p,r) - 1] \cdot PM(t,p,r) \cdot QFD(t,p,r) \\
& + \sum_{t}[TPM(t,r) - 1] \cdot PIM(t,r) \cdot QPM(t,r) \\
& + \sum_{t}[TPD(n,r) - 1] \cdot PM(t,r) \cdot QPD(t,r) \\
& + \sum_{t}[TGM(t,r) - 1] \cdot PIM(t,r) \cdot QGM(t,r) \\
& + \sum_{t}[TGD(t,r) - 1] \cdot PM(t,r) \cdot QGD(t,r) \\
& \sum_{t}\sum_{s}[2 - TX(t,r) - TXS(t,r,s)] \cdot PFOB(t,r,s) \cdot \\
& QXS(t,r,s) \\
& \sum_{t}\sum_{r}[TMS(t,r) + TMS(t,r,s) - 2] \cdot PCIF(t,r,s) \cdot \\
& QXS(t,r,s)
\end{aligned} \tag{28}$$

(3) 资本变化方程:

期末资本=期初资本+净投资

$$KE(r) = [1 - DEP(r)] \cdot KB(r) + REGINV(r) \tag{29}$$

$$KSVCES(r) = \sum_{ec} QO(ec,r) \tag{30}$$

$$RENTAL(r) = \prod_{ec}[PS(ec,r)]^{\frac{VOA(ec,r)}{\sum(ec)VOA(ec,r)}} \tag{31}$$

$$QCGDS(r) = \sum_{c} QO(c,r) \tag{32}$$

$$PCGDS(r) = \prod_{c}[PS(c,r)]^{\frac{VOA(c,r)}{REGINV(r)}} \tag{33}$$

$$KB(r) = \frac{KB(r)^0}{KSVCES(r)^0} \cdot KSVCES(r) \tag{34}$$

$$RORC(r) = \frac{RENTAL(r)}{PCGDS(r)} - DEPR(r) \tag{35}$$

$$RORE(r) = RORC(r) \cdot \left[\frac{KE(r)}{KB(r)}\right]^{-RORFLEX} \tag{36}$$

5. 市场价格模块。即利用税收和补贴将不同市场的价格联系到一起。税收一共有 6 种：一般进口税，特殊进口税，一般出口税（补贴），特殊出口税（补贴），产出税（补贴），收入税，初级要素税，消费税。

产出税为生产者价格和市场价格的比值，当其大于 1 时，是产出补贴，当其小于 1 时，是产出税。方程如下：

$$PS(n,r) = PM(n,r) \cdot TO(n,r) \tag{37}$$

对于初级要素税，分为完全流动和非完全流动两种，它是要素的生产者价格和市场价格的比值。方程如下：

完全流动的初级要素消费税：

$$PFE(em,p,r) = PM(em,n,r) \cdot TF(em,p,r) \tag{38}$$

不完全流动的初级要素消费税：

$$PFE(es,p,r) = PMES(es,n,r) \cdot TFE(es,p,r) \tag{39}$$

当 TF 和 TFE 大于 1 时，是税收。

对于私人部门的消费税，它等于商品的消费者价格与市场价格的比值，方程如下：

国内产品：

$$PPD(t,r) = PM(t,r) \cdot TPD(t,r) \tag{40}$$

如果 TPD (t, r) 大于 1，则是税收。

进口产品

$$PPM(t,r) = PIM(t,r) \cdot TPM(t,r) \tag{41}$$

对于政府部门的消费税，它等于商品的消费者价格与市场价格的比值，方程如下：

国内产品

$$PGD(t,r) = PM(t,r) \cdot TGD(t,r) \tag{42}$$

如果 TGD (t, r) 大于 1，则是税收。

进口产品

$$PGM(t,r) = PIM(t,r) \cdot TGM(t,r) \tag{43}$$

对于生产者中间投入的消费税，它等于商品的消费者价格与市场价格的比值，方程如下：

国内产品

$$PFD(t,p,r) = PM(t,p,r) \cdot TFD(t,p,r) \tag{44}$$

进口产品

$$PFM(t,p,r) = PIM(t,p,r) \cdot TFM(t,p,r) \tag{45}$$

对于进口产品，征收两次进口税：一个是普遍的进口税，它与商品的来源不同；一个是特殊的进口税，它是针对特定来源的。方程如下：

$$PMS(t,r,s) = PCIF(t,p,r) \cdot TM(t,r) \cdot TMS(t,p,r) \tag{46}$$

6. 区域家计部门行为模块（私人部门和政府）。

对于政府和私人部门的消费行为与不同的假设，假设政府的消费为CD效用函数形式，私人部门的消费是CDE效用函数形式。具体函数方程如下：

$$U(r) = UP(r)^{\frac{PRIVEXP(r)}{INCOME(r)}} \cdot \left(\frac{UG(r)}{POP(r)}\right)^{\frac{GOVEXP(r)}{INCOME(r)}} \cdot \left(\frac{QSAVE(r)}{POP(r)}\right)^{\frac{SAVE(r)}{INCOME(r)}} \tag{47}$$

$$QSAVE(r) = \frac{SAVE(r)^0}{INCOME(r)^0} \cdot \frac{INCOME(r)}{PSAVE} \tag{48}$$

$$UG(r) = \frac{GOVEXP(r)^0}{INCOME(r)^0} \cdot \frac{INCOME(r)}{PGOV(r)} \tag{49}$$

$$PGOV(r) = \prod_t PG(t,r)^{\frac{VGA(t,r)}{GOVEXP(r)}} \tag{50}$$

$$QG(t,r) = \frac{VGA(t,r)^0}{GOVEXP(r)^0} \cdot \frac{PGOV(r) \cdot UG(r)}{PG(t,r)} \tag{51}$$

$$PG(t,r) = \begin{bmatrix} GMSHR(t,r) \cdot (PGM(t,r))^{1-ESUBD(t)} + \\ (1-GMSHR(t,r))(PGD(t,r))^{1-ESUBD(t)} \end{bmatrix}^{\frac{1}{1-ESUBD(t)}}$$

其中

$$GMSHR(t,r) = \frac{VIGA(t,r)}{VGA(t,r)} \tag{52}$$

$$QGM(t,r) = QG(t,r) \cdot GMSHR(t,r) \cdot \left(\frac{PGM(t,r)}{PG(t,r)}\right)^{-ESUBD(t)} \tag{53}$$

$$QGD(t,r) = QG(t,r) \cdot (1-GMSHR(t,r)) \cdot \left(\frac{PGD(t,r)}{PG(t,r)}\right)^{-ESUBD(t)} \tag{54}$$

$$\sum_t B(t,r)UP(r)^{EP(t,t,r)EY(i,r)} \left[\frac{PP(t,r)}{\frac{PRIVEXP(r)}{POP(r)}}\right]^{EP(t,t,r)} \equiv 1 \tag{55}$$

$$PRIVEXP(r) = \frac{PRIVEXP(r)^0}{INCOME(r)^0} \cdot INCOME(r) \tag{56}$$

$$QP(t,r)=\frac{B(t,r)\cdot EPP(t,t,r)\cdot UP(r)^{EP(t,t,r)EY(T,r)}\left(\frac{PP(t,r)}{\frac{PRIVEXP(r)}{POP(r)}}\right)^{EP(t,t,r)-1}}{\sum_t B(t,r)\cdot EP(t,t,r)\cdot UP(r)^{EP(t,t,r)EY(T,r)}\left(\frac{PP(t,r)}{\frac{PRIVEXP(r)}{POP(r)}}\right)^{EP(t,t,r)}} \tag{57}$$

$$PP(t,r)=\left[\begin{array}{l}PMSHR(t,r)\cdot(PPM(t,r))^{1-ESUBD(t)}+\\(1-PMSHR(t,r))(PPD(t,r))^{1-ESUBD(t)}\end{array}\right]^{\frac{1}{1-ESUBD(t)}}$$

其中

$$PMSHR(t,r)=\frac{VIPA(t,r)}{VPA(t,r)} \tag{58}$$

$$QPD(t,r)=QP(t,r)\cdot(1-PMSHR(t,r))\cdot\left(\frac{PPD(t,r)}{PP(t,r)}\right)^{-ESUBD(t)} \tag{59}$$

$$QPM(t,r)=QP(t,r)\cdot PMSHR(t,r)\cdot\left(\frac{PPM(t,r)}{PP(t,r)}\right)^{-ESUBD(t)} \tag{60}$$

7. 进口商品的 Amington 假设。进口 Amington 假设，即，从不同地区进口的产品不完全替代，同类国产品与进口品之间的差异和不完全替代。根据此假设，进口产品通过 CES 集合成进口综合商品，进口综合商品和国内产品集合成综合产品。

$$PIM(i,s)=[\sum_s MSHRS(i,r,s)\cdot PMS(i,r,s)^{1-\sigma}]^{1/1-\sigma} \tag{61}$$

其中

$$MSHRS(i,r,s)=\frac{VIMS(i,r,s)}{\sum_r VIMS(i,r,s)}$$

$PIM(i,s)$ 为进口品 i 的综合价格，$PMS(i,r,s)$ 是从 r 来的商品的市场价格。

$$P(i,s)=\{SHRS(i,s)\cdot PM(i,s)^{1-\sigma}+[1-SHRS(i,s)]\,PIM(i,s)^{1-\sigma}\}^{1/1-\sigma} \tag{62}$$

其中

$$SHRS(i,s)=VDM(i,s)/[VDM(i,s)+\sum_r VIMS(i,r,s)]$$

8. 二氧化碳排放模块。GTAP－E 数据库在 GTAP 数据基础上添加了各个国家的二氧化碳排放数据。二氧化碳排放数据是根据排放源（煤、石油、天然气等)，排放源类型（国内还是进口）还有排放活动（具体什么部门的排放）。

就是说，二氧化碳的排放数据是一个4维的数据，它能清楚的说明具体国家的哪个部门通过使用什么样的中间投入产生了二氧化碳。即它是一个4维的变量ECO_2（i，r，s，t）。其中i代表排放源i（煤、石油、天然气等），r代表排放源类型r（国内和进口），s代表排放活动的部门，t代表排放区域。

区域r使用能源i的二氧化碳排放方程式为：

$$\begin{aligned} CO_2(r,i) = & \sum_{j \in PROD-COMM} [CO_2IF(i,j,r) + CO_2DF(i,j,r)] \\ & + CO_2DG(i,r) + CO_2IG(i,r) + CO_2DP(i,r) \\ & + CO_2IP(i,r) \end{aligned} \tag{63}$$

式中，CO_2（i，r）为区域r使用能源i的二氧化碳排放量。据此推导，区域r的总二氧化碳排放量为：

$$GCO_2T(r) = \sum_{i \in PROD-COMM} CO_2(r,i) \tag{64}$$

全球的二氧化碳排放为：

$$GCO_2W = \sum_{r \in REG} GCO_2(r) \tag{65}$$

在二氧化碳微观排放量的设计上，二氧化碳的排放量与其排放源的使用量成正比，采用如下方程（以生产排放为例）：

$$GCO_2fd(i,j,r) = qfd(i,j,r) \tag{66}$$

式中，GCO_2fd（i，j，r）为区域r部门j使用i后排放的二氧化碳的百分比变化。qfd（i，j，r）为区域r部门j使用i的百分比变化。

9. 碳税的设计。在碳税的设计上，以生产者为例，以生产者购买的价值减去排除不包括碳税的价值就等于碳税值。方程式为：

$$DFCTAX(i,j,r) = VDFA(i,j,r) - VDFANC(i,j,r) \tag{67}$$

$$IFCTAX(i,j,r) = VIFA(i,j,r) - VIFANC(i,j,r) \tag{68}$$

式中，$DFCTAX$（i，j，r）表示区域r部门j使用国内生产的i征收的碳税值。$VDFA$（i，j，r）表示区域r生产者j购买国内生产的i的支出价值，$VDFANC$（i，j，r）是指生产者排除碳税后生产者支出的价值。$IFCTAX$（i，j，r）指区域r部门j使用进口的i征收的碳税值。$VIFA$（i，j，r）表示区域r生产者j购买进口的i的支出价值，$VIFANC$（i，j，r）是指生产者排除碳税后生产者支出的价值。

碳税税率分为名义碳税和实际碳税，名义碳税是指每吨碳排放的征收的美元。实际碳税是名义碳税的表达式，具体方程式为：

$$RCTAX(r) = [1.0/PIND(r)] * [NCTAXB(REGTOBLOC(r)) - 0.01 * NCTAXLEV(r) * p(r)] \quad (69)$$

式中，$PIND$（r）为区域 r 的收入平减指数的水平值。$NCTAXB$（$REGTOBLOC$（r））为区域 r 碳税的变化率，$NCTAXLEV$（r）为碳税的水平值。p（r）为区域 r 的收入平减指数的变化率。

（三）农业温室气体排放模块

因为在 GTAP－E 中，各个生产部门是设置好的，所以我们只能选取 GTAP－E 模型中的部门来反映农业温室气体的排放，我们根据 GTAP－E 的部门分类将排放农业温室气体的部门抽选出来，具体 GTAP－E 的商品结构如图 1。

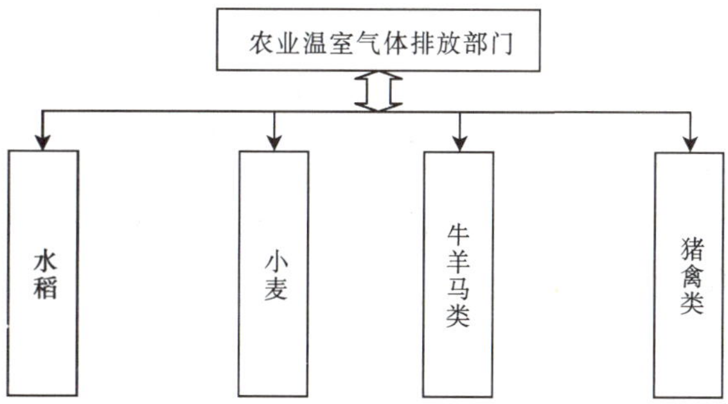

图 1　GTAP－E 的商品结构

在 CO_2 排放的模型处理上，一般采用 CO_2 的排放和 CO_2 排放源的中间投入成正比的方法，然后将此中间投入通过层层嵌套后于电力结合成能源综合，然后与资本结合相互替代。通过提高资本来减少能源投入来减少 CO_2 的排放。为了将问题简单化，从而易于分析，我们在农业温室气体的排放上，和 CO_2 排放采取同样的设置，即农业温室气体的排放和其投入量成正比，但对于农业产品的投入并没有层层的替代关系，也没有和资本的替代关系。

修改后的 GTAP－E 数据库在 GTAP－E 数据基础上添加了各个国家的农业温室气体排放数据。农业温室气体的排放数据是一个 4 维的数据，它能清楚的说明具体国家的哪个部门通过使用哪来的中间投入产生了农业温室气体。即它是一个 4 维的变量 $EAGHG$（i，r，s，t）。其中 i 代表排放源 i，r 代表排放源类型 r（国内和进口），s 代表排放活动的部门，t 代表排放区域。

区域 r 使用农产品 i 的农业温室气体排放方程式为：

$$AGHG(r,i)=\sum_{j\in PROD-COMM}[AGHGIF(i,j,r)+AGHGDF(i,j,r)] \\ +AGHGDG(i,r)+AGHGIG(i,r) \\ +AGHGDP(i,r)+AGHGIP(i,r) \quad (70)$$

其中 $AGHG(r,i)$ 为区域 r 使用能源 i 的农业温室气体排放量。据此推导，区域 r 的总农业温室气体排放量为：

$$GAGHG(r)=\sum_{i\in PROD-COMM}AGHG(r,i) \quad (71)$$

然后，全球的农业温室气体排放为：

$$GAGHGW=\sum_{r\in REG}GAGHG(r) \quad (72)$$

在农业温室气体微观排放量的设计上，农业温室气体的排放量与其排放源的使用量成正比，采用如下方程（以生产排放为例）：

$$gaghg(i,j,r)=qfd(i,j,r) \quad (73)$$

其中，$gaghg$（i，j，r）为区域 r 部门 j 使用 i 后排放的农业温室气体的百分比变化。qfd（i，j，r）为区域 r 部门 j 使用 i 的百分比变化。

四、数据来源及其测算

（一）改进后的 GTAP－E 模型数据库

在本研究，我们采用最新的 GTAP 第七版数据库，该数据基于 2004 年各国的社会核算矩阵建立起来的，共包含 113 个国家和 57 种商品。根据研究需要，我们将国家加总为 18 个产品部门和 15 个国家和地区（具体分类见附表 1 和 2）。

1. 投入产出数据。中国农业温室气体减排的 GTAP－E 模型的投入产出数据是在各个国家和地区的投入产出表的基础上建立起来的，基期是 2004 年。我们将模型中的 57 个部门加总为 13 个部门，分别是水稻、小麦、牛羊马类、猪禽类、煤、石油、天然气、石油炼制品、电力、能源密集的工业、其他工业、其他农业、服务业。模型数据库中包括 13 个部门之间互相投入的联系的数据，各个部门就通过投入建立了联系。除了部门间的投入数据，模型中还包括各个部门的初始禀赋投入，包括资本、土地、劳动力，通过此项投入反映各个部门的禀赋需求情况。部门的产出是中间投入和初始禀赋投入之和。

2. 贸易数据。中国农业温室气体减排的 GTAP－E 模型的贸易数据是国家和地区的双边贸易数据、关税数据和贸易运输数据，基期是2004年，我们将模型中的117个国家和地区加总为9个国家和地区美国、欧盟、欧洲东部国家和前苏联国家、日本、其他附件Ⅰ国家、中国、能源净出口国、印度、世界其他国家。

在模型数据库中，双边贸易数据是一个三维的数据，是由出口产品、出口国、进口国决定的一个数据；关税数据也是一个三维数据，是由出口产品、出口国、进口国决定的一个数据；贸易运输数据是一个四维数据，是由边际产品、出口产品、出口国、进口国决定的一个数据。

3. *CO_2排放数据*。CO_2排放数据是利用原GTAP－E模型的排放数据构建的，由于我们将模型中的国家地区和部门分别加总为9个和13个，所以CO_2排放的数据也加总为9个国家和13个部门。模型中CO_2排放数据是一个三维的数据，是由使用的产品，生产产品和区域决定一个数据。

4. *农业温室气体排放数据*。中国农业温室气体减排的GTAP－E模型的农业温室气体排放数据是由本研究按照以下步骤构建的。

a. 确定农业温室气体的种类；

b. 定位农业温室气体的排放源活动；

c. 将排放活动与GTAP生产部门结合起来；

d. 找出农业温室气体排放活动的排放参数；

e. 搜集农业温室气体排放活动的规模；

f. 计算各个活动详细的农业温室气体排放量；

g. 根据综合增热势将农业温室气体排放量折算成CO_2排放；

h. 根据排放活动所属部门将农业温室气体排放数据映射到GTAP－E数据库中，即要求排放部门对应到GTAP－E现有的部门；

i. 在GTAP－E数据库中加入相应的变量。

模型中农业温室气体排放数据是一个三维数据，是由使用的产品，生产产品和区域决定一个数据。由于GTAP－E中部门分类的限制，所以研究只能在GTAP－E已有部门中进行，具体数据的来源和所对应的GTAP－E部门如表3：

表3　农业温室气体排放来源和GTAP－E部门

农业温室气体	来　源	GTAP－E部门
CH_4	反刍动物	牛羊类
	稻田	水稻
N_2O	施肥农田	水稻、小麦
	动物粪便	牛羊马类、猪禽类

（二）农业温室气体排放的数据测算

根据农业部门温室气体排放的类型，我们将农业活动温室气体排放清单分为四部分：①稻田甲烷排放清单；②农田氧化亚氮排放清单；③反刍动物甲烷排放清单；④动物粪便甲烷和氧化亚氮排放清单。

1. 稻田甲烷排放量估算。

（1）方法的选择。将国家总的收获面积分为数个子系统（例如，在不同水分管理体系下的收获面积）然后将每个子系统的收获面积乘以该子系统所代表的条件的排放因子。用这个分解方法，总的年排放量就等于每个收获面积子系统排放量之和，用公式表达如下：

$$\text{水稻生产中的甲烷排放量}(Tg/yr)=\sum_i\sum_j\sum_k(EF_{ijk}\times A_{ijk}\times 10^{-12})$$

其中：EF_{ijk}为在 i，j，k 条件下的季节性综合排放因子，单位为 $g\ CH_4/m^2$；$A_{ijk}=$ 在 i，j，k 条件下的年收获面积单位为平方米；i，j，k 分别代表水稻生态类型、水分管理体系、有机添加物的类型和数量以及土壤类型。

（2）排放因子的确定。本研究排放因子的确定参照 IPCC 指南中，具体的调整方程为：

$$EF_i=EF_c\times SF_w\times SF_o$$

式中，EF_i 代表关于特定收获面积调整后的季节性综合排放因子；EF_c 代表不含有机质的持续性淹水稻田的季节性综合排放因子；SF_w 代表不同生态系统和水分管理区域的换算系数；SF_o 代表随使用的有机质和类型变化的换算系数。在以上的调整系数的确定上，采用以下原则：EF_c 的数据如果不能得到，就可以采用 IPCC 的缺省值 20 克/平方米。SF_w 根据表 4 确定。

表 4　IPCC 缺省的甲烷排放换算系数（没有有机质添加物）

类型	水分管理体系		换算系数（SF_w）
旱地	无		0
低地	灌溉	连续淹水	1
		间歇淹水—单次落干	0.5（0.2～0.7）
		间歇淹水—多次落干	0.2（0.1～0.3）
	雨养	淹水倾向	0.8（0.5～1.0）
		干燥倾向	0.4（0～0.5）
	深水	水位 500～100 厘米	0.8（0.6～1.0）
		水位>100 厘米	0.6（0.5～0.8）

数据来源：《IPCC 指南》的参考手册。

SF_o 根据表 5 确定

表 5 关于非发酵有机质添加物的计量反应表

干物质应用量（吨/公顷）	换算系数（SF_o）	范围
1～2	1.5	1～2
2～4	1.8	1.5～2.5
4～8	2.5	1.5～3.5
8～15	3.5	2～4.5
>15	4	3～5

注：要将此表应用到发酵有机添加物，需将得到的非发酵有机质排放因子除以 6。

数据来源：Denier van der Gon 和 Neue 1995。

由于数据收集方面的困难，本研究 SF_w 默认 1，SF_o 默认 2。

（3）活动水平数据的确定。活动水平数据由水稻生产和收获面积统计数据组成。数据来源于中国统计年鉴和 FAO，（http：//faostat.fao.org/DesktopDefault.aspx？PageID＝291&lang＝zh－CN）。国际水稻研究所（IRRI）的世界水稻统计资料。

（4）综合以上的叙述，可将水稻甲烷排放因子的确定归纳为表 6，然后根据上述方法，采用上表的默认数据就可以估算出各个国家稻田甲烷的年排放量。

表 6 缺省排放因子缺省换算系数和稻田中的甲烷排放范围

排放组分	缺省值	范围
标准排放因子（EF）	20 g CH_4 m－2 season－1	12～28 g CH_4 m－2 season－1
水分管理换算系数（SF_w）	0.5	见表 4.20
有机质添加物换算系数（SF_o）	2	1.5～5

数据来源：《IPCC 指南》和专家组判断。

2. 农业氧化亚氮排放量估算。

（1）估算农田氧化亚氮直接排放量的方法。Bouwman 对 1978－1992 年间的 174 组农田 N_2O 排放数据进行了分析，从而建立了 N_2O 排放量和施肥量的回归关系：

$$E=1+0.0125*F$$

其中 E 为单位面积 N_2O-N 年排放量（$kg \cdot hm^{-2} \cdot yr^{-1}$），F 为使用氮肥的氮量（$kg \cdot hm^{-2} \cdot yr^{-1}$）。数值 1 代表背景排放，即不施用氮肥的情况下 N_2O-N 年排放量（$kg \cdot hm^{-2} \cdot yr^{-1}$），0.012 5 为 N_2O-N 排放系数，其基本含义是 N_2O-N 排放量占肥料 N 的比例，该值是 IPCC 用于编制国家排放清

单的缺省值，此方法已经被广泛应用与农田 N_2O 排放的估算。所以，本研究在农田 N_2O 排放的估算上采用此方法。

（2）排放因子的确定。参考相关文献，如果能够查到本国合适的排放系数，就选用此系数。如果查不到，就是用 IPCC 推荐的默认值 0.012 5，并根基实际情况进行调节，具体如表 7：

表 7　农田氧化亚氮排放系数范围

系数范围	最近分析
低值	0.002 5
中值	0.012 5
高值	0.022 5

资料来源：IPCC/OECD 1995。

（3）活动水平数据的确定。活动水平数据由农田面积和氮肥使用量组成。这些数据应该能从国家统计机构得到。如果这些数据在本国得不到，还可以从 FAO 网站上下载，网址为：http：//faostat. fao. org/DesktopDefault. aspx? PageID=291&lang=zh-CN。

（4）综合以上的叙述，在计算农田氧化亚氮的排放时，首先去定农田总的化肥中氮的使用量，然后通过农田面积得到平均的氮使用量，然后根据 Bouwman 的方法计算单位面积 N_2O-N 年排放量，然后再计算出 N_2O-N 年排放总量。

3. *动物甲烷排放量估算*。估算家畜肠道发酵的甲烷排放的方法有三步：

步骤一：根据动物特性对动物分群。并查找动物总数。为估计动物甲烷排放，我们需要的是各种动物的年平均头数。动物数量可以从 FAO 的生产年鉴或专业统计报告中得到。需要收集的有关动物数量的数据如表 8 所示。

表 8　需收集的各种家畜数据

动物种类	需收集的数据
奶牛	年平均数量
非奶牛	年平均数量
水牛	年平均数量
绵羊	年平均数量
山羊	年平均数量
骆驼	年平均数量
马	年平均数量
驴、骡	年平均数量
猪	年平均数量

步骤二：分别估算家畜肠道发酵的甲烷排放系数，单位为千克/头/年。步骤2的目的是选择适合各国动物特性的排放系数。根据以前的研究给出家畜肠道发酵的甲烷排放系数。如下表列出了除牛以外各种动物的肠道发酵的排放系数。如表9所示，由于发达国家和发展中国家的动物的采食能量和饲料特性不同，所以排放系数有一定的差别。

表9　各种动物肠道发酵的排放系数

单位：千克/头·年

动物种类	发达国家	发展中国家
水牛	55	55
绵羊	8	5
山羊	5	5
骆驼	46	46
马	18	18
驴和骡	10	10
猪	1.5	1

表10列出了典型区域条件下牛肠道发酵的排放系数。

表10　牛肠道发酵的排放系数

地　区	动物类别	排放系数（千克/头·年）	产奶量单位（千克/头·年）
北美	奶牛	118	年均6 700
	非奶牛	47	
西欧	奶牛	100	年均4 200
	非奶牛	48	
东欧	奶牛	81	年均2 550
	非奶牛	56	
大洋洲	奶牛	68	年均1 700
	非奶牛	53	
拉丁美洲	奶牛	57	年均800
	非奶牛	49	
亚洲	奶牛	56	年均1 650
	非奶牛	44	
非洲及中东	奶牛	36	年均475
	非奶牛	32	
印第安次大陆	奶牛	46	年均900
	非奶牛	25	

资料来源：IPCC greenhouse inventory reference manual 1995.

步骤三：子群的甲烷排放系数乘以子群的数量，估算子群的甲烷排放量。各子群甲烷排放量相加可得出甲烷排放总量。动物头数乘以排放系数，相加成总排放量，单位百万千克（Gg），排放系数单位为千克/头/年，各种动物的甲烷排放总量的计算公式为：

排放系数（千克/头/年）×动物数量（头）/106 千克＝总排放量（Gg）

4. *动物粪便甲烷排放*。本研究采用 IPCC 推荐的第一种比较简单的估算国家动物粪便甲烷排放量的方法。

（1）统计不同动物类型各气候区的数量。为估算动物粪便的甲烷排放，动物需按照寒冷地区、温暖地区、炎热地区分别统计其数量。划分气候区的指标是年平均温度，规定如下：寒冷地区为年平均温度低于或等于 15℃的区域；温暖地区为年平均温度低于 25 或高于 15℃的区域；炎热地区为年平均温度高于 25℃的区域。

（2）排放因子。如果可以找到各个气候区动物的数量，可以用个气候区的动物占总量的百分数乘以相应气候区的排放系数，求出平均排放系数。如果不可以找到各个气候区动物的数量，就采取简单的直接平均估算平均排放系数。具体排放因子如表 11：

表 11　发到国家和发展中国家的动物粪便的排放因子

单位：千克/头·年

动物类型	发达国家			发展中国家		
	寒冷地区	温暖地区	炎热地区	寒冷地区	温暖地区	炎热地区
绵羊	0.19	0.28	0.37	0.1	0.16	0.21
山羊	0.12	0.18	0.23	0.11	0.17	0.22
骆驼	1.6	2.4	3.2	1.3	1.9	2.6
马	1.4	2.1	2.8	1.1	1.6	2.2
驴、骡	0.76	1.14	1.51	0.6	0.9	1.2
家禽	0.078	0.117	0.157	0.012	0.018	0.023

表 12　不同地区不同气候区牛猪粪便的甲烷排放因子

单位：千克/头·年

地　　区	动物类型	动物粪便的排放因子		
		寒冷地区	温暖地区	炎热地区
北美	奶牛	36	54	76
	非奶牛	1	2	3
	猪	10	14	18

（续）

地　　区	动物类型	动物粪便的排放因子		
		寒冷地区	温暖地区	炎热地区
西欧	奶牛	14	44	81
	非奶牛	6	20	38
	猪	3	10	19
东欧	奶牛	6	19	33
	非奶牛	4	13	23
	猪	4	7	11
大洋洲	奶牛	31	32	33
	非奶牛	5	6	7
	猪	20	20	20
拉丁美洲	奶牛	0	1	2
	非奶牛	1	2	1
	猪	0	1	2
非洲	奶牛	1	1	1
	非奶牛	0	1	1
	猪	0	1	2
中东地区	奶牛	1	2	2
	非奶牛	1	1	1
	猪	4	5	5
亚洲	奶牛	7	16	27
	非奶牛	1	1	2
	猪	1	4	7
印度次大陆	奶牛	5	5	6
	非奶牛	2	2	2
	猪	3	4	6

资料来源：IPCC greenhouse inventory reference manual 1995.

（3）总排放量。动物头数乘以排放系数，然后相加可得总排放量。总排量单位是百万千克（Gg），排放系数的单位是千克/头·年。

5. 测算结果。根据以上总结的方法，通过计算，得出全球各国农业温室气体排放量的估计值。详见附表1。

五、模拟及其结果

（一）步骤

1. 设置模拟方案。本研究计划设置三个模拟方案，第一方案为中国不进行温室气体减排；第二方案是中国只进行二氧化碳减排；第三种方案是中国既进行二氧化碳减排又进行农业温室气体减排方案（在此方案下又分为农业温室气体只参与排放交易和及参与排放交易又征收碳税两个子方案）。基准方案是第一方案。

2. 设计模型宏观闭合。本研究想通过改变政策变量来分析其对农业温室气体减排政策的影响。所以我们将政策变量碳税设为外生变量。

3. 确定外生变量冲击范围。变量的冲击范围我们根据《京都议定书》的规定和中国未来参与温室气体减排的可能承诺来确定。

4. 模拟分析。在相应模型宏观闭合设计好后，对相应的外生变量进行冲击。得到模拟结果，进行分析。如果结果不理想，回到第一步或者对模型相关参数进行修正。

（二）结果

1. 对总体经济影响。通过对农业温室气体的排放征收碳税后，如果基期年减排农业温室气体 5%，我国的总福利可以增加 11.6 亿美元。相对于基准方案（即不征收碳税对农业温室气体减排），我国国民生产总值（GDP）减少 0.059%，表明农业温室气体减排对我国经济增长的影响较小。

对不同的生产要素价格的影响不同，在 GTAP－E 模型中，土地是一种“反应不敏感”的生产要素，不容易在不同使用者间进行再分配（非完全流动的），因此不同作物间存在一定的地租差异。研究表明，农业温室气体被征税减排 5%以后，土地的综合价格是下降的（见表 13），这是因为对水稻的甲烷排放征税会导致水稻对土地的需求大幅度的减少，土地的非完全流动性导致其价格的较大下降。劳动力和资本是完全流动的，这些要素价格在不同部门间是相同的，所以由于征税减排后，农业部门的一部分劳动力会从农业部门转移出来，由于农业部门非技术型劳动力所占的比重高，非技术型劳动力供给的增加，所以其工资会有所下降。技术型劳动力和资本价格也有所下降。虽然非熟练劳动力的工资下降，但相对于消费物价指数，其降幅较小，因此非技术型劳动力的实际购买力还是提高的（见表 13）。

表 13　相对于基准方案，农业温室气体减排 5%的宏观效应

款　项	总影响
福利（亿美元）	11.600
实际 GDP（%）	−0.059
生产要素价格（%）	
土地	−14.155
非技术型劳动力	−1.375
技术型劳动力	−1.034
资本	−1.247
消费物价指数	−4.160

数据来源：模型模拟结果。

2. 对农业部门的影响。对农业温室气体征税碳税，会导致排放农业温室气体的农业部门投入的成本提高，从而导致其农产品的价格上升。从表 14 可以看出，征收碳税以后，同基准方案的价格相比，水稻的价格上升 22.08%，其他农作物价格上升 2.9%，牛羊类的价格上升 163.43%，猪禽类的价格上升 0.57%，其他农业下降 0.98%。

表 14　相对于基准方案，农业温室气体减排 5%的对农业的影响

部　门	价格变化（%）	产量变化（%）	出口（%）	进口（%）
水稻	22.086	−1.488	−81.733	166.767
其他农作物	2.903	−1.386	−10.015	4.929
牛羊类	163.435	−9.554	−96.788	510.650
猪禽类	0.571	−0.518	−0.852	−0.341
其他农业	−0.982	−0.305	3.898	−3.061

数据来源：GTAPAGRI 模型模拟结果。

同基准方案相比，水稻产量下降 1.49%，其他农作物产量下降 1.39%，牛羊类的产量下降 9.554 1%，猪禽类的产量下降 0.52%，其他农业产量下降 0.31%。同时，我国水稻出口下降 81.73%，进口上升 166.77%，其他农作物出口下降 10.02%，进口上升 4.93%。牛羊类出口下降 96.79%，进口上升 510.64%，猪禽类出口下降 0.85%，进口下降 0.34%，其他农业出口上升 3.90%，进口下降 3.06%。

3. 对其他部门的影响。农业温室气体减排 5%以后，农业排放温室气体的部门的价格上升，因此以农业部门为投入品的下游部门（如食品加工）部门的价格上升的最多。其他部门由于土地、劳动力和资本价格的下降而受益，其价格相应的下降。这些产品价格的下降促进了这些部门的出口（见表 15）。

表 15　相对于基准方案，农业温室气体减排 5%的对非农业部门的影响

部　门	价格变化（%）	产量变化（%）	出口（%）	进口（%）
化工制品	−0.182	−1.230	1.512	3.917
天然气	−0.390	0.812	15.589	−5.050
煤	−0.660	0.095	2.374	−1.791
石油	−0.231	0.352	2.706	−1.060
电力	−0.714	−0.009	4.380	−2.167
石油制品	−0.252	−0.274	1.099	−1.003
加工食品	1.600	−1.168	−5.273	1.924
棉纺制品	−0.077	0.429	0.753	−0.222
轻工业	0.566	−1.100	−2.727	0.839
重工业	−0.432	1.538	3.338	−0.782
公用事业和建筑业	−0.185	−0.920	1.001	−0.268
运输和通信	−0.090	−0.014	0.482	−0.186
其他服务	−0.688	0.330	2.907	−1.233

资料来源：GTAPAGRI 模型模拟结果。

4. 对其他国家福利的影响。我国农业温室气体减排 5%以后可以提高世界总福利，但各国的得益是不同的。相对于基准方案，世界总福利增加 19.75 亿美元，我国是最主要的受益国，社会总福利增加约 11.6 亿美元，占世界总福利的 58.7%。世界许多国家的福利都会受益（见表 16），只有日本、能源出口国、中东和北非、撒哈拉以南非洲和世界其他国家的福利会小幅度的减少。

表 16　相对基准方案，各国的福利变化

国家和地区	总福利（百万美元）
大洋洲地区	144.916
日本	−22.244
美国	282.914
印度	38.517
能源出口国	−58.726

（续）

国家和地区	总福利（百万美元）
东亚	105.113
东南亚	91.423
南亚	4.701
北美地区	49.985
拉丁美洲	46.409
欧盟	334.713
中东和北非	−68.746
撒哈拉以南非洲	−31.076
其他国家	−101.728

数据来源：GTAPAGRI 模型模拟结果。

福利减少的国家主要是由于我国对农业温室气体排放部门征税，导致农产品价格上涨，这些国家大多是农产品的净进口国，农产品价格的上涨对该国的消费产生不利影响，从而使其福利下降。

六、结　　论

根据上面分析，本文得到以下几个主要结论：农业温室气体减排5%提高我国的总体福利水平。但是相对于基准方案，我国 GDP 降低 0.059%，社会福利提高 11.6 亿美元。从经济上讲，农业温室气体减排 5%符合国家利益。但农业温室气体减排的负面影响较大，对农业温室气体征税碳税，会导致排放农业温室气体的农业部门投入的成本提高，从而导致其农产品的价格上升。征收碳税以后，同基准方案的价格相比，水稻的价格上升 22.08%，其他农作物价格上升 2.9%，牛羊类的价格上升 163.43%，猪禽类的价格上升 0.57%，其他畜产品价格下降 0.98%。农业温室气体减排 5%降低了我国农产品在国际市场上的竞争力，使得农产品的出口大大下降，但是却提高了其他部门的出口，所以使得我国净出口增加了 45.5 亿美元。我国农业温室气体减排 5%会显著提高世界总体经济福利。值得一提的是，我国对农业征收排放税的税收收入为 223.11 亿美元，如果将这笔财政收入由于改善农业生产条件，降低农业温室气体排放的强度，可以进一步提高农业温室气体减排的数量。

附表1　2004年全球各国农业温室气体排放量估算值

单位：吨

国家和地区	稻田甲烷排放	农田氧化亚氮排放	牛羊直接	猪禽直接	牛羊粪便	猪禽粪便
澳大利亚	13 279.20	96 912.65	2 326 938.84	3 184.74	60 259.97	22 325.31
新西兰	0.00	7 354.62	838 206.68	485.80	22 220.12	7 474.52
其余大洋洲国家	1 676.00	1 213.73	39 519.58	3 014.38	856.88	187.79
中国	5 723 143.00	770 725.86	7 793 485.46	525 873.50	115 637.70	97 074.24
中国香港	0.00	0.00	0.00	0.00	0.00	0.00
日本	340 200.00	17 906.82	224 591.50	12 155.00	2 076.80	32 701.79
韩国	200 231.80	10 178.40	111 123.13	11 135.57	1 107.35	13 456.31
中国台湾	0.00	942.86	0.00	0.00	0.00	0.00
东亚其他国家	116 600.00	5 769.36	304 033.00	4 000.00	8 801.45	744.88
柬埔寨	421 810.00	5 960.98	188 282.71	3 035.71	1 477.28	529.78
印度尼西亚	2 384 594.80	87 788.31	782 370.81	7 475.19	9 016.51	21 485.00
老挝人民民主共和国	154 064.00	1 571.43	127 336.00	2 158.75	764.68	521.89
缅甸	1 306 563.00	16 923.24	756 726.24	6 521.25	6 340.49	1 859.74
马来西亚	136 140.00	19 114.52	49 136.74	2 638.75	462.00	4 511.00
菲律宾	825 329.00	20 228.37	345 673.20	15 702.11	3 319.38	3 050.60
新加坡	0.00	184.05	13.00	312.50	0.23	392.50
泰国	1 998 573.60	46 401.22	361 994.04	9 067.57	2 565.30	3 601.79
越南	1 489 060.00	40 940.90	410 366.27	32 679.66	2 773.75	3 926.74
东南亚其他地区	8 751.40	272.27	16 271.19	434.38	181.20	270.42
孟加拉国	2 049 620.40	31 240.77	1 514 445.00	0.00	20 822.03	4 446.67
印度	8 381 340.00	480 635.75	15 627 455.50	17 500.00	134 306.30	13 179.33
巴基斯坦	503 920.00	83 950.23	3 107 959.00	0.00	37 634.67	5 001.84
斯里兰卡	143 938.00	4 620.67	76 756.07	99.11	639.41	254.63
其他南亚国家	315 657.20	5 072.77	625 749.36	1 212.60	5 407.08	566.11
加拿大	0.00	101 613.48	784 997.30	18 406.25	1 996.82	18 896.11
美国	269 118.00	574 677.16	5 226 171.50	75 554.63	24 922.34	233 091.98
墨西哥	12 480.00	57 956.80	1 924 510.77	18 971.03	20 472.33	7 969.35
其余北美	70 204.20	10 039.78	387 238.73	3 625.48	4 887.85	2 087.15

（续）

国家和地区	稻田甲烷排放	农田氧化亚氮排放	牛羊直接	猪禽直接	牛羊粪便	猪禽粪便
阿根廷	33 835.60	63 572.59	4 358 905.00	1 862.50	128 875.00	2 887.86
玻利维亚	30 438.60	5 747.11	667 600.15	2 852.88	19 874.40	2 003.22
巴西	746 629.60	137 997.87	17 212 452.73	41 356.63	504 964.40	23 170.77
智利	4 980.00	8 106.21	363 340.50	2 892.84	10 742.31	1 918.88
哥伦比亚	108 704.80	10 395.02	2 140 261.22	2 365.39	64 945.42	2 867.60
厄瓜多尔	84 309.60	4 670.91	437 127.10	1 602.22	13 530.04	2 477.18
巴拉圭	6 200.00	7 124.92	805 025.30	1 883.54	23 488.46	368.58
秘鲁	57 293.60	9 794.71	555 019.81	3 755.34	16 909.63	3 107.84
乌拉圭	37 293.00	3 701.50	1 057 868.50	293.75	30 537.08	1 136.12
委内瑞拉	39 756.00	9 334.66	1 363 215.53	3 808.63	39 955.92	2 028.07
其余南美洲	32 944.00	1 297.14	9 182.46	34.38	263.07	81.90
哥斯达黎加	12 423.00	1 534.93	59 525.75	687.50	336.68	448.52
危地马拉	2 900.00	5 271.16	139 588.00	265.00	567.42	753.79
尼加拉瓜	14 728.80	3 727.68	185 603.60	152.50	864.10	379.53
巴拿马	26 020.00	1 160.36	81 738.45	363.88	489.55	338.40
其余中美洲	2 517.40	4 546.20	206 391.35	1 073.36	806.71	801.57
加勒比海	0.00	0.00	0.00	0.00	0.00	0.00
奥地利	0.00	4 065.50	150 037.40	3 942.88	3 936.49	1 478.85
比利时	0.00	1 320.00	196 810.31	7 944.17	5 008.33	4 309.62
塞浦路斯	0.00	361.29	6 781.50	610.13	183.00	419.07
捷克共和国	0.00	10 634.68	102 947.72	3 908.17	2 630.05	1 698.13
丹麦	0.00	7 143.93	118 882.62	16 541.54	3 063.09	1 932.78
爱沙尼亚	0.00	1 301.79	18 647.60	430.75	474.47	36.69
芬兰	0.00	6 899.38	70 883.55	1 705.75	1 838.85	441.07
法国	4 032.00	74 660.14	1 448 737.59	18 755.40	38 073.14	26 360.50
德国	0.00	54 599.42	968 006.12	32 074.13	24 850.60	8 948.37
希腊	4 738.60	8 340.89	130 905.96	1 175.39	4 757.36	4 093.25
匈牙利	562.80	14 327.15	62 656.55	6 141.25	1 833.34	5 108.22
爱尔兰	0.00	8 223.52	545 318.20	2 066.38	13 933.01	1 390.58
意大利	45 944.40	29 030.65	537 476.05	11 445.91	14 852.53	12 165.17
拉脱维亚	0.00	2 357.54	27 582.25	555.50	710.09	63.55

（续）

国家和地区	稻田甲烷排放	农田氧化亚氮排放	牛羊直接	猪禽直接	牛羊粪便	猪禽粪便
立陶宛	0.00	3 530.37	59 249.79	1 321.70	1 525.94	96.58
卢森堡	0.00	418.69	13 443.88	105.76	344.54	8 554.56
马耳他	0.00	26.77	1 427.69	91.33	40.20	117.87
荷兰	0.00	24 359.42	280 197.19	13 941.25	7 400.63	10 197.37
波兰	0.00	46 373.88	390 151.48	21 234.88	10 161.78	2 879.89
葡萄牙	5 117.40	4 745.79	122 736.25	2 811.25	3 645.88	63 025.33
斯洛伐克	0.00	3 656.40	44 720.26	1 803.77	1 105.89	187.67
斯洛文尼亚	0.00	865.35	33 196.85	775.63	875.17	512.09
西班牙	24 526.40	41 879.06	643 895.40	31 118.70	19 599.80	16 445.15
瑞典	0.00	7 552.46	120 776.09	2 272.55	3 241.61	801.78
英国	0.00	31 502.04	991 515.75	6 450.75	29 645.08	21 837.11
瑞士	0.00	1 543.61	116 095.16	1 921.88	2 977.19	643.53
挪威	0.00	3 034.57	84 120.58	1 031.94	2 203.68	419.58
其余的欧洲自由贸易联盟	0.00	0.00	0.00	0.00	0.00	0.00
阿尔巴尼亚	0.00	1 519.57	65 009.10	178.88	1 797.46	202.08
保加利亚	1 133.80	9 932.49	70 054.47	1 290.38	2 019.65	464.71
白俄罗斯	0.00	15 520.61	283 859.53	4 108.75	7 242.72	291.69
克罗地亚	0.00	4 228.30	38 743.35	1 861.67	989.63	182.47
罗马尼亚	247.80	19 315.43	274 632.75	6 431.25	7 000.26	1 451.04
俄罗斯联邦	25 000.00	208 409.73	1 912 227.91	19 974.79	47 974.95	4 807.22
乌克兰	4 260.00	57 825.43	571 736.63	9 151.88	15 121.33	2 564.34
东欧其他地区	0.00	3 318.44	33 894.57	557.32	943.33	330.40
欧洲其他地区	0.00	8 839.88	508 545.26	5 328.84	14 140.57	100 702.42
哈萨克斯坦	15 260.00	36 921.38	345 653.45	1 711.00	6 118.61	716.78
吉尔吉斯斯坦	1 220.80	2 631.20	79 446.04	103.46	1 633.55	150.29
其余前苏联	26 048.00	11 591.01	657 985.57	146.62	9 589.48	1 115.48
亚美尼亚	0.00	934.74	32 622.11	106.74	382.06	100.40
阿塞拜疆	514.60	2 892.53	161 750.64	25.55	2 215.94	477.78
格鲁吉亚	0.00	1 018.68	69 362.20	592.29	756.56	172.95

（续）

国家和地区	稻田甲烷排放	农田氧化亚氮排放	牛羊直接	猪禽直接	牛羊粪便	猪禽粪便
伊朗伊斯兰共和国	122 290.60	46 313.16	907 513.50	0.00	18 306.84	7 884.39
土耳其	14 000.00	72 294.30	703 828.81	8.86	10 439.15	5 695.48
其余的西亚地区	56 600.00	52 246.35	994 403.73	253.13	21 181.04	11 557.03
埃及	129 134.00	37 194.65	450 283.00	38.13	6 352.16	2 638.68
摩洛哥	880.00	17 448.83	250 548.95	10.00	7 160.81	3 261.67
突尼斯	0.00	5 560.52	66 986.04	7.50	2 868.96	1 563.17
北非其他地区	1 552.00	46 363.55	2 309 609.37	7.13	38 498.72	4 768.66
尼日利亚	0.00	5 515.71	0.00	0.00	0.00	0.00
塞内加尔	16 297.20	5 157.74	167 645.18	374.50	3 580.03	634.44
非洲西部其他国家	430 119.00	62 539.66	1 779 523.69	5 551.81	33 715.48	247 024.69
中非	0.00	3 032.86	133 572.00	1 006.25	833.59	112.32
南非中部非洲	26 916.80	28 096.71	614 617.45	3 248.82	8 230.66	1 477.77
埃塞俄比亚	1 300.00	19 905.42	1 683 862.79	35.00	22 489.39	937.57
马达加斯加	247 600.00	4 689.06	287 767.21	845.31	706.29	713.60
马拉维	8 513.60	6 121.30	36 456.63	597.50	473.56	338.91
毛里求斯	0.00	352.37	1 440.13	13.63	21.69	231.06
莫桑比克	35 720.20	7 295.63	59 395.00	243.75	1 166.23	591.39
坦桑尼亚	122 626.00	15 553.86	684 297.01	568.75	4 303.94	792.04
乌干达	18 600.00	8 406.18	271 375.00	2 425.00	2 197.99	737.39
赞比亚	2 500.00	9 447.76	105 638.00	431.25	526.29	725.67
津巴布韦	58.00	6 089.17	201 872.10	775.00	1 114.84	603.17
东非其他地区	5 678.00	16 592.77	1 391 991.22	1 030.57	34 696.80	1 008.39
博茨瓦纳	0.00	355.14	84 944.00	6.25	935.60	105.13
南非	280.00	31 202.09	662 608.00	2 063.75	7 901.08	3 511.11
其他南部非洲关税联盟	5 054.40	7 537.32	305 036.74	1 194.62	2 708.71	432.77
汇总	29 511 594.00	4 071 145.85	100 142 135.90	1 104 979.00	1 893 348.00	1 149 618.15

附表 2 部门加总情况

New	sector	Comprising
Code	Description	old sectors
pdr	rice which CH4 emission	Paddy rice.
GrainsCrops	Grains and Crops N_2O emission	Wheat; Cereal grains nec; Vegetables, fruit, nuts; Oil seeds; Sugar cane, sugar beet; Plant-based fibers; Crops nec; Processed rice.
ctl	CH4 emission	Cattle, sheep, goats, horses.
oap	Livestock and Meat Products	Animal products nec.
otagri	other agriculture	Raw milk; Wool, silk-worm cocoons; Forestry; Fishing.
crp	chemical product lead N_2O	Chemical, rubber, plastic prods.
Gass	Gass	Gas; Gas manufacture, distribution.
coal	coal	Coal.
oil	oil	Oil.
ely	ely	Electricity.
oil _ pcts	oil _ pcts	Petroleum, coal products.
ProcFood	Processed Food	Vegetable oils and fats; Dairy products; Sugar; Food products nec; Beverages and tobacco products.
TextWapp	Textiles and Clothing	Textiles; Wearing apparel.
LightMnfc	Light Manufacturing	Meat: cattle, sheep, goats, horse; Meat products nec; Leather products; Wood products; Paper products, publishing; Metal products; Motor vehicles and parts; Transport equipment nec; Manufactures nec.
HeavyMnfc	Heavy Manufacturing	Minerals nec; Mineral products nec; Ferrous metals; Metals nec; Electronic equipment; Machinery and equipment nec.
Util _ Cons	Utilities and Construction	Water; Construction.
TransComm	Transport and Communication	Trade; Transport nec; Sea transport; Air transport; Communication.
OthServices	Other Services	Financial services nec; Insurance; Business services nec; Recreation and other services; PubAdmin/Defence/Health/Educat; Dwellings.

附表 3　国家加总情况

New	region	Comprising
Code	Description	old regions
oceania	oceania	Australia; New Zealand; Rest of Oceania.
CHN	China	China.
JAPN	Japan.	Japan.
USA	USA	United States of America.
IND	India.	India.
EEx	Net energy exporters	Indonesia; Malaysia; Viet Nam; Mexico; Argentina; Colombia; Venezuela; Rest of North Africa.
EastAsia	East Asia	Hong Kong; Korea; Taiwan; Rest of East Asia; Cambodia.
SEAsia	Southeast Asia	Lao People's Democratic Republ; Myanmar; Philippines; Singapore; Thailand; Rest of Southeast Asia.
SouthAsia	South Asia	Bangladesh; Pakistan; Sri Lanka; Rest of South Asia.
NAmerica	North America	Canada; Rest of North America.
LatinAmer	Latin America	Bolivia; Brazil; Chile; Ecuador; Paraguay; Peru; Uruguay; Rest of South America; Costa Rica; Guatemala; Nicaragua; Panama; Rest of Central America; Caribbean.
EU _ 25	European Union 25	Austria; Belgium; Cyprus; Czech Republic; Denmark; Estonia; Finland; France; Germany; Greece; Hungary; Ireland; Italy; Latvia; Lithuania; Luxembourg; Malta; Netherlands; Poland; Portugal; Slovakia; Slovenia; Spain; Sweden; United Kingdom.
MENA	Middle East and North Africa	Rest of Western Asia; Egypt; Morocco; Tunisia.
SSA	Sub-Saharan Africa	Nigeria; Senegal; Rest of Western Africa; Central Africa; South Central Africa; Ethiopia; Madagascar; Malawi; Mauritius; Mozambique; Tanzania; Uganda; Zambia; Zimbabwe; Rest of Eastern Africa; Botswana; South Africa; Rest of South African Customs .
RestofWorld	Rest of World	Switzerland; Norway; Rest of EFTA; Albania; Bulgaria; Belarus; Croatia; Romania; Russian Federation; Ukraine; Rest of Eastern Europe; Rest of Europe; Kazakhstan; Kyrgyztan; Rest of Former Soviet Union; Armenia; Azerbaijan; Georgia; Iran Islamic Republic of; Turkey.

参考文献

[1] 任仁.《京都议定书》要减排哪些温室气体 [J].化学教育，2005 (8).

[2] 王明星，等.温室气体的源与汇.气候与环境研究，第5卷，第1期，2000年3月.

[3] 政府间气候变化专门委员会.第三次评估报告.气候变化，2001.

[4] 丁祖荣.气候变暖与国际社会的责任——兼论《京都议定书》的意义与作用.浙江理工大学学报，第24卷，第3期，2007年5月.

[5] 中国科学院可持续发展战略研究组.2006中国可持续发展战略报告.

[6] 李坚明，黄宗煌 (2005).二氧化碳减量成本与策略——台湾参与国际排放交易制度与密集度减量模式之意涵.经济研究，41 (2)：155－189.

[7] 黄宗煌.因应全球变迁之政策工具及其影响.全球气候变迁对台湾之影响与因应研究规划研讨会，行政院环境保护署及国立台湾大学全球变迁研究中心主办，1995.

[8] 黄宗煌，李坚明.碳税、减量技术及经济成长.因应温室效应之经济工具及其经济影响研讨会论文集，1997，257－282.

[9] 郑玉歆，樊明太.中国CGE模型及政策分析.北京：中国社科文献出版社，1999.

[10] 李丛祯，萧之晴.温室气体减量之遵循成本与健康附属效益.台湾经济预测与政策，"中央研究院经济研究所"，2007 (37)：30－31.

[11] 黄国宏，陈冠雄，韩冰.土壤含水量与N_2O产生途径研究.应用生态学报，1999 (1).

[12] 李长生，等.中国农田的温室气体排放 [J].第四纪研究，第23卷第5期，2003年9月.

[13] 王效科，李长生，欧阳志云.温室气体排放与中国粮食生产研究.生态环境，2003，12 (4).

[14] 董红敏，李玉娥，陶秀萍.中国农业源温室气体排放与减排技术对策.农业工程学报，2008，24 (10).

[15] 张厚瑄，林而达.中国农业响应全球气候变化的策略问题.农业环境保护，1997，16 (1)：35－39.

[16] 罗纳德·哈里·科斯.企业，市场与法律.格致出版社，1991.

[17] Atkinson, S. and T. Tietenberg (1991), "Market Failure in Incentive-Based Regulation: The Case of Emissions Trading," Journal of Environmental Economics and Management, 21, 17－31.

[18] Baumal, W. J. and W. E. Oates (1988), The Theory of Environmental Policy, Cambridge University Press.

[19] Bruce A. McCarl. Curbing Greenhouse Gases: Agriculture's Role.

[20] Burniaux, J., J. P. Martin and J. Oliverira-Martins (1992), "The Effect of Existing Distortions in Energy Markets on the Costs of Policies to Reduce CO2 Emissions: Evidence from GREEN," OECD Economic Studies, 19, 141－165.

[21] Burniaux, Jean－Marc and Truong Phuoc Truong (2002) "GTAP－E: An Energy－

Environmental Version of the GTAP Model", GTAP Technical Paper 16.

[22] Cline, W. R. (1992), The Economics of Global Warming, Institute for International Economics, Washington D. C.

[23] Chang, Kuo - Ping (1994): Capital - energy substitution and the multi - level CES production function. Energy Economics, 16 (1), 22 - 26.

[24] Crocker, T. (1966), "The Structuring of Atmospheric Pollution Control Systems," in H. Wolozin (ed.), The Economics of Air Pollution, New York: Norton, 61 - 86.

[25] C. V. Cole, J. Duxbury. Global estimates of potential mitigation of greenhouse gas emissions by agriculture. Nutrient Cycling in Agroecosystems 49: 221 - 228, 1997.

[26] De Cara, S., M. Houzé and P. - A. Jayet (2005). Methane and nitrous oxide emagriculture in the EU: a spatial assessment of sources and abatement costs. EnviroResource Economics, 32, 551 - 583.

[27] DESTATIS, 2001. Statistisches Jahrbuch 2001. Statistisches Bundesamt, Wiesbaden.

[28] Ekins P. (1994), The Environmental Sustainability of Economic Processes: A Framework for Analysis, In Van den Bergh, J. & Van der Straaten, J. Eds, Concepts, Methods and Policy for Sustainable Development: Critiques and New Approach, Island Press, Washington DC.

[29] Evans, 2003 M. Evans, Emissions trading in transition economics: the link between international and domestic policy, Energy Policy 31 (2003), pp. 879 - 886.

[30] Frankhauser, S. and Pearce D. W. (1994), "The Social cost of Greenhouse Gases Emissions," The Economics of Climates of Climates Change, Proceedings of an OECD/IEA Conference, 71 - 87.

[31] Ginsburgh, Victor and Michiel Keyzer (1997) The Structure of Applied General Equilibrium Models, The MIT Press, Cambridge, Massachusetts. Chapter 1 and 2.

[32] Hahn, R. W. (1984), "Market Power and Transferable Property Rights," The Quarterly Journal of Economics, 753 - 756.

[33] Henry Neufeldt Disaggregated greenhouse gas emission inventories from agriculture via a coupled economic-ecosystem model. Agriculture, Ecosystems and Environment 112 (2006) 233 - 240.

[34] Hertel, Thomas ed. (1997) Global Trade Analysis Modeling and Applications, Cambridge University Press, Cambridge.

[35] Hibiki A., T. Morita, and K. Iwata, (1989), "On the Application of Economic Instruments for Stabilizing Global Climate Change," National Institute of Environmental Studies, Japan.

[36] Jorgenson, D. W. and Wilcoxen, P. J. (1992), Reducing U. S. Carbon Dioxide Emission: The cost of different Goals, in J. R. Moroney (eds.), Advances in the Economics of Energy Resources, Vol. 7., Greenwich, CT: JAI Press, 125 -158.

[37] Jorgenson, D. and P. Wilcoxen (1995), Reducing U. S. Carbon Emissions: An Econometric General Equilibrium Assessment, CA: Stanford University Press.

[38] Kainuma, M., Y. Matsuoka and T. Morita: Economic impacts of greenhouse gas emission mitigation policies - analysis by AIM model-, The 5th Conference on Global Economic Analysis, Taipei, Taiwan, 2002.

[39] Manne, A. S. and R. G. Richels (1992), "CO_2 Hedging Strategies: The Impact of Uncertainty upon Emission," The Economics of Climate Change, Proceedings of an OECD/IEA Conference, 59 - 71.

[40] McKibbin W., Ross, M., Shackleton R. and P. Wilcoxen (1999). Emissions Trading, Capital Flows and the Kyoto Protocol. Brookings Discussion Paper in International Economics #144, The Brookings Institution, Washington DC.

[41] Mendelsohn, R., W. D. Nordhaus and D. Shaw (1994), "The Impacts of Global Warming on Agriculture: A Ricardian Analysis," The American Economic Review, 84: 4, 753 - 771.

[42] M. Mohsin IQBAL. Greenhouse Gas Emissions from Agro - Ecosystems and Their Contribution to Environmental Change in the Indus Basin of Pakistan.

[43] Rose, Steven, Huey - Lin Lee. Non - CO_2 Greenhouse Gas Emissions Data for Climate Change Economic Analysis. GTAP Working Paper No. 43, 2008.

[44] Nordhaus, W. D. (1991), "The Slow or Not To Slow: The Economics of The Greenhouse Effect," The Economic Journal, 59 - 71.

[45] Nordhaus, W. D. (1993), "Reflections on the Economics of Climate Change," Journal of Economic Perspectives, 7: 4, 11 - 25.

[46] Nordhaus, W. D. and Z. Yang (1996), "A Regional Dynamic General Equilibrium Model of Alternative Climate - Change Strategies," American Economic Review, 86, 741 - 765.

[47] Quantitative Analysis of the Monopolistic Power of Economies in Transition in the International Emissions Trading by Matsumoto, Kenichi.

[48] R. L. Desjardins, S. N. Kulshreshtha. Canadian greenhouse gas mitigation options in agriculture. Nutrient Cycling in Agroecosystems 60: 317 - 326, 2001.

[49] Robert C. Hyman Modeling non - CO_2 greenhouse gas abatement Environmental Modeling and Assessment 8: 175 - 186, 2002.

[50] Rose and Stevens, 2001 A. Rose and B. Stevens, An economic analysis of flexible permit trading in the Kyoto Protocol, International Environmental Agreements 1 (2) (2001), pp. 219 - 242. Full Text via CrossRef.

[51] Smith, V. K. and J. C. Huang (1995), "Can Markets Value Air Quality? A Meta - Analysis of Hedonic Property Value Models," Journal of Political Economy, 103: 1, 209 - 227.

[52] "The Process of Incorporating Energy Data into GTAP", GTAP Draft Technical Paper,

Center for Global Trade Analysis, Purdue University, West Lafayette, Indiana, USA 2000.

[53] Umberto Ciorba and Francesco Pauli Kyoto Protocol and Emission Trading: Does the US Make a Difference? FEEM Working Paper No. 90. 2001.

[54] Zhang, ZhongXiang (1996): An economic assessment of the Kyoto Protocol using a global model based on the marginal abatement costs of 12 regions. Unpublished.

金融危机对贫困地区农户的影响

The Impact of Financial Crisis on Farmers in Poor Regions

李　文　李　芸

Li Wen　Li Yun

摘要：通过对中西部6省贫困地区1 083户农户的实地调查，分析金融危机的爆发对贫困地区农户收入、消费的影响。研究结果表明，金融危机给我国贫困地区劳动力流动带来了明显的影响。首先是外出务工的影响，无论是外出务工人数、目的地还是务工收入有较为明显的影响。受金融危机影响，出口农产品价格下降幅度较大，因此对从事这些农产品生产的农户收入带来较大影响，但这些农户数量有限。另外，农户的生活消费没有受到明显影响。

Abstract: The paper analyzes the impact of the financial crisis upon farmers' income and consumption on the basis of a field survey on 1083 households in poor regions of 6 central and western provinces of China. The analysis shows that the financial crisis clearly affected labor migration of poor regions. There is visible impact on the quantity of migrant workers and their migration destination. The large fall in export price of farm products due to the crisis produced relatively larger impact on concerned farm producers though the number of farmers is limited. However, little evidence shows that farmers' living consumption was affected.

一、导　　言

进入新世纪以来，中国经济开始了新一轮高速增长。自2001年开始，GDP以每年超过8%的速度持续稳定增长，到2007年已经达到11.9%。然而从 2008 年开始，受国际金融危机和宏观调控政策的影响，经济增长速度放缓，2008 年 GDP 增长率下降到 9.0%，2009 年上半年继续下降到 7.1%。伴随经济增长的放缓和出口形势的恶化，一些外向型企业倒闭或裁员，出现了较大规模的农民工失业问题。一些地区农产品的销售也受到影响。这些都会对贫困地区农户的收入增长和生活消费产生影响。

为了对金融危机给贫困地区农户带来的影响做深入系统的分析，我们选择了中国西南、西北和中部地区的六个省即重庆、陕西、甘肃、安徽、河南和湖南作为实地调查地。这些省均为劳动力外出流动较大的省份，输出地主要是受金融危机影响较大的珠三角和长三角地区。在每个省内选择 2 个国家扶贫工作重点县。根据各县县情，在每个县又选择了 3 个乡，每个乡选择 1 个村，每个村选择 30 户农户。这样，在 6 个省共进行了 12 个县、36 个乡、36 个村的 1 083户农户的实地调查、完成县基本情况、村基本情况调查和入户调查。根据金融危机在本省的影响情况分别由各省确定乡和村，农户则是在村内根据随机抽样由本课题组研究人员抽取。

另外，为了更深入了解国际金融危机对贫困地区劳动力外出流动的影响，课题组还对六个省的劳动力主要输出地珠三角和长三角地区的企业运行状况进行了实地调查。

本文从以下四个部分展开研究。第一部分，导言。介绍本研究的背景及构成。第二部分，国际金融危机。主要介绍我国自 2008 年以来爆发的国际金融危机对中国宏观经济的影响。第三部分，国际金融危机对贫困地区农户的影响。描述自 2008 下半年开始至 2009 年上半年，国际金融危机对贫困地区农户的非农就业、农业生产和生活等方面的影响。第四部分，结论与政策建议。

二、国际金融危机

2007 年夏天，美国次贷危机开始引发多米诺骨牌效应。先是股市下跌。2008 年 3 月，与次贷有关的金融机构的股份严重波动，以致出现了金融机构的连锁倒闭或变相倒闭。2008 年 9 月，美国次贷危机开始蔓延和升级，有 158 年历史的美国第四大投资银行雷曼兄弟公司宣布申请破产之后，又有两家投资公司（美国五大投资公司中的另外两家）相继宣布破产，紧接着美国两大住房抵押贷款融资机构（房利美和房地美）宣布由政府接管。终于，次贷危机发展成对全球金融市场上形成巨大冲击的国际金融风暴，对包括中国在内的各个国家和地区的金融、生产、消费以及人们对未来经济发展的信心造成严重的冲击，并直接影响了各国实体经济的发展。

在国际金融危机影响下，我国宏观经济受到一定影响。自2007年GDP增速达到本轮经济波动周期的波峰之后，2008年开始下滑，特别到2008年第四季国际金融危机的全面爆发，GDP增速由第三季度的9.0%快速下降到6.8%，一个季度之内下降了2.2个百分点。2009年第一季度继续下降到6.1%，直到2009年的第二季度GDP增速有所回升到7.9%（表1）。可以说GDP增速的急速下降是近期不到一年来中国宏观经济波动的主要特征。

表1　国际金融危机下中国宏观经济的变动

季　度	国内生产总值指数%（不变价）
2008年1季度	110.6
2008年2季度	110.1
2008年3季度	109.0
2008年4季度	106.8
2009年1季度	106.1
2009年2季度	107.9

资料来源：国家统计局网站（http：//www.stats.gov.cn/tjsj/jidusj/）/统计数据/季度数据。

从2008年10月开始，我国出口增幅明显下降。11月、12月甚至出现多年少见的−2.2%和−2.8%负增长①。2009年上半年，出口继续负增长，为−21.8%②。出口贸易的下滑，直接影响到我国相关领域的实体经济。仅就制造业来看，随着国外订单的减少，对我国珠三角和长三角③许多劳动力密集型的工业制造、加工出口企业来说，在本来就因为生产成本上升和人民币升值等造成的利润空间减少的情况下，出口订单的减少对他们来说更是雪上加霜。于是，很多企业纷纷破产倒闭，造成了大量劳动力失业特别是农民工的失业。例如，广东省东莞市由于绝大部分企业均为外向型企业，因此几乎全市所有企业都受到不同程度的影响。2008年全市仅外资企业就关停转移420家，2009年上半年又关停转移342家。

实地调查中了解到，受订单减少的影响，东莞市自2008年二季度开始，用工需求量开始下降，一季度需求量为28.5万人年，而四季度仅为10.9万人，下降了61.75%。另外，订单的减少使大多数企业减少了工作时间，从而

① 资料来源：北京大学中国国民经济核算与经济增长研究中心．全球衰退下的中国经济可持续增长——中国经济增长报告2009，107页，中国发展出版社，2009年3月。

② 资料来源：国务院新闻办公室．2009年上半年国民经济运行情况发布会．http：//finance.QQ.com，2009年7月16日。

③ 本文的长三角是指以上海为龙头，江苏、浙江为两翼的经济圈。珠三角是指以广东的广州和深圳为核心的经济圈。

导致很多企业员工特别是农民工工资下降。据东莞市劳动部门统计，2008 年下半年，普通工人的工资由原来平均 1 500 元/月，下降到 800～1 200 元/月，下降了约 47%～20%。

三、国际金融危机对贫困地区农户的影响

（一）金融危机对贫困地区农户影响途径的探讨

从理论上讲，金融危机对贫困和弱势群体的不利影响主要通过以下途径来传导：第一，国际金融危机使国内外众多消费者的财产性收入大幅下降以及工资性收入下降，收入的下降势必造成国际国内市场工业消费品需求的减少。这对外出口依存度较大的中国经济来说，出口需求的大幅下降以及国内订单减少必然会导致中低端消费品生产企业用工减少，从而造成大量失业人口。而这些出口企业或接受出口订单的国内企业多为劳动密集型企业，吸纳了为数庞大的农业剩余劳动力，特别是来自贫困地区的劳动力。他们的失业将直接影响家庭的就业收入。

第二，国际金融危机使使国内外众多消费者的财产性收入的大幅下降以及工资性收入下降，收入的下降势必造成国际国内市场对农产品的有效需求减少，会造成农产品过剩，从而导致农产品价格下降，使农户农业收入下降。尽管随着中国经济的发展和产业结构的变化，非农就业收入的比例在不断上升，但农村贫困家庭的最重要收入来源依然是农业，而且越是贫困户对农业收入的依赖性越高。

（二）金融危机对贫困地区农户影响的实证研究

结合上述两个途径的探讨，本文将从以下四个方面对金融危机给贫困地区农户的影响展开实证研究：第一，金融危机下劳动力外出就业及就业收入的变化；第二，金融危机下本地非农就业及收入的变化；第三，金融危机下农业生产及农业收入的变化；第四，金融危机下农户家庭总收入和日常消费方面的变化。

1. 调查样本简介。实地调查地区为安徽、重庆、陕西、河南、甘肃和湖南共 6 个省的 12 个县、36 个乡镇、36 个村，有效农户样本为 1 083 户（附表）。县基本情况调查主要采用座谈式调查，村基本情况和农户调查主要采用问卷式调查。为了保证调查质量，村基本情况基本上是对村书记、村长等进行调查。农户问卷绝大部分上是对户主或配偶进行调查。

36 个样本村大部分都在山区或丘陵地区。其中深山区、山区有 14 个，库区 2 个，高原 5 个，丘陵 5 个，平原 10 个。平均每个村 454 户农户，村人口平均 1 800人，每户平均 4 人。距离乡镇政府平均为 5.34 千米，距县政府距离平均为 21.46 千米。距火车站距离平均为 34.10 千米（表 2）。从交通条件来看，所有样本村到县区政府所在地和最近的火车站或长途汽车站基本上通公共汽车。

表 2　样本村基本情况

	单位	平均	中部	西南	西北
样本村数	合计	36	18	6	12
村户数	户	454	491	690	283
村人口	人	1 800	1 963	2 558	1 176
到乡镇政府距离	千米	5.34	5.25	4.58	5.84
到县区政府所在地	千米	21.46	21.78	16.75	22.54
到最近的火车站或长途汽车站	千米	34.10	23.08	56.17	39.58

2. 金融危机下贫困地区劳动力外出就业及就业收入的变化。

（1）劳动力及劳动力流动状况。从总体看，36 个样本村劳动力人口平均为 900 人，占人口比例为 50.00%。需要说明的是，本文的劳动力外出就业是指到外乡务工经商超过 1 个月。2008 年外乡就业超过 1 个月的总人数为 449 人，占劳动力比例为 49.90%，而 2009 年下降到 385 人，占劳动力比例 42.78%。外出就业劳动力 2009 年比 2008 年村平均减少 64 人，约减少 14.29%（表 3）。可见，2008 年全面爆发的金融危机对我国贫困地区劳动力的外出造成了明显的影响。

表 3　样本村劳动力及流动状况

内　容	单位	平均	其中		
			中部	西南	西北
2009 年村劳动力总数	人	900	1 060	1 119	550
劳动力占人口比例	%	50.00%	54.02%	43.74%	46.75%
2008 年劳动力外出就业总人数	人	449	567	558	233
占劳动力比例	%	49.90%	53.47%	49.87%	42.42%
2009 年劳动力外出就业总人数	人	385	464	452	218
占劳动力比例	%	42.78%	43.76%	40.35%	39.62%
2009 年比 2008 年外出就业劳动力减少比例	%	14.28%	18.17%	19.09%	6.61%

注：2009 年到外乡务工经商超过 1 个月的总人数统计，各省样本村的截止日期略有不同，安徽省样本村统计的截止日期基本上是 2009 年春节或 3 月份。2008 年到外乡务工经商超过 1 个月的总人数统计截止日期一般在 2008 年 9 月份。

从各地看，2008 年中部地区样本村外出就业劳动力占劳动力比例最大，为 53.47%，其次是西南地区的样本村占 49.87%、西北地区样本村占 42.42%。而截止到 2009 年 3 月份①，西南地区的外出就业劳动力减少最多，减少了将近 19.09%，外出就业劳动力占劳动力比例比 2008 年下降了 9.52 个百分点。其次是中部地区，外出就业劳动力减少了 18.17%，比 2008 年下降约 9.71 个百分点。西北地区样本村本来外出就业劳动力 2009 年比 2008 年外出就业劳动力减少 6.61%，外出就业劳动力占劳动力比例比 2008 年下降约 2.8 个百分点（表 3）。

可以说，金融危机给我国贫困地区劳动力流动带来了明显的影响，而且不同地区影响也各不相同。从实地调查结果来看，西南地区和中部地区样本村的外出就业劳动力受影响较大，西北地区相对较小。

（2）外出就业劳动力的目的地。如果将外出就业劳动力的目的地按本省和外省进一步分类，可以发现，安徽和重庆样本村的外出就业劳动力基本上是到外省，到外省的劳动力占外出就业劳动力比例，中部和西南地区分别在 80%和 70%以上。而西北地区样本村外出就业劳动力大部分是在本省之内。

从变化来看，2009 年到外省就业的劳动力比 2008 年有所减少，中部地区样本村减少的最多，村平均减少 74 人，其次是西南地区，村平均减少 60 人，西北地区变化不大，村平均减少 4 人（表 4）。

表 4　村平均跨省外出就业劳动力比例

	单位	2008 年			2009 年		
		中部	西南	西北	中部	西南	西北
村平均外出就业劳动力总数	人	567	558	233	464	452	218
其中：跨省外出就业劳动力	人	457	416	58	383	356	54
跨省占外出就业劳动力比例	%	80.58%	74.59%	24.79%	82.58%	78.85%	24.64%

将外出就业劳动力的外省目的地进一步分类可以发现，2008 年，中部地区 18 个样本村到外省就业的劳动力有 58.86%的人选则到长三角、珠三角、山东、东北三省、北京、天津。其中绝大部分集中在长三角（73.23%）

① 2009 年到外乡务工经商超过 1 个月的总人数统计，各省样本村的截止日期略有不同，至少是上半年以前。安徽省样本村统计的截止日期基本上是 2009 年春节或 3 月份。2008 年到外乡务工经商超过 1 个月的总人数统计截止日期一般在 2008 年 9 月份。

和珠三角（19.33%）（表5）。西南地区样本村到外省就业的劳动力有66.84%的人选择去是长三角、珠三角、安徽、福建和广西，有21%左右的人选择去长三角和珠三角（表6）。西北地区样本村到外省就业的劳动力有65.52%的人选择去新疆、甘肃、陕西、长三角、山西和珠三角打工。其中，去新疆和甘肃的人最多，分别占31.58%和52.63%，只有很少比例的人去珠三角和长三角（表7）。

2009年跨省外出就业的劳动力去向及人员比例有较大变动。虽然中部地区样本村农户选择外省第一主要去处仍然是长三角和珠三角，但总体人数有所下降，特别是去长三角的人数由2008年村平均197人减少到172人，减少了25人，减少12.69%。西南地区样本村农户2009年则完全放弃了2008年的第一主要打工地广东和广西，由山西和四川取而代之。同时第一主要去处的总体人数也由2008年村平均278人减少到239人，减少了39人，约减少14.03%。去浙江的劳动力人数也由40人减少到30人。2009年西北地区样本村劳动力选择跨省第一主要去处更多地集中到甘肃和陕西，去甘肃的由2008年村平均20人，增加到29人，去陕西村平均人数由2008年的3人增加至12人。或者说，西北地区选择在本省打工而不是跨省打工的劳动力有较大提高。去新疆打工的人由2008年的12人减少至零（表5）。据了解到这与新疆社会环境稳定有关。

表5　中部地区村平均跨省外出就业劳动力的第一去处及人员变化

	2008年				2009年				2009—2008年
	占跨省外出就业劳动力比例(%)	去处	人数（人）	比例（%）	占跨省外出就业劳动力比例(%)	去处	人数（人）	比例（%）	人数（人）
第一主要去处	58.86%	长三角	197	73.23	61.62	长三角	172	72.88	−25
		珠三角	52	19.33		珠三角	43	18.22	−9
		山东	5	1.86		山东	1	0.42	−4
		东北三省	13	4.83		东北三省	8	3.39	−5
		北京、天津	2	0.74		北京、天津	10	4.24	8
		山西	0	0		山西	2	0.85	2
合计			269				236		−33

表 6　西南地区村平均跨省外出就业劳动力的第一去处及人员变化

	2008 年				2009 年				2009—2008 年
	占跨省外出就业劳动力比例(%)	去处	人数(人)	比例(%)	占跨省外出就业劳动力比例(%)	去处	人数(人)	比例(%)	人数(人)
第一主要去处	66.84	珠三角	20	7.19	67.13	珠三角	0	0	−20
		长三角	40	14.38		长三角	30	12.55	−10
		安徽	60	21.64		安徽	60	25.10	0
		福建	44	15.82		福建	46	19.25	2
		广西	114	40.98		广西	0	0	−114
		山西	0	0.00		山西	40	16.74	40
		四川	0	0.00		四川	63	26.36	63
合计			278	100			239	100	−39

表 7　西北地区村平均跨省外出就业劳动力的第一去处及人员变化

	2008 年				2009 年				2009—2008 年
	占跨省外出就业劳动力比例(%)	去处	人数(人)	比例(%)	占跨省外出就业劳动力比例(%)	去处	人数(人)	比例(%)	人数(人)
第一主要去处	65.52%	新疆	12	31.58	88.89%	新疆	0	0.00	−12
		甘肃	20	52.63		甘肃	29	60.42	9
		陕西	3	7.89		陕西	12	4.17	9
		长三角	1	2.63		长三角	1	2.08	0
		山西	1	2.63		山西	1	2.08	0
		珠三角	1	2.63		珠三角	1	2.08	0
合计			38				44		6

上述分析表明，中西部贫困地区外出就业劳动力选择到长三角和珠三角就业的劳动力越多，2009 年比 2008 年跨省外出就业劳动力数量就减少越多。另外，在跨省外出就业总体人数减少的同时，打工目的地也在调整，由原来的珠

三角长三角地区转向内陆地区。

（3）外出就业劳动力从事的行业。实地调查在每个样本村外出就业劳动力第一个主要去处（省和具体城市）中，要求指出在该地从事最多的行业。统计所有样本村（由于2个村没有该信息，故最终有效样本村为34个）这些行业出现的频率，得到以下排序结果：即2008年工业（制造业）是外出就业劳动力从事最多的行业，其次是建筑业、服务业、运输业和商业。2009年该排序没有变化，即外出就业劳动力从事最多的行业仍然是工业（制造业）、建筑业、服务业、运输业和商业（表8）。这一结果表明，尽管我国工业（制造业）企业受金融危机的影响严重，但它和建筑业、服务业等仍然是广大农村地区劳动力就业的主要吸纳池。

表8　外出就业劳动力从事的行业

2008年		2009年	
行业	排序	行业	排序
工业（制造业）	1	工业（制造业）	1
建筑业	2	建筑业	2
服务业	3	服务业	3
运输业	4	运输业	4
商业	5	商业	5

（4）受金融危机影响返乡后没有再外出就业的劳动力状况。应当说，国际金融危机对外出就业劳动力的影响体现在两个方面：一是直接影响，即农民工失业而返乡；二是间接影响，即由于经济形势恶化而影响外出就业和收入预期进而改变这些劳动力的外出行为。

截至2009年3月，34个样本村返乡后没有再外出就业的劳动力平均每个村99人，占2009年村平均外出就业劳动力总数的25.58%。其中，中部地区有23.68%的外出就业劳动力返乡后没有再外出，西南地区最多，有48.68%的外出就业劳动力返乡后没有再外出，西北地区最少，只有11.35%的外出就业劳动力返乡后没有再外出。之后，一些返乡劳动力又陆陆续续地外出。从农户调查的结果看，截至2009年7月，2008年外出就业的劳动力中，只有9%的劳动力返乡后没有再外出。

留下来的劳动力具有怎样的特征是我们关心的问题之一。通过对农户的实地调查[①]可以发现以下五个特点：第一，年龄偏大。与2009年仍然外出就业的

① 农户样本中，在2008年外出就业的611名劳动力中，截至2009年7月调查时516人继续外出就业，95人没有再外出就业。其中有61人因金融危机影响，有34人因家庭等原因没有外出就业。

劳动力相比，年龄平均偏大4岁。第二，文化程度偏低。与2009年仍然外出就业的劳动力相比，文盲比例高8.74个百分点，而初中程度的比例低8.05个百分比。反映出人力资本水平较低的群体在金融危机影响下更为脆弱。第三，已婚比例偏高。与2009年仍然外出就业的劳动力相比，已婚家庭的劳动力选择返乡的比例更高，后者比前者高出19.28个百分点。同时未婚劳动力少18.05个百分比。反映出已婚家庭的劳动力比未婚家庭劳动力在金融危机影响下更多比例的人选择回家。第四，在返乡没有再外出的劳动力中，更多比例的人从事制造业和采掘业，与2009年仍然外出就业的劳动力相比，返乡后不再外出的劳动力中制造业和采掘业的比例分别高出13.62和5.17个百分点。第五，收入更低。与2009年仍然外出就业的劳动力相比，2008年收入要低1 945元，约低18%。调查中了解到那些就业经历少、没有工作经验、从事技术含量低的普通工种的人收入较低，对金融危机的影响更为敏感（表9）。

表9 外出就业劳动力的主要特征

	2008年外出就业、2009年仍然外出就业的劳动力	2008年外出，09年因金融危机返乡且没再外出就业的劳动力
劳动力数量（人）	815	87
男性	576（70.67%）	64（73.56%）
年龄（岁）	30.78	34.74
文化程度（%）		
小学及以下	32.64	41.38
初中	52.88	44.83
高中或中专	12.02	10.35
大专及以上	2.45	3.44
婚姻状况（%）		
已婚	62.33	81.61
离婚	0.74	0
丧偶	0.49	0
未婚	36.44	18.39
健康状况		
健康	96.56	93.02
慢性病	2.21	2.33
残疾	0.61	2.33
其他	0.61	2.33

（续）

	2008年外出就业、2009年仍然外出就业的劳动力	2008年外出，09年因金融危机返乡且没再外出就业的劳动力
2008年行业分布（%）		
干部	0.25	0
教师	4.58	1.15
采掘业	1.73	6.9
制造业	35.81	49.43
建筑业	29.24	20.69
运输业	4.21	3.45
商业	3.35	4.6
服务业	14.75	11.49
农林牧渔业	1.73	1.15
其他	4.34	1.15
2008年工资收入（元）	10 724.54	8 779.885

留下来的劳动力在做什么也是我们所关心的问题。通过对34个样本村的调查可以发现，在本地务农和本地务工是他们的主要选择。其中，本地务农的人数要多于务工人数。平均每个村选择本地务农为48人，占返乡且不外出劳动力的48.48%。在本地务工人数38人，占返乡且不外出劳动力的38.38%。值得关注的是：第一，这些留下来的劳动力在家务农，失去了打工收入，势必会影响家庭收入。第二，这些留下来的劳动力在家乡进行创业的人很少，只有3人，仅占留下来的3%（表10）。

表10　截至2009年3月返乡后没有再外出就业的村劳动力动向

	平均	中部	西南	西北
（A）2009年村平均外出就业劳动力总数（人）	385	464	452	218
（B）截至2009年3月返乡且不外出劳动力（人）	99	110	220	25
比例：B/A（%）	25.58	23.68	48.68	11.35
其中：闲置在家（人）	7	7	21	0
务农（人）	48	50	111	18
本地务工（人）	38	45	84	5
自己创业（人）	3	4	2	1
其他（人）	2	4	2	0

(5) 外出就业收入的变化。从外出就业工资收入变化来看，2008年外出就业、2009年仍然外出就业的劳动力在2008年和2009年的收入变化并不像想象的那么大。2009年年收入仅比2008年收入减少895元，减少8.31%（表11)。这一结果表明金融危机对那些仍旧能够外出就业劳动力的收入产生一定影响。从各地情况看，中部地区影响最大，减少10.8%。其次是西北地区减少5.92%，重庆外出就业劳动力收入减少幅度相对较小，减少2.65%。

表11 外出就业的工资收入变化

	样本量（人）	2008年（元）	如果2009年保持稳定，预测年收入（元）	变化（%）
2008年外出就业、2009年仍然外出就业的劳动力	727	10 774	9 879	−8.31%
其中：中部地区	416	11 534	10 288	−10.80%
西南地区	115	10 861	10 573	−2.65%
西北地区	195	9 125	8 585	−5.92%

需要说明的是，本次调查分两次，第一次是2009年7月初，第二次是2009年8月中旬。因此，只能了解农户外出务工截至2009年6月或7月的工资收入情况。为了与2008年进行比较，将2009年实际的工资收入进行标准化处理，然后作为2009年的预测收入来与2008年的实际收入相比。这就产生了一个假定，即2009年外出就业工资收入是稳定的，即不存在时多时少的情况。但事实上也许并非如此。因此，这一结果还有待进一步探讨。

3. 金融危机下贫困地区劳动力本地非农就业及收入变化。本文的本地非农就业是指在本村或本乡从事的挣工资活动和非农自营活动。需要解释的是，本文的非农自营活动是指自己当雇主、自负盈亏从事一切非农经营的活动。

(1) 本地挣工资活动及收入。农户样本中2008年在本地从事挣工资活动、2009年仍然在本地从事挣工资活动的人共253人，其中中部地区174人、西南地区31人、西北地区48人。从活动类型来看，无论是2008年还是2009年从事本地挣工资的劳动力人数在活动类型排序上没有变化。人员比例最多的前三位活动是建筑业、干部和工业（制造业）（表12)。

表 12　本地挣工资活动类型排序

2008 年		2009 年	
类　型	就业人数比例%	类　型	就业人数比例%
建筑业	40.24	建筑业	39.84
干部	14.74	干部	14.34
工业（制造业）	10.36	工业（制造业）	10.76
服务业	9.16	服务业	9.16
其他	6.77	教师	6.77
教师	6.77	其他	6.37
农林牧渔业	5.18	农林牧渔业	5.58
运输业	4.38	运输业	4.78
采掘业	1.99	采掘业	1.99
商业	0.4	商业	0.4

分析本地挣工资活动的收入：第一，将表 12 与表 14 进行比较，考察本地挣工资与外出就业收入的不同，发现二者有些差距，即在本地从事挣工资的收入比外出就业收入要低一些。2008 年本地挣工资收入为 7 743 元，而外出就业收入平均为 10 774 元，前者比后者低约 28%。从各省的情况看，中部地区本地从事挣工资的收入与外出就业收入相差最小，前者比后者低 25%，西北地区要低 39%，而西南地区的本地和外出挣工资收入差距最大，前者比后者要低 43.5%。

另外，即使受到金融危机的影响，2009 年的外出就业挣工资收入也比 2008 年本地挣工资收入高约 28%。由此可以理解，在金融危机的冲击下，外出就业对农民工仍然具有较强的吸引力，2009 年春节后，陆陆续续，大部分农村劳动力仍然选择外出就业。

第二，考察他们 2008—2009 年在本地（本村或本乡）从事挣工资的变化发现，总体来看在本地挣工资收入也略有下降，而且下降的幅度要比外出就业收入下降幅度略大一些。2009 年预测年收入比 2008 年下降 9.36%。其中中部地区下降最多，为 11.96%，其次是西南地区下降 4.75%，而西北地区在本地从事挣工资的劳动力收入略有提高，提高 1.95%（表 13）。

为什么本地挣工资收入下降的幅度要比外出就业收入下降幅度略大一些，可能的解释是，本地挣工资活动地点是本村或本乡镇的范围之内，挣工资活动的机会肯定要少于外出到相对发达地区如长三角、珠三角等地区。当受到金融危机影响一部分企业不景气或倒闭时，本地挣工资的劳动力往往没有更多的机会马上寻找其他的就业岗位来维持一定的收入。

表 13　本地挣工资收入

	样本量（人）	2008 年（元）	如果 2009 年保持稳定，预测年收入（元）	变化（%）
2008 年外出就业、2009 年仍然外出就业的劳动力	253	7 743	7 018	−9.36
其中：中部地区	174	8 631	7 599	−11.96
西南地区	31	6 134	5 842	−4.75
西北地区	48	5 566	5 674	1.95

分析本地从事挣工资的劳动力收入下降的原因，有以下两点：

第一，金融危机的直接影响。在一些样本村中很多就业于外向型企业或为外向型企业提供加工品的企业的劳动力，在金融危机影响下，企业不景气甚至倒闭造成这些劳动力的收入下降。例如，安徽省潜山县黄铺镇云峰村有一个羊毛衫加工厂，主要从浙江的外贸厂商来料加工，然后由浙江的外贸厂商出口。在全村 825 户农户中有 110 人左右在该工厂就业。但 2008 年下半年开始订单逐渐减少，2009 年 6 月，由 110 人减少到 60 人。这 60 人的工资也由原来的每月平均 1 000 元左右下降到 500 元。除此之外，受金融危机直接影响的还有本地的建筑业、采掘业如煤矿、服务业等也均有程度不同的影响。

第二，间接影响。由于金融危机影响，外出就业劳动力返乡后，一部分在本地寻找就业机会。截至 2009 年 3 月，样本村因金融危机外出劳动力返乡后从事本地挣工资活动的劳动力平均增加了 10%左右。这无形中挤占了本地挣工资的机会，增加了本地就业竞争力，也会造成本地挣工资收入的下降。

（2）非农自营活动及收入。在 1 083 户农户样本中，2008 年在本地从事非农自营活动、2009 年仍然在本地从事非农自营活动的农户共 90 户。其非农自营活动类型主要集中于 5 种类型，即工业（制造业）、建筑业、运输业、商业和服务业。其中，2008 年从事商业的农户比例最多，占 61.11%，其次是服务业占 22.22%、运输业 8.89%、建筑业 4.44%、工业（制造业）3.33%。2009 年变化不大，只是从事商业的农户比例下降到 57.78%，而从事服务业的农户比例略有上升，为 25.56%（表 14）。

表 14　本地非农自营活动类型

	2008 年	2009 年
农户样本量（户）	90	90
工业（制造业）	3.33	4.44
建筑业（%）	4.44	3.33
运输业（%）	8.89	8.89
商业（%）	61.11	57.78
服务业（%）	22.22	25.56

调查中让农户们对最近一年和前一年非农自营活动收入的变化进行主观评价，给出五个选项，即大幅增加、小幅增加、持平、小幅下降和大幅下降。90户农户中，有45%的农户选择了小幅下降，18%的农户选择了大幅下降。31%的农户选择持平。而收入增加的农户只有6%（图1）。总体来看，大部分农户（占63%）认为最近一年在本地从事非农自营活动的收入是下降的。

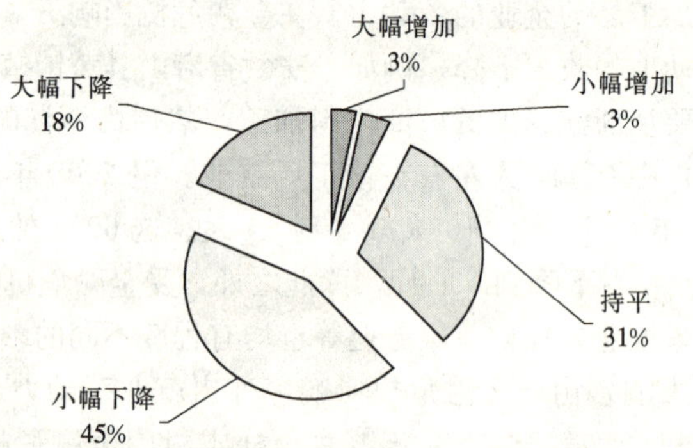

图 1　农户对非农自营活动收入的主观评价

分析其收入下降的原因，如图2所示，首先，认为产品或服务在市场上不好卖，市场不景气是大多数农户（占48%）的共识。例如，位于安徽省潜山县天柱山镇的茶庄村，村里很多农户主要从事天柱山景区旅游服务工作。从事农家乐、卖旅游产品或担当导游等工作。最近一年来，天柱山景区的游客数量虽然没有减少，但在景区内的消费额明显下降，如住宿时间变短、餐费标准下降、邀请导游及购买旅游纪念品的客人减少等。应该说这些现象与金融危机密切相关。其次是产品或服务的价格下降（占17%）、原材料成本上升（占11%）和其他原因（占24%）。

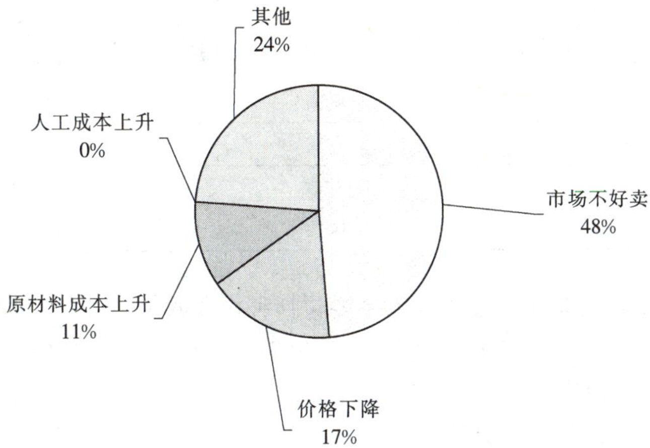

图 2　收入下降的主要原因

总体来看，金融危机对贫困地区劳动力的本地非农就业也产生了一定影响。无论是本地挣工资收入还是本地非农自营收入都有所下降，但下降幅度有限。本地挣工资劳动力收入下降的主要原因是那些就业于外向型企业或为外向型企业提供加工品的企业的劳动力，在企业受金融危机影响时，其影响会最先传递给这些来自农村的劳动力身上。收入下降幅度虽然不大，但比外出就业挣工资劳动力收入的下降幅度略大一些。主要因为在本村或本乡镇挣工资活动的机会要少于外出到相对发达地区如长三角、珠三角等地区。当受到金融危机影响一部分企业不景气或倒闭时，本地挣工资的劳动力往往没有更多的机会马上寻找其他的就业岗位来维持一定的收入。

另外，多数本地非农自营活动如从事建筑业、运输业、商业和服务业领域的非农自营收入近一年来呈现小幅下降。主要因为在金融危机影响下，人们的收入和消费随之变化，从而使得市场上的产品或各种服务的销售受到影响。

4. 金融危机下贫困地区农业生产及农业收入的变化。

(1) 样本村的主导农业。6 个省 36 个样本村的主导农业有种植业、养殖业和林果业。种植业的主要农作物除了粮食作物小麦、玉米、水稻、大豆之外，还有一些经济作物如棉花、烤烟等；养殖业主要是生猪和养蚕；林果业主要有苹果（表 15）。

表 15 样本村的主导农业

省	县	主导农业
中部地区	河南	粮食
	安徽	粮食、桑蚕
	湖南	粮食、柑橘
西南地区	重庆	粮食
西北地区	甘肃	粮食、棉花
	陕西	苹果、粮食

（2）农业收入变化。农业收入主要包括种植业收入和养殖业收入。总体来看，36 个样本村 1 083 户样本户中，有 983 户农户从事农业种植业，其中有 57.99%的农户反映 2009 年比 2008 年种植业收入下降，也就是说约 2/3 的农户种植业收入下降。其中西南地区样本村农户所占比例最高达 84.48%，其次是西北地区占 55.37%、中部地区占 50.82%。

从养殖业收入的变化来看，36 个样本村 519 户有养殖业的农户中，47.78%的农户认为养殖业收入没有变化。34.1%的农户反映 2009 年比 2008 年收入下降，这一比例虽然低于种植业收入下降的农户比例，但高于养殖业收入增加（18.11%）的农户比例。在认为养殖业收入下降的农户中，西南地区农户所占比例最高达 54.11%，其次是中部地区占 28.90%，西北占 22.58%（表 16）。

表 16 农业收入变化

单位：%

	户数比例	平均	中部地区	西南地区	西北地区
种植业收入（983 户）	认为增加	9.87	7.58	4.02	16.56
	认为持平	32.15	41.6	11.49	28.75
	认为下降	57.99	50.82	84.48	54.69
	其中：认为下降原因主要是 2009 年收成差	79.57	71.72	97.24	75.74
养殖业收入（519 户）	认为增加	18.11	18.35	4.79	30.32
	认为持平	47.78	52.75	41.1	47.1
	认为下降	34.1	28.9	54.11	22.58

分析种植业和养殖业收入下降的原因，发现主要有以下几点值得关注：第一，对种植业来说，自然灾害如干旱、冰雹、病虫害等因素的影响，与金融危机没有什么关系。在农户问卷中，我们要求农户们针对2007—2009年各年的年成，在好、一般和差三个选项中进行选择，统计结果表明，平均79.57%的农户认为是因为2009年的年成差所致，特别是西南地区，在农业种植业收入下降的农户有97.24%的农户认为是2009年的年成差造成的。中部地区和西北地区的农户这一比例分别为71.72%和75.74%（表16）。

第二，除了自然条件变化会给农业收入带来负面影响之外，农产品价格变动也可能对农民收入产生重要影响。这也是我们在分析金融危机对贫困地区农民收入产生影响时的一个重要思路：即金融危机可能会通过农产品价格下降对农民的收入产生影响。

调查结果表明（表17），总体来看，种植业中主要品种价格并没有像我们预想的那样受金融危机影响呈现下降趋势，相反，粮食作物小麦、玉米和水稻分别上涨7.32%、7.66%和3.78%。土豆和油菜籽也有一定涨幅。

表17　2008—2009年农产品价格变化幅度

单位：%

		平均	中部地区	西南地区	西北地区
种植业	小麦	7.32	13.43	−4.38	—
	玉米	7.66	16.37	−7.17	3.06
	水稻	3.78	9.46	−6.73	—
	土豆	16.59	18.48	−8.56	6.72
	油菜籽	4.03	8.16	−33.67	—
	苹果	—	—	—	−16.67
养殖业	蚕丝	—	−14.28	—	—
	生猪	−30.87	−27.81	−44.79	−28.86
	羊	−2.30	−5.41	−10.23	−1.40
	鸡	−1.15	3.18	−3.12	−4.58

从各地情况来看，不同地区，不同农产品的价格涨跌不一。作为粮食主产地的中部地区，粮食价格无论是小麦、玉米还是水稻价格2009年均比2008年有较大提高，分别提高13.43%、16.37%和9.46%。另外，土豆和油菜籽价格也有18.48%和8.16%的提高。但西南地区的粮食作物无论是小麦、玉米还是水稻价格2009年比2008年均为下降，另外土豆和油菜籽价格也下降，油菜

籽下降幅度高达33.67%。西北地区的玉米、土豆价格2009年比2008年均有提高，分别提高3.06%和6.72%。

值得关注的是种植业中以出口产品或出口产品原料为主导农业的地区在金融危机下损失较大。例如，陕西以苹果为主导农业的农户，因苹果出口或苹果饮料出口受到金融危机的影响，2008年（2009年苹果还未成熟）苹果价格比2007年平均下降了16.67%，给苹果农户的农业收入造成严重损失。在陕西省宜川县云岩镇皮头村了解到，如果苹果（10年果龄）按亩产2 000千克来算，价格由2007年的3.6元/千克，下降到2008年的3.0元/千克，每亩收入将损失1 200元。如果每户农户平均5亩苹果园，那么每户一年就损失6 000元。

养殖业中桑蚕、生猪、羊和鸡的价格2009年比2008年均为下降。价格下降的原因多种多样，其中，也有因金融危机影响产生的价格下降。在安徽调查时了解到，一些以养桑蚕为主导的农户，因为受国际丝绸价格下降以及我国蚕丝品出口不畅的影响，蚕丝价格下跌14.28%，从而导致这些农户的农业养殖业收入缩水。例如，安徽省潜山县槎水镇后冲村，全村697户农户大部分从事桑蚕养殖业。2008年（2009年未收茧）每千克蚕茧由2007年的19.6元下降到16.8元，而且还卖不出去。平均每户养蚕农户收入减少30%左右。受此打击，导致2009年农户生产积极性下降，生产量大幅减少50%左右。

另外，随着我国生猪市场价格的大幅波动，2009年，生猪价格一路下滑。6个省的生猪价格下降幅度平均高达30.87%。这给广大贫困地区农户的养殖业收入直接带来负面影响，也是我们在实地调查中听到农户反映最多、最普遍的问题。

第三，农业生产资料价格变化也是影响农民农业收入的重要影响因素，它会造成农民因农业生产成本上升从而导致农业收入利润的减少。调查结果显示，总体来看，农业生产资料中农户用量最大的化肥三个省平均下降7.95%，碳铵也下降6.76%。化肥的降价将给农户收入增加带来积极影响。但复合肥价格上涨6.48%。从种子的情况看，2009年涨价的种子多于降价的种子，不过因为种子用量较小，对农户农业收入不会造成太大影响。

对生猪养殖来说，仔猪价格有下降明显，三个省平均下降35.14%，其中重庆下降幅度最大为60.47%。这将有利于生猪养殖成本的降低。但预混饲料价格平均涨幅8.32%，会加大生猪养殖的成本。不过在中西部贫困地区农户自家生猪养殖用预混饲料较少，因此它的涨价对农户生猪养殖收入影响有限（表18）。

表 18　2008—2009 年农业生产资料价格变化幅度

单位：%

		平均	中部地区	西南地区	西北地区
种子	小麦种子	−5.87	−11.71	8.08	10.00
	玉米种子	12.67	12.92	11.11	18.18
	水稻种子	3.18	6.49	−4.55	—
	土豆种子	9.83	5.88	12.55	—
	油菜种子	0.00	—	−0.32	6.67
化肥	尿素	−7.95	−9.00	−6.89	−8.78
	复合肥	6.48	−0.36	9.65	−10.84
	碳铵	−6.76	−6.29	8.46	−12.45
其他	塑料薄膜	7.62	6.03	12.07	6.89
	仔猪	−35.14	−42.86	−60.47	−33.51
	预混饲料	8.32	−3.77	4.31	11.06

5. 金融危机下贫困地区农户家庭总收入及日常消费的变化。在 1 083 户农户样本中，有 1 079 户农户回答了关于 2009 年家庭总收入的预期。其中，66.36%的农户预期 2009 年家庭总收入是下降的，12.7%的农户预期家庭收入是增加的，另外，20.95%的农户预期家庭收入持平（表 19）。由于这一结果是农户自己的主观判断，因而无法定量描述其下降或增加的程度，但至少反映了农户对 2009 年收入的悲观情绪。

表 19　农户家庭总收入变化

		平均	中部地区	西南地区	西北地区
总收入	有效农户样本	1 079	538	182	359
	认为增加的农户比例%	12.7	13.01	7.14	15.04
	认为持平的农户比例%	20.95	22.68	9.34	24.23
	认为下降的农户比例%	66.36	64.31	83.52	60.72

分析农户的日常消费变化，发现：认为 2009 年与 2008 年日常消费持平的农户基本上占大多数。认为小幅消减或大幅消减的农户只占小部分。例如，食品消费中，认为与 2008 年持平的农户占 52.96%，比认为增加（23.43%）、小幅消减（19.54%）、大幅消减（4.07%）的农户所占比例都高出许多（表 20）。同理，在衣着支出、居住支出、家庭设备支出、医疗卫生、文化教育支出方面都是这种趋势。这一结果显示，大多数农户的日常消费没有什么变化。或者说从金融危机的影响面来说，大部分贫困地区农户的日常生活没有受到影响。

表 20　农户日常消费变化

单位:%

	农户比例	平均	中部地区	西南地区	西北地区
食品消费	增加	23.43	22.41	14.36	29.53
	持平	52.96	51.11	57.46	53.48
	小幅消减	19.54	21.85	26.52	12.53
	大幅消减	4.07	4.63	1.66	4.46
其中肉蛋奶等高价值食品	增加	15.87	17.79	9.3	16.24
	持平	58.46	54.74	63.37	61.54
	小幅消减	21.06	22.63	23.84	17.38
	大幅消减	4.62	4.84	3.49	4.84
衣着支出	增加	13.72	15.2	7.65	14.61
	持平	69.2	68.17	71.76	69.38
	小幅消减	14.51	14.17	18.24	13.2
	大幅消减	2.57	2.46	2.35	2.81
居住支出	增加	23.65	18.62	14.53	35.75
	持平	70.76	77.65	69.27	61.17
	小幅消减	4.75	2.98	13.41	3.07
	大幅消减	0.84	0.74	2.79	
家庭设备支出	增加	17.82	16.98	12.74	21.25
	持平	70.59	73.91	75.16	64.02
	小幅消减	8.06	5.59	6.37	12.18
	大幅消减	3.52	3.52	5.73	2.55
医疗卫生支出	增加	33.43	30.41	35.47	36.59
	持平	53.82	58.98	45.93	50.56
	小幅消减	8.43	6.94	16.28	6.7
	大幅消减	4.31	3.67	2.33	6.15
文化教育支出	增加	36.65	27.05	47.9	47.12
	持平	55.41	66.67	41.18	43.75
	小幅消减	5.63	5.19	9.24	4.33
	大幅消减	2.31	1.09	1.68	4.81

四、结论与政策建议

通过对 6 个省 12 个重点县调查数据的分析，得出的主要结论是：

1. 金融危机给我国贫困地区劳动力流动带来了明显的影响。首先是流动人数减少。截至 2009 年 3 月，36 个样本村外出就业劳动力比 2008 年减少将近 15%。其中西南地区减少最多，将近 20%，中部地区也减少 18%左右。西北地区较少，减少 7%左右。不过，到 6 月份，留下来的农户数量逐渐减少，有很多人仍然选择外出。其次是外出劳动力选择到长三角和珠三角就业的越多，2009 年比 2008 年外出就业劳动力数量就减少得越多。三是外出就业目的地的调整。一部分劳动力由原来的珠三角长三角地区转向内陆地区。

2. 外出就业的劳动力工资收入有一定程度的下降。2008 和 2009 年都外出就业的劳动力，2009 年的收入比 2008 年约减少 8%。表明金融危机对那些仍旧能够外出就业劳动力的收入产生一定影响。

3. 本地挣工资收入和本地非农自营收入都有所下降。

4. 农业收入无论是种植业收入还是养殖业收入都有所下降，主要原因：一是受自然灾害的影响；二是金融危机下受那些与出口相关的农产品价格下降的影响以及国内市场价格的波动；三是投入品价格变化影响。对种植业来说，自然灾害的影响更普遍。对养殖业来说，一些以出口相关的农户受养殖业产品价格下降而导致收入下降，但并不是普遍现象。而国内生猪价格的大幅下降给农户养殖业收入的负面影响更为普遍。

5. 由于贫困地区农户的各项收入都有所下降，2009 年贫困地区农户的收入增长不容乐观。2/3 的农户认为 2009 年的收入是下降的。如果这么高比例的农户收入下降，对 2010 年贫困人口的减少将带来很大的挑战。但是，农户的生活消费还没有受到明显影响。

主要政策建议：

1. 从长期来看，外出就业仍然是贫困地区多数劳动力的选择。而且，工业（制造业）、建筑业、服务业等行业仍然是贫困地区劳动力转移的主要吸纳池。应该继续通过培训等手段提高贫困地区劳动力的技能，提高他们在劳动力市场的竞争力。

2. 积极扶持具有创业精神的劳动力在本地创业，从而创造更多的本地就业机会。

3. 主要粮食品种的保护价政策，对稳定多数农户的种植业收入起了重要作用。今后应探索经济作物和畜产品的价格保护机制，减少市场波动的影响。同时要逐步推进农业保险。

附表　实地调查样本

省	县	乡镇	村	农户样本数
重庆	丰都县	双路镇	断桥沟村	30
		南天湖镇	南天湖村	30
		三建乡	鱼泉子村	31
	彭水县	保家镇	东流村	30
		水乡	五湖村	30
		长滩乡	长滩坝村	31
陕西	延长县	交口镇	贺家川村	30
		七里村乡	罗家河村	30
		刘家河乡	下吕家塬村	30
	宜川县	秋林镇	宋家村	30
		云岩镇	皮头村	30
			贺家岭村	30
安徽	颍上县	润河镇	洪庄湖村	30
		古城镇	余联村	30
		慎城镇	四里湾村	31
	潜山县	黄浦乡	云峰村	30
		天柱镇	茶庄村	31
		搓水镇	后冲村	30
甘肃	瓜州县	广至藏族乡	新堡乡村	30
		梁湖乡	陈家庄村	30
		西湖乡	中沟村	30
	定西市	青岗山	大坪村	30
		鲁家沟	太平村	30
		馋口镇	馋口村	29
河南	虞城县	贾寨镇	新民	30
		稍岗	新建	30
		稍岗	刘寨	29
	台前县	夹河	万桥	30
		孙口	张塘坊	30
		马楼	西尚岭	30
湖南	桑植县	清源镇	燕窝村	30
		瑞塔铺	杨家迪	30
		汨湖乡	广文台村	30
	隆回县	西洋江镇	金湾村	30
		大水田	江源村	31
		北山乡	清江村	30
6省	12县	36乡镇	36村	1 083户

参考文献

[1] 蔡昉，万广华．中国转轨时期收入差距与贫困．北京：社会科学文献出版社，2006.

[2] 北京大学中国国民经济核算与经济增长研究中心．全球衰退下的中国经济可持续增长——中国经济增长报告 2009. 北京：中国发展出版社，2009.

[3] 陈志福．中国农民收入增长的畅销机制．北京：中国农业出版社，2008.

[4] 广东省东莞市发展和改革局．国务院扶贫办专题调研座谈会汇报材料．2009 年 9 月 1 日.

[5] 东莞市劳动局．金融危机对我市就业的影响．

[6] 国家统计局．2009 中国统计摘要．北京：中国统计出版社．

[7] 刘树成，张连城，张平．中国经济增长与经济周期 2008. 北京：中国经济出版社，2008.

[8] 贾俊雪．中国经济周期波动特征及原因研究．北京：中国金融出版社，2008.

[9] 盛来运，等．国际金融危机对农民工流动就业的影响．研究参考资料．

[10] 周云波．中国农村收入分配差距、贫困与劳动力非农就业问题研究．北京：经济科学出版社，2009.

[11] 汪三贵．在发展中战胜贫困．管理世界，2008（11）．

[12] 中华人民共和国国家统计局．中国统计年鉴 2008. 北京：中国统计出版社．

金字塔控制结构类型的选择与公司价值*

——来自于中国涉农上市公司的经验证据

The Choices for Types of the Pyramidal Control Structure and Company Value

—An Empirical Evidence Based on Chinese Listed Agriculture-related Companies

毛世平　　吴敬学　　王　刚

Mao Shiping　Wu Jingxue　Wang Gang

摘要：本文以2004—2006年A股涉农上市公司为样本，采用非平衡面板数据分析方法建立计量经济模型，以涉农上市公司终极控制人为研究主体，研究了金字塔控制结构类型的选择对公司价值的影响。研究发现分离型金字塔控制结构对涉农上市公司产生负面治理效应，非分离型金字塔控制结构产生正面治理效应；单链条金字塔控制结构的控制方式产生了正面的治理效应。还发现，金字塔控制结构类型本质上的决定性作用而使得不同类型金字塔控制结构下的终极控制人在涉农上市公司管理层担任高级职位对公司价值产生不同的影响。研究发现对理解不同类型的金字塔股权结构对公司治理效应的差异性影响提供了一个新的视角。

Abstract: Being sampled the listed agriculture-related companies of A shares during 2004 - 2006 and the ultimate controlling shareholders being considered as the research object, this paper takes

* 本文是2008年度中央级公益性科研院所基本科研业务费专项资金项目“涉农上市公司终极控制人控制权和现金流所有权研究”的阶段性研究成果，也得到2009年度中央级公益性科研院所基本科研业务费专项资金项目“涉农上市公司融资成本研究——基于终极控制人控制的角度”等的资助。

the lead in making an empirical study on pyramidal ownership structure and its economic consequences by the unbalanced - panel - data analytical method. We find that there is a U shape relationship between the control rights of ultimate controlling shareholders and the listed agriculture-related agribusiness value; the separate pyramidal ownership structure has negative economic consequences on listed agriculture-related company, and the non-separate pyramidal ownership structure has positive economic consequences; the single-chain pyramidal ownership structure can generate positive economic consequences. Also, this paper finds that high management positions appointed by ultimate controlling shareholders bear dissimilar economic consequences. Moreover, the results offer a new perspective on understanding different types of pyramidal ownership structure in Chinese listed agriculture-related companies having the different economic consequences.

一、引　　言

当前，农业资源环境和市场约束增强，我国农业正处于由传统农业向现代农业转变的关键时期，发展、推进现代农业是建设社会主义新农村建设的首要任务，是建设社会主义新农村的产业基础，龙头企业是引导农民发展现代农业的重要带动力量①。2004—2008 年中共中央连续下发五个关于“三农”问题的“一号文件”以及中共十七大报告，都强调了要加快、支持农业产业化经营和龙头企业发展，着力培育一批竞争力、带动力强的龙头企业，支持农产品加工业发展，完善农产品加工税收政策，减轻农产品加工企业税负，促进农产品精深加工健康发展。可见，无论是从政策角度还是在实践中，农业产业化龙头企业的界定范围已经不仅局限于传统意义上的上游产业（种植业和林业）和中游产业（畜牧业和渔业），还应包括具有高附加值的下游产业——农产品加工业，纳入处于农产品加工环节的龙头企业才能更好地理解农业产业化龙头企业的内涵。因此，要完整地理解农业产业化龙头企业在农业产业中的作用，需要从产业链的角度作为切入点，分析农业产业链不同环节的龙头企业所发挥的效应。

① 中共中央、国务院“关于积极发展现代农业扎实推进社会主义新农村建设的若干意见”（2007 年中央“一号文件”）。

按照“发展极”理论，农业产业化龙头企业在农业产业化经营中能够起到“发展极”的作用，而农业产业化龙头企业中的上市公司（简称“涉农上市公司”）则是“龙头中龙头”，以涉农上市公司为研究对象能够抓住农业产业化龙头企业问题的关键。

在股权集中型的公司治理模式下，构建金字塔控制结构是终极控制人对上市公司实施控制最为主要和最为常用的方式，终极控制人通过构建金字塔控制结构使自己成为金字塔顶端的终极所有者，终极控制人与其他中小投资者以及金字塔控制结构中低层级成员公司的其他中小投资者之间的利益冲突是股权集中型公司治理的显著特征。金字塔控制结构的显著特点是终极控制人的控制权与现金流所有权发生分离，控制权超过了现金流所有权，这两种权利的偏离导致终极控制人利用其控制权牺牲其他中小投资者的利益来追求自身利益的最大化。Claessens 等（2000）研究发现终极控制人采用金字塔控制结构控制的公司具有较低的价值。Attig 等（2004）利用加拿大 1 167 家上市公司样本进行研究的结果表明，构建金字塔控制结构的终极控制人往往从自身利益出发来转移和分配集团子公司之间的现金和资产，导致上市公司价值的降低。Peng 和 Jiang（2006）以 8 个亚洲国家或地区 744 家大型家族上市公司为样本进行研究，结果表明马来西亚、新加坡和中国香港家族公司的金字塔控制结构与公司绩效呈正相关，印尼和韩国家族公司的金字塔控制结构则与公司绩效呈负相关，而其他国家或地区家族公司的金字塔控制结构和公司绩效无显著相关关系。杨兴君等（2003）研究发现中国民营企业普遍使用金字塔控制结构控制多家上市公司加剧了控制权与现金流所有权的分离，最终导致了上市公司价值的降低。赖建清和吴世农（2005）研究发现中国上市公司最终控制人的所有权与控制权的分离状况对公司绩效不存在显著影响，金字塔控制结构不显著影响公司绩效。

国内研究更多的将控制人定义为第一直接持股的大股东，并没有逐层找到上市公司的终极控制人（王鹏、周黎安，2006）。追溯到上市公司的终极控制人能够更好地理解现代企业的所有权、控制权、控股结构之间的关系（刘芍佳等，2003）。国内关于终极所有权结构的研究偏重于控制权、所有权与公司价值之间关系的研究（杨兴君等，2003；苏启林，2004；夏立军、方轶强，2005；谷祺等，2006），没有分析金字塔控制结构对公司价值的影响。尽管已经有理论证据表明金字塔控制结构对公司价值有显著影响（Wolfenzon，1999；Almeida and Wolfenzon，2006），但很少有文献在研究公司价值时考虑金字塔控制结构这个因素。另外，本研究的样本公司数量分布显示，中国涉农上市公司中有 93.85％的终极控制人通过金字塔控制结构来实现对涉农上市公司的控制，其中，34.43%的是分离型金字塔控制结构，59.43%的为非分离型金字塔控制结构；12.70%的终极控制人通过多链条金字塔控制结构来实施对涉农上市公司的控制，81.15%的终极控制人通过单链条金字塔控制结构来控制涉农上市公司；81.15%的终极控制人通过金字塔控制结构的控制形式在涉农上市公司的管理层出任高级职位。这些非分离型金字塔控制结构的存在是否产生了与分离型金字塔控制结构相同的治理效应，终极控制人构建复杂程度不同的金字塔控制结构对涉农上市公司产生了何种治理效应，以及终极控制人通过金字塔控制结构而在涉农上市公司管理层出任高级职位对公司价值是否产生影响，这些都是需要进一步证实的问题。基于以上研究存在的不足和问题，本文以A股涉农上市公司为样本，尝试检验终极控制人对金字塔控制结构类型的选择而对涉农上市公司的价值产生的影响。

与以往文献相比，本文的贡献在于：基于不同类型金字塔控制结构存在显著性差异的新颖角度，区分了中国涉农上市公司金字塔控制结构类型，以涉农上市公司终极控制人为研究主体，深入地研究了金字塔控制结构类型的选择对涉农上市公司价值的影响，并提供了产生影响的经验证据。

本文以下部分的结构安排如下：第二部分是金字塔控制结构对公司价值影响的理论分析，在此基础上提出相应的研究假设；第三部分是本文的研究设计；第四部分是实证结果及分析；第五部分对本文的研究结论进行概括并提出政策建议。

二、理论分析与研究假设

（一）金字塔控制结构类型与公司价值

当终极控制人通过金字塔控制结构控制上市公司的全部资产时，其决策成本将产生外部化效应，不论其他中小投资者意愿如何，都被迫接受此成本，终极控制人的现金流所有权愈小，这种外部效果越为显著。因而终极控制人构建金字塔控制结构控制末端公司会产生更大的潜在代理成本（Bebchuk 等，1999）。在金字塔控制结构下，终极控制人获得大于现金流所有权的超额控制权，这为终极控制人谋取控制权私有收益提供了机会。借助于金字塔控制结构形成的超额控制权，终极控制人能够以损害其他中小投资者利益为代价获得控制权私有收益。由于终极控制人只承担低于其控制权的现金流成本，控制权与现金流所有权分离的程度越大，会产生更大的代理成本，由此现金流所有权与控制权的分离能够降低公司价值（Bebchuk 等，2000）。

现代公司的有限责任原则为终极控制人控制其下属公司的投入成本确定了应负责任的上限（Attig 等，2004）。终极控制人采用金字塔控制结构的控制方式只用少量的资源投入就可控制多个公司，这就造成了终极控制人金字塔控制结构控制的收益与成本的不对等。终极控制人在公司有限责任原则下通过构建金字塔控制结构放大自己的控制权，他们会利用市场上的信息不对称，采取机会主义行为，产生很多在责任、义务上与权力不对等的违约行为。终极控制人通常采取非其控制公司价值最大化而是自身利益最大化的行为，金字塔控制结构实质上构成了向终极控制人输送利益的传送带。终极控制人在金字塔控制结构的每个层级都可以利用其控制权实施对其他中小投资者的掠夺（Morck 和 Yeung，2003）。理论研究表明金字塔控制结构能够降低公司价值（Wolfenzon，1999）。

以上针对分离型金字塔控制结构的分析表明：金字塔控制结构能够导致终极控制人现金流所有权与控制权发生分离，金字塔控制结构具有很强的权益杠杆效应。随着金字塔控制结构层级的增多，终极控制人获得的权益杠杆效应越大，终极控制人现金流所有权和控制权分离的程度也就越强，掠夺其他中小投资者的动力越大，最终使得终极控制人既有能力又有动力来掠夺上市公司的其他中小投资者，进而降低了涉农上市公司价值。可见，终极控制人构建分离型金字塔控制结构能够对涉农上市公司价值产生负面的治理效应。

在非分离型金字塔控制结构下，终极控制人的现金流所有权和控制权不发生分离，此时金字塔控制结构权益融资的杠杆效应消失，终极控制人与其他中小投资者的利益具有一致性，在终极控制人拥有上市公司的高度控制权时，目标的一致性更加明显。在此情况下，终极控制人为获得控制权私有收益实施隧道行为而产生的成本便会内部化，可以在更大程度上将公司价值内部化，这将会降低终极控制人为增加控制权私有收益而以损失效率作为代价进行商业决策的动机。可见，在非分离型金字塔控制结构下，由于终极控制人控制权与现金流所有权没有发生分离，因而与涉农上市公司的目标取向更加一致，因此，终极控制人构建非分离型金字塔控制结构对涉农上市公司价值能够产生正面的治理效应。

多链条控制是终极控制人加强对金字塔控制结构中低层级公司实施控制的一种更加复杂的控制手段。相对于单链条金字塔控制结构，涉农上市公司终极控制人通过多链条金字塔控制结构控制上市公司拥有较高的控制权和较低的现金流所有权（毛世平、吴敬学，2008）。多链条金字塔控制结构的控制权和现金流所有权特征表明：相对于单链条金字塔控制结构，终极控制人构建多链条金字塔控制结构更有能力（较高的控制权）和动力（较低的现金流所有权），来掠夺上市公司的其他社会中小投资者，降低了涉农上市公司价值。因而，相对于多链条金字塔控制结构①，终极控制人通过单链条控制的方式构建其金字塔控制结构，对涉农上市公司能够产生正面的治理效应。根据以上分析，提出以下研究假设：

假设 1：相对于非金字塔控制结构，终极控制人构建分离型金字塔控制结构对涉农上市公司实施控制能够产生负面的治理效应，降低涉农上市公司价值。

假设 2：相对于非金字塔控制结构，终极控制人构建非分离型金字塔控制结构对涉农上市公司实施控制能够产生正面的治理效应，提高涉农上市公司价值。

假设 3：相对于多链条控制方式，单链条金字塔控制结构能够产生正面治理效应，提高涉农上市公司价值。

（二）涉农上市公司终极控制人控制的公司管理层高级职位与公司价值

普遍存在于中国涉农上市公司的金字塔控制结构是终极控制人对涉农上市公司实施控制最为主要和最为常用的方式，终极控制人通过金字塔控制结构对涉农上市公司拥有高度集中的控制权而实现对董事会和监事会的控制，进而控制了涉农上市公司的管理层。终极控制人通过金字塔控制结构这种控制手段委派其代表进入涉农上市公司的管理层出任高级职位，事实上控制了公司的决策与运营。分离型金字塔控制结构下，终极控制人的代表在涉农上市公司的管理层出任高级职位将会更加有利于终极控制人为增加其控制权私有收益而以损失效率作为代价进行商业决策，终极控制人及其代表会利用手中的控制权以牺牲其他中小投资者的利益来最大化自身的利益，最终会导致涉农上市公司的经营偏离公司价值最大化目标，因而终极控制人进入管理层出任高级职位对涉农上市公司价值产生负面效应。在非分离型金字塔控制结构下，由于终极控制人控制权与现金流所有权没有发生分离而与上市公司的目标取向更加一致，因此，终极控制人通过非分离型金字塔控制结构而控制涉农上市公司的高级职位对公司价值能够产生正面的治理效应。同样，相对于多链条金字塔控制结构，由于终极控制人通过单链条控制的方式构建其金字塔控制结构对涉农上市公司能够产生正面的治理效应，因而其对涉农上市公司高级职位的控制有利于公司价值的提高。因此提出以下研究假设：

假设 4-1：分离型金字塔控制结构下终极控制人在涉农上市公司管理层

---

① 为便于虚拟变量的设置，以多链条金字塔控制结构的样本公司为参照（多链条金字塔控制结构的样本公司为 31 个样本，单链条金字塔控制结构的样本为 198 个），来分析金字塔控制结构的复杂程度对涉农上市公司价值的影响。

出任高级职位对公司价值产生负面效应，提高了公司价值。

假设 4-2：非分离型金字塔控制结构下终极控制人在涉农上市公司管理层出任高级职位对公司价值产生正面效应，降低了公司价值。

假设 4-3：单链条金字塔控制结构下终极控制人在涉农上市公司管理层出任高级职位对公司价值产生正面效应，提高了公司价值。

三、研究设计

（一）数据来源与样本选择

本文研究样本的选择期间为 2004—2006 年，最初的研究样本包括全部在上海证券交易所和深圳证券交易所发行上市 A 股的涉农上市公司。作者手工查询了涉农上市公司终极控制人关于金字塔控制结构的数据，构建了终极控制人样本数据库。其他财务数据来自 CCER™的中国证券市场数据库系统。在选择样本过程中，先剔除 2004—2006 年年报中不能完整追溯终极控制人的样本公司；其次，还剔除了涉农上市公司金字塔控制结构数据缺失的样本；然后，剔除 2006 年当年上市的样本公司；最终样本包括 244 个“公司－年度”Panel 数据，2004—2006 年依次为 78 个、84 个和 82 个。表 1 给出了涉农上市公司样本的数量分布特征描述。

表 1　样本公司的数量分布

项　目	合计		2004 年		2005 年		2006 年	
	数量	比例(%)	数量	比例(%)	数量	比例(%)	数量	比例(%)
最终样本公司总数	244		78		84		82	
其中：分离型金字塔控制结构公司数	84	34.43	24	30.77	28	33.33	32	39.02
非分离型金字塔控制结构公司数	145	59.43	49	62.82	51	60.71	45	54.88
非金字塔控制结构的公司数	15	6.15	5	6.41	5	5.95	5	6.10
合　计	244	100	78	100	84	100	82	100
其中：多链条金字塔控制结构公司数	31	12.70	11	14.1	11	13.1	9	10.98
单链条金字塔控制结构公司数	198	81.15	62	79.49	68	80.95	68	82.92
合　计	229	93.85	73	93.59	79	94.05	77	93.9
其中：终极控制人在公司高层任职的公司数	198	81.15	64	82.05	69	81.18	66	80.49
终极控制人不在公司高层任职公司数	46	18.85	14	17.95	16	18.82	16	19.51
合　计	244	100	78	100	85	100	82	100

（二）金字塔控制结构的确定

金字塔控制结构是一种类似于金字塔的纵向层级控制方式，终极控制人[①]通过一系列中间公司对末端公司进行控制的多层级的控制结构。终极控制人位于金字塔控制结构的顶端，由其控制第一层级公司，再由第一层级公司控制第二层级公司，第二层级公司进而控制第三层级公司，依此到达末端公司，且终极控制人对末端公司的控制权达到相应的临界标准。本文确定的金字塔控制结构需要满足以下两个条件：①终极控制人位于控制链的顶端；②位于顶端的终极控制人与末端的涉农上市公司之间的控制链上至少存在一家终极控制人控制的公司。这种控制包括完全控制和非完全控制两种情况，在前一种情况下控制权和现金流所有权不发生分离，称为非分离型金字塔控制结构；而后一种情况下控制权和现金流所有权发生分离，称为分离型金字塔控制结构。

与金字塔控制结构相对应的是非金字塔控制结构，它是指终极控制人直接持有涉农上市公司的股份而控制上市公司的一种控制结构。

（三）计量经济模型与研究变量

1. *计量方法的选择*。面板数据模型分析方法有固定效应模型和随机效应模型两种之分，本文采用 Hausman 检验对固定效应模型和随机效应模型进行选择。采用非平衡面板数据分析方法能大大提高研究结论的可靠性和稳定性[②]，因而本文采用非平衡面板数据分析方法，运用 EVIEWS6.0 计量分析软件，建立计量经济模型检验金字塔控制结构类型的选择对公司价值的影响。

2. *计量经济模型的建立*。根据上述分析，构建以下基本计量经济模型来分析金字塔控制结构类型的选择与涉农上市公司价值的关系以检验本文的研究假设：

$$TQ=C+\beta_1*Ucon+\beta_2*Uconsq+\beta_3*P_y+\delta_1*Size+\delta_2*Div+\delta_3*Leve+\delta_4*Growth+\delta_5*Avermarind\ ex+\delta_6*Year2005+\delta_7*Year2006+\alpha+\varepsilon \quad (1)$$

$$TQ=C+\beta_1*Ucon+\beta_2*Uconsq+\beta_3*(P_y*Umanagement)+\delta_1*Size+\delta_2*Div+\delta_3*Leve+\delta_4*Growth+\delta_5*Avermarindex+\delta_6*Year2005+\delta_7*Year2006+\alpha+\varepsilon \quad (2)$$

---

① 实证研究中 La Porta 等（1999）、杨兴君等（2003）、王鹏和周黎安（2006）等采用 10%或 20%的终极控制权标准来确定终极控制人是否存在。

② 由于非平衡面板数据分析方法既避免了简单混合数据横截面回归模型固有的样本自相关问题，也避免了平衡面板数据模型因要求各横截面样本个体完全相同而引起的样本选择偏差问题。

式中，P_y 是金字塔控制结构类型变量的统称，Umanagement 是终极控制人在公司管理层出任高级职位的变量，C 为截距，$\beta_1 \sim \beta_3$ 和 $\delta_1 \sim \delta_7$ 是待估计参数，$\beta_1 \sim \beta_3$ 用来描述终极控制人控制权、金字塔控制结构类型、终极控制人在公司管理层出任高级职位与涉农上市公司价值的关系。α 表示与各涉农上市公司相关的、时间上恒定的不可观测的具有公司特征的影响因素，ε 为随机干扰项。

3. 研究变量。以上计量经济模型中的研究变量分为因变量、检验测试变量和控制变量三种类型。

（1）因变量。在实证研究中，基于市场业绩指标的 TQ 是国内外研究中普遍采用的测度公司价值的方法。在运用 TQ 值时，考虑到中国上市公司有相当数量的非流通股份，需要对其做进一步调整，本文采用流通股的折价来度量非流通股价格（实证研究中如白重恩等（2005）、李汉军、张俊喜（2006）、王鹏、周黎安（2006）等均采用该定价方法），同时采用流通股的全价和每股净资产来计算非流通股价值，以此进行稳健性检验。本文利用上述方法对 TQ 进行计算：

$$TQ^{70}=\frac{P\times Liquid+P\times(1-0.70)\times Illiquid+Debt}{Asset}$$

$$TQ=\frac{P\times Liquid+P\times Illiquid+Debt}{Asset}$$

$$TQ^{APS}=\frac{P\times Liquid+APS\times Illiquid+Debt}{Asset}$$

式中，P 为每只股票年末收盘价，APS 表示每股净资产，Liquid 和 Illiquid 分别表示每年年末流通股与非流通股股数，Debt 表示年末债务账面价值，Asset 表示年末资产账面价值。

行业属性影响公司业绩（Schmalensee，1985），为消除该因素的影响，在研究中采用行业均值调整后的 TQ，这一调整过程在基于中国的研究中曾被应用（如 Firth 等，2002；徐莉萍等，2005；肖星、王琨，2006）。行业的具体分类标准参照中国证监会颁布的《上市公司行业分类指引》，本文从产业链的角度将涉农上市公司的行业划分农林牧渔业（A）、食品饮料（C_0）和木材（C_2）3 类。

（2）检验测试变量。①终极控制人的控制权（Ucon，Uconsq）：Ucon 为终极控制人的控制权，Uconsq 为 Ucon 的平方项，以衡量终极控制人的控制权对涉农上市公司价值的非线性影响；②金字塔控制结构类型（P_y）：本文从是否构建金字塔控制结构和构建金字塔控制结构的复杂程度两个角度对金字塔控制结构类型进行分析。为避免变量间多重共线性的影响，在第一个角度中，以非金字塔控制结构为参照，在检验中设置分离型金字塔控制结构（P_y _ Diff）和非分离型金字塔控制结构（P_y _ Nodiff）两个变量，在第二个角度中，以多链条金字塔控制结构为参照，设置了单链条金字塔控制结构变量（Single _ P_y）；③终极控制人在公司管理层出任高级职位变量（Umanagement）：以检验不同类型的金字塔控制结构下终极控制人在涉农上市公司的管理层出任高级职位对涉农上市公司价值的影响。

（3）控制变量。为分析金字塔控制结构类型的选择对公司价值的影响，控制了已被证实对公司价值产生影响的变量：公司规模变量（Size）（夏立军、方铁强，2005；周开国、李涛，2006），资产负债率变量（Leve）（McConnell and Servaes，1995；Lins，2003；陈信元、黄俊，2007），公司股利政策变量（Div）（阎大颖，2004），公司成长机会变量（Growth）（La Porta 等，2002；Claessens 等，2002；陈信元、黄俊，2007），市场化指数变量（Avermarindex）（夏立军、方铁强，2005）；此外，为了控制不同年份经济政策和宏观经济形势的变化对公司价值所产生的年度间差异以及变量在不同年份间存在整体上的差异（Joh，2003），在模型中设置 Year2005 和 Year2006 两个年度虚拟变量（以 2004 年度为参照年份）。具体变量定义见表 2。

表 2　研究变量定义

	变　量	解　释	变量确定与计算方法
因变量	TQ^{70}	公司价值变量	经过行业中位数调整后的 TQ^{70}
	TQ	公司价值变量	经过行业中位数调整后的 TQ
	TQ^{APS}	公司价值变量	经过行业中位数调整后的 TQ^{APS}
检验变量	Ucon	终极控制人控制权变量	终极控制人控制权的确定遵循 WLP 原则，即在每一条控制链中，终极控制人拥有的控制权为控制链条中不同层级的控制权的最小值；如果终极控制人通过多链条控制涉农上市公司，其控制权则为多重控制链条的控制权之和
	P_y _ Diff	分离型金字塔控制结构变量	当涉农上市公司的金字塔控制结构类型属于分离型时，P_y _ Diff=1；否则，P_y _ Diff=0（以非金字塔控制结构为参照）
	P_y _ Nodiff	非分离型金字塔控制结构变量	当涉农上市公司的金字塔控制结构类型属于非分离型时，P_y _ Nodiff=1；否则，P_y _ Nodiff=0（以非金字塔控制结构为参照）
	Single _ P_y	单链条金字塔控制结构变量	当终极控制人构建单链条金字塔控制结构时，Single _ P_y=1；否则，Single _ P_y=0（以多链条金字塔控制结构为参照）
	Umanagement	终极控制人在公司管理层出任高级职位变量	当终极控制人在上市公司的管理层出任董事长（副董事长）、监事长、总经理之一时，Umanagement=1，否则为 0

（续）

	变 量	解 释	变量确定与计算方法
控制变量	Size	公司规模变量	用上市公司年末总资产的自然对数值来衡量
	Leve	公司资产负债率变量	总负债账面值与总资产账面值比率
	Div	公司股利政策变量	采用每股现金分红来衡量
	Growth	公司成长机会变量	净资产增长率＝（本期净资产－上期净资产）/上期净资产
	Avermarindex	市场化指数	数据来自樊纲、王小鲁的《中国市场化指数》
	Year2005	年度变量	当样本公司属于 2005 年时，Year2005 ＝1；否则，Year2005＝0（以 2004 年为参照）
	Year2006	年度变量	当样本公司属于 2006 年时，Year2006 ＝1；否则，Year2006＝0（以 2004 年为参照）

四、实证研究结果及分析

（一）描述性统计

首先对计量经济模型中的部分变量进行描述性统计分析（限于篇幅的限制没有列示变量描述性统计表）。样本公司 TQ^{70}、TQ、TQ^{APS} 的均值分别为 1.312 6、1.343 6、1.833 3，中位数分别为 1.051 4、1.149 1、1.428 6。终极控制人控制权（Ucon）的均值和中位数分别为 0.416 2 和 0.388 5，公司规模（Size）的均值和中位数分别为 21.074 3 和 20.971 5，资产负债率（Leve）的均值和中位数分别为 0.539 和 0.530，每股现金分红（Div）的均值和中位数分别为 0.073 2 和 0.001，净资产增长率（Growth）的均值和中位数分别为 0.325 9 和 0.125 5。

金字塔控制结构类型变量、终极控制人在公司管理层出任高级职位变量以及年度变量是虚拟变量，它们只具有相对度量意义，其绝对水平值没有具体的经济含义。

（二）计量经济方法的确定

运用非平衡面板数据来建立计量经济模型，首先利用 Hausman 检验来确定计量经济模型中涉及的非观测因素是固定效应还是随机效应，然后再确定合适的模型形式。随机效应的 Hausman 检验结果显示，Hausman 统计量的值为 13.192 3，相对应的概率为 0.154 1（本检验结果对应于表 3 中的模型（1），限于篇幅的限制没有列示随机效应的 Hausman 检验分析详细结果），表明 Hausman 检验结果接受了随机效应模型原假设。因此，应该建立随机效应模型（其他模型的检验过程与此相同）。

表 3 涉农上市公司终极控制人金字塔控制结构与公司价值

	因变量：TQ70						
	(1)	(2)	(3)	(4)	(5)	(6)	(7)
C	5.847 0***	4.928 2***	4.038 7***	5.190 0***	4.341 5***	5.716 4***	4.718 1***
	(6.888 4)	(6.332 5)	(4.345 0)	(7.268 3)	(4.398 0)	(7.156 6)	(4.664 5)
Ucon	−2.048 6***	−1.797 9***		−1.610 3***		−2.111 3***	
	(−4.385 3)	(−3.287 8)		(−3.151 5)		(−4.182 4)	
U1consq	2.620 3***	2.496 4**		2.287 8**		2.640 5***	
	(2.762 4)	(2.388 6)		(2.240 3)		(2.696 1)	
P_y _ Nodiff		0.232 8***	0.218 7***				
		(4.190 0)	(3.024 7)				
P_y _ Diff				−0.224 5***	−0.215 1***		
				(−13.466 3)	(−7.217 7)		
Single _ P_y						0.112 7***	0.134 3***
						(2.521 3)	(3.462 8)
Size	−0.299 2***	−0.262 3***	−0.231 0***	−0.265 3***	−0.234 7***	−0.292 2***	−0.261 4***
	(−6.880 2)	(−6.221 1)	(−4.584 9)	(−6.747 2)	(−4.557 6)	(−7.119 8)	(−4.830 5)
Dlv	3.065 6***	3.026 4***	3.055 6***	3.063 2***	3.096 1***	3.075 6***	3.074 9***
	(7.616 1)	(7.988 6)	(8.201 7)	(8.085 6)	(8.286 4)	(7.329 3)	(7.725 6)
Leve	0.829 1***	0.817 9***	0.834 9***	0.835 7***	0.848 4***	0.824 4***	0.849 4***
	(16.928 7)	(15.996 9)	(17.377 4)	(17.733 5)	(17.906 6)	(15.180 2)	(14.950 5)
Growth	0.002 6***	0.001 7***	0.001 8**	0.001 7***	0.001 7**	0.002 5***	0.002 4***
	(6.764 0)	(6.485 4)	(2.378 6)	(6.128 0)	(2.413 2)	(5.389 8)	(3.804 8)
Avermarindex	0.042 3***	0.041 3***	0.038 4***	0.035 5***	0.032 9***	0.041 4***	0.038 9***
	(6.698 7)	(5.820 5)	(4.440 6)	(4.553 0)	(3.714 9)	(5.318 3)	(3.788 9)
Year2005	−0.024 4	−0.027 5	−0.032 9	−0.026 8	−0.032 4	−0.025 6	−0.027 7
	(−0.256 3)	(−0.302 2)	(−0.346 4)	(−0.297 1)	(−0.344 5)	(−0.251 7)	(−0.257 8)
Year2006	0.426 0***	0.416 9***	0.396 9**	0.416 4**	0.395 6***	0.424 2***	0.416 2**
	(2.612 7)	(2.592 8)	(2.440 5)	(2.639 5)	(2.504)	(2.530 8)	(2.452 5)
样本量 N	244	244	244	244	244	229	229
Adjusted R^2	0.502 5	0.509 5	0.506 5	0.507 9	0.505 4	0.496 4	0.495 6
F 统计值	28.269 4	26.242 3***	32.179 5***	26.081 1***	32.040 6***	24.956 6***	30.841 1***

（续）

	因变量：TQ^{70}						
	(1)	(2)	(3)	(4)	(5)	(6)	(7)
Durbin-Watson 统计值	1.882 0	1.837 0	1.838 0	1.827 1	1.828 4	1.786 0	1.807 5
Hausman 统计值	13.192 3	11.841 9	11.166 8	11.507 1	10.580 2	20.059 9	16.879 5

注：括号内为经过 White cross-section 异方差调整的 t 检验统计量值；*** 表示检验在 1%水平下显著，** 表示检验在 5%水平下显著，* 表示检验在 10%水平下显著。

（三）实证检验结果分析

实证检验中以经行业中位数调整后的 TQ^{70} 为被解释变量，首先检验终极控制人控制权、金字塔控制结构对涉农上市公司价值的影响。表 3 是终极控制人控制权、金字塔控制结构与公司价值的分析结果。其中模型（1）是分析检验终极控制人控制权对涉农上市公司价值产生影响的结果。模型（2）、（4）和（6）是分别纳入非分离型金字塔控制结构（P_y _ Nodiff）、分离型金字塔控制结构（P_y _ Diff）、单链条金字塔控制结构（Single _ P_y）时的检验结果。在模型（1）～（2）、（4）和（6）中，终极控制人控制权变量回归系数的符号与预期的符号相一致，在 1%的显著性水平下，TQ^{70} 与终极控制人控制权的一次项（Ucon）存在显著负相关的关系，与其二次项（Uconsq）存在显著的正相关关系，即终极控制人控制权与涉农上市公司价值之间的关系呈现非线性的正"U"型结构，从回归系数的计算分析发现，涉农上市公司的终极控制人控制权的临界值转折点在 35%～41%之间①。随着终极控制人控制权的提高而获得有效控制时，涉农上市公司价值首先呈现下降趋势，这是由于终极控制人的掠夺行为而导致的，从而表现为隧道效应；当终极控制人控制权比例超过临界值而逐步变大时，终极控制人自身利益与其他中小投资者利益的一致性增强，使得终极控制人的隧道效应越来越弱，最终体现为与其他中小投资者利益的趋同效应。综上分析可见，终极控制人的控制权与涉农上市公司价值之间存在非线性的正"U"型关系。

表 3 中模型（3）～（5）和（7）是单独分别纳入非分离型金字塔控制结构（P_y _ Nodiff）、分离型金字塔控制结构（P_y _ Diff）、单链条金字塔控制结

① 求解二次函数 $y= c+bx+ax^2$ 的极值，得到极值点是对应的 x 值即为终极控制人控制权的临界值拐点。

构（Single _ P_y）时，检验它们各自对涉农上市公司价值影响的结果；模型（2）～（4）和（6）是在考虑终极控制人控制权（Ucon、Uconsq）情况下，分别联合检验非分离型金字塔控制结构、分离型金字塔控制结构和单链条金字塔控制结构对涉农上市公司价值影响的分析结果。表 3 中模型（2）和（3）表明，在 1%的显著性水平下，TQ^{70} 分别与 P_y _ Nodiff 存在显著正相关关系，这说明，相对于非金字塔控制结构，终极控制人通过构建非分离型金字塔控制结构来实施对涉农上市公司的控制产生正面的治理效应，能够提高公司价值。从模型（4）和（5）中的结果可以发现，在 1%的显著性水平下，TQ^{70} 分别与 P_y _ Diff 存在显著负相关的关系，这表明终极控制人采用分离型金字塔控制结构来控制涉农上市公司能够产生负面的治理效应，降低了公司价值。模型（6）和（7）的结果显示，在 1%的显著性水平下，TQ^{70} 分别与 Single _ P_y 存在显著正相关的关系，分析结果表明单链条金字塔控制结构的控制方式对涉农上市公司产生了正面的治理效应，有利于公司价值的提高。综上分析可见，模型（2）～（3）、（4）～（5）和（6）～（7）的结果分别支持了假设 1、假设 2 和假设 3。

下面考察各模型中 TQ^{70} 与各控制变量的关系，发现控制变量也不同程度地对涉农上市公司价值产生了影响。在表 3 的模型（1）～（7）中，在 1%的显著水平下，TQ^{70} 与公司规模（Size）显著负相关，表明规模小公司比大的公司具有更好的成长预期，公司规模越大，其越可能进入成熟期，因而导致市场价值越低。在 1%的显著水平下，TQ^{70} 与公司股利政策（Div）呈显著正相关关系，表明终极控制人控制的涉农上市公司发放较多的现金股利能传递公司处于良好经营状态的信号，公司具有较高的价值。在 1%的显著水平下，TQ^{70} 与涉农上市公司资产负债率（Leve）存在显著的正相关关系，表明债权人有助于减少代理问题，市场对较高负债的公司反应是积极的，适度的负债能够提升涉农上市公司的价值。在 1%和 5%的显著水平下，TQ^{70} 与 Growth 存在显著的正相关关系，表明涉农上市公司的成长性越好，其价值也就越大。在 1%的显著水平下，TQ^{70} 与 Avermarindex 存在显著的正相关关系，表明涉农上市公司所在地的市场化水平对于涉农上市公司的价值具有显著的促进作用。在 10%的显著水平下，TQ^{70} 与 Year2005 存在负相关关系，但这种负相关关系是不显著的；在 1%和 5%的显著水平下，TQ^{70} 与 Year2006 显著正相关，表明 2006 年宏观环境使得涉农上市公司价值显著地高于 2004 年①。

① 具体表现在：2004—2006 年股票市价总值分别为 37 055.57 亿元、32 430.28 亿元和 89 403.89 亿元，数据来源于《中国统计年鉴》(2007)。

表4给出了不同类型金字塔控制结构下的终极控制人在涉农上市公司管理层出任高级职位、金字塔控制结构类型对公司价值影响的分析结果。模型（1）和（2）是分离型金字塔控制结构下，终极控制人在涉农上市公司管理层出任高级职位（Umanagement* P_y _ Diff）对公司价值影响的检验结果，检验结果显示，在1%的显著性水平下，无论是否控制终极控制人的控制权变量，TQ^{70}与Umanagement * P_y _ Diff之间均存在显著的负相关关系，表明在分离型金字塔控制结构下，终极控制人在涉农上市公司管理层出任高级职位产生了负面的治理效应，降低了公司价值。检验结果支持了研究假设4-1。模型（3）和（4）侧重分析了非分离型金字塔控制结构下，终极控制人在涉农上市公司管理层出任高级职位（Umanagement* P_y _ Nodiff）对公司价值的影响。研究结果显示，在1%的显著性水平下，无论是否控制终极控制人的控制权变量，TQ^{70}与Umanagement* P_y _ Nodiff之间均存在显著的正相关关系，表明在非分离型金字塔控制结构下，终极控制人在涉农上市公司管理层出任高级职位产生了正面的治理效应，提高了公司价值。检验结果支持了研究假设4-2。

表4中模型（5）和（6）侧重分析了单链条金字塔控制结构下，终极控制人在涉农上市公司管理层出任高级职位（Umanagement* Single _ P_y）对公司价值的影响。研究结果显示，当纳入终极控制人的控制权变量时，在10%的显著性水平下，TQ^{70}与Umanagement* Single _ P_y之间的正相关关系不显著；当没有纳入终极控制人的控制权变量时，在1%的显著性水平下，TQ^{70}与Umanagement* Single _ P_y之间存在显著的正相关关系，表明在单链条金字塔控制结构下，终极控制人在涉农上市公司管理层出任高级职位产生正面的治理效应，能够提高公司价值。检验结果支持了研究假设4-3。

表4　终极控制人公司管理层的高级职位、金字塔控制结构类型与公司价值

	因变量：TQ^{70}					
	(1)	(2)	(3)	(4)	(5)	(6)
C	5.152 5***	4.293 8***	5.332 3***	4.489 3***	5.696 0***	4.753 1***
	(7.478 5)	(4.311 6)	(6.556 5)	(4.239 7)	(7.611 6)	(4.832 8)
Ucon	−1.641 6***		−1.616 7***		−1.960 4***	
	(−3.095 0)		(−2.526 3)		(−3.592 2)	
Uconsq	2.325 3**		2.209 7**		2.468 8**	
	(2.239 4)		(1.983 9)		(2.283 3)	
Umanagement	−0.231 4***	−0.221 0***				
* P_y _ Diff	(−8.580 8)	(−8.123 0)				

（续）

	因变量：TQ[70]					
	(1)	(2)	(3)	(4)	(5)	(6)
Umanagement * P_y _ Nodiff			0.340 7*** (3.254 9)	0.347 1*** (3.329 9)		
Umanagement * Single _ P_y					0.133 9 (1.089 0)	0.202 3*** (4.853 9)
Size	−0.263 0*** (−6.811 3)	−0.232 2*** (−4.451 1)	−0.279 0*** (−6.271 2)	−0.249 4*** (−4.488 4)	−0.292 5*** (−7.540 3)	−0.263 0*** (−4.981 1)
Div	3.066 3*** (8.207 8)	3.098 4*** (8.366 8)	3.033 3*** (8.292 9)	3.055 6*** (8.341 0)	3.069 9*** (7.264 9)	3.075 6*** (7.736 0)
Leve	0.836 2*** (18.112 8)	0.849 2*** (18.368 7)	0.866 8*** (16.843 6)	0.883 1*** (18.192 6)	0.841 1*** (13.746 8)	0.872 4*** (17.141 8)
Growth	0.001 6*** (7.075 6)	0.001 7*** (2.643 9)	0.002 1*** (6.340 2)	0.002 1*** (3.225 1)	0.002 4*** (3.983 7)	0.002 3*** (3.183 7)
Avermarindex	0.034 4*** (3.836 0)	0.031 9*** (3.201 3)	0.029 2*** (6.081 6)	0.026 5*** (4.019 0)	0.040 3*** (6.531 6)	0.036 5*** (3.875 1)
Year2005	−0.026 7 (−0.304 3)	−0.032 4 (−0.352 5)	−0.032 6 (−0.359 4)	−0.037 4 (−0.398 5)	−0.024 4 (−0.232 5)	−0.025 4 (−0.228 7)
Year2006	0.416 0*** (2.704 3)	0.395 2*** (2.559 2)	0.399 9** (2.432 2)	0.382 3** (2.343 5)	0.423 9*** (2.502 8)	0.416 5** (2.441 5)
样本量 N	244	244	244	244	229	229
Adjusted R^2	0.508 7	0.506 0	0.516 9	0.516 1	0.517 1	0.496 7
F 统计值	26.163 2***	32.108 0***	27.002 3***	33.391 8***	24.954 7***	30.973 3***
Durbin-Watson 统计值	1.832 6	1.832 6	1.842 1	1.848 2	1.797 2	1.816 9
Hausman 统计值	11.349 4	10.475 0	10.293 3	9.128 8	15.875 4	13.352 3

注：括号内为经过 White cross-section 异方差调整的 t 检验统计量值；*** 表示检验在 1%水平下显著，** 表示检验在 5%水平下显著，* 表示检验在 10%水平下显著。

综合表 4 中模型（1）～（6）的分析结果，表明由于金字塔控制结构类型本质上的决定性作用，分离型金字塔控制结构的负面治理效应、非分离型金字塔控制结构的正面治理效应以及单链条金字塔控制结构的正面治理效应通过各自控制机制的传导而对涉农上市公司管理层的控制仍然发挥着主导性的作用。模型（1）～（6）的检验结果支持了假设 4－1、假设 4－2 和假设 4－3。

从总体上看，表 4 中各计量经济模型中的 TQ^{70} 与其相应的各个控制变量的显著性关系保持了与表 3 中 TQ^{70} 与其相应的各控制变量显著性关系的一致性。

（四）稳健性检验

本文对上述研究结论进行了如下稳健性检验，以考察其可靠性：①分别采用经行业中位数调整后的 TQ 和 TQ^{APS} 作为因变量，重新对以上过程进行实证检验，检验结果与前文的主要研究结论保持一致。②采用经行业中位数调整后的财务指标 ROA 作为因变量，重新对论文的研究设计进行实证检验，结果表明财务指标 ROA 的稳健性检验的主要研究结论没有发生实质性的变化。③剔除研究变量小于 1%分位点或大于 99%分位点的数据，以控制极大值和极小值对回归结果的影响，研究结论仍然保持了很好的稳定性。限于篇幅的限制，研究结果没有列示。

五、研究结论与启示

（一）研究结论

金字塔控制结构是终极控制人对涉农上市公司实施控制的主要方式，不同类型的金字塔控制结构产生了不同的治理效应；金字塔控制结构类型本质上的决定性作用而使得不同类型金字塔控制结构下的终极控制人在涉农上市公司管理层担任高级职位对公司价值产生不同的影响。具体结论如下：

第一，相对非金字塔控制结构，终极控制人构建分离型金字塔控制结构对涉农上市公司实施控制产生负面的治理效应，能够降低公司价值；终极控制人构建非分离型金字塔控制结构能够对涉农上市公司产生正面的治理效应，提高公司价值；相对于多链条控制方式，单链条金字塔控制结构能够产生正面的治理效应，有利于涉农上市公司价值的提高。

第二，不同类型金字塔控制结构下的终极控制人在涉农上市公司的管理层出任高级职位对公司价值产生不同的影响。分离型金字塔控制结构下终极控制人在涉农上市公司管理层出任高级职位对公司价值产生负面的治理效应，降低了涉农上市公司价值；非分离型金字塔控制结构下终极控制人在涉农上市公司管理层出任高级职位对公司价值产生正面的治理效应，提高了公司价值；单链条金字塔控制结构下终极控制人在涉农上市公司管理层出任高级职位对公司价值产生正面的治理效应，有利于涉农上市公司价值的提高。

（二）启示及政策性含义

分离型金字塔控制结构下，由于权益杠杆效应的存在，终极控制人获得了对涉农上市公司的超额控制权，构建分离型金字塔控制结构会产生更大的代理成本，在有限责任原则下，终极控制人通过构建分离型金字塔控制结构为自己创造了保护性外壳。终极控制人通过实施隐蔽的掠夺行为使自己获得最大的利益，在涉农上市公司遭受损失或风险时，由于控制权和现金流所有权的分离，终极控制人只承担有限责任，其损失被限定在最初的投资数额内。因而，约束终极控制人掠夺行为最根本的办法是在立法中建立“揭开公司面纱，追溯终极控制人”制度。当终极控制人滥用公司法人独立地位和股东有限责任原则，其他中小投资者利益受到终极控制人掠夺时，可以通过诉讼程序运用“揭开公司面纱，追溯终极控制人”制度，使终极控制人对其他中小投资者的利益损失承担无限连带责任，以此增加终极控制人实施掠夺行为的支付成本，从而有效地约束其掠夺行为，增加对其他社会中小投资者法律保护的强度。

参考文献

[1] 白重恩，刘俏，陆洲，宋敏，张俊喜．中国上市公司治理结构的实证研究．经济研究，2005（2）．

[2] 陈信元，黄俊．政府干预、多元化经营与公司业绩．管理世界，2007（1）．

[3] 樊纲，王小鲁．中国市场化指数——各地区市场化相对进程 2004 年度报告．北京：经济科学出版社，2004.

[4] 谷祺，邓德强，路倩．现金流权与控制权分离下的公司价值：基于我国家族上市公司的实证研究．会计研究，2006（4）．

[5] 国家统计局．中国统计年鉴（2007）．北京：中国统计出版社，2007.

[6] 赖建清，吴世农．上市公司最终控制人对绩效的影响研究．厦门大学管理学院，2005.

[7] 李汉军，张俊喜．上市企业治理与绩效间的内生性程度．管理世界，2006（5）．

[8] 刘芍佳，孙霈，刘乃全．终极产权论、股权结构及公司绩效．经济研究，2003（4）．

[9] 刘彤．小股东权益与公司治理绩效改善：基于产权理论的分析．经济科学，2002（2）．

[10] 毛世平，吴敬学．金字塔结构与控制权和所有权——基于涉农上市公司的经验证据．农业技术经济，2008（3）．

[11] 苏启林．代理问题、公司治理和企业价值：以民营上市公司为例．中国工业经济，2004（4）．

[12] 王鹏，周黎安．控股股东的控制权、所有权与公司绩效：基于中国上市公司的证据．金融研究，2006（2）．

[13] 夏立军，方铁强．政府控制、治理环境与公司价值：来自中国证券市场的经验证据．

经济研究，2005（5）.

[14] 肖星，王琨．关于集团模式多元化经营的实证研究：来自“派系”上市公司的经验证据．管理世界，2006（9）.

[15] 徐莉萍，陈工孟，辛宇．控制权转移、产权改革及公司经营绩效之改进．管理世界，2005（3）.

[16] 阎大颖．中国上市公司控股股东价值取向对股利政策影响的实证研究．南开经济研究，2004（6）.

[17] 杨兴君，宗长玉，江艺．民营企业控制多家上市公司实证研究．深圳证券交易所第六届会员单位、基金公司研究报告，2003.

[18] 周开国，李涛．国有股权、预算软约束与公司价值：基于分量回归方法的经验分析．世界经济，2006（5）.

[19] Almeida，Heitor V.，Daniel Wolfenzon. A Theory of Pyramidal Ownership and Family Business Groups. The Journal of Finance，2006，61（6）：2637－2680.

[20] Attig，Najah，Klaus P. Fischer，Yoser Gadhoum. On the Determinants of Pyramidal Ownership：Evidence on Dilution of Minority Interests. EFA 2004 Maastricht Meetings Paper No. 4592，2004.

[21] Bebchuk，Lucian Arye. A Rent-Protection Theory of Corporate Ownership and Control. National Bureau of Economic Research（NBER），1999.

[22] Bebchuk，Lucian Arye，Reinier Kraakman，and George Triantis. Stock Pyramids，Cross-Ownership，and Dual Class Equity：The Mechanisms and Agency Costs of Separating Control from Cash-flow Rights// Randall Morck. Concentrated Corporate Ownership，National Bureau of Economic Research Conference Volume，Chicago：University of Chicago Press，2000：295－315.

[23] Claessens，Stijn，Simeon Djankov，and Larry H. P. Lang. The Separation of Ownership and Control in East Asian Corporations. Journal of Financial Economics，2000，58（1－2）：81－112.

[24] Claessens，Stijn，Simeon Djankov，Joseph P. H. Fan，and Larry H. P. Lang，Disentangling the Incentive and Entrenchment Effects of Large Shareholdings. The Journal of Finance，2002，57（6），2741－2771.

[25] Firth，Michael，Oliver M. Rui，and Peter M. Y. Fung. Corporate Governance and CEO Compensation in China. Working Paper，Hong Kong Polytechnic University，2002.

[26] La Porta，Rafael，Florencio Lopez－De－Silanes，and Andrei Shleifer. Corporate Ownership around the World. The Journal of Finance，1999，54（2）：471－517.

[27] La Porta，Rafael，Florencio Lopez－De－Silanes，Andrei Shleifer and Robert W. Vishny. Investor Protection and Corporate Valuation. The Journal of Finance，2002，57（3），1147－1170.

[28] Joh，Sung Wook，Corporate Governance and Firm Profitability：Evidence from Korea

before the Economic Crisis. Journal of Financial Economics, 2003, 68 (2): 287-322.

[29] Lins, Karl V.. Equity Ownership and Firm Value in Emerging Markets. The Journal of Financial and Quantitative Analysis, 2003, 38: 159-184.

[30] McConnell, John J., and Henri Servaes. Equity Ownership and the Two Faces of Debt. Journal of Financial Economics, 1995, 39 (1): 131-157.

[31] Morck, Randall and Bernard Yeung. Agency Problems in Large Family Business Groups. Entrepreneurship: Theory and Practice, 2003, 27: 367-382.

[32] Peng, Mike W., and Yi Jiang. Family Ownership and Control in Large Firms: The Good, the Bad, the Irrelevant and Why. William Davidson Institute, 2006.

[33] Schmalensee, Richard. Do Markets Differ Much? . The American Economic Review, 1985, 75 (3): 341-351.

[34] Wolfenzon, Daniel. A Theory of Pyramidal Structures. Harvard University, 1999.

“农超对接”、合作社与农业现代化的相互作用与机理分析①

The Analysis of Interaction within “Farmer-supermarket direct-purchase”, Farmer Cooperatives and Agricultural Modernization

胡定寰　　杨伟民　　张　瑜

Hu Dinghuan　Yang Weimin　Zhang Yu

摘要：“农超对接”是商务部和农业部倡导的促进农业部门和零售部门链接的重点工程，“农超对接”可以促进农业生产者与和零售业现代化的对接，推动农业部门从传统农业向现代农业转变。因为农超对接有助于提高农民的组织化程度，提高农产品的生产标准，以及帮助农民形成现代化的经营理念。“农超对接”对建立现代农业和建设社会主义新农村具有重要意义。

Abstract: “Farmer-supermarket direct-purchase” is a project initiated by the Ministry of Commerce and the Ministry of Agriculture to promote direct links between agricultural sector and modern retailers. “Farmer-supermarket direct-purchase” not only promotes linkage between the agricultural products producers and modern retailers but also helps to drive the agricultural sector to transform from traditional agriculture to agricultural modernization. The “farmer-supermarket direct-purchase” can contribute to better farmer cooperatives, improved farm production standards, and help farmers

① 本论文是商务部市场体系建设司组织的中华人民共和国科学技术部“国家科技支撑计划项目”，“农村流通管理与服务体系建设关键技术研究开发及示范工程”课题“生活消费品放心流通应用示范”（分课题任务书编号：2008BADAOB10）的研究成果之一。

form a modern management concept. The "farmer-supermarket direct-purchase" will further contribute to establishing the modern agriculture and building a new socialist countryside in China.

一、序　　言

加强"三农"工作，必须积极发展现代农业。建设现代农业是新农村建设的首要任务，也是新农村建设的物质基础。目前，我国农业在很大程度上还处于一家一户的小农生产经营模式之中，其弊端在于：首先是以小农户为主要生产方式的传统农业由于信息不灵、生产分散、技术含量较低、对市场变化的应对能力和风险防范能力不足，农业部门在市场中处于被动和从属地位。其次是在农产品生产过程中，农药、化肥、兽药和添加剂的不合理使用现象时有发生，对食品安全构成极大威胁。事实上，随着居民生活水平的提高和国家经济的发展，居民消费水平和消费意识的提高，消费者开始对安全优质农产品的需求越来越强；而农民生产是非常理性的，以市场需求为晴雨表。从理论上讲，生产优质安全的农产品可以增加农产品的附加值，提升农民的收入。但是为什么我们的农产品消费环境和食品消费环境越来越差，农产品的生产、物流、销售中的安全状况距离人民的愿望差距越来越大，国家倡导的现代农业如何连接市场？尽管政府部门对这些问题极为重视，但由于政策与市场机制所形成的链接尚不成熟，政策效果受到很大影响。所以我们有必要研究通过有效的模式，能够把居民对食品需求同小农户的生产连接起来。

答案就在于通过"合同生产"的方式改变传统的农业生产模式为现代农业。随着消费者意识觉醒，为保证农产品的均衡提供和食品安全，近 20 年世界各国农业农产品采取了大量的合同联系方式生产和销售。而超市与农业部门的链接，主要就采取合同生产的方式，FAO 的研究结论表明："农产品全球贸易比农业 GDP 的增长更为迅速，不管是发达国家还是发展中国家，贸易中的加工厂产品增长都很快，这主要是与发展中国家的超市的迅速发展有着密切的关系，超市逐步成为发展中国家的一种新型流通业态，将有可能成为整个贸易链的主力"。中国正处于传统农产品供应链逐渐向以超市为代表的现代农产品供应链转变，在这个转变过程中，农产品的质量控制、安全标准执行以及均衡供应获得零售环节的驱动和监控，现代农业所具有的标准化、合约化以及长期化的特征逐渐显现。一些学者也发现：随着工业化、城市化和人们收入水平提高，消费升级，农产品从田头到餐桌的产业链驱动方式发生从农产品生产者或者加工者驱动向由农产品大买家（超市）驱动转变。近年来，我国政府和有关企业不遗余力地推广“农超对接”模式，取得了较好的成果，但是这样的对接仍然存在着农户合同意识差、缺乏现代商业理念以及超市等“敲竹杠”行为等制约因素。因此借助“农超对接”工作的驱动力量和组织监控，如何发展现代农业值得深入研究。

二、农业部门现状与现代农业的差距分析

加快传统农业向现代农业的转变，是13亿中国人的迫切愿望。改革开放以来的30年，随着市场经济体制的确立，中国经济获得快速发展。2008年中国国内生产总值为300 670亿元，排列世界第3位；拥有1.95万亿美元外汇储备规模，位居世界第一。经济实力的增强，为我国加快实现农业现代化奠定了物质基础。

“农业现代化”是学术界多年来热烈讨论的话题之一，加拿大把现代农业定义为“农业及农产食物产业”，美国定义为“食物和纤维体系”，日本定义为“农业、食物关联产业”。我国学术界也曾提出了各种表述和设想（周洁红、黄祖辉，2003），简单归纳就是：现代农业是为先进的农业生产和信息手段所装备，由最新的科学技术所支持，由组织化程度不断提高、掌握现代化商品观念的人们所从事，以节约能源、保护生态环境、可持续发展为目标，以满足国内外消费者需求为宗旨，在产品供货时间、数量、品种品质的供应上与市场需求变化相吻合的农业。其基本特征是科学化、集约化、商品化和市场化。农业现代化本身就是一种发展概念，一般认为，农业现代化就是机械化、水利化、化学化加电气化。这一认识在《百科全书》上表述为：“用现代科学技术、现代工业装备和现代管理方法改造农业的过程”。20世纪90年代，又出现了“生态农业”、“可持续农业”、“集约型农业”等提法。后来也有人认为，现代农业“在时间上没有确定的外延，在空间上也没有确定的内容”，作为一个特定的俗语，随着农业生产技术、管理水平的提高以及农产品市场的不断升级和优化，农业现代化的内涵和外延将会不断变化。因此，当前我国农业现代化的目标是：建设具有中国特色的高产、优质、低耗、高效的现代化农业。

近年来，我国农业机械化和设施化水平有了很大的提高，但从事农业生产劳动者的收入水平同其他行业相比仍然很低，各地区的农业发展水平还不均衡，特别是农业部门的组织化程度，农民的商品化意识和环境意识食品安全理念，同现代农业的目标和要求相比差距还很大。因此，我们有必要研究通过什么样的途径可以加快我国农业实现现代化的速度。农业现代化，包括技术装备

现代化和经营管理现代化相辅相成的两个方面。总体经济实力的增强使我国改变了原来的以农补工政策，采用反哺农业的政策。在免除农业税的同时，政府通过各种途径对农业部门进行补贴。基于政府对农机具扶持和补贴政策，农业生产的机械化程度和设施农业的比重在逐年增加。2008 年全国大中型拖拉机的总台数达到 299.52 万台，小型拖拉机 1 722.41 台，分别是 1999 年的 3.83 倍和 1.42 倍。2008 年平均每 12.7 户农户拥有 1 台拖拉机。2008 年我国设施农业的总面积达 2 500 万公顷，占全国耕地总面积的 21%，设施农业的发展速度在加快。我国有效灌溉农田的面积迅速扩大，从 1998 年的 5 227 万公顷增加到 2008 年的 5 847 万公顷。同时，养殖业也开始向专业化和规模化的方向发展。这些表明，在硬件我国农业部门正在缩小与发达国家农业之间的差距。

与农业设施等"硬件"相比，我国农业部门在"软件"上同发达国家差距还很大。首先表现为农业人口多；我国直接从事农业劳动人口有 4.9 亿人，占总人口的 27.3%。其次是农业部门组织化程度很低，基于土地制度的农产品小生产与大市场不相适应。国外经验和国内实践都证明，专业合作社能够有效提高农业生产组织化水平，推进生产的规模化、标准化和专业化，在组织生产、销售，提供农业生产服务等方面发挥积极作用。截至 2009 年 3 月底，全国依法登记并领取法人营业执照的农民专业合作社 13.9 万个，登记成员 1 200 多万，大量的农民主要以家庭为经营单位从事农业生产。农产品的种植技术不高，农产品的产量增长主要依靠大量的化肥和农药投入在支持，而且投入产出的效率不断降低，在过去 1 千克磷肥的投入可以增加 15～20 千克的稻谷，现在每千克磷肥投入只能增加约 5 千克的稻谷（Peng 等，2004）。有些地区的农民每亩耕地上 30～35 千克的磷肥是美国环境保护部门允许使用最大极限量的 5～6 倍（Hatfield，2004 年）。农业部门化肥、农药的过量使用，使地下水源，江河湖泊受到严重污染。农药、兽药和添加剂的滥用，严重威胁到农产品的食品安全。

在农业部门与流通部门的链接上，我国农产品的流通方式还很落后，首先表现在农产品供应链的中间环节过多：农产品"从田头到餐桌"往往需要通过经纪人、产地批发商、产地批发市场、区域批发商、消费地批发市场、零售商等 5～6 个中间转手环节。大部分农产品交易的模式是采用不分等级，不经包装，现金交易的落后方式。落后的农产品流通模式，增加了农产品的流通费用，造成农产品在流通过程中大量的损耗。根据我们在 2010 年 2 月做的调查，蔬菜在供应链上的损失率达 37.3%，蔬菜损耗率为 45.7%。平均每年的水果损失高达 6 760 万吨，蔬菜损失达 26 960 万吨。

三、农民专业合作社在农业现代化中的作用

20世纪70年代末，农村家庭承包责任制的实行极大地激发了广大农民的生产积极性，短时间内使农业生产能力获得巨大的释放。然而，在改革开放30年中间，在我国农产品的全国乃至全球一体化市场形成同时，科学技术大量地使用到农业生产中来极大地提高了农业部门的生产力。农产品的单产，农产品的品质，新型农产品引进速度都获得了迅速的提高。然而，农业在丰富我国消费者物质生活的同时，也使生态环境遭受破坏（胡定寰、杨伟民，2007），农业生产投入与产出效益降低（陈庆根，2001）以及产生了重大的食品安全问题频频发生（胡定寰，2009）。农民在经营决策上更加浮躁，短期行为（姚梅，1987；杜润生，1995），收入难以提高，（黄祖辉，1999；牛若峰，1998）。

虽然我国在农业科学研究的水平、生产技术与设施设备等硬件条件上逐步在实现农业现代化，当前日益严峻的农业环境污染形势以及日益复杂化食品安全问题，作为一个系统拓扑问题越来越难以治理，显示了在农业部门分散的小规模的农户自己组织生产的这种生产关系已经难以适应生产力的需要。因此，基于降低交易成本的要求，必须对农业与市场连接的制度进行创新，通过渐进式的制度变迁来获得“帕累托改进”。农民专业合作社就是一种新型的、可以替代分散小规模农户生产模式的生产关系。

（一）合作社有利于降低交易费用

“联产承包责任制”下的小规模农户与市场的链接主要依靠中介组织或者经纪人，农户直接进入市场交易（包括农户＋公司形式）需要付出如签订契约、规定交易双方的权利责任、实施契约、解决契约实施中存在的问题等费用。这些高昂费用成为单个农户直接与市场进行交易的障碍。因此，降低市场交易费用的内在经济要求驱使农户联合起来，成立合作组织，把各个农户与其他独立主体之间的交易关系和费用内部化，有组织地进行市场活动，达到降低交易费用的目的。这样小规模经营的农民可以通过组织合作社，扩大生产规模，以现代管理理论和方法经营农业。农民专业合作社把分散的农户组织起来，为农户提供产前、产中、产后服务，有效解决了一家一户办不了、办不好的事情（孙中华，2009）。对于连接农户与市场，提高农民收入有重要的作用（应瑞瑶，2006）。在解决小规模农户发展受制于资金不足和缺乏抵押性资产方面也可以发挥积极作用（周立群、曹利群，2001）。就生产设备来讲，农民专

业合作社由于将农机拥有者和使用者的紧密联结，扩大了农机作业服务规模，提高了机械利用率和农机经营效益，有效解决了农业机械大规模作业与亿万农户小规模生产的矛盾（宗锦耀，2009）。合作社的集体行动，也有助于提高农产品的安全性（夏英，2009）。

（二）合作社有利于提高农产品质量

罗纳德·科斯（Ronald Coase）在"使用价格机制是有成本的，市场的运行要花费成本，通过成立一个组织、允许某一权力（'企业主'）指导资源配置，可以节约某些成本。"奥利佛·威廉姆森（Oliver Williamson）也提出，采用组织（企业）的意义在于，它们可以避免"机会主义（投机）"和交易各方"信息不对称"问题。因为"我们要想获得同交易对方基本相同信息的成本非常高"。此外，在确保农产品的品质和安全性方面，在市场体制下，市场无法对分散小规模农户进行质量的"可追溯"，而且如果出现问题也往往由于"法不责众"，无法实现有效的质量控制。Fulton 认为"考虑一个涉及两种投入——农业产出和加工服务——的生产过程。如果加工服务的质量是高度可变和难以预测的……组织生产的最有效的办法就是使这些服务的所有者成为剩余索取者。如果农业产出是高度可变和难以预测的（至少没有什么成本）……组织生产的最有效的方法就是使这些产出的所有者成为剩余索取者。换言之，一个合作组织就应该被组建（徐旭初，2005）"。此外，合作社依据声誉机制进行质量控制，因为合作社是一个让人信任的组织（Hakelius，1996），特别是在一些小型的社区中，共同的价值观和遇到的问题等使人们对合作组织十分信赖。而且合作组织中成员的非正式关系也是决定组织正常运行以及减少内外部交易费用的一个重要因素。因此，交易成本经济学从供应链成员企业的机会主义行为的观点出发，主张采用合同或权益的方式，也就是运用正式的治理机制来管理冲突。促进农产品质量安全追溯制度和检验检测体系的建立，进而从源头上控制农产品安全生产成为可能（李廷友，2009）。

农民组织化程度的提高，为我国实现农业现代化创造了制度条件。2009年7月，作者在湖北省对202家农民专业合作社进行了问卷调查，结果表明：建立合作社有利于农民收入的提高，也有利于增强农民的种植养殖技术水平。可以说，合作社是在中国现有的土地制度和经营制度基础上实现农业现代化的组织途径。但是农民专业合作社还面临着挑战。首先是大部分的农民专业合作社的规模还很小，全国平均每个合作社的社员还不到250户。规模太小不仅限制了农民专业合作社农产品的加工和存储能力，也增加了产品进入市场的交易成本。其次，农民专业合作社负责人大都是原来的经纪人、批发商、村干部、地方农业技术推广人员，这些人虽然属于当地能人，但很少有人受过现代化企业管理方面的训练，对合作社内部管理大部分处于松散型的管理。其三是合作社社员的商品化意识不强，市场主要还是依赖原来的市场。由于农民专业合作社主要还是利用原有的农产品市场和供应链，现金现货交易为主，对农产品分级要求不高，所以不需要通过采用更加先进的技术和品种来提高农产品的商品率。第四是资金短缺问题突出，制约了农民专业合作社扩大生产规模、进行公共设备和设施的投资。这些问题其实主要表现为市场主体的缺乏与市场开拓问题，由此，“农超对接”就成为现代化的市场路径。

四、“农超对接”的主要模式分析

（一）“农超对接”的起因

“农超对接”是指超市直接向农产品的生产者采用农产品。虽然有些超市在较早的时间已经开始直接向农产品生产者采购农产品，特别是位于接近农产品产地的中小型城市的超市，较早开展“超市直采”工作。但“农超对接”作为由政府倡导、企业响应、消费者受惠的“民心工程”的开始时间是在2007年年初。①

在社会主义市场经济的前提下，农超对接模式为广大超市接受和采用，是有其客观原因的。

首先，超市竞争压力增强。21世纪以来我国经济迅速发展和消费者收入的提高，使得超市获得快速的机遇。由此在中国继传统农产品供应链，逐渐形成以超市为首的现代化农产品供应链。

超市门店的增加，超市商圈的叠合，使得超市面临越来越大的竞争压力，超市越来越贴近百姓生活。超市在我国从1990年12月起步，二十年来取得了迅猛发展。不仅带来零售业的变革，改变了消费者的消费行为和消费意识，也打破了传统的农产品流通和生产方式，农产品超市化运动已在世界范围内掀起了一场革命。中国已出现超市不断扩大经营农产品范围的趋势，90年代末我国超市销售的农产品仅占农产品零售总额的5%以下，2007年已经上升到15%以上。超市已经成为大中城市消费者购买日用品和农产品的不可缺少的交

① 2009年7月18日，作者在湖北省仙桃市经管局召开的农超对接大会上，了解到“好邻居”等四家当地超市都开展农超对接，可以节省20%以上的生鲜农产品采购费用。

易场所（胡定寰，2006）。按照连锁经营协会的统计数据，2001—2007年连锁百强企业中超市的销售额及门店数增长速度分别达到40.5%和54%。发展速度非常快（见表1）。超市正在成为城市消费者购买日用品的主要渠道。2008年，连锁百强销售规模达到11 999亿元，同比增长18.4%，占全国社会消费品零售总额的11.1%。百强企业门店总数增加到120 775个。超市在各类生活产品供应链当中扮演的角色越来越重要，与此同时，在销售农产品上也成为新的重要通路。

表1　2001—2008年连锁百强中超市的销售额和门店数

单位：万元

	总销售额	总门店数	内资销售额	内资门店数	内资单店销售额	外资销售额	外资门店数
2001	11 772 901	6 520	11 224 179	6 503	1 726	548 722	17
2002	18 519 410	10 075	17 988 381	10 059	1 788	531 029	16
2003	28 268 646	14 026	25 126 320	13 901	1 807	3 142 326	125
2004	34 758 704	17 229	29 434 631	16 961	1 735	5 324 073	268
2005	52 253 687	28 785	45 435 204	28 437	1 597	6 818483	348
2006	85 520 000	53 829	72 912 787	51 171	1 424	12 607 213	2 658
2007	100 220 000	105 191	80 085 860	101 177	791	20 134 140	4 013
2008	119 990 000	120 775	95 732 000	116 162	824	24 258 000	4 613

资料来源：中国连锁经营协会。

第二，生鲜农产品在超市经营中的地位越来越特出。随着消费者对超市经营农产品的品质和价格的认可，生鲜农产品成为超市的主要的吸客手段，超市需要采购到具有竞争力的生鲜农产品。超市不仅成为居民生活消费的主渠道，也日益成为农产品的流通主渠道。通过超市流通、消费的大米、蔬菜及面制品的比例分别占到了90%、50%和30%。

第三，食品安全压力加重。近年来发生多起食品安全事件，消费者越来越关注食品安全，加上食品安全法从2009年6月1日起施行，超市有必要掌握农产品的产地信息和质量信息。食品安全已经被世界各国消费者关注。在传统农贸市场，经营户的素质参差不齐，小商贩可以随便移动，容易逃脱食品安全的检查和监督。而企业信誉是超市成败的关键，从超市本身的经营目标出发，一家好的超市也会主动把食品安全作为重大事项来管理。供应商为拥有“绿色”、“无公害”等农产品，往往有质量保证的生鲜商品生产基地，加之内部管理比较完善，可以保证农产品的质量。目前，我国很多超市针对不断扩大的安全食品的市场需求，开始经营绿色和有机农产品。根据我们在 2006 年 3 月对北京市 15 家超市的调查，发现每家超市平均销售蔬菜品种为 44 种。在这些蔬菜品种中间，绿色和有机蔬菜平均有 26 种，绿色和有机蔬菜占蔬菜总品种数的 60.3%（见表 2)。

表 2　超市经营的绿色和有机蔬菜品种

单位：个

超市名称	蔬菜品种（a）	有机和绿色蔬菜品种（b）	b/a×100
华润	20	15	75.0
华联	32	17	53.1
华普	20	20	100.0
华安	18	10	55.6
家乐福	92	30	32.6
超市发	35	29	82.9
新世纪	68	68	100.0
金克隆	18	0	0.0
易初莲花	68	50	73.5
美廉美	67	34	50.7
物美	77	46	59.7
亿客隆	47	25	53.2
物美大卖场	18	10	55.6
顺天府	30	14	46.7
平均	43.6	26.3	60.3

资料来源：作者调查 2006 年。

第四，超市规模的扩大，农产品采购数量的增加，降低了超市在农产品主产地采购农产品的运输成本和交易成本。

第五，政府的提倡和政策支持。农超对接是在商务部和农业部的提倡和支持下开展的。政府制定出多项项优惠政策，商务部和农业部加大政策扶持力度。落实农产品仓储设施建设用地按工业用地对待政策；鼓励地方政府安排相应资金，重点扶持发展鲜活农产品冷链系统建设，支持鲜活农产品“农超对接”经营；通过政策杠杆引导社会资金加大对鲜活农产品基础设施的投入；培育农产品现代流通人才；扩大国际交流合作。财政部、商务部利用中央财政农村物流服务体系发展专项资金将对“农超对接”项目给予支持。

作为农超对接外部原因是：第一，我国基础设施日趋完善，全国高速公路网络的基本建成，缩短了长距离农产品物流配送的时间。物流体系日趋完善，既可便捷的运输农产品，又可以降低路途中的损耗。第二，农产品集中产区的形成。随着“一村一品”等区域优势农产品工作的推行，我国已经形成了农产品的集中产区，譬如山东栖霞、陕西乐川和甘肃静宁的苹果、海南的热带水果，超市可以在这些地区建立稳定的采购基地。第三，农业生产组织化程度增强。农民专业合作社，农业产业化龙头企业，特别是前者，可以成为超市连接千家万户小规模农户的纽带。第四，各级政府部门的高度重视，政府部门充分认识到农超对接对于扩大和优化农产品市场，帮助农民专业合作社发展，可以起到积极的推动作用，他们对农超对接采用积极的支持态度。第五，科研人员的支持。科研人员给予了“农超对接”积极支持，有力地推进了该项工作的进程。

（二）农超对接的主要模式

“农超对接”作为经营管理体系的创新，超市纷纷各自采用适合自己的模式。归纳起来可以有三种主要的模式：超市＋农民专业合作社＋农户的家乐福模式；超市＋农业产业化龙头企业＋农户的麦德龙模式；超市＋基地＋农户的山东家家悦模式。

1. 家乐福模式。家乐福在2007年初开始推出“农民直采”的采购模式。家乐福在欧洲已经获得农超对接的丰富经验，并积极发展“农民直采”项目。该项目是同各产地的农民专业合作社合作，由合作社帮助家乐福采购合作社社员产品。2009年上半年，家乐福已经同全国13个省50多家农民专业合作社合作，采购18种蔬菜和水果。截至2009年5月，家乐福总部已经采购了5 500吨的各类水果和蔬菜。除总部外，家乐福部分城市商品采购中心（CCU）设立农超对接经理，通过所在城市周边农民专业合作社采购生鲜农产品。目前已经同15个省的85家农民专业合作社合作，采购总量达到8 500吨。为了提高农民专业合作社的管理能力和生产技术，家乐福还组织对农民专业合作社进行培训。

2. 麦德龙模式。麦德龙的主要顾客是宾馆、饭店、餐厅食堂、酒吧等，重视食品的品质和安全性。因此，麦德龙的“农超对接”项目主要通过与农业产业化的龙头企业合作。通过对龙头企业进行专业培训，使得这些公司的产品达到国际农产品良好标准，建立农产品可追溯体系。麦德龙采购由这些公司组织的农产品。目前，麦德龙的“农超对接”基地已经扩大到全国13个省（市），采购了422种农产品，销售金额预计达到1.5亿元。麦德龙计划到 2012 年农超对接的生鲜农产品达到该公司采购总量的 50%以上。

3. 家家悦模式。家家悦的农超对接的合作方式有 3 种类型：紧密型、半紧密型和松散型。紧密型是指超市免费提供种子，确定种植面积、品种、数量、标准和价格，全程参与基地的管理和跟踪，按照议定的标准定价整体收购。半紧密型模式是，通过镇村两级政府牵头，采用联户的形式，引导农户种植，规范种植标准。松散型对接主要是针对路途遥远，容易运输的农产品。由当地政府牵头，与超市公司合作。2009 年上半年家家悦已经同 42 个镇，400 个村达成合作协议。

五、“农超对接”促进合作社发展的理论分析

国际经验表明，农民合作经济组织不是对家庭经营的替代或排斥，而是建立在家庭经营的基础上，是对家庭经营模式的补充与完善。合作经济组织集农民家庭经营的个体劣势为群体优势，而且随着合作组织机制的完善可以有效地把管理费用降低到不影响家庭经营合作的水平。根据调查结果和发展经验，发展“农超对接”可以促进农民组织化程度的提升。

（一）“农超对接”降低了交易成本

超市作为一个企业，它同单个农民进行合作和对接的交易成本很高，正如罗纳德·科斯（Ronald Coase）在“使用价格机制是有成本的，市场的运行要花费成本，通过成立一个组织、允许某一权力（‘企业主’）指导资源配置，可以节约某些成本。”奥利佛·威廉姆森（Oliver Williamson）也提出，采用组织（企业）的意义在于，它们可以避免“机会主义（投机）”和交易各方“信息不对称”问题。因为“我们要想获得同交易对方基本相同信息的成本非常高”。此外，在确保农产品的品质和安全性方面，在市场体制下，企业往往由于“法不责众”，无法实现有效的质量控制，企业无法对分散农户进行质量和环境的“可追溯性”规制，同样政府的监管资源有限，也无法实现全面管理和监督。

（二）“农超对接”增强了质量控制

就农产品质量控制而言，包括三种治理模式：农户家庭治理、组织治理和科层治理（Rehber，2002），家庭治理对农产品的质量控制力较弱（王瑜，

2008)。在传统的农产品供应链条件下，农产品经过多次集散而难以溯源，一旦出现安全和质量问题无法找到产品源头，在整个供应链的各个环节上的所有相关人员都相对独立，没有一家可以对处于整个流通过程中的农产品的安全和质量进行监管和负责。而且政府来说，受执行成本的约束，要做到对所有不安全生产行为实施规制是不可能的。这为农户道德风险的发生提供了条件（Ozanne，2001）。道德风险的产生是由于交易双方之间的信息不对称，这时掌握信息较多的一方就会将成本转嫁出去，造成另一方的损失。

在传统的农产品供应链条件下，由于农户分散，而且掌握着农产品质量的信息，于是就有动机以次充好，从而获得更高的经济利益。而且2亿小规模的农户按照自己的意愿生产产品，在供应链上，他们生产出来的农产品又需要通过约3 000多万户小商贩，从农户的地头，经过产地的中介与批发市场，消费地的批发市场，农贸市场，最后到达消费者的餐桌，其中供应链中任何一个节点都无法对上游进行监管和控制，这样的供应链一旦发生食品安全问题，根本没有办法找到问题的根源，因此农产品生产者的"机会主义"由此产生。（胡定寰，2009）与超市对接的合作社可以依据声誉机制进行质量、环境控制，因为合作社是一个让人信任的组织（Hakelius，1996），尤其在一些小型的社区中，共同的价值观和遇到的问题等使人们产生了对合作组织的信赖干，且合作组织中成员的非正式关系也决定了避免机会主义的机制，"农超对接"的交易方，即超市主张采用合同或权益的方式，也就是运用正式的治理机制来管理冲突。即如果能够在农产品生产阶段实现合作化，合约的激励机制和动力机制有助于提高农产品质量、提升商品化程度和遵守合约，由此农产品生产与零售阶段之间就可以通过艾尔佛雷德·钱德勒所提出的"看得见的手"来连接。用供应链管理来保障农产品与食品安全和供给是保证食品安全问题的有效途径，通过食品召回制度和溯源体系等行为和政府监管来保障农产品生产安全（Moe，1995；Mckenzie，2001；Krissoff，2004）。

（三）"农超对接"增进了合作农户的收入增长

多数合作社中合作农户的合作意愿不高的是因为合作社在当前的市场行情下无法带给他们丰厚的收益。如果参加合作社以后通过历史和横向对比，比没有参加合作社的农民经济利益要高，那么组织化就有了前提。"农超对接"实现制度创新后，在政府或者超市的帮助下组建合作社，通过组织化解决产销、资金和技术问题，通过集约化生产减少个体风险，保障质量，同时合作社也成为保障农民权益的有力后盾，进而就会出现合作动力。因此稳定的收入来源是刺激合作农户体现合作意愿的主要因素，而且集体行动可以产生成本节约，当小规模分散的农户意识到合作社的存在创造了在现有的分散经营的制度安排下无法获得的潜在利润时，就会产生联合起来进行制度创新，产生建立合作经济组织的需求，当然合作经济组织的建立、运行和维护需要花费一定的成本和费用，这些费用主要包括农民个体之间寻求合作的谈判成本和合作社维持组织成员良好合作状态、高效运行必须支付的组织协调成本。当农民认识到合作的收益大于合作组织的管理费用时，就有动力积极参与合作经济组织的运作。

六、“农超对接”、合作社与现代农业发展

现代农业作为一个发展的概念，实际上体现了现代化的经营管理制度，它具有以下特征：农户实行专业化生产，是为“卖”而生产，商品率高。农户接受广泛的社会化服务，自主开展多种形式的合作与联合，与市场建立稳定的有组织的联系。农产品的生产与加工、流通有机结合，广泛使用先进技术，形成社会化生产的群体性规模经济。农户与某个市场主体形成双层经营的利益共同体，利益共享，风险共担。那么，分析“农超对接”、合作社和现代农业发展三者关系就显得更具有现实意义。

（一）“农超对接”扩大了农产品市场

“农超对接”对于农民专业合作社的重要意义在于可以获得较大和相对稳定的农产品市场。2008 年我国百强超市的销售总额为 11 999 亿元，如果以农产品占超市总销售金额 30%计算，2008 年百强超市农产品采购总金额达到 3 600亿元。因为超市对于农产品供应模式是长期稳定均衡的，因此农民专业合作社与超市的合作可以获得可持续的市场，有利于市场拓展。

（二）“农超对接”获得较高的农产品销售价格

“农超对接”减少了农产品供应链上的中间环节，降低了交易成本，可以为超市节约 20%～30%的采购费用①。由于流通环节大大减少，超市采购成本大幅度降低，农民专业合作社销售价格提高了 10%～20%（赵铁桥，2009）。

① 在调研中，作者询问过多家从事“农超对接”工作的超市主管经理，均获得肯定回答。

(三)"农超对接"扩大了农民专业合作社的规模

上述"农超对接"的合作方式和调查中发现，超市希望同具有组织的合作社相结合，因此主要针对农民专业合作社讨论其意义。进入农超对接的农民专业合作社可以获得可持续的农产品需求市场，出售价格高于同类产品的市场价格，"利益分享"机制可以有效吸引分散农户加入合作社。笔者在安徽砀山县良梨镇的调研中，发现原来只有 100 多家农户的合作社，2007 年开始同家乐福超市合作，为家乐福超市每周供应 120 吨的砀山梨。为了满足超市长年、大量的订单，这家合作社大量地吸收周边农民参加，到了 2009 年年初，合作社成员已经增加到 8 000 多户。

(四)"农超对接"提高了农产品的品质和安全性

基于规模建立竞争优势的超市为了维持自己的"声誉"机制，必须接受政府规章的限制，迎合消费者对农产品的需求，因此其采购的农产品必须有严格的农产品品质标准和食品安全标准。超市在同农民专业合作社签订采购合同之前，一般对农作物的种植基地进行食品安全检测，每批农产品进入超市门店之前必须经过抽样检测，对于提高不符合食品安全标准的农民专业合作社提出警告、整顿，甚至取消合约。"农超对接"建立了农产品可追溯体系，对农产品生产过程进行全程监管，使食品安全得到了很大程度的保障。这超市的严格管理促进了农民专业合作社提高农产品品质和安全性。

(五)"农超对接"提高现代化管理和组织能力

"农超对接"项目改变了原有农民专业合作社的定位，如简单地帮助农户社员销售农产品的类似于经纪人或批发商的职能。合作社必须对社员农户的生产过程，农业生产资料的使用进行指导和监管，需要组织农产品的分级，包装，超市的订单处理，制定合作社的全年生产计划等。在同超市合作的过程中，也逐渐地学习和引进了现代化管理模式和经验。"农超对接"会极大和快速提高农民专业合作社的现代化管理和组织能力。

(六)"农超对接"促进了先进设备的采用

"农超对接"基于对产品质量的需要，不仅超市倾向于对合作社和合作农户进行设备投资。合作社为了向超市供应农产品，也要对包装、保鲜、运输等车间，冷库，以及冷链运输设备进行投资。目前我国小规模农户贷款的手续比较复杂，为使农户扩大生产规模、引进新的技术，“农超对接”往往会为合同农户提供担保、贷款等金融支持，使农户更便利地获得资金和相关设备。

(七)“农超对接”改变了传统的生产意识

在传统的农产品供应链上，因为产品生产和消费相隔，生产者无法了解消费者对新品种需求，不愿承担引进新品种的市场风险，农产品品种的扩散速度很慢。而且小规模农户一般只能根据市场的价格来决定自己生产的品种和数量，盲目性很大。由于大部分农民都参考同一年份的价格，农户与农户之间没有信息联系，因此，往往导致次年大量的同种农产品同时上市，导致农产品价格下跌。而在现代化的供应链上，超市的消费群体通常都是农产品的最终消费者，尽管每次消费规模较小，但由于消费者购买行为有规律、次数多，企业可以通过销售信息分析，为供应链上游的品种选择提供决策依据，有效避免生产盲目性。超市提供的供求数量和价格合同有助于避免农户盲目生产和价格波动。还可以改善上游企业如供应商和农户的生产和库存安排，克服“牛鞭效应”，根据超市销售信息的传递和共享，及时地对市场需求做出反应，减少企业资源和社会资源的浪费。

七、小结和政策建议

“农超对接”是农产品从田头到零售是在超市和合作社的管理之下进行的。“农超对接”不仅促进了农业现代化和零售业现代化的对接，推动农业部门从传统农业向现代农业转变，而且可以促进农民组织化程度提高，通过合作提高效益和降低风险。总之，“农超对接”可以有效减少了农产品流通环节、降低流通成本；缓解农产品卖难的老问题；实现农产品从田间到餐桌的全程监控，保证其安全优质；对建立现代农业和建设社会主义新农村具有重要意义。

由此提出了如下对策建议。

(一) 持续创新“农超对接”的组织化形式

基于分散经营的农户生产在时间和方式的不确定性和信息不对称性，以及“农超对接”在运行中存在的难以对机会主义行为进行限制的缺陷，因此必须通过创新组织化形式来解决组织运行中存在的问题，完善产业化风险共担机制。从实践看，“超市＋合作组织＋农户”这一组织形式可以较好地解决这一问题。即从超市对农户的监督转化为合作组织内部约束，利用乡规民约和社会关系降低监督费用；从超市与分散农户的契约关系变为公司与合作组织的契约链接，提升议价谈判能力，还可以从交易额中获取二次分配，稳定和规范了组织交易行为和利益关系。因此，政府主管部门应进一步支持与超市进行合作的农民专业合作社的发展。

（二）完善"农超对接"的利益分配机制

"农超对接"价值链管理在不忽视企业内部价值活动的同时，强调了从农产品的生产、加工、销售到最终消费的价值创造、价值协调、价值增值以及价值分配等活动。超市、合作社、基地农户以及消费者的目的都是产品增值，并努力实现最大化，即产品价值与产品成本之间的差额最大。因此作为价值链的主导环节，超市要按照"合作共赢"的原则，了解"农超对接"纵向价值链中各个环节的运行现状和关系，通过重新分配价值链，解决当前"农超对接"价值链管理中存在的问题合同的履行率低和合约不完善、合作社内部二次分配等问题。

（三）强化超市对农产品的质量安全意识

在"农超对接"项目下，农户是基于利益进行优质安全农产品的生产。消费者只能接受超市提供的农产品，而超市直接连接消费者，掌握及时的需求变化的信息，在某个局部市场形成一定的市场垄断势力，在农产品价值链中获得较高的附加值；而且农产品质量与安全一旦出现问题，超市将受到经济利益和品牌声誉的损失。因此在"农超对接"价值链中，超市必须在政府的监管下，担负质量与安全标准监管，即农产品从种植到收获、加工成品再到流通环节中实施的过程质量控制，这些质量与安全标准体系是 Eurep - GAP 认证、SQF1000、HACCP 和 BRC 等。担负这一责任的超市不仅要主动控制上游种植和加工环节，而且要与政府部门合作，共同实施质量与安全标准，推进农业的现代化进程。

参考文献

[1] Hakelius, K; Cooperative values. Farmer cooperatives in the minds of the farmers, 1996.

[2] Hatfield, J. L. Nitrogen over-sue, under-use and efficiency. Paper presented to 4th International Crop Science Congress, Brisbance, Australia, September, 2004.

[3] Ronald Coase. The nature of the Firm. Economica, 4 (1937): 386 - 405.

[4] Shen, J. B. Improving fertilizer-nitrogen use efficiency of irrigated rice: Progress of

IRRI's RTOP Project in China. Paper for International Conference on Sustainable Rice Production, China National Rice Research Institute, Hangzhou, October. 2004.

[5] 郭红东，蒋文华．影响农户参与专业合作经济组织行为的因素分析——基于对浙江省农户的实证研究［J］．中国农村经济，2004（5）：10－16.

[6] 黄祖辉．农民合作：必然性、变革态势与启示［J］．中国农村经济，2000（8）：5-9.

[7] 黄祖辉，徐旭初．基于能力和关系的合作治理——对浙江省农民专业合作社治理结构的解释［J］．浙江社会科学，2006（1）：62－68.

[8] 黄祖辉．中国农民合作组织发展的若干理论与实践问题．合作社专家沙龙第五次论坛，2009年1月5日（来源：http：//www.aweb.com.cn）.

[9] 家乐福（中国）管理咨询服务有限公司．推进“农民直供”创新流通新模式．商务部《农超对接现场会交流材料之四》，2009年7月10日．

[10] 锦江麦德龙现购自运有限公司．发展农超对接　开拓农产品市场．商务部《农超对接现场会交流材料之六》，2009年7月10日．

[11] 李廷友．充分发挥合作社在农产品质量安全控制中的主体作用．农村经营管理，2009（2）：27.

[12] 孙中华．深入学习贯彻十七届三中全会精神　促进农民专业合作社加快发展．农村经营管理，2009（2）：8－9.

[13] 山东家家悦集团有限公司．搭建农超对接平台　推进企农共赢发展．商务部《农超对接现场会交流材料之一》，2009年7月10日．

[14] 夏英．农民专业合作社与农产品质量安全保障分析．农村经营管理，2009（2）：24-26.

[15] 徐旭初．农民专业合作社基于组织能力的产权安排——对浙江省农民专业合作社产权安排的一种解释［J］．浙江学刊，2006（3）：177－182.

[16] 周立群，曹利群．农村经济组织形态的演变与创新——山东省莱阳市农业产业化调查报告［J］．经济研究，2001（1）：69－75，83.

[17] 应瑞瑶．农民专业合作社的成长路径——以江苏省泰兴市七贤家禽产销合作社为例［J］．中国农村经济，2006（6）：18－23.

[18] 宗锦耀．专业合作社：农业机械化发展的主导力量．农民日报，2009年7月2日．

[19] 赵铁桥．在全国农产品“农超对接”现场会上的发言．商务部《农超对接现场会交流材料之三》，2009年7月10日．

[20] 周洁红，黄祖辉．农业现代化的内涵、标准与特性［J］．农业经济，2003（2）：1-3.

[21] 胡定寰，“农超对接”这样做?，北京：中国农业科技出版社，2010.

贫困革命老区贫困特征、原因及扶贫对策*

——以四片区为例

The Poverty Characteristics, Reasons and The Poverty Alleviation Countermeasure of The Old Revolutionary Area: a Case Study of Four Areas

夏 英　　宋彦峰　　王 震

Xia Ying　Song Yanfeng　Wang Zhen

摘要：本文基于2009年对革命老区进行的一项专题调查，选择有代表性的四个贫困革命老区片区，涉及8个省，考察了现阶段革命老区农村贫困的特征和原因。结果显示，革命老区与国家重点扶贫开发县分布高度一致，返贫率高、脱贫不稳定，广义贫困与狭义贫困并存、农村内部贫富差距较大等；革命老区县贫困的原因既有社会历史的因素，也有政策性的因素。在此基础上，归纳调研的主要结论与发现，并对贫困革命老区扶贫开发建设提出对策建议。

Abstract: Based on a study about the old revolutionary area in 2009, this paper selects four old revolutionary areas involving 8 provinces to survey their poverty characteristics and the poverty reason at this stage. The research result shows that the distribution of old revolutionary areas are highly the same as the poverty counties, which is of high poverty-returning rate, instable shake off poverty, generalized poverty and relative poverty co-exist and large

* 本文是国务院扶贫办专项课题“贫困革命老区调研课题”的部分研究成果。

income gap between the rich and the poor in the same rural area. Both the history factor and policy factor are the main poverty reasons in the old revolutionary area. On the basis of the studies, the paper summarizes the main conclusions and discovery, and provides some suggestions for the development of the old revolutionary base area.

解放战争年代，老区人民为夺取中国革命的最后胜利做出了重要贡献、付出了极大牺牲，新中国成立后在载满荣誉的光环下，老区人民继续发扬“老区精神”积极投身到各项建设事业中，地方经济社会得到了一定发展。但是，相对于其他地区，由于老区人民大多生活在山高路远的偏僻村落，自然环境恶劣、基础设施落后、信息不灵，长期以来贫困一直是革命老区发展所面临的主要问题。

为深入了解贫困革命老区的发展现状，2009年课题组选取武夷山区、大别山区、太行—吕梁山区和秦巴山区为代表，对革命老区发展与扶贫状况进行了调查。从四片区样本中涵盖的国家重点贫困（革命老区）县看，约占全部国家贫困开发重点县的21.1%，占全部贫困革命老区县的41%；[①] 在地理位置上，四个片区分布于我国东、中、西部，包括江西、陕西、湖北、山西、四川等10个省份，具有较强的代表性。在样本选择上，从这4个片区中选取8个省，每个省选取1个县，每个县选取2个村，每个村随机选取20个农户，共取得8个样本省、8个样本县、16个样本村及160个农户2008年的样本资料，以此从不同层面反映贫困革命老区的贫困特征及贫困原因，并探讨下一步针对革命老区的扶贫开发对策。

一、贫困革命老区贫困特征

（一）革命老区县与区域内国家贫困开发重点县分布高度一致，既有插花式，也有集中连片

在目前国务院扶贫办公布的592个国家扶贫开发工作重点县中，有305个是革命老区县，占国家扶贫开发工作重点县的51.5%。从这四个片区的情况看，四片区内革命老区县与该片区国家贫困开发重点县分布高度一致：在太行—吕梁山区，山西省的35个国家扶贫开发工作重点县全部是革命老区县；

① 革命老区县按1995年中国老区建设促进会的标准，我国共有革命老区县有1 389个。

在秦巴山区，四川省革命老区县所占比例达到50%，陕西省达到68%；在大别山区，湖北省25个国家扶贫开发工作重点县全部是革命老区县，河南省达到71%；在武夷山区，江西省21个国家贫困开发工作重点县全是革命老区县。但是，除集中连片贫困的基本特征外，也出现了以村或户为点状分布的插花式贫困现象，一定程度上反映出贫困革命老区内部发展的差异性。

（二）收入差距大，贫困程度深

贫困革命老区的收入水平普遍较低，即便是与同期农民人均纯收入水平相比也有较大差距。以陕西省为例，2008年老区人均年纯收入为2 501元，相当于全省农民人均纯收入水平3 136元的79.8%，是全省城镇居民可支配收入水平12 858元的19.5%。从被调查160个样本户的收入情况看，2008年户均纯收入10 742.4元，人均纯收入为2 195.9元，是2008年全国农民人均纯收入水平4 761元的46.1%，相当于全国城镇居民可支配收入水平15 781元的13.9%。

革命老区也是贫困人口的一个集中区，2008年山西省老区贫困人口157.3万人，占老区人口的22.7%，占全省贫困人口的77.1%；陕西省革命老区贫困人口有206.7万人，占总人口的5.5%，占老区人口的19.4%。在山西、河南等省，同样存在着贫困革命老区贫困人口多、贫困程度深的特征。16个贫困村的调研资料显示，脱贫难的贫困村及人口多分布在深山、远山中。不少地方地质条件非常复杂，生态环境脆弱，地震、泥石流等灾害频发，生存条件极为恶劣。

（三）返贫率高，脱贫不稳定

尽管贫困革命老区生产生活的基本状况普遍有了较大改善，但制约其经济社会发展的瓶颈因素，如人均耕地面积少，自然灾害频繁，生态环境脆弱等依旧存在。由于家庭经济底子薄，收入来源单一（基本来自于农业生产经营），收入水平低，加上商品意识、科技文化素质较低，不仅从温饱奔小康的难度较大，而且一遇天灾人祸，返贫现象比较普遍。新世纪初以来，受自然灾害等因素影响，四川省近八年年均返贫人口都在两成左右，特别是2008年由于接连遭受雨雪冰冻灾害，汶川特大地震和金融危机的重创，返贫、致贫高达60.5万人，而在正常年景返贫人口中有五成以上属于因病返贫。

（四）广义贫困与狭义贫困并存，农村内部收入差距较大

各片区不仅存在物质生活资料匮乏的狭义贫困，在教育程度、精神文化生

活等社会事业发展方面同样处于广义贫困之中。通过对大别山区的农户调查样本分析，无论是家庭财产、住房情况还是人均收入，贫困家庭明显要比非贫困家庭条件差。2008 年大别山区非贫困家庭财产平均在 8 000 元，而贫困户大致在 6 000 元左右；就居住房屋的价值而言，贫困户的平均值 1.42 万元，仅为非贫困户的 40.49%。另一方面，如果将农户按照收入由低到高排序，并分成 5 等分，收入最高组的人均年纯收入为6 326元，是最低组人均年收入 576 元近 11 倍！可见，贫困老区农村内部的收入差距非常之大。

二、贫困革命老区贫困原因分析

（一）区域发展落后的原因

一是历史原因。革命战争时期，老区利用经济、社会和自然资源支持革命事业，导致发展基础薄弱。在新中国经济建设过程中，老区也做出巨大牺牲。以治理淮河为例，历史上国家在皖西大别山区连续修建 5 座大型水库，五大水库建设虽改善了当地和江淮分水岭部分地区的生产条件，但却淹没了大量良田，还产生了大量移民，形成了大面积库区。这些地区的居民和移民生产生活条件长期难以改善，是贫困多发且相对集中的地区。

二是区位劣势明显，生存环境差，缺乏产业依托。革命老区多是山区，资源有限，人均耕地面积少，农业投入成本高，而且产量较低，能够解决温饱问题，但不能解决长效增收问题。由于缺乏产业聚集的有利条件，与农业相关的高附加值产业、非农产业发展滞后，导致革命老区主要产业仍以传统种植业为主，现代农业发展滞后，工业化进程缓慢。

三是某些政策性因素，限制贫困革命老区发展。老区在建设过程中要面对各种不利的客观自然环境条件，然而只能享受国家普惠性的政策待遇（如一般扶贫政策），除个别革命老区外，老区发展已经远远落后于其他地区。此外，国家近年来制定的一系列保护生态环境的政策，如“退耕还林”、“南水北调”等，限制了老区自然资源的开发利用，同时又没有建立起符合老区实际需要的资源保护补偿机制，使老区继续扮演着中国建设事业的牺牲者角色。

（二）农户贫困的原因分析

基于微观层次的分析，农户贫困的原因是多样的。从表 1 可看到，排序第一的是疾病，原因在于家庭成员一旦生病住院，其支付的治疗费用可能造成家庭贫困或返贫，特别是由于本地医疗条件较差，加上去大城市医院遥远路途的交通费和住宿费，生病治疗成本远高于城市居民。排序第二的是子女教育，主要由于农户收入偏低，子女教育费用支出很可能花光好几年的积蓄，特别是多子女家庭负担更重。列第三位的是缺少劳动力，革命老区农村青壮年劳动力外出务工，造成农业生产缺乏劳动力，或因老龄化、残疾、疾病等原因丧失劳动能力而陷入贫困。列位居后的其他三个因素，都与生产条件有关，主要是出于自然环境的原因，如缺少土地、道路交通不便、自然灾害频繁等造成农户贫困。

表 1　各片区样本户中贫困因素所占比重

单位：%

	缺少生产资金	自然灾害	丧失劳动力	上学	因病	缺少土地	缺少道路
秦巴	4.00	14.00	20.00	18.00	28.00	14.00	2.00
大别山	8.47	3.39	18.64	22.03	37.29	10.17	—
太行—吕梁	18.00	20.00	16.00	14.00	18.00	14.00	—
武夷山	8.00	4.00	—	20.00	48.00	4.00	16.00

资料来源：根据调研资料整理。

消费性负债也是致贫的重要因素之一。从负债一项的调查情况来看，在160个样本户中72户有负债，占总户数的45%，其中有33户是因为疾病治疗费用欠债，有23户是因为子女上学、结婚费用欠债，有8户是生产周转借债，有8户是建房或生活周转欠债。可以看出，消费性负债是农户负债的基本动因，也是导致更加贫困的原因之一。

三、主要发现和结论

（一）贫困革命老区是区域性、连片性贫困的集中地，扶贫难度加大

在四个片区中，很多贫困革命老区县呈现出区域性、连片性的贫困特点。例如湖北省的英山县、罗田县、麻城市等革命老区贫困县都集中、连片分布在大别山区西侧；安徽省的霍山县、舒城县、金寨县等革命老区贫困县集中、连片分布在大别山东侧。呈现出贫困地区分布广、贫困人口多和贫困程度深等特点，整体扶贫开发的难度大、任务重。

从贫困人口构成和变化趋势看，扶贫开发的难度会越来越大。随着经济的发展，总体上贫困人口占总人口的比例将逐渐缩小，但贫困户与其他农户的差

距将会越来越大。从地理分布来看，现有的贫困人口特别是绝对贫困人口，主要集中在自然条件恶劣、基础设施落后、经济和社会发展程度低的山区，扶贫难度大，而且因灾因病脱贫后返贫现象比较普遍，因此扶贫开发的难度将会越来越大。

（二）贫困革命老区区域内部发展不平衡，有些贫困革命老区将率先脱贫

贫困革命老区不同县域之间、村落之间，经济发展存在着不平衡。区域内部行政单元之间差距之源，不仅与自身的自然条件、资源禀赋、社会资源有关，还与公共投资、交通条件有关，更与产业选择的机遇和路径有关。因此，老区发展与脱贫也存在先后、快慢之别。凡是发展基础较好，率先融入国家区域经济一体化发展，优惠政策落实到位的革命老区，将率先摆脱贫困。

（三）扶贫开发与老区建设发展有重叠，但不宜互为替代

革命老区的贫困是整体性贫困，落后是全面的落后。从这一角度看，革命老区的发展本身就意味着脱贫。但是扶贫工作由于资金有限，一般仅对贫困的微观主体，如贫困村或户加强资金投入和项目扶持，这种开发式扶贫方式是难以解决老区整体发展问题，扶贫只能在一定程度上推动老区建设与发展。自1994年扶贫攻坚之后，老区发展建设资金被统一纳入到国家财政扶贫资金中，而我国扶贫政策只瞄准1 000余个国家级、省级扶贫重点县，从资金上两者合并为一的做法，对老区发展建设有一定影响。

（四）开发式扶贫方式具有一定规律可循，需要对症下药

开发式扶贫方式与区域经济发展结合或集中联片扶贫的效果十分明显。在中观层面，有一些连片的村、连片的地区存在共同的致贫因素，而对那些具有共同自然、经济、社会特征的贫困地区，采取有针对性的连片开发、整村推进效果明显；在微观层次，主要是户一级贫困程度不一，致贫存在个性因素，分情况因户制宜，显得尤为重要，对属于有劳动能力的而产业门路不足的，开发式扶贫可为首选。

开发式扶贫机制具有一定的选择性和倾向性，在区域内部贫困程度存在差异条件下，不利于瞄准最贫困人群。调研中发现，整村推进或连片开发等项目扶贫资金，往往是在基础设施、产业发展、安居工程等方面具有一定基础的村或地区，而那些自然条件恶劣，建设任务繁重的村或地区受益可能性很小，即使得到一点有限的资金支持，也很难对最贫困人口起到扶持作用。

（五）扶贫开发投入与乡村发展、农户减贫正相关，基础设施、教育培训等先行十分必要

样本村的发展差距与扶贫投入关系很大。扶贫开发投入多的村，其生产生活改善情况远好于投入少或基本没有投入的村，且贫困户比例也低于其他村。可以认为，扶贫开发投入对于贫困老区村、户脱贫呈正相关影响。基础设施落后是老区贫困的最重要原因，而道路交通等基础设施投入是改善生产生活的先决条件，是“输血式”转为自我造血的先导，是提高扶贫资金效率的前提。此外，提高农民教育水平、增加农民培训的机会对于改善农户生产经营能力、促进农业劳动力转移、提高农民收入、增强农户的可持续发展能力有着重要意义。

四、促进革命老区建设和扶贫开发的对策建议

加快贫困革命老区发展必须从整体的、全局的视野出发，按照强化基础、改善环境、创新机制、激发活力、缩小差距、脱贫致富的总体扶持思路，充分发挥各片区自身的特色资源优势，培育自主发展能力，从“输血式”扶持着手，增强革命老区经济发展的“造血”功能，尽快帮助革命老区脱贫致富。为此，提出如下建议：

（一）完善政策措施，以利益再分配促进老区扶贫

在国家财政扶贫资金之外，设立专门的老区发展资金，用于老区新建、改造制约老区发展的基础设施项目；完善移民搬迁制度，提高补助标准，尽快将地处生存环境恶劣地区的人群搬迁出来，实现移民搬迁扶贫手段的有效化；建立生态保护与补偿机制，积极探索生态补偿方式，从体制、政策上加大生态脱贫的政策扶持力度，使得属于国家和区域的生态保护区的多数贫困革命老区人民尽快脱贫致富。

（二）瞄准贫困对象，以连片开发提升老区扶贫

尽管革命老区的贫困原因是多方面的，但是整体性的贫困是其共同的特点。然而区域内和区域间发展速度的差异性，需要在扶贫开发过程中重新界定扶贫对象。经过多年的扶贫开发，革命老区在基础设施建设和产业发展等已具备一定的发展基础。因此，建议各片区立足自身优势资源，以连片开发为主体

模式，依托优势产业，加强农民组织化和农业产业化，以此推动贫困地区有效参与市场竞争，提升其市场竞争能力。

（三）统筹发展战略，以区域发展带动老区扶贫

在宏观战略上，要将革命老区融入区域协调发展战略中加以思考和定位。在目前国家整体功能区建设，以及西部大开发、中部崛起和东北振兴的发展框架下，革命老区可根据自身的优势资源和区位条件，参与到逐步形成的区域经济互动格局中。在发展思路上，要以特定区域为对象，在区域范围内统筹发展资源，从区域发展的制高点上制定发展规划和实施方案，走大扶贫发展路子。同时，依据方案以县、村为单元，从整村推进，到整县推进，积小胜为大胜，实行分批次重点村、县、重点区域攻坚突破，因地施策，加快脱贫。

（四）创新扶贫机制，以管理实效务求老区扶贫

第一，健全机构，强化责任机制，整合人力。各老区省份，都要在健全老区扶贫发展组织机构的基础上，建立健全老区扶贫开发工作责任机制、督办机制和帮扶机制。第二，建立投入机制，整合财力。实行财政扶贫资金投入总规模到县，并按照区域发展规划，将财政专项扶贫资金具体落实到区域板块、到村、到户，省市按区域审批专项项目资金。同时对各部门分散的资金资源，要创新工作方法，集中力量解决贫困村行路难、用电难、饮水难、看病难、上学难等突出的民生问题。第三，建立主体机制，整合民力。农民群众是扶贫开发的主体，扶贫开发的成功与否关键是充分发挥农民的主观能动性，只有主体作用发挥充分，扶贫开发才能达到事半功倍的效果。

参考文献

[1] 本课题组．2009 年四片区调研资料．

[2] 国家统计局农村社会经济调查司．中国农村贫困监测报告（2008）．北京：中国统计出版社．

[3] 陈光金．中国农村贫困的程度、特征与影响因素分析．中国农村经济，2008（9）．

[4] 中国老区建设促进会．中国革命老区概况．1997 年 9 月．

[5] 汪三贵．中国的农村扶贫：回顾与展望．农业展望，2007（3）．

[6] 刘娟．农村扶贫开发面临的新形势与扶贫路径创新．现代经济探讨，2008（4）．

我国蔬菜加工企业实施质量认证经济学分析

Economic Analysis on the Adoption of Quality Certification in the Vegetable Processing Enterprises

张宁宁　　吕新业
Zhang Ningning　Lv Xinye

摘要： 蔬菜质量安全问题不论在国内供求还是在国际贸易中都已成为一个日益突出的全球性话题。实施蔬菜质量认证作为提高质量管理，改善企业生产经营绩效的有效方式，正被越来越多企业实施采纳。本文首先通过对蔬菜市场中存在的“柠檬问题”进行理论分析，说明了蔬菜加工企业实施质量认证的必要性，其次通过对认证企业的案例分析，阐述了企业实施质量认证的可行性。最后在总结研究结论的基础上，提出推动企业实施质量认证的政策建议。

Abstract: The quality problem of vegetables has been an increasingly important issue in both domestic market and international trade. Adopting vegetables quality certification, an effective method to improve product quality and enterprise performance, is becoming more and more popular. Firstly, through theoretical analysis of "lemon problem" in the vegetable market, this paper indicates the necessity for the vegetable processing enterprises to implement quality certification. Secondly, through the case analysis of certification business, the paper explains the business feasibility for the implementation of quality certification. Finally, on the basis of the whole thesis suggestions were proposed which could facilitate enterprises adopting of quality certification.

一、引　言

我国加入 WTO 后，蔬菜出口面临的关税壁垒大大降低，出口条件得以改善。另一方面，WTO 规则和中国的承诺也使我国蔬菜出口企业在激烈的国际竞争中承受了很大压力。首先，随着国际蔬菜市场竞争加剧，各国纷纷在外贸蔬菜中采用技术性贸易壁垒，限制国外进口，以严格的质量、技术标准和繁琐的质量检验、检疫程序及繁杂的包装要求为代表的检验检疫措施常使我国蔬菜出口企业蒙受意外损失。其次，由于发达国家食品消费的保健型结构已基本形成，越来越强调进口蔬菜食品的卫生标准、营养保健功能及食品包装的环保性，甚至强调食品的生产加工设施条件的“洁净性”。而我国与之对应的有机农业起步较晚，发展相对落后，生产加工、包装标准化程度较低，难以符合发达国家的质量要求。最后，我国蔬菜产业本身存在着问题如出口蔬菜中品质优、档次高的产品较少；化肥、农药等有害物质残留量超标；深加工程度低附加值；出口企业盲目经营，恶性竞争；国内市场体系尚不健全，尤其是综合服务体系不能适应市场经济发展需要，导致市场信息在蔬菜生产、加工、销售、消费等环节之间的传递与反馈效率低下。如何在保证优质的同时维持价格竞争力成为影响我国蔬菜加工业发展的关键。

针对当前我国蔬菜产业存在的问题，为应对国际贸易挑战，提高出口蔬菜质量，我国蔬菜加工企业积极建立完善的产品认证机制，不断提高蔬菜的品质标准从而确保国内、国际的需求质量。从我国的现实发展来看，特别是加入 WTO 之后，整个社会尤其是各个监管部门，对蔬菜生产者所提供的蔬菜要求越来越严格，监察力度越来越大，一个突出的表现就是我国蔬菜认证机制正以前所未有的速度快速展开。到目前为止，我国已经基本形成了以产品认证为重点、体系认证为补充的农产品认证体系，这大大地提高了我国蔬菜种植、加工质量安全程度。然而政府的宏观决策、体系的逐渐推广、企业的积极参与并不能掩盖企业在实施认证方面存在的问题，蔬菜加工企业应该把加强蔬菜质量，实施产品质量认证作为一个长期工程，建立完善的质量认证体系，从根本上提高出口蔬菜质量，增强蔬菜在国际市场上的竞争优势。同时，认证是实施质量控制的重要环节，但认证也会加大实施方成本。能否在使认证的有效性达到国内外买方认可的同时有效控制成本是决定认证工作成效的关键。

二、我国蔬菜贸易及蔬菜加工企业实施认证现状

（一）我国蔬菜产业贸易现状

1. *我国蔬菜出口贸易总体状况。*从我国蔬菜出口规模变化来看，2001—2007年我国蔬菜出口额呈现快速增长的态势，贸易顺差逐步扩大。根据商务部商品进出口数据，2007年我国蔬菜出口额达到40.45亿美元，是2001年的2.3倍，且年均出口增长12.7%，我国以鲜冷冻蔬菜出口为主。从我国蔬菜出口目的地来看，出口市场集中度高且相对稳定。总体而言，我国蔬菜出口主要集中在亚洲，2007年约占我国蔬菜出口总额的61.9%，其次是欧洲和北美洲，对非洲和南美洲的出口也在增加，对拉丁美洲和大洋洲出口相对较少。2002—2007年蔬菜出口目的地排名前三位的分别是日本、韩国和美国。其中日本作为我国蔬菜出口的第一大市场，近三年来出口总额有下降趋势，由2006年的10.71亿美元下降到2007年的9.51亿美元。

2. *我国蔬菜出口面临的严峻形势。*我国当前蔬菜出口面临的严峻形势突出表现在以下四个方面：一是蔬菜及其加工制品出口增幅明显回落，2005年蔬菜出口额增幅为20.4%，到2007年已经降至8.9%。二是重点出口地区增势减缓，甚至出现萎缩趋势。以我国主要出口市场日本为例，由于肯定列表制度的实施及贸易保护措施的实施，2007年蔬菜对日出口呈现下降趋势。三是出口主要市场增长乏力。四是外商投资企业出口比重下降。我国蔬菜加工企业主要以外商投资的"三资"企业为主。据商务部统计，2006年"三资"企业的蔬菜出口额为14.17亿美元，出口增幅为16.31%，而2007年"三资"企业蔬菜出口为14.57亿美元，增幅仅为2.84%，比前一年增幅减少了近14个百分点，可见外商投资企业出口比重的下降对我国蔬菜出口增长影响较大（见图1）。

（二）我国蔬菜加工企业实施质量认证现状

经过近几年的努力，我国蔬菜行业已经建立起以无公害农产品等产品认证为重点，GAP（良好农业操作规范）、HACCP（危害分析与关键控制点）体系认证为补充的农产品认证体系。理论和实践证明，蔬菜质量认证是降低交易成本和合理配置生产要素的良好机制。为此，自20世纪90年代初以《国务院关于发展高产优质高效农业的决定》为标志，启动了我国的农产品质量认证工作。2003年我国已经初步建立了以无公害蔬菜认证为重点，以绿色蔬菜认证

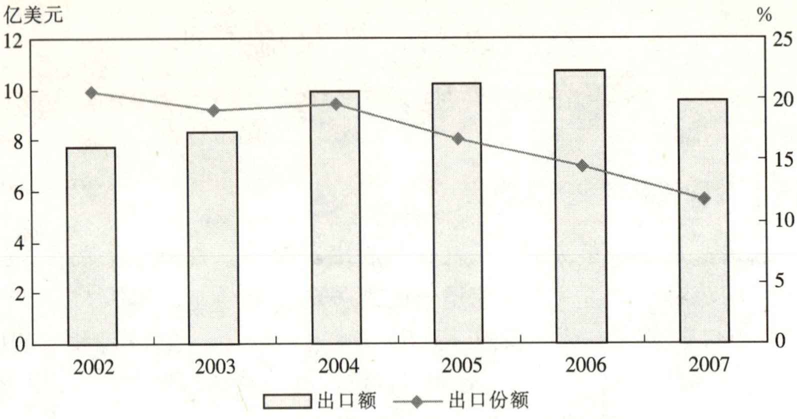

图 1　2002—2007 年我国蔬菜对日出口额及出口份额变化趋势

数据来源：商务部商品进出口全口径数据库。

为先导，以有机蔬菜认证为补充的“三位一体、整体推进”的蔬菜质量认证体系。我国无公害蔬菜标准的批准时间是 2001 年，据国家农业部统计，截至 2008 年 3 月全国已有 25 169 个种植农产品通过了无公害农产品认证，占通过认证农产品总数的 73.6％（万靓军，2008）。绿色蔬菜的认证工作始于 1992 年，到 2003 年中国绿色食品发展中心在全国委托了 38 个管理机构、11 个国家级产品质量监测机构、56 个省级环境监测机构，形成了覆盖全国的绿色食品质量管理和技术服务网络，建立起了涵盖产地环境、生产过程、产品质量、包装储运、专用生产资料等环节的质量标准体系框架，制订了一批绿色食品技术标准。至 2007 年全国有效使用绿色食品标志企业总数达到 5 740 家，产品总数达到 15 238 个，产品实物总量超过 8 300 万吨。绿色食品标准化基地建设直接增加农民收入 3.2 亿元，户均增收 50 元（蔡镭，2008）。我国蔬菜加工企业在实施质量认证的取得成效的同时也存在以下三方面问题：①认证标准缺乏统一性和公正性；②认证体系缺乏完整性；③蔬菜认证初始阶段投资过大企业负担较重。

三、蔬菜加工出口企业认证行为的经济学分析

长期以来，在经济学领域学者一直将农产品市场看作最接近于完全竞争的市场结构。因为传统农产品市场上，生产者（农户）和消费者众多；绝大多数农产品的鲜活、同质性较强；初级农产品的易辨识性强；农产品的交易频率较

工业产品与服务性商品要高，因此传统农产品市场上信息不仅完备而且对称。但是，一方面现代农业发展过程中尤其是我国农业发展过程中，农产品市场上存在过度竞争现象；另一方面经济与技术的发展导致了农产品的复杂性、异质性和选择性增强，农产品质量的不确定性提高由于农产品的生产经营者与消费者之间的信息不对称现象越来越明显，这使得农产品市场也常常出现“柠檬问题”现象。

（一）蔬菜市场存在“柠檬问题”的原因

过度竞争是指由于竞争过程内生或外部因素的作用，某一产业中的企业数目过多、产业过度供给和过度生产能力现象严重，产业内的企业为维持生存，不得不竭尽一切竞争手段将产品价格降低到接近或低于平均成本的水平，使整个产业中的企业和劳动力等潜在可流动性资源陷于只能获得远低于社会的平均回报和工资水平的窘境而又不能顺利从该产业退出的非均衡状况。总体来讲，当前我国蔬菜产业非集中程度高，生产规模实力低，不完全的契约等因素导致蔬菜行业组织运作效率低下，没有市场竞争力，在激烈的竞争环境下“小生产与大市场”矛盾突出。这必然导致蔬菜生产经营者之间在自身利益的驱使下行使机会主义行为，相互压级压价。另外，由于生鲜蔬菜是初级鲜活农产品，不易长久储存和长途运输，这些都导致了生鲜蔬菜市场中生产经营者之间的过度竞争。过度竞争的生鲜蔬菜市场中，当生鲜蔬菜商品质量存在不确定性与差异性而形成买卖双方对产品质量信息不对称时，就会加剧产生“柠檬问题”。当面临“柠檬问题”时，蔬菜生产经营者之间的恶性竞争更为突出，其利益损失也更加严重。

下面用一个说明过度竞争背景下“柠檬问题”的产生。首先根据纳尔逊研究，将蔬菜这一产品定义为经验型商品，因为只有经消费者亲口品尝才能较为准确地判断营养、风味、质地、口感等质量特点。经验型商品的概念揭示，当市场上的蔬菜以不同质量交换时，买卖双方都将以同样方式按照蔬菜质量将其进行分类，但是，只有蔬菜的卖方能够观察到他们所售出的每个单位蔬菜的质量，而买方在购买前最多只能观察到产品质量的分布。也就是说，买方在购买蔬菜前并不能确切了解每个单位产品的具体质量，最多只能够了解该蔬菜质量的平均分布。在没有其他方式使买方确定每个单位产品具体质量的情况下，低质量的蔬菜往往将伴随着优质农产品同时销售。从买方市场看，在这样的市场中进行选择是不利的。当卖方对出售低质量农产品进行决策时，将对买方有关平均质量的认识产生影响，因为最有可能出售的总是卖方最想放弃的产品，而在这种最想放弃的行为中，往往包含卖方最想传递给买方的有关产品的质量信息（其中包含虚假的质量信息），从而使高质量产品的卖方受到损害而逐步退出市场，最终形成“柠檬市场”上的蔬菜质量的恶性循环。

假定有两种蔬菜：高质量的蔬菜A与低质量的蔬菜B。再假定卖方与买方都知道哪一种蔬菜是高质量的，哪一种是低质量的。这样就会像图2所显示的那样有两个市场。在图2左半部分中，S_H 为高质量蔬菜A的供给曲线，D_H 为其需求曲线，右半部分中 S_L 和 D_L 分别是低质量农产品B的供给曲线和需求曲线。S_H 高于 S_L，这是因为高质量的蔬菜的卖方更不愿意与其产品分离，从而必须得到更高的价格才愿意这样做。同样 D_H 高于 D_L，这是因为蔬菜的购买方愿意为得到高质量的蔬菜支付更多的货币。如图2所示，高质量的蔬菜A市场价为20元/千克，低质量的蔬菜B的市场价为10元/千克，每种蔬菜出售的数量为25千克。在实际的生活中，蔬菜的卖方对其质量要比卖方拥有更多的信息。当卖方知道而买方不知道时，情形将会如何呢？起初买方可能会想，他们买的蔬菜是高质量的可能性为50%。理由是如果买卖双方都知道质量，每种农产品都会出售25千克。因此，在购买时买方会把所有的农产品都看作“中等”质量的。在图2右半部分中，对中等质量农产品的需求用 D_M 表示，它低于 D_H 但高于 D_L。现在，将有较少的高质量的蔬菜（25千克）和较多的低质量蔬菜（75千克）售出。当消费者开始明白，大多数售出的农产品，如约为3/4都是低质量时，他们的需求转移了。新的需求曲线可能是 D_{LM}，它意味着，平均而言农产品是中低质量的。结果需求曲线进一步向左移动，使农产品的供给进一步转向低质量。这一移动会持续下去，直到低质量的农产品会全部卖完。在这一点上，市场价格太低而不能使任何高质量的蔬菜进行市场出售，因此消费者正确地假定，他们所购买的任何蔬菜都是低质量的，而需求曲线就将是 D_L。尽管这是一种极端市场行为，但市场中确实会出现高质量的蔬菜比例比消费者在购买前就知道质量的情形要少。可见由于信息的不对称，低质量的蔬菜将高质量的蔬菜逐出市场。

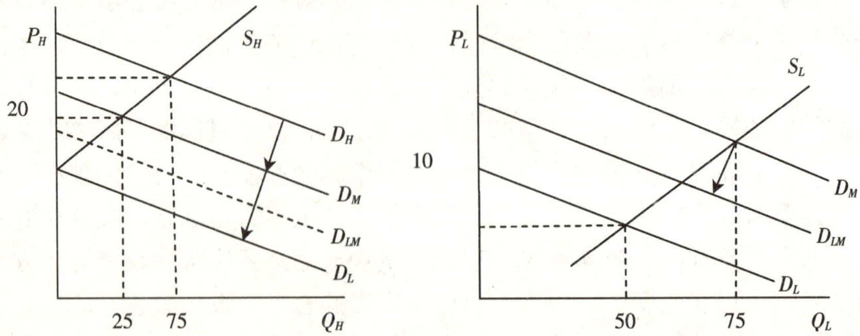

图2　高质量蔬菜A与低质量蔬菜B

（二）安全生产蔬菜的信息不对称问题

蔬菜市场信息不对称是指蔬菜市场上卖方与买方对于有关所要交易的蔬菜内在质量、性能、价格等信息掌握是不对称的。安全蔬菜市场上的信息不对称主要表现为：第一，生产者和消费者之间的信息不对称性。由于蔬菜生产规模小，运销环节多，缺乏标识，农贸市场上销售者流动性大，以及消费的品种多、数量少、次数频繁等特点，使蔬菜的生产者可追溯性差，使认知的蔬菜质量信息难以横向传递，消费者缺乏完整的蔬菜质量信息。而蔬菜生产者对蔬菜的质量则拥有较完全的信息，加上蔬菜交易特征多为一次性博弈。消费者很难及时察觉蔬菜生产者和经销者的欺诈行为，这给生产者提供了凭借机会主义欺骗性地追求自利的机会。第二，生产经营者与管理者之间的信息不对称。政府虽然能够检测出蔬菜质量安全水平，但是我国蔬菜分散生产，地域分布广，生产量大，又缺乏标识，因而实施完全监管的成本高，速度慢。此外，长期以来我国只追求蔬菜的数量和商业品质，政府缺乏健全有效的蔬菜质量安全管理制度与手段，从而导致政府管理者与生产者之间存在信息不对称。在此背景下，生产者既难以从改善质量安全上获益，也难以因为违反质量安全法规而受罚，缺乏改良蔬菜安全的激励。第三，下级管理者（代理人）与上级管理者（委托人）之间存在信息不对称。下级管理者的管理行为难以被监控，在缺乏激励约束机制的情况下，下级管理者可能因个人或地方利益导致管理上的失职行为。第四，政府与消费者之间的信息不对称。政府的有关蔬菜安全信息不能被迅速、有效地传递到消费者，消费者缺乏做出抉择的信息。

信息不对称对蔬菜市场的影响会产生“逆向选择”问题，所谓“逆向选择”指在信息不对称条件下，消费者由于缺乏鉴别优劣真伪的有效信息，只能根据市场产品的平均质量水平决定支付意愿，从而导致蔬菜的生产者选择低劣化的现象。与蔬菜市场中的信息不对称一样，也会导致低质量的蔬菜将高质量的蔬菜逐出市场。

（三）安全生产蔬菜的外部性

外部性又称溢出效应，指的是私人收益与社会收益、私人成本与社会成本不一致的现象。具体说来，外部性产生需要具备两个条件：①当某个行为主体的效用或生产函数包含由其他人确定的物质变量（非货币变量），但是其他人并不考虑到当事人的影响；②决策者的行为影响他人的效益水平或成为他人生产函数的影响因素，而又没有从其行为效益中获得报酬或承担其行为造成的损失。

由于蔬菜的生产不仅强调蔬菜本身的质量，而且也关注对生产环境的保护和改善。环境经济学理论认为，环境质量具有双重经济属性即生产性和消费型。对于生产者来说，如果生产者为了提高产品质量增加了对保护和改善环境的成本投入，那么，环境质量的改善与提高是生产外部性的表现。对于消费者而言，如果消费者为消费质量较好的安全蔬菜支付了较高的价格，那么，它所包含的为保护和改善环境而支付的这部分价格就成为消费的外部经济。在理想状况下，如果生产者和消费者都愿意为这种外部经济支付较高的成本和价格，体现蔬菜的优质优价，那么就会间接使得蔬菜的种植、加工环境不断改善，最终达到帕累托最优状态。但是，由于生产者和消费者都是“理性的经济人”，特别是在不完全信息条件下，生产的外部经济与消费的外部经济会出现不对称，最终将导致经济的低效率或无效率，导致安全蔬菜市场失灵。

（四）蔬菜市场“柠檬问题”解决方案

对于当前蔬菜市场存在的“柠檬问题”，许多学者通过自己的研究，对该问题产生的经济后果有较为一致的认识。经济后果主要表现在以下两个方面：①蔬菜市场中存在的“柠檬问题”损害了蔬菜市场正常竞争秩序，导致社会资源配置效率的下降。②蔬菜市场“柠檬问题”的存在降低了社会经济福利水平(李功奎、任瑞瑶，2004)。对于如何解决这一问题，总结起来共有三个方面的思路：①通过各种中介组织，有效制造和传播“正的”市场信息消除信息分布不对称。如何将市场上蔬菜具体信息告诉消费者，是消费者及时辨别蔬菜质量高低，解决“柠檬问题”的关键。实践表明，对市场上蔬菜实施认证，采取贴认证标签的方式会有较好效果。②培育发展“公司＋基地”的蔬菜产业化模式如“订单农业”的形式，即由公司统一提供种子、土壤改良及生产技术以及其他投入支持，农户在公司的质量控制下按照一定的标准具体从事蔬菜生产，然后再由公司统一收购进入农产品市场。通过这种模式，可以在农业生产中更好地实施和贯彻农业标准化工作，从而提高农产品质量水平。更为重要的是公司可以通过这种方式提高产品品牌，获得更有效、更广泛的质量认证，从而使安全蔬菜占有更大的国内、国际市场份额。③充分发挥政府的功能，加强政府对农产品市场的监管力度。

四、蔬菜安全管理体系认证的案例分析

（一）案例对象——山东A集团认证情况介绍

山东A集团有限公司创建于1998年，注册资金2 080万元，占地面积

86 580平方米，现有员工 400 人，拥有资产 1.55 亿元，是集肉类食品综合加工、蔬菜种植及精细深加工为一体的省级农业产业化重点龙头企业。主导产品为保鲜蔬菜、速冻蔬菜、果蔬脆片、速冻方便食品等绿色蔬菜系列产品，产品销往全国各地及日本、韩国、东南亚、美国等国家和地区，自 2006 年以来年平均产销率为 98.5%。

山东 A 集团蔬菜基地从 2003 年开始建设，到现在已发展成联片式网室棚和露天种植结合的蔬菜基地。2003 年获无公害蔬菜基地认证，2005 年获绿色食品蔬菜基地认证，2006 年 6 月获有机产品生产基地认证。2007 年公司确定近 200 公顷种植面积，共 6 个品种作物分别种植在 4 个地块中，全部按良好农业规范的要求进行管理和生产。自 2004 年以来，先后获得了 ISO19001、HACCP、绿色、无公害、有机、GAP 等体系和产品认证，为产品顺利进入国际市场取得了通行证。随着产品项目的增加，公司为进一步强化质量安全管理，增强自身的竞争力，树立公司品牌，提升公司形象，公司又按标准要求建立了质量—环境—有机—食品安全四合一管理体系，并于 2007 年 7 月 3 日通过审核。A 集团在 2004 年进行生产车间等基础设施建设时，按照 HACCP 体系认证的要求进行，这为后来顺利通过 HACCP 体系认证奠定了基础。HACCP体系认证注重的是生产加工环节卫生、质量控制。为保障种植源头的蔬菜质量，企业还积极推行了 GAP（良好农业操作规范）认证，并于 2006 年 7 月顺利通过审核。HACCP 与 GAP 体系认证的通过是后来“质量—环境—有机—食品安全四合一”管理体系建设的基础，该质量管理体系的通过标志着 A 集团无论在种植源头中蔬菜“农残”的控制，还是加工环节卫生质量保障，都达到了蔬菜进口国基本质量要求。管理体系的实施对保障食品安全具有广泛而深远的意义，为企业在市场竞争中取得优先权创造了条件。通过调研了解到，企业于 2004 年 5 月通过 HACCP（危害分析与关键控制点）体系认证对企业质量管理体系的建立起到关键作用。另外，HACCP 认证体系的实施对企业成本、收益有着显著影响，因此笔者以下将以 HACCP 体系认证代表，分析 A 集团实施认证的动因及成本、收益的变化。

（二）企业实施 HACCP 认证成本分析

为了更清晰地研究这一问题，本部分参考王志刚（2006）的研究，把企业采纳 HACCP 的总成本（Total Cost of HACCP System，TC）定义为：因整个 HACCP 体系的计划、实施和运行而引致的所有直接和间接成本，包括体系的计划、实施和运行而引致的所有直接和间接成本，HACCP 体系建立和体系建立后的运行成本。其中，建立成本是指 HACCP 实施前的计划制定、人员培训成本和HACCP实施中的总成本，主要指一次性的设施和设备投入。运行成本指HACCP体系建立后为维持正常运行而需要的人员、水电、化验用药品、清洗剂等的投入。

通过实地调研得出HACCP体系建立成本巨大，该企业整个HACCP体系的固定投入约占企业固定资产的16.4%，占总资产的7.1%。另外，卫生、过程改进、验证与检验成本在总建立成本中的比重也较大。HACCP体系是一个动态的过程，随着时间的变化需要有新的投入不断完善，而卫生、过程改进、验证与检验作为HACCP建立最主要的三个部分更加体现出这一需要。通过分析影响企业建立HACCP体系成本的关键因素是验证之前的初始投资，这其中卫生状况的好坏是关键，卫生状况越好的企业建立HACCP的成本越低。另外，对于蔬菜加工行业，基地建设进展程度对HACCP的成本也有影响，一般认为企业拥有的自属基地面积越大，其蔬菜质量、卫生条件越好，建立HACCP的成本也就越低。最后，有关HACCP体系建设方面的资源共享程度越高，企业采纳HACCP的成本越低。

通过对HACCP体系运行成本的分析，了解到运行成本大大低于体系的建立成本，但是随着企业的总资产和生产规模的不断扩大，企业负担的运行成本会大大增加，卫生、过程改进成本是一方面，由于设备折旧、生产效率的降低引起的间接成本上升也是制约企业采纳HACCP体系的根本原因。

（三）企业实施HACCP质量认证的收益分析

根据实地调研情况以及过去学者的研究，企业采纳HACCP体系后的收益主要来自三个方面：一是企业经营绩效的改变。包括销售额、销售价格和销售量的改变。二是出口市场的不断扩大。由过去的单一出口市场转变为了多元化出口市场。三是在HACCP体系运行发展过程中间接地存在其他潜在的好处。四是企业认证体系行为的实施带来的社会效益变化。包括企业在实施“公司+基地”生产模式下给农民带来的增收以及环境的改善。

1. HACCP体系建成后经营绩效变化。山东A集团有限公司自从2004年通过HACCP认证体系以来，无论生产加工能力、销售额还是出口蔬菜年平均价格都有较显著的增长。蔬菜产量[①]自从2005年以来一直处于上升趋势，尤其2006年企业经历了HACCP体系过渡期后，蔬菜加工能力明显增强，年加工量增幅达到87.8%，而2008年企业加工产量有所降低，原因是2008年下半年出现的金融危机，使得企业业务量降低，但总体看来，HACCP体系实施

① 蔬菜产量是指企业对原料蔬菜的加工量。

后，企业在蔬菜加工能力方面有较大提高。另外，由于HACCP体系的实施，加强了出口蔬菜的质量，使企业出口蔬菜国际竞争力增强，这反映在出口价格的增长。以2007年为例，出口蔬菜平均价格增幅接近10%，2008年出口价格增幅也维持在9%左右，这其中有国际市场蔬菜供求变化的影响，但几年来价格的不断增长亦证明，企业出口蔬菜质量提高带动的价格上涨，反映一个企业经济状况的最直接指标就是看其销售额的变化量。在近年来人民币升值，贸易壁垒不断加强的背景下，企业依然有较高的销售额增长幅度。2006年企业在出口蔬菜销售收入方面比前一年增长近一倍。通过与企业负责人座谈得知，2006年销售收入增长快的原因在于，企业在2005年上半年通过HACCP认证后，企业生产规模扩大，生产效率提高，以及蔬菜销售市场的扩大，很多过去企业没有想过的销售市场，2006年成为了企业的主要销售市场，销售量的扩大是收入增加的主要原因。

2. *HACCP体系建成后出口市场的变化*。过去企业出口蔬菜市场主要集中在日本、中东、东南亚等少数几个国家和地区，认证体系实施前，企业依靠的是蔬菜的低价格竞争优势，贸易集中度较高，企业出口利润较低。过于集中的蔬菜出口市场使得企业经常面临蔬菜出口退回的局面。以出口日本蔬菜为例，由于达不到日本政府要求的进口蔬菜农药残留标准，企业在认证实施前出口到日本的蔬菜不得不面临被退回的局面，给企业带来了巨大损失。企业实施HACCP体系后，不但蔬菜出口退回率大大降低，同时出口市场也不断扩大，由过去的低端市场扩大到发达国家的高端市场，蔬菜进入高端市场不仅意味着产品竞争力的提高，同时出口价格会有所增加，对企业品牌价值创造与企业经营绩效改善有较大帮助。

3. *在HACCP体系运行发展过程中间接存在的其他潜在好处*。对于企业在实施HACCP认证发展过程中存在的潜在好处，由于受多种因素影响，且各种因素的影响具有不可分性，对其定量研究非常困难。因此，本文通过座谈的形式，从企业领导、员工了解到，HACCP实施过程中存在的潜在好处。第一，有助于树立全球市场经济意识，提高企业发展战略的基点，抓住机遇，赢得主动。第二，促进建立体系化的、严谨的经营管理模式，优化组织结构，完善经营管理。第三，带动服务和产品的结构调整，推动技术改造，增强自身实力。第四，表明尊重消费者和对社会负责，提高企业、产品和服务的信誉，树立以诚信树立品牌、以持续改进铸就名品的理念。第五，避免重复抽查和检验，节省用于检验的时间、人力、物力和财力。

4. *HACCP体系建成后带来的社会效益*。对于企业建立HACCP体系带来的社会效益，主要包括两个方面：一是对种植基地周围环境的改善，包括土壤改良，减少化肥等农药的使用量；另一方面是企业实施“公司＋基地＋农户”生产模式后给农民带来的好处，包括收入的增加，以及蔬菜种植技能的提高。环境改善，在短时期内实现比较困难，但企业对于种植基地管理方式，为环境改善提供了可能。

关于企业建立 HACCP 体系后给农民带来的好处，将通过实例的方式介绍，以了解企业在跟农户合作的过程中农民得到的好处。企业采取的方式是企业与农户签订合同，企业将改良好后、符合安全蔬菜土壤标准的土地以每亩（$667m^2$）700 元的价格租给农民，要求农民按照合同中规定方式种植，企业负责提供技术指导和所需要的化肥、农药，并负责以高出市场价 2～3 倍的价格对符合合同质量标准的蔬菜进行统一收购。由于种植蔬菜是在大棚中进行的，因此可以实现“一年三季”的种植模式，不仅充分利用土地资源，而且为企业、农民带来收益。假设农民租种一个大棚，一般而言单个大棚面积为 2～3 亩，在此以 2.5 亩计算。青刀豆（4 月上旬～6 月中旬）产量为 3 500 千克，收购价格为 2.2 元/千克，产值 7 700 元；甜玉米（6 月上旬～8 月中旬）产量 2 500 千克（6 250 穗），每穗 0.45 元，产值 2 812.5 元；青花菜（8 月中旬～10 月下旬）产量 3 000 千克，销售价格为 3.1 元/千克，产值 9 300 元，三季总产值 19 812.5 元。扣除生产成本 2 875 元、网棚折旧费 1 500 元（防虫网年折旧费 600 元，棚架年折旧费 900 元），以及租赁费 1 750 元，年纯收入可达 13 687.5 元。

由以上可以看到，农民与企业合作过程中得到了许多好处，不仅年纯收入增长，带动种菜经济性的提高，同时在企业技术人员专业指导下，提高了蔬菜种植技术，同时提高了环境保护意识，同时企业在此模式下也得到了符合国外标准蔬菜，开拓了国际市场的同时，实现了优质优价，提高了企业效益。所以说“企业＋基地＋农户”生产模式是双赢模式，政府应加大扶持力度。

五、结论与政策建议

（一）主要结论

第一，过去几年，我国蔬菜出口规模不断扩大，然而在出口额不断增加的背后，是出口额增长幅度的降低以及蔬菜出口贸易摩擦不断增多，过去以价格优势进入国际市场的蔬菜产业，如今却成了激烈国际竞争的“短板”。其根本原因在于，我国出口蔬菜质量不高，缺乏相关质量认证。随着各国对食品安全的重视，缺乏质量认证的企业将很难进入高端市场，出口市场一旦萎缩，对我国蔬菜行业以及农民的影响不可估量。因此积极推行蔬菜质量认证体系，完善蔬菜质量管理制度，无论对国家还是作为加工者的企业都势在必行。

第二，我国的农产品质量认证起步较晚，如今以无公害农产品、绿色食品和有机食品为主的农产品认证已经得到推广和采纳，但是对于以 HACCP（危害分析及关键点控制）和 GAP（良好农业操作规范）为主的认证体系的建立还处于起步阶段。要想从根本上解决我国农产品质量安全的问题，政府与企业应共同努力。企业作为农产品生产者是加强食品质量安全的主体，质量认证实施后带来的经济效益，应成为企业提高产品质量，建立认证体系的动力。政府应为企业提高产品质量、实施质量安全认证创造条件，坚持在资金与技术两方面支持，力度应加大。通过成本分析，了解到企业实施质量认证的最大困难在于初始投资数额巨大，政府应考虑对实施认证的企业，初期贷款方面给予优惠。

第三，从经济学理论来讲，生产者是理性的经济人，企业行为的唯一目的是追求利润的最大化。对于蔬菜这种农产品而言，生产者一般比消费者掌握更多的信息，存在信息不对称的情况，信息的不对称加上蔬菜行业的过度竞争，使得蔬菜行业产生了“柠檬问题”。该问题的产生无论对生产者还是对消费者以及社会福利都会产生消极影响。解决这一问题的途径就在于要求企业在加强蔬菜质量管理的同时，及时将安全蔬菜信息告诉消费者，这其中质量认证标识将会起到宣传作用。质量认证的实施，使得消费者与生产者对蔬菜有相同的质量意识，一定程度上避免信息不对称的发生，有效解决了蔬菜市场中的“柠檬问题”。对于高质量的蔬菜加工企业而言，能有实现“优质优价”。

第四，通过山东 A 集团有限公司的案例分析，了解到企业在实施 HACCP 认证体系时的成本及收益。总体而言，在体系实施阶段无论是建立成本还是运营成本都是巨大的。相对于建立成本，体系的运营成本是影响企业实施认证行为的主要因素。对于认证体系给企业带来的收益，主要体现在销售收入的增加，产品的优质优价，以及出口市场的扩大。另外，良好生产模式的建立，带动了周边农民收入，促进周边环境改善，具有一定社会效益。

（二）政策建议

第一，政府应完善农产品质量安全的法律法规，确保安全农产品生产的法律基础和前提，明确规范和约束蔬菜的生产、加工、贮藏、流通和消费行为。同时完善农产品认证管理体制，积极推动农产品行业认证体系建设。鉴于企业实施认证体系过程中高额的建设成本及运行成本，政府应当给予政策、资金及技术支持。对认真实施认证的企业适当奖励。

第二，针对蔬菜种植特点，降低蔬菜农药残留，要求企业切实加强蔬菜源头监管，实行“公司＋基地＋农户”的生产模式，建立必要、完整的检验检测体系，实施有效的监管责任制度，加强质量安全追溯制度，促进品牌与市场的结合。

第三，让企业认识到 HACCP 体系是一个动态的体系，需要与国际接轨，不断完善。同时重视对食品安全意识的培养和专业人员的培训。运用法律手段保护已建立的品牌，维护企业的正当权益。

第四，对于蔬菜出口企业而言，及时了解蔬菜进口国对进口蔬菜质量要求，建立符合进口国家质量要求的认证体系，同时与国际食品安全标准接轨，为企业出口创造条件，在国际市场上保护本国企业的利益。

参考文献

[1] Antle John M. Efficient Food Safety Regulation in the Food Manufacturing Sector. American journal of Agricultural Economics，1996：Vol. 78 No. 5，Proceedings Issue：1242－1247.

[2] Arrow K，Bolin B. Economic growth，carrying capacity and the environment. Ecological Economics，1995，Vil. 15（2）：91－95.

[3] B. James. Deator. A Theoretical Framework for Examining the Role of Third-party Certifiers. Food control，2004（15）：615－619.

[4] Becker Gray S. HACCP：Prescription for Safer Food or Smokescreen for Deregulation choice，1992：2d qtr：28－29.

[5] 李勇，任国元，杨万江．安全农产品市场信息不对称及政府干预．农业经济问题，2004（3）：62－64.

[6] 李津京．食品安全贸易争端：典型案例评析与产业发展启示．北京：机械工业出版社，2004.

[7] 李功奎，应瑞瑶．“柠檬市场”与制度安排——一个关于农产品质量安全保障的分析框架．农业技术经济，2004（3）：15－20.

[8] 马爱国．农产品质量安全认证与农业产业发展．农业质量标准，2004（6）：4－8.

[9] 王晓霞．农产品认证制度的经济分析．农业标准化，2006（4）：15－17.

[10] 王秀清，孙云峰．我国食品市场上的质量信号问题．中国农村经济，2002（5）：27－32.

[11] 王志刚．食品加工企业实施 HACCP 认证的有效性及其对策．2006 年中国食品安全年会会论文集，2006.

[12] 王志刚．HACCP 经济学——基于食品加工企业和消费者的实证研究．北京：中国农业科学技术出版社，2007.

[13] 徐金海．农产品市场中的“柠檬问题”及解决思路．当代经济研究，2002（8）：

42 -45.

[14] 朱彧，孙志永．农产品质量安全全程控制 GAP HACCP 探索与实践．北京：中国农业大学出版社，2006.

[15] 袁学国．对无公害蔬菜发展问题的经济学思考．农业现代化研究，2002（5）：56 -59.

[16] 王志刚，贾丹，苑会娜，张恒涛．肉鸡加工企业采纳 HACCP 体系的成本：北京大发正大有限公司的案例分析．第九届全国畜牧业经济理论研讨会论文集，2006.

[17] 杨万江．食品安全生产经济研究——给予农户及其关联企业的实证分析．北京：中国农业出版社，2006.

[18] 罗斌．关于我国农产品认证的概述．农业质量标准，2005（1）：30 - 31.

遗传资源产权制度及获取与惠益分享机制*

On Property System and Mechanism of Access and Benefit Sharing of Genetic Resources

王志本

Wang Zhiben

摘要：本文分析了现行制度框架下遗传资源主权及产权的内涵和形式，考察了遗传资源合理获取和公平惠益分享的机制，特别是事先知情同意、共同商定条件，以及其中所涉及知识产权问题的处理。

Abstract：In this study，the intention and the incarnate of sovereigty and property of genetic resources（GR）under the systems in effect were analyzed，the mechanism of rational access and fair benefit sharing（ABS）of GR，especially prior informed consent（PIC），mutually agreed terms（MAT）and disposal of related intellectual property rights（IPR），were researched.

一、现行制度框架有关遗传资源主权及产权的认定

（一）遗传资源主权的概念及内涵

1962 年 12 月十七届联合国大会决议通过《国家对自然资源的永久主权宣

* 本研究是国家自然科学基金项目“遗传资源产权保障制度及机制研究”（70673105）工作的一部分。

言》，认定各国对其境内自然资源享有永久主权；1974 年 12 月二十九届联合国大会决议通过《各国经济权利和义务宪章》，再次确认和强调了各国对其本国境内的全部自然资源享有完整和永久的主权，而且确定和强调了各国对其境内的一切经济活动也享有完整的和永久的主权。依此原则，各国宪法也把对自然资源（无论是矿物资源还是生物资源）主权纳入国家主权范畴，进而界定了自然资源的国家所有权及产权。1992 年联合国环境与发展大会上签署的《生物多样性公约》(CBD)，重申了联合国宪章和相关国际法原则，“确认各国对其自然资源拥有的主权权利，因而可否取得遗传资源的决定权属于国家政府，并依国家法律行使。”

但是，国家对于其自然资源的主权权利并不一定等于是国家对于资源的所有权。在普通法或民法体系，所有权强调的多是客体的归属关系，而产权则更多地强调在归属意义上产生的多方面的权利，包括管理权、控制权、处置权、获益权等。在 CBD 范畴内，特别是在遗传资源获取和分享惠益方面，“主权”不是“所有权”或“产权”的同义词，而是指国家确定所有权和控制权的权力，其中包括的权力有：确定准予获取遗传资源的条件，以及如何在主权国家的领土内分享基于资源利用产生的惠益。

在此背景基础下，许多国家在遗传资源产权的法律地位问题上仍有很大的不确定性，相关管理规则常常不很清晰。从目前的区域性组织（超国家）法律框架以及各国国内立法看，有的一般性地界定了遗传资源（生物多样性成分）的所有权及产权，但大多数没有具体界定遗传资源的所有权及产权。之所以存在这种情况，主要是因为遗传资源主权、所有权及产权的概念，还是在世界现代科技发展以及经济贸易新格局下新近提出的，尚未在国家宪法中加以明确表达。

本文从产权的实施是主权或所有权的体现和落实这一角度出发，在分析探讨遗传资源获取与分享问题时，主要着眼于遗传资源产权的范畴。

（二）遗传资源产权的法律属性

国际上，有哥斯达黎加和安第斯共同体等少数国家或区域组织，在其立法中有具体处理遗传资源产权问题的规定，同时对生物资源和遗传资源加以明确区分。《哥斯达黎加 1988 年生物多样性法》第 6 条“共有财产”规定：“生物多样性组成部分，不管是野生的还驯养的，其生物化学的和遗传的特性都属于公有财产。根据该法有关获取的一般规则，国家可授权对构成公有财产一部分的生物多样性组成部分进行勘探、研究、生物开发和使用，以及授权利用所有的遗传资源和生物化学资源。”《1996 年安第斯共同体关于遗传资源获取共同制度的第391号决议》第6条规定："原产于成员国的任何遗传资源及其衍生物，都是属于该成员国国家或人民的财产或遗产，由各自的国内法加以规定。这些资源是不可剥夺、不可侵犯、不可扣押的，同时不影响适用于包含这些资源的生物资源、其所位于的财产或相关无形成分的所有权制度。"但是大多数其他国家依然实行其有关产权问题的普通法律规章，例如采取普通法或民法原则，或者利用其有关土地和野生动植物的常规法律，来界定生物多样性或遗传资源的产权。

所以，在大多数情况下，遗传资源产权是从土地或生物资源产权引申出来的。许多法律制度承认和保护私人对生物资源即植物和动物财产的产权，至少附着于土地上的植物依土地的产权而定。甚至在实行普通法的国家也承认，关于"土地上面的资源产权是土地产权的必然结果"这个一般原则，可以通过立法将其调节或修改为"是每个如此立法的国家所固有的主权"。这种概念往往以默示方式，通过宪法保障对私有财产拥有的权利加以认定。在这种情况下，如果没有相反的具体法律，对生物材料拥有的产权似乎合理地意味着对遗传资源拥有的产权。给予优先考虑的是对土地或自然资源拥有的私人产权或共同产权，私人所有者可以不需要国家核准其生物资源或遗传资源的交易。

但是，有关调研结果反映，所有中美洲国家都认为，通过参照自然资源产权，遗传资源属于国家财产，应当由国家对此类资源行使权利；与此同时，它们也承认对某些生物多样性成分的私有产权或社区产权。比如上述安第斯共同体、哥斯达黎加等国家，虽然规定所有遗传资源属于公共财产，并因此归国家管理，但同时也承认私人对生物资源拥有产权。在这种情况下，就需要对有关遗传资源（公共财产）获取和利用的一套产权规则，与含有遗传资源成分的生物资源（私人财产）获取和利用的另一套产权规则，在概念上，或许还需要在法律上，加以必要的区分。

（三）遗传资源产权的法律地位

如果只从概念出发，作为自然资源的生物资源的产权在大多数情况下都还是易于确定的，因为产权作用的对象是有形物质，即体现为动物、植物、微生物或种子等。根据现行国家法律，这些物质可以是国家、私人或共同财产。但如果是遗传资源，由于产权作用的对象同信息或相关知识一样，通常具有无形性质，不像包含这类信息的有形生物体材料一样明确，产权主体对它的拥有、控制方式也与对自然资源有很大的不同。而对于遗传资源的需求者来说，遗传资源的信息部分对其是最具价值的。因为生物资源中可能包含遗传资源，所以在实际运作中区分遗传资源产权与生物资源产权是非常复杂的。因此，各国制订可行的获取与惠益分享法律框架以便明确遗传资源所产权，是比较棘手的问题。许多国家显然是依靠物理实体（即生物体、其组成部分或负载生物体的土地）明确其遗传（生物化学）资源产权的法律地位，事实上仍存在遗传资源概念不清、遗传资源产权法律地位不清的问题，致使实质上和操作上都难以确定这类资源的处置权及获益权。

在将遗传资源定义为属于国家公共财产的情况下，实际运作中也会遇到问题。对于一些范围的生物资源和遗传资源，尤其是在一些公共领域，如易地收藏、国家公园或保留地以及保护区发现的这类资源一般不存在问题。这些资源通常由该国家的公共当局占有，控制或准予获取的权力通常归属于某个当局或机构，这个当局或机构又代表国民获取惠益。但是，在作为私有财产的动植物和微生物中发现的遗传资源，就会产生现实运作的冲突。除非法律中另有规定，否则这将排除土地所有者同生物勘察者达成有关遗传资源获取的协议及做成私人交易的可能性。虽然个人可以按照他们认为适当的方式处理其产权事宜，但如果生物物质的利用归入了遗传资源类别，就必然会牵涉国家规定的程序，而个人必须加以遵循。此外，对于实行联邦制政体的国家来说，还要面对管辖权方面的纠葛，因为在不同层级的政府之间围绕生物多样性问题存在着行政权力和立法权限的重叠。例如，一方面在社区一级对土著居民或当地社区适用习惯法，另一方面又适用国家的成文法、民法或普通法。不过，一些联邦制国家通过宪政机制来处理或解决因为管辖权重叠而引起的冲突问题，例如巴西规定联邦法律优先。

总之，由于管辖权和法律体系的不同，不同国家或区域采用的方法多种多样，对“所有权”及“产权”及相关概念的应用或解释各有差异。此外，不同国家在管理遗传资源方面采取的方法，也必然体现其独特的法律、体制、经济和文化取向。但所有国家在涉及遗传资源的法规中，都有国家指定专门部门或授权专门机构，管理遗传资源获取以及基于利用遗传资源所产生的惠益的分享这种产权性质的相关事务，是作为国家对遗传资源实行主权的体现。

二、体现遗传资源产权的获取与惠益分享制度

（一）遗传资源获取与惠益分享的原则基础及制度核心

联合国《生物多样性公约》是迄今最主要、最基本的关于遗传资源保护和可持续利用的国际公约。CBD 明确反对“遗传资源是全人类共同遗产”的传

统观点，首次确认了各国对其遗传资源拥有主权，要求“遗传资源的取得须经提供这种资源的缔约国事先知情同意”，以及“公平合理分享由利用由遗传资源而产生的利益”，从而奠定了“遗传资源获取与惠益分享”（ABS）制度的原则基础。CBD第8（j）条10（c）条、第15条、第16条、第19条、第20条和第21条等都有相关规定，共同构成CBD关于遗传资源获取与惠益分享的国际法律框架。获取与惠益分享制度从平衡遗传资源利益各方的出发点，承认遗传资源商业开发中各相关方所作贡献的价值，并主张合理分享基于各自贡献应当和可以获得的惠益。

CBD一直为实现遗传资源获取与惠益分享的目标努力。2001年，CBD第五次缔约方大会成立了“遗传资源获取与惠益分享问题不限名额特设工作组”，同年起草了《关于获取遗传资源并公平和公正分享通过其利用所产生惠益的波恩准则》（于2002年CBD第六次缔约方大会通过；以下简称《波恩准则》）《波恩准则》提出遗传资源获取与惠益分享过程的核心要素和关键步骤，即“事先知情同意程序”（PIC）和“共同商定条件”（MAT）。该准则的目标是：提供缔约方和利益相关者一个透明的框架，以促进获取遗传资源和公平分享惠益，特别是向发展中国家提供能力建设，以确保有效谈判和实现获取与惠益分享的安排。

“事先知情同意程序”要求获取遗传资源须取得资源提供国的事先知情同意，内容包括：负责给予事先知情同意或提供证据的主管部门；申请、批准的时间规定和截止日期；关于用途的具体说明；获得事先知情同意的程序；同所涉利益相关者进行协商的机制；以及相关程序事项等。“共同商定条件”则是遗传资源提供方和获取方双方达成的协议，典型的指示性清单内容包括：遗传资源的类型和数量，以及进行活动的地理/生态区域；对遗传材料的可能用途规定的任何限制；承认遗传资源原产国的主权；各方面能力建设的说明；对遗传材料改变用途以及向第三方转让的相关规定；对土著社区的权利的尊重；机密性资料的处理方法；分享遗传资源材料开发所产生惠益的规定，包括惠益类型、惠益时间性、惠益的分配和惠益分享机制；等方面。

（二）遗传资源获取的事先知情同意制度

1. 事先知情同意制度的原则及内涵。CBD在确认遗传资源国家主权的基础上，要求“遗传资源的取得须经提供这种资源的缔约国事先知情同意”（第15条第5款）。《波恩准则》的战略目标是：以国家或地区范围内的全面获取与惠益分享战略为基础，以保护和可持续利用生物多样性为目的，并促进公平地分享惠益。在此精神主导下，事先知情同意制度的基本原则应包括：①法律上的确定性和清晰性；②有助于以最低成本获取遗传资源；③对获取遗传资源的限制应是有透明度的，并应有法律依据，以便保护生物多样性而不得有悖于CBD的各项目标；④应得到提供国的国家主管部门的同意；还应酌情根据具体情况和按照国内法律取得所涉利益相关者的同意，例如获得土著社区和地方社区的同意。

“事先知情同意”概念的内涵，根据世界自然保护联盟（IUCN）在《〈生物多样性公约〉指南》中的表述：一是提供遗传资源的缔约国的同意（一种赞同的表示）；二是基于遗传资源潜在用户的有关信息；三是在获取行为得到准许之前实行。将事先知情同意作为一国对遗传资源获取与惠益分享进行管制的基本原则和核心程序，由此建立的认证和登记制度，可以看作是实施遗传资源产权的一种特殊机制。

2. 事先知情同意权的主体。在这项制度的实施中，对获取遗传资源具有事先知情同意权的主体，有三种不同的认定，即分别从国家主体、利益相关者主体以及这两种主体的角度予以认定。上述IUCN的表述，认定国家是事先知情同意权的主体。以利益相关者作为事先知情同意主体的，如哥斯达黎加、菲律宾和秘鲁。哥斯达黎加《生物多样性法》（1998）对获取遗传资源的基本要求规定为：“必须获得获取行为发生地代表们的事先知情同意，这些代表可以是保护地区域的理事会、农场的所有人，或地方当局”。菲律宾在《关于生物与遗传资源开发实施规则与条例的第96－20号部门行政令》（1996）中对事先知情同意权的定义为：“申请人在从事生物开发活动之前，在以社区能够理解的语言和程序，充分提供生物开发活动的意图和范围的信息后，从相关的当地社区、土著人、保护区管理委员会、或私有土地所有者获得的同意。”秘鲁《遗传资源获取管制法》（1999）规定：“土著居民有权决定与生物和遗传资源及其衍生产品有关的无性组成部分”，“第三方使用这些组成部分受‘土著居民知识专门保护制度’的制约”；而在“为土著人与生物资源有关的集体知识”建立的特定保护制度《土著集体知识保护法》（2002）中，事先知情同意的概念是指：“由拥有集体知识的土著人代表机构，根据本法的保护制度，根据其承认的规则，在事先被充分提供了关于收集集体知识活动的目的、分享或影响方面的信息（包括对集体知识的任何利用及其价值的信息）的情况下，做出的允许从事获取和利用该集体知识活动的授权。”

在获取与惠益分享立法及管制运作实践中更多的，是同时从国家和利益相关者两方面主体的角度定义事先知情同意权。《东盟生物与遗传资源获取框架协定》（2000）强调遗传资源主要利益相关者的参与：要求“在获取之前必须获得提供生物与遗传资源的成员国的事先知情同意”；“在当地层面上授予事先知情同意的程序应确保保留传统生活方式的土著人与当地社区的积极参与。”《巴西保护生物多样性和遗传资源暂行条例》(2001)则将事先知情同意权分解到国内各层次和国家各部门：当获取发生在土著区域时，需获取所涉及的土著和地方社区，及其官方代表机构的意见；当获取发生在被保护区域时，需获取主管机构的同意；当获取发生在私有土地上时，需获取所有者的同意；当获取发生在对国家安全绝对重要的区域时，需获取国防委员会的同意；当物种取样发生在巴西领海、大陆架或专属经济区时，需获取海事管理部门的同意。此外，根据《参与机构（植物园）关于遗传资源获取与惠益分享的共同政策指南》的定义，事先知情同意是指“在获取遗传资源之前必须获得的、由原产国政府和其他利益相关者所做出的同意。”

3. *事先知情同意制度的基本要素与实施程序。*事先知情同意机制具有三项基本要素：一是“事先”，即在获取遗传资源之前的合理期限内寻求知情同意；二是“知情”，获取遗传资源的申请者应当提供足以使相关主体做出同意决定的信息；三是“同意”，遗传资源权益的相关主体应以规定格式就获取与惠益安排进行明确、肯定的授权。CBD将发展中国家遗传资源的便利获取，与发达国家生物技术公司向遗传资源提供国回馈相关惠益，作为一对基本的交换关系。所以，遗传资源获取的事先知情同意，必然要包含遗传资源惠益条件的事先知情同意。事先知情同意作为一种平衡机制，提高了发展中国家在遗传资源利益交换中的谈判地位，对发展中国家遗传资源的主权维护及产权保障起到积极的作用。

《波恩准则》提出了取得事先知情同意的程序，在申请获取遗传资源时可能需要提供以下资料，以便主管部门能够决定是否批准获取某一遗传资源（以下所涉及的内容是指导性的，各国可根据的具体情况予以调整)：①申请者和/或收集者所属法律实体和团体以及在申请者是一个机构时的联络人；②寻求获取的遗传资源类型和数量；③进行采集的地理区域；④所涉活动的开始日期和持续时间；⑤关于获取活动将对保护和可持续利用生物多样性产生何种影响的评估结果，以便确定相对的费用和准予获取的惠益；⑥关于拟议用途的准确说明（例如：生物分类、收集、科研、商业化)；⑦指明将在何处进行研发活动；⑧关于将如何进行研发的说明；⑨指明将在研发中给予合作的当地机构；⑩第三方可能的参与；⑪收集活动和科研的目的以及预计的结果；⑫所获取资源可能产生的惠益的种类/类型，包括来自遗传资源商业利用和其他利用而产生的衍生物和产品的惠益；⑬说明惠益分享安排；⑭预算；⑮对机密性资料的处理办法。

《波恩准则》还特别规定：允许获取遗传资源并不一定意味着允许使用相

关的知识，反之亦然。国家主管机关批准事先知情同意的程序应是透明的，任何有关方面均应有权过问。

（三）遗传资源获取与惠益分享的共同商定条件

1. 共同商定条件的基本原则。CBD 第 15 条第 4 款规定，遗传资源获取在得到提供国批准后，获取方式以及惠益分享安排“应按照共同商定的条件并遵照本条的规定进行”；第 15 条第 7 款规定，每一缔约方均应“酌情采取立法、行政或政策性措施，以期与提供遗传资源的缔约方公正和公平分享研究和开发此种资源的成果以及商业和其他方面利用此种资源所获的利益。这种分享应按照共同商定条件进行。”《波恩准则》明确，“应根据在获得事先知情同意后达成的共同商定条件，公正和公平地与那些经确定在资源管理、科研过程和/或商业化过程中做出了贡献的方面分享惠益。这些方面可以包括政府、非政府或科研机构，以及地方社区和土著社区。”并且指出，惠益分享机制应是灵活的，可能因惠益的类型、各国的具体条件以及所涉利益相关者而有不同。应由参与惠益分享的合作伙伴来决定，并因每一具体情况而异。惠益分享机制应包括在科学研究和技术开发方面进行充分合作，并包括那些从商业产品中产生的惠益，包括信托基金、合资企业以及条件优惠的使用许可。惠益分享机制应按照具体情况考虑近期、中期和长期惠益的平衡。

如果说事先知情同意是遗传资源获取与惠益分享管制的程序制度，共同商定条件就是这项管制的实体制度。共同商定条件的目的是在遗传资源获取与惠益分享领域为遗传资源提供国营造一种更为公平的交易环境。遗传资源提供国可以掌握一种管制手段，获取申请方必须与遗传资源提供国的有关主体在法定标准的基础上进行谈判，就遗传资源获取和开发惠益分享的条款和条件达成一致，方可获得所需遗传资源材料。

2. 共同商定条件的基本内容。共同商定条件将规定拟议分享惠益的条件、义务、程序、类型、时间性以及分配办法和机制。对“公正和公平”的解释依具体情况而异，因此这些规定也将各有不同。在各国的遗传资源获取与惠益分享管制立法实践中，都通过规定最低标准的法定要素的方式，间接界定“共同商定条件”，即具体指明各方在获取与惠益分享合同或协定中必须明确规定的事项和必须加以考虑的利益；在最低标准的基础上，相关主体通过协商或谈判，达成遗传资源获取与惠益分享合同或协议的条款和条件。

《波恩准则》提出有助于各缔约方和利益相关者制定共同商定条件的原则或基本规定，并给出一个指导性的“共同商定条件”条目，包括：①遗传资源的类型和数量以及进行活动的地理/生态区域；②对遗传材料的可能用途规定的任何限制；③承认原产国的主权；④应当在协定中指明的各方面的能力建设；⑤是否允许在某些情况下（例如改变用途）就协定的条例进行重新谈判的规定；⑥规定是否可以把遗传资源转让给第三方，以及应在这种情况下规定的条件，例如，在没有确保第三方已经签订了类似协定的情况下，是否向其转让遗传资源，但与商业活动无关的生物分类研究或系统研究不在此限；⑦是否尊重、保护和维系了土著社区和地方社区对其知识、创新和做法享有的权利，以及是否保护和鼓励了其根据传统做法按习俗使用生物资源的权利；⑧对机密性资料的处理方法；⑨关于分享由于遗传资源及其衍生物和产品的商业使用和其他使用而产生的惠益的规定。

以协议或合同方式确定和解决遗传资源获取和惠益分享问题尚有许多不足和限制。例如，合同双方当事人信息和能力等方面的不对称，很可能会影响合同的公平合理。因而，这种方式在国际讨论中受到一些发展中国家的批评和拒绝。但在实践中，合同安排已经成为遗传资源获取与惠益分享方面使用最广泛的工具，而在相关制度和措施没有建立和完善之前，其仍不失为一种可以考虑的方式。

（四）遗传资源惠益分享的运作机制

1. *遗传资源惠益分享的原则与范畴*。如何对遗传资源利用产生的利益进行分享，目前在 CBD 的框架下还处于探索阶段。关于利益分享的原则，CBD 在第 15 条、第 16 条和第 19 条都有相应的规定，归纳起来有以下两点：①保证资源提供国参与科学研究，即利用其他国家提供的遗传资源从事开发和进行科学研究时，应当力求资源提供国的充分参与，并且在可能的情况下，在资源提供国的境内从事开发和进行科学研究；②向资源提供国转让技术，即各国应当酌情采取立法、行政或者政策措施，以期根据共同商定的条件向遗传资源的提供国，特别是其中的发展中国家，提供并转让利用其遗传资源的技术，包括受专利和其他知识产权保护的技术。

遗传资源惠益分享的具体安排通常是通过协商达成协议或合同等实现的。此类协议或合同一般是在特定的控制遗传资源获取的国内机制下发挥作用，并应符合本国其他有关环境、公共资源、少数民族和社区的权利和地区发展的法律，以及合同法和产权法等的规定。根据世界知识产权组织“知识产权与遗传资源、传统知识和民间文学艺术政府间委员会”2002 年 12 月第四次会议文件（WIPO/GRTKF/IC/4/10）反映了一些国家有关遗传资源惠益分享合同安排的情况。

遗传资源获取与惠益分享合同主要涉及的方面有：①各方利害关系人：可

以是政府、公共研究机构、行业协会、大学、企业、地方耕作团体、个人（诸如：传统医师、草药师）；这些利害关系人分别是合同中的资源提供方、受让方或者是合作各方。②各类遗传资源：包括植物、动物、微生物，可以是天然的物种，也可以是人工培育、驯养的品种等。③不同的资源管理政策区域：资源在这些区域间的转移。④管理所针对的不同客体：可以是生物遗传资源本身及其利用成果，也可以是对遗传资源提取物的测试与确认，还可以是与资源取用相关的传统知识等。遗传资源利用成果既包括相关的新品种、新材料、新用途、新工艺，也包括与之密不可分的专利、技术秘密、动植物新品种权、商标权等知识产权。目前，WIPO通过回收的相关调查问卷发现，许多合同都涉及专利问题。⑤各种形式的惠益分享方式：包括货币形式和非货币形式。后者可以是技术转让、受知识产权保护的技术的获得、设备转让、信息交换、技术人员培训、进一步研究工作的承诺等。

2. *遗传资源惠益分享的实现方式*。遗传资源惠益分享通过合同安排实现。合同安排可涵盖的惠益范围很广，包括货币和非货币惠益。迄今为止的经验表明，当使用者是商业公司时，合同安排中分享的惠益种类与当使用者是公共机构时有所不同。后一种情况更加强调非货币惠益。在某些个案中也已建立了可行的惠益分享机制。《波恩准则》以“附件”形式列出了如下基于遗传资源惠益分享潜在的货币和非货币惠益。

可能包含但不限于如下项目的货币惠益：①就每一收集样品或按照其他标准要求的获取费；②先期费用；③阶段性费用；④特许费；⑤进行商业化利用情况下的许可费用；⑥向保存和可持续利生物多样性的信托基金支付的专门费用；⑦双方商定的报酬和优惠条件；⑧提供科研经费；⑨共同投资；⑩相关知识产权的共同享有。

可能包含但不限于如下项目的非货币惠益：①分享研究和开发成果；②在科研和开发项目中，特别是生物技术研究活动中进行协作、合作和提供捐助，并尽可能在遗传资源提供国内进行；③参与产品开发；④在教育和培训方面进行协作、合作和提供捐助；⑤准许利用易地遗传资源收集中心和数据库；⑥以公平和最优惠的条件，包括根据商定的减让和优惠条件，向遗传资源的提供者转让知识和技术，特别是利用遗传资源的知识和技术，包括生物技术或者与生物多样性保护和可持续利用相关的知识和技术；⑦加强向利用遗传资源的发展中国家缔约方转让技术的能力，以及在提供遗传资源的原产国内开发技术的能力；促进地方社区和土著社区保护和可持续利用其遗传资源的能力；⑧加强体制能力建设；⑨提供人力和物力资源，以加强遗传资源的管理和执法能力；⑩由提供资源的缔约方充分参与的与遗传资源相关的培训，并尽可能在当事人之中进行；⑪便利与生物多样性保护和可持续利用相关的科学信息的获取，包括生物名录和分类学研究报告；⑫对当地经济的贡献；⑬考虑提供者国内对遗传资源的使用，针对优先需要的领域，例如健康和食物安全，进行科研活动；⑭可以通过获取与惠益分享协定以及随后的合作活动建立机构和专业关系；⑮食物安全保障；⑯社会认可；⑰与知识产权相关的共同开发。

三、遗传资源获取与惠益分享相关知识产权问题的处理

（一）在涉及遗传资源的专利申请中公开遗传资源的地理来源

如果一项专利申请的内容由遗传资源组成或由遗传资源产生，则要求申请人在其专利申请中明确指出这些资源的来源，这是防止非法获取遗传资源及侵占相关传统知识体制的一个重要方式。这一要求能够对提供这些材料的国家的权利给予保护，以及在适用时使CBD中的惠益分享原则得以体现。此要求应当可以有合理的例外，例如在确实不可能认定所使用遗传材料的地理来源时可以免除；应当只是在专利权人没有公开已知的地理来源或者故意误导该来源时才予以制裁。

作为遗传资源惠益分享的保障措施，应当在有关文件中载明遗传资源的出处，例如在源于遗传资源和传统知识的发明中记载资源提供方的身份，在专利申请文件中标明完成发明所利用的遗传资源的来源地，同时出示从主管机关和遗传资源所有者那里获得事先知情同意的证明。当一项遗传资源的使用未经所有权人同意，或者该遗传资源或相关知识是在违反获取法或习惯法规定的情况下获取的，权利人有权禁止使用该遗传资源或相关知识，或要求对该使用支付赔偿；相关该遗传资源或相关知识的专利申请可能被驳回，即便授予了专利权，也可以此理由将专利权宣告无效或者撤销。

被获取利用的遗传资源，往往负载着原产国或特定社区传统利用及保护该资源的有价值的在先知识，所以在申请相关遗传资源的知识产权时，同时要求披露与所利用遗传资源相关的传统知识的来源地或提供者。联合国人权委员会土著人民工作组起草的有关保护土著人民遗产的原则和指导方针，就包括与知识产权法有关的条款。《与贸易有关的知识产权协定》（TRIPs协定）也有相关规定：在未充分出示文件表明传统知识所有人知情同意，并愿意（与申请人）分享有关权利的利益之前，国家法律不得授予任何个人和单位对任何土著人民遗产的内容获得专利、版权或其他形式的法律保护。

此外，国际上还酝酿建立一种制度，使各国专利主管部门在审查涉及遗传资源或传统知识的专利申请时，可以将该申请人提供的地理来源的信息转给相关国家或者世界知识产权组织，在世界知识产权组织建立一个纪录被指控为“生物海盗”行为有关信息的查询机构。通过这些措施可以更严格地监控遗传资源的使用和滥用，维护遗传资源主权及产权。

（二）与遗传资源关联的传统知识的文献化

首先被关注、获取、开发并形成专利的相关遗传资源，大都负载着对其发现、利用及保存的知识，这些知识是资源原在地社区居民历史积累、传统形成的，并往往成为商品开发及技术专利的导引，具有重要的价值，在申请发明时，传统知识可以被视为是发明的背景材料的一部分。一些发达国家和一些发展中国家已经就传统知识文献化的重要性达成共识。传统知识一旦在文献中公布，其信息内涵就不再具备新颖性，失去取得专利的基本条件。而这些知识本身则可以作为具有产权的资源，通过知识资产投入的谈判获得利益。

传统医学是一个能够被很好地予以文献化的典型领域。在印度，开始了对已经落入公有领域的有关药用和其他植物利用的传统知识进行文献化，建立易于浏览的计算机数据库，即“传统知识数字图书馆”（TKDL）。这些数据库可以使得全世界的专利局检索和审查到任何在先使用情况或者现有技术，从而阻止这些知识或技术的专利授权和生物剽窃。然而，文献化并不能保证这些知识的拥有者能够分享使用这些知识所产生的利益。由于文献化的传统知识将被视为公共领域现有技术的组成部分，它甚至已排除了产权性分享利益的可能性。除此以外，印度的非政府组织“基因运动”已经开始将部落人群拥有的生物多样性和与其有关的知识文献化。一般是征募受过教育的部落青年帮助对药用植物和相关知识进行文献化。在收集和了解这些信息时，注意请教村子里的年长者、药学从业者和传统医生。

世界知识产权组织也在进行关于上述数据库的工作。国际专利分类（IPC）联盟在2001年2月同意设立一个“传统知识资源分类法”（TKRC）专门小组。由来自中国、印度、美国专利局和欧洲专利局的代表正在研究如何将上述数据库并入到各国专利局现行使用的检索工具中。只要一旦可用，就应将数字化的传统知识数据库并入到各专利局的最低检索文档中，以确保其所含有的数据在专利申请的审查过程中得到应用。传统知识的拥有人应当在决定其传统知识是否应当包含在任何数据库中起关键作用，并且还应当从该信息的任何商业开发利用中获益。

（三）遗传资源获取与惠益分享合同涉及的知识产权条款

就遗传资源利用产生的知识产权进行惠益分享，是获取与惠益分享制度的重要方面，而且可有多种方式。分享基于遗传资源利用而产生的知识产权，也应看作是遗传资源产权的一种适当体现。相关知识产权的分享，需要作为共同商定条件纳入获取与惠益分享合同，一般会涉及以下条款：

关于知识产权获得与管理的要求或限制，如对许可材料所要求的知识产权的限制。这些限制涉及的方面如：①许可材料研发成果所要求的知识产权不得限制许可材料的使用等；②许可材料开发获得的知识产权归属，如：国家间的合作，其研发成果的知识产权属于合作双方国家，国家可以授权给相应的成果研发机构等；③相关知识产权申请和维持的要求，如：合作双方关于申请费、维持费的分配等；④确定对研发成果知识产权所有权的依据，如：依据对开发活动的智力贡献、资金贡献、相关设施贡献等；⑤向第三方许可的费用；等。

关于知识产权许可方面的要求或限制。这些限制涉及的方面如：①许可使用被提供材料的技术的限制；②许可使用受知识产权保护的技术于特殊目的，如非商业性研究；③对技术进行改进的许可，等。

参考文献

[1] 薛达元，林燕梅．生物遗传资源产权理论与惠益分享制度．专利法研究（2005）．北京：知识产权出版社，2006.

[2] 秦天宝．遗传资源获取与惠益分享的法律问题研究．武汉：武汉大学出版社，2005.

[3] 张小勇．遗传资源的获取和分享与知识产权．北京：知识产权出版社，2007.

[4] 史学瀛．生物多样性法律问题研究．北京：人民出版社，2007.

[5] 田文英，潘峰．知识产权框架下基因资源利益分享法律制度构建．中国科技论坛，2006（1）.

[7] WIPO秘书处．关于与遗传资源和传统知识有关的公开要求问题的技术研究报告草案．WO/GA/30/7 Add. 1，2003. 8. 15.

[8] UNEP/CBD秘书处．关于国家法律中有关遗传资源的法律现状、并酌情包括部分国家的物权法的报告．UNEP/CBD/WG－ABS/5/5，2007. 8. 30.

[9] Lesser W. Sustainable Use of Genetic Resources under the Convention on Biological Diversity：Exploring Access and Benefit Sharing Issues. CAB INTERNATIONAL，1998.

种子行政执法环境分析

Analysis of Seeds of Administrative Law Enforcement Environment

翟研宁

Zhai Yanning

摘要：本文在阐述种子行政执法环境要素的基础上，从法律法规、行政执法主体、执法队伍、社会体制、社会文化、公众舆论宣传、物质条件等七个方面论述我国种子行政执法面临的主要问题和深层原因；提出构建和谐法律体系，改善种子行政执法运行机制，加强种子行政执法队伍建设，加强法制宣传、提高法制意识，加大行政执法资源投入等五项政策建议。

Abstract: On the basis of fully explanation of the administrative law enforcement environment factors, from the laws and regulations, administrative enforcement body, enforcement personnel, social system, social culture, public education and awareness, material basis, this article demonstrates with care and detail the major problems and underlying reasons of the seeds administrative law enforcement encountered in China, and put forward the series of policy proposals including building a harmonious legal system, improving the seeds of administrative law enforcement operation mechanism, enhancing the level of the seeds administrative law enforcement team, strengthening legal advocacy, and raising the legal awareness, and increasing the investment of the administrative law enforcement resources.

种子行政执法是农业综合执法非常重要的组成部分，对于维护种子市场正常有效运行和确保我国农业生产稳步发展发挥重要作用。目前，我国种子行政执法存在法律法规不健全、执法主体责任不明确、执法队伍薄弱、执法经费缺乏等主要问题。论文将从种子行政执法内部和外部环境入手分析上述问题出现的原因。

一、关于种子行政执法环境的社会构成要素

行政执法环境分为内部执法环境和外部执法环境。内部执法环境是行政执法机制运行过程中所拥有的条件结构和状态。它包括以下几个方面的构成要素：

（一）内部环境

1. 法律法规。法律法规是行政执法环境的首要构成要素，主要指在行政执法过程中行政执法活动中所依据的法律、法规、规范，是形成执法环境的基础性前提，法律法规支撑了执法环境的基本框架，构建了执法环境容纳其他构成要素的空间。种子行政执法涉及的法律法规达数十部之多，大体分为四类：种子法序列；知识产权序列；转基因生物安全序列；行政法及刑法序列。

2. 行政执法主体。行政执法主体是行政执法环境中最活跃的构成要素，指享有国家行政权力能以自己的名义从事行政执法活动，并能独立承担由此产生的法律责任的组织。《种子法》的总则部分第三条明确规定了主管部门："国务院农业、林业行政主管部门分别主管全国农作物种子和林木种子工作；县级以上地方人民政府农业、林业行政主管部门分别主管本行政区域内农作物种子和林木种子工作"。这一规定赋予了农业、林业行政主管部门参加行政执法活动的权利和必须参加行政执法活动的义务。农业和林业行政管理部门是《种子法》的主要执法部门，对种子的生产、经营、使用等活动，负责全方位的日常监管。工商部门也是《种子法》的执法主体之一，负责对经营伪劣种子等严重违法行为的依法处罚、销毁或变更违法行为人员的营业执照等。

3. 执法队伍。行政执法是一个由执法人员对法律规范进行运用的过程，行政执法活动必须由行政执法工作者来完成，在行政执法活动中，执法工作人员对一定的执法职能的执行起着主导作用，这是行政执法活动得以顺利进行的基本条件，因此，行政执法工作人员是行政执法环境中主体的构成要素。

（二）外部环境

行政执法外部执法环境是指行政执法运行机制之外能对行政执法活动产生

影响的各种社会要素的总和，它包括以下几个方面：

1. 社会体制。社会体制即为社会管理体制，在特定的国家或地区内以明确的政府、市场与社会组织职能，清晰的中央、地方各级政府之间事权、财权责任进行社会管理、公共服务、解决社会纠纷的一组机制与制度。行政执法环境被包含在该国的政法、经济、法律体制环境中并受其制约和影响。

2. 社会文化。行政执法活动与特定社会的深层历史文化背景有着不可分割的联系，任何行政执法模式都根植于相应的社会历史文化背景，无不存在独特的文化传统印证，并随着传统文化的变迁而不断更替发展。

3. 物质条件。经济基础决定上层建筑，行政执法活动必须依赖于一定的物质条件。物质条件中包含了行政执法的经费，行政执法的装备，办公室设施等。这些因素都影响着行政执法的效率和结果。

二、行政执法环境面临的问题及原因分析

（一）法律法规的局限

1. 非主要农作物种子生产经营管理办法制定工作滞后。《种子法》实施后，相关的管理办法也相继出台，但以主要农作物为主，而对非主要农作物种子生产经营的管理办法还没有相应的明确规定。非主要农作物在农业生产中占有举足轻重的地位，《种子法》对非主要农作物种子的生产经营没有相应的规定，致使非主要农作物品种管理、种子生产经营出现“盲区”。非主要农作物种子的品种管理、生产经营管理问题不仅涉及到非主要农作物的种子执法管理问题，更涉及到各地农业产业结构调整、农民增产增收问题。因为在各地农业总产值、农民收入结构中，非主要农作物的贡献占有相当大的比例。

2. 品种审定制度不健全。品种审定门槛比较低，品种审定机构缺乏有效的监督管理机制，权力高度集中在少数人手中。品种审定主要凭评审专家个人感官认识，缺乏稳定的理性指标，难以做到权威、准确、公平、公正。依行政区域进行品种审定制度不科学。很多主要农作物如玉米、水稻等，适宜种植的生态区域远大于行政区域。按行政区域进行品种审定制度形成了区域阻隔，企业需要逐个省份进行审定，阻碍了种业市场化进程：同时容易形成地方垄断，外地的优良种子品种很难进入当地市场，得不到有效开发，制约了先进科技成果的推广应用。

3. 农户种子生产规定空白。在种子生产环节方面，《种子法》对生产商有较多较全面的规定，对种子生产基地的制种农户却无明确的约束。生产商与农

户的关系仅凭一纸合同难以规范双方行为，在生产过程中存在无证生产、非法抢购套购种子的行为。

4. 种子经营规定宽松。种子经营方面主要存在两个方面的问题。一是对不需办证的也可经营种子的三种情况规定过于宽松。《种子法》（规定三种情况可不办理种子经营许可证而经营种子）：①种子经营者专门经营不再分装的包装种子的；②受具有种子经营许可证的种子经营者以书面委托代销其种子的；③农民自繁、自用的常规种子有剩余的，可以在集贸市场上出售、串换。实际工作中，这三种情况的种子经营者是一个很大的群体，对种子市场和农业用种安全有着举足轻重的影响，其市场准入的门槛过低导致种子市场管理的混乱。二是对委托销售规定不明确，对委托人和被委托人没有硬性规定，致使种子经销人员良莠不齐。目前，一些种子经销者既不懂种子业务知识、农业技术知识，又缺乏种子的法律法规知识，既不能对种子企业负责，也不能对自己的经营行为负责，使种子产业中的弱势群体——种子使用者的权益不能得到有效保护，致使《种子法》第三十二条（其第一款："种子经营者应当遵守有关法律、法规的规定，向种子使用者提供种子的简要性状、主要栽培措施、使用条件的说明与有关咨询服务，并对种子质量负责"）难以实施。对违反上述条款的行为没有法律责任条款。

5. 行政处罚不适当现象凸显。行政处罚适当问题是行政执法的核心问题之一，也是行政执法中的难点问题之一。而要保证行政处罚合法、适当，就必须明确行政处罚的原则。行政处罚是对违反法定的社会管理秩序行为的具体惩戒措施，其目的是使违法者以此为戒，不再重犯。因此，在实施行政处罚时必须遵循六项原则：行政处罚法定原则；过罚相当原则；处罚与教育相结合原则；公开、公平、公正原则；处罚救济原则，也称为"法律救济原则"或者"无救济即无处罚原则"；一事不再罚原则。

《种子法》第六十四条"违反本法规定，经营、推广应当审定而未经审定通过的种子的，由县级以上人民政府农业、林业行政主管部门责令停止种子的经营、推广，没收种子的违法所得，并处以 1 万元以上 5 万元以下罚款。"对经营推广应当审定而未审定品种的种子违法行为的处罚，罚款的起点应当降低，可以考虑以一千元为起点，以体现过罚相当的原则。

（二）种子行政执法主体功能抑制

在执法主体的规定问题上，部分法律条款前后矛盾，造成法律规范的积极冲突。现阶段国家颁布的种子法律法规虽然授予种子管理部门对违法违规案件以调查权、对犯案主体以检查权、对案件处理以建议权，但却没有对案件的裁决权和处罚权，从而在许多场合下种子执法机构不得不依靠工商、公安等部门配合或主持进行联合执法才能执行和结案。所谓联合执法，是指为解决由于平时执法不力长期积累起来的问题或其他比较突出的问题，由两个或两个以上不同职能的行政主体分别派出一定数量的工作人员组成联合执法队伍或机构，共同进行行政管理或行政处罚的活动。这种执法方式没有固定的机构，往往是任务一经完成即宣布解散，其实质上是一种不规范的执法活动；这种执法活动短期内能够取得一定的效果，但由于其与法治相悖，从长远看其效果也并不理想。

联合执法容易导致权责不清，造成行政权的滥用。联合执法中于法无据的权力归属于联合执法队或机构，而义务归属却因其机构在现行法律规定中根本不具备法律地位且究竟归谁主管、由谁监督、对谁负责等问题常常是不明确的而显得很复杂，产生滥用行政权的后果常常难以避免。而且由于联合执法机构或队伍具有临时性，没有独立的经费预算，缺乏承担责任的能力。因为是几个行政主体一起执法，联合执法机构或队伍解散后，在责任面前，它们往往互相推诿、相互扯皮，使责任无处落脚，行政相对人的合法权益难以得到有效保护与救济。

由于国家没有统一规定的模式，各地种子行政执法机构大多为一站多能，其专业行政执法机构多，综合行政执法机构少；行政委托执法机构多，法律直接授权机构少。该现象大大削弱了种子行政执法的效率。

（三）种子行政执法队伍的薄弱

行政执法队伍职业化程度不足制约了行政执法活动的顺利发展。主要表现在：行政执法工作人员大多来自农业科技岗位，业务知识结构单一，只懂单方面农业知识，不懂其他农业和法律等综合知识；一些执法人员执法水平不强，办案能力低，缺乏执法技巧和同违法分子较量的胆识；还有一些执法人员法律意识淡薄，职业道德差，以权代法，以言代法，以权谋私，态度傲慢，作风粗暴，办事拖拉推诿，随意性大，有利则干，无利“不起早”。上述现象导致行政执法震慑力降低，严重损害行政执法权威。

（四）行政执法经费的缺乏

行政执法是一项社会性、公益性、经常性的活动，需要大量的人力、物力支撑，但现在是各级财政预算中没有种子行政执法这一块。行政执法部门办理案件不但要靠专业技能知识，在很大程度上，还依赖甚至取决于物质装备条件和现代科技成果的拥有及应用水平。目前，有部分地方虽然经费列入财政预算，但资金远不能满足执法工作的需要，有部分地方农业行政执法经费尚未正式列入财政预算，执法机构经费自收自支。近年来，行政执法部门的物质装备建设和科学技术含量有了改善，然而长期困扰行政执法部门的经费问题仍然没有得到根本解决。经费不足，导致农业综合执法中市场检查、专项整治、现场勘验、交通通讯、办公等条件滞后，严重制约了农业行政执法工作的开展。同时，工作和福利条件差，在一定程度上影响了行政执法部门工作人员的情绪和办案工作的质量。

（五）社会文化的限制

行政执法作为特定社会解决社会矛盾冲突的一种手段和方式，是该社会文化的产物。中国的传统文化具有封闭性、伦理性、道德性等特点，在行政执法活动中体现为非对抗性。一些案件发生后，受“无诉”、“厌讼”儒法伦理文化的影响，当事人不习惯借用法律武器保护自身的合法权益，而希望“私了”以更有利于自己，行政执法工作人员生活在当事人同样的文化环境中，无可避免受本土文化的制约。

三、改善行政执法环境的几点建议

营造良好的行政执法环境的过程是多因素共存、多难度交叉、多主体互动的过程，需要全社会的共同努力和参与，具体做到以下几个方面：

（一）构建和谐的法律体系

和谐的行政执法环境离不开和谐的法制制度作保障。刚性的法律制度、规范和程序是构建和谐行政执法环境的重要基础，通过严格完善的法律制度来整治行政执法环境，前提是做到法律制度、规范、程序自身的完善、规范与和谐。完善法律规则，应当要与时俱进，根据社会的发展及时补充法律漏洞，及时修改法律不合宜的地方。当然，从立法的角度来说完善法律规则本身是个复杂的系统工作，是个长远目标，需要在执法工作实践中不断摸索。

（二）构建种子行政执法良性运行机制

实行行政综合执法。行政综合执法是指一个行政机关或法律法规授权的组织或者依法授权的组织，依据一定的法律程序在合理的管理幅度范围内，综合行使多个行政机关或法律法规授权的组织的法定职权的行政执法制度。狭义的综合执法仅指依据《行政处罚法》与《行政许可法》成立的综合执法，即一个行政机关行使有关行政机关的行政处罚权、行政许可权，但限制人身自由的除外，不包括法律法规授权的组织或受委托的组织。

综合执法的提出则是为了解决执法领域中的多头执法、执法扰民问题的，其直接目的是为了保护行政相对人的合法权益。综合执法则是一种制度性执法，关注日常管理与执法程序。通过将相关执法部门整合后成立综合执法部门可以防止或减少多头执法扰民现象的出现，有效地降低社会成本，提高执法效率。

（三）加强种子行政执法队伍建设

种子是特殊的商品，故在种子行政执法中，既要牢牢掌握种子专业知识，又要精通农业、经济和法律等相关知识，既要懂得技术，掌握政策和法规，又要有高尚的品格和思想道德情操。而现实中农业、法律专业人员少，其他专业人员多；中高级科技人员少，初级科技人员多。他们的政策水平、技术水平和业务水平等各方面素质差异较大，加之执法机构经费紧缺，无力进行人员培训、学习，故在实际工作中难免出现偏差。一是加强业务能力建设。行政执法的职业特点决定了行政执法人员首先要精通法律和种子专业知识，能以法律和种子专业知识为基本思维要素，对问题进行观察、思索和判断。二是加强职业道德的培养。行政执法职业道德是执法工作人员应具备的人格魅力。行政执法职业道德一方面可以对执法工作人员的思维起指导作用，指导其在执法活动中作出符合职业道德的选择，另一方面对执法工作人员的思维起监督作用，让其自觉抵制权力、利益诱惑。

（四）加强法制宣传，提高法制意识

《种子法》是搞好种子管理的有力武器，农业主管部门要认真学习，大力宣传，结合本地特点贯彻执行。同时，要让广大的农民群众掌握法律武器，保护自己。依靠法律手段促使种子市场公平竞争。在宣传上组织开展多种形式的关于种子法律法规的宣传活动，做到种子管理、生产经营、消费者都知法、守法，用法律武器维护自己的权益。

1. 狠抓法规培训，提高经营者法制意识。种子经营者的懂法程度直接关联着种子市场秩序。农业行政主管部门要对种子从业人员广泛开展法制培训，提高从业人员的素质，既要培训生产加工检验储藏技术人员，也要培训企业营销和管理人员，既要进行法律法规培训，也要进行业务培训，还要进行综合理论培训。通过培训，进一步提高广大种子从业人员的法制意识，牢固掌握《种子法》及其配套规章等法律法规，切实做到依法经营，合法盈利。

2. 搞好法制宣传，提高使用者法制意识。种子的绝大部分使用者是农民，他们的懂法程度直接影响到优良品种的推广应用。农业行政主管部门要广泛、深入开展法制宣传活动，通过广播、电视、报刊等新闻媒体和设立咨询台等方式加大《种子法》等法律法规的宣传力度。结合3.15消费者权益日现场咨询、“送法下乡”、“科技赶场”等活动，向农民介绍种子真伪辨别常识，督促企业守法经营，增强农民自我保护维权意识。

（五）加大行政执法资源投入

《行政处罚法》也明确规定“行政执法经费应列入财政预算”，财政部《2003年政府预算收支科目》也规定“农业监督管理经费列入当地财政预算”，因此，各级政府和有关部门应当将农业行政执法经费正式列入财政预算，并将现有经费适当向农业行政执法倾斜，以确保农业综合执法有钱打仗，解决其必需的工作和执法的交通、通讯、取证、办案等经费，为农业行政综合执法提供必要的物质保障，加大力量建设先进实用的基本设施。

1. 建设田间检测基地。选择气候适宜、地力均匀、水源充足的水旱田地块，以购买、租赁等形式划归种子管理部门长期使用。种子管理部门负责规划改良，按照国颁标准进行品种特征特性和质量田间鉴定。

2. 建设基础设施。根据种子行政执法工作需要，在国家和地方的支持下，争资立项建设种子检测中心和转基因检测实验室，配备现代化仪器设备，开展种子品质检验、品种品质分析、种子仲裁检验等，提高种子技术鉴定的准确性、可靠性、真实性和权威性。

3. 实现区域联网。目前，种子跨域经营范围广，流动性强，出现问题几率大，有必要在各地种子行政执法部门配备计算机及其种子市场管理软件，开通全国性种子行政执法互联网业务，以紧紧跟踪监测并科学判断种子市场动态，开展地域间的联合执法行动，提高执法效率。

参考文献

[1] 农业部种植业管理司，全国农业技术推广中心．种子法规选编，2005.

[2] 徐继敏．行政处罚法的理论与实务．北京：法律出版社，1997：130.

[3] 陈全美．论种子法的法律体系和价值取向．湖南农业大学学报（社会科学版），2003，4（4）．

[4] 赵海龙，杨立宁，张玉玲．谈谈种子行政执法要义．种子科技，2009（7）．

日本农业补贴政策的经验、教训和启示*

The Experience, Lesson of Agricultural Subsidy Policies in Japan and Its implication to China

杨东群　　俞炳强[①]　　李先德

Yang Dongqun　Yu Bingqiang　Li Xiande

摘要： 本文以1945年至今日本农业政策发展的三大阶段为主线，分别分析了各阶段农业政策目标、为实现农业政策目标的主要补贴政策内容，以及补贴政策的执行效果，从中汲取经验和教训，得出了完善我国农业补贴政策的启示。

Abstract: By following three stages of Japanese Agricultural subsidy policies since 1945, this paper analyzed agricultural policy objectives, main agricultural subsidy policy instruments to realize these objectives, and the implementation effects of agricultural subsidy policies. Finally, from the experience and lesson of Japanese agricultural subsidy policies, some inspirations have been drawn to improve agricultural subsidy policies in China.

自第二次世界大战以来，日本的农业和农村发生了巨大变化，农业生产从粮食不足转变为稻米充足有余，农业实现了现代化。但是现在日本却面临着食品自给率低、农业衰退的局面。在日本60多年农业和农村发展中，农业补贴政策一直起着重要作用。中日两国在农业方面有很多相似之处，因此，有必要对二战以来日本农业补贴政策以及执行效果进行深入研究，无论是其经验还是

* 本研究得到2008年国家社会科学基金“农业补贴政策的国际比较研究”资助。项目批号：08BJY136。

① 日本冲绳国际大学教授。

教训都对我国具有借鉴意义。

一、二次大战后至1961年《农业基本法》实施前的农业补贴政策及效果

（一）农业政策背景及目标

1945年日本在战败后农业凋敝，面临着粮食生产和粮食供给的压力。与此同时美国单方面对日本实行了军事占领和管制，并且从自身的利益出发，主导了日本战后民主改革。这一时期的农业政策目标集中在实现农村民主化和粮食增产两个方面。

（二）农业补贴政策主要内容

1. 实行了各种增产奖励补贴政策。日本国会颁布了《1947年产大米、甘薯、杂粮等供给对策纲要》，规定了向政府上交稻米等的数量、期限，并对提前上交、超量上交粮食的农户给予奖励补贴。

2. 改良农业技术、改善农户生活，促进农村民主化改革。依据1948年的《农业改良促进法》，日本政府派生活改良推广员帮助农户改善厕所条件、厨房结构等，农民的卫生意识和饮食生活水平得到了提高[①]。

3. 推进土地改良事业，增加粮食产量。农地改革创造了大量耕地零散、面积均等的自耕农。由于他们无力凭借自己的力量投资农业基础设施建设，依据1949年的《土地改良法》，通过国家补贴推进农田基本建设，促进粮食增产。为了把分散农户联合起来，政府鼓励农户在自愿基础上成立“土地改良区”，负责实行土地改良区域的农田基本建设规划、设计、施工、换地，以及工程建成后的养护、管理等。

4. 设立金融机构，为农林渔业生产提供政策性贷款。1953年日本政府依据《农林渔业金融公库法》，全资设立了日本农林渔业金融公库，向农林渔业者提供低息、长期贷款，融资项目包括土地改良、造林、建设渔港等基础设施和共同利用设施等公共事业。

5. 对农机购买实行补贴。1953年日本还颁布了《农业机械化促进法》，向农民自己的组织——农业协同组合提供农机补贴，促进农业机械的使用。

---

① 丁红卫、加藤弘之．新论日本经济．北京：中国市场出版社，2008，第117页．

（三）农业补贴政策效果

1. 通过大规模土地改良等农田基本建设，粮食生产得到了发展。1949年粮食增产，1953年粮食产量超过战前（1933—1935年）水平约三成，1955年农业大丰收，取得了历史上最好收成[①]。

2. 农民收入增加，但工农收入差距有所扩大。由于日本粮食供给状况大有好转，农民收入也有了很大增长。在50年代前半期农民与城市职工收入差距曾一度缩小，但是1955年以后，与支撑经济快速成长的产业——重化工业相比，农业发展速度还是有些逊色。工业化的迅速发展，使农民失去了相对优势地位。1960年农户家庭人均收入只相当于城市职工家庭人均收入的69%[②]。

二、1961年实施《农业基本法》至1999年《食品、农业、农村基本法》制定之前的农业补贴政策及效果

（一）农业政策背景及目标

1. 经济高速发展使农业就业人口减少。二、三产业对劳动力需要大，日本农村人口外流。

2. 日本的农业生产结构与国民需求不相适应。随着日本国民收入水平提高，对畜产品、蔬菜、水果等需求增加，而当时日本的农业生产结构还比较单一。

3. 外贸自由化使日本农产品与国外农产品竞争成为现实。1955年日本加入世界关贸总协定，1959年开始逐步实行外贸自由化。而在这期间，国际上由于农产品过剩，农产品价格出现下降倾向，日本国内农产品价格和国外农产品价格差逐渐扩大。

在这种情况下，1961年日本制定了《农业基本法》。农业基本法的目标有两个：一是提高农业生产率，二是缩小农民与其他产业劳动者的收入差距。政府制定了扩大畜产品、果树、蔬菜生产，提高农业生产率；稳定农产品价格，确保农户收入；扩大农业经营规模，培育单靠农业劳动收入能达到其他产业劳动者水平的“自立经营农户”等政策。

---

① 陈忠暖等．高速经济增长时期日本政府的农业和农村对策．世界地理研究，2000，9（2）．

② OECD. Evaluation of Agricultural Policy Reforms in Japan 2009。

（二）农业补贴政策主要内容

1. 通过价格、流通补贴政策提高农民收入。大米一直是价格补贴重点作物，日本实行了生产成本与收入补偿定价方式。大米收购价考虑农民与城市就业者的收入水平，以使农民能过上与城市人相同水平的生活。

2. 对将稻田改种其他作物的农户支付直接补贴，改善农业结构。价格补贴使农民种植水稻的积极性高涨，大米产量增加，而这一时期国民的收入增加、饮食消费结构变化，大米消费量逐渐减少，大米出现过剩局面。因此，日本对水田转种其他作物给予奖励补贴。以上两种补贴政策几乎是对小规模兼业农户在内的所有农户给予补贴。

3. 对土地改良、耕地开发等农田基础设施建设给予补贴，对农业机械购置给予补贴，促进农业机械化。1961 年制定了《农业现代化资金助成法》，专设农业机械购置贷款项目基金。

4. 扩大经营规模，培育自立经营农户。先后修改《农地法》，促进土地使用权和经营权流动。1980 年日本出台了《农地利用增进法》，对出租土地的农户，根据租期长短给予租金补贴。

（三）农业补贴政策效果

通过价格支持、农田水利建设补贴、农机补贴等补贴政策，日本实现了农业机械化，农民收入提高。这一时期农业政策的主要目标基本实现，但还有制约劳动生产率进一步提高的农业经营规模扩大缓慢等问题。

1. 农民收入超过了城市居民收入，劳动生产率提高。1970 年农户家庭总收入与非农户的家庭总收入比达到 1.17：1，1980 年农户人均家庭收入与非农户的人均家庭收入比达到 1.16：1[①]。从 1963—1977 年十多年间，由于稻田基础设施建设的发展，全国种植水稻的劳动时间平均减少了 45%[②]。

2. 大米生产过剩，财政负担加重。随着大米丰收，政府收购的粮食越多，财政负担越重。1969 年仅大米一项的财政补贴就达 3 462 亿日元，占当年农业预算的 41%[③]。

3. 经营规模没有明显扩大。由于大量价格补贴存在，农户一般均能获得比较稳定的收入，而不必千方百计地扩大农业生产规模。再加上 1946 年《农

① OECD. Evaluation of Agricultural Policy Reforms in Japan 2009.

② 余开德．日本的农田基本建设．灌溉排水，1982，1（1）．

③ 吴立山．中日两国粮食流通体制变革比较研究．零陵师范高等专科学校学报，2001，22（4）．

地法》的限制，以及地价上涨，使土地流转缓慢。1960年耕地面积在1公顷以下的农户有七成，2000年这样的农户仍然有六成，而5公顷以上大规模经营农户仅占总农户数的1.9%①。

4. 小麦等农产品自给率下降。日本重视大米补贴，而小麦的价格补贴程度仅仅与物价上涨程度相当。政府收购小麦卖给面粉厂的价格长期处于低水平。因此，小麦产量从1960年的383万吨大幅下降到1975年的46万吨②。再加上日本战败后，美国凭借其对日本的控制力量，以“美日共同推进营养改善活动”为名，促使日本国民消费美国产小麦做的面包等，小麦逐渐依赖美国进口，导致小麦自给率从1960年的39%下降到1999年的9%③。

三、1999年《食品、农业、农村基本法》至今的农业补贴政策及效果

（一）农业政策改革背景及目标

1. 在农业基本法框架下，日本农业经过近40年的发展暴露出很多问题。供给热量综合食品自给率由1961年的78%下降到1999年的40%。农民老龄化，1990年骨干农民中26.6%的人年龄在65岁以上，2000年这一比例已经高达一半。

2. 贸易自由化程度日益加深。乌拉主回合谈判，日本被迫在大米方面实行贸易自由化。WTO《农业协定》签订后，以价格支持政策为主的传统农业补贴政策已不适应新的国际环境，被列为削减对象。

3. 人口、食品、环境、能源等问题引起全球共同关注，世界粮食供求、食品安全保障问题变得更加重要。

为解决上述农业问题，适应WTO规则，1999年日本制定了指导21世纪日本食品、农业、农村政策基本方针的《食品、农业、农村基本法》（简称新基本法）。新农业法制定了多元化的发展目标，具体有四个：保障食品稳定供给、发挥农业的多功能性、农业的可持续发展和振兴农村。保障食品稳定供给主要是针对食品自给率低的问题；发挥农业的多功能性的主要鉴于：一方面，日本农田水利基本建设等已经基本告一段落，今后需要的主要是怎样维持，另

① 日本农业普查。

② 冯昭奎．日本食物自给率变动及其对中国农业的启示．日本研究，2008（4）．

③ 2006年度日本食料需給表。

一方面，可以作为应对 WTO 和继续实施农业支持保护政策的理论依据；农业的可持续发展和振兴农村则是针对日本农民老龄化、弃耕地增加等问题提出的。

为实现这四个目标，日本政府 2000 年 3 月制定了《食品、农业、农村基本计划》，2005 年 3 月和 2010 年 3 月又分别更新计划，实施了一系列新的农业补贴政策。特别是 2010 年的基本计划将食品、农业、农村政策放在国家战略的高度，着手开始了农业政策大改革。

（二）农业补贴政策主要内容

1. 从 2000 年开始对山区半山区直接补贴，弥补与平原地区生产经营条件的差异，维持农业生产活动，保护国土环境、涵养水源。

2. 促进农产品出口补贴。实施以促进大米出口为中心的支援活动。2005 年开始对农产品出口有关企业、团体初期的出口促销活动等给予补贴。2006 年又对农产品品种保护活动、花卉品种识别技术的开发等给予补贴。

3. 对骨干农户实行跨品种补贴。跨品种的经营稳定政策是为适应 WTO 规则，从价格支持政策转向收入支持政策所迈出的又一步。补贴从 2007 年开始实行，补贴对象更加具有针对性，由原来的对象为全体农户，分大米、小麦、大豆等不同品种不同补贴政策的做法，改为以具备一定经营条件的骨干农户为补贴对象，不分品种对种植大米、小麦、大豆、甜菜、淀粉用马铃薯等作物的农户整体经营进行收入补贴的方式。目的是促进形成大量支撑农业和农村经济发展的骨干农户，加快农地向骨干农户集中，扩大农业经营规模。

4. 农地、水资源和环境保护补贴。这一补贴从 2007 年开始实施，5 年为一期。主要是对区域内集体性保护环境活动进行补贴。另外，对少施农药化肥等减轻环境压力的农业生产给予各种补贴。

5. 农业农村基本建设补贴。与以前相比，补贴侧重点由水田的水利设施建设转向农田改良；由水田基础设施建设转向旱地等基础设施建设；由农业生产基础设施建设转向农村建设。

6. 不论经营规模大小，对农户实行定额收入补贴。这一补贴政策称为“户别收入补偿制度”，是为改进上面提到的跨品种补贴政策不足，于 2010 年开始试点实行的，补贴的对象范围比较广，实质上是一项促进农户安心实现农业再生产的基本收入保障制度。该补贴政策将在 2011 年开始在全国实施。

（三）农业补贴政策的效果

新基本法框架下日本农业补贴政策虽然实行了十年，由于日本在食品、农业、农村方面长期以来处于脆弱状态，目前补贴政策还难以见效。

1. 山区半山区直接补贴面积增加。2007年补贴面积达到补贴对象农地的82.4%，已补贴的市町村数占补贴对象市町村数的92%，全国有57.9%的市町村获得了这项补贴①。

2. 经营规模有所扩大。日本将商品农户分为主业农户、准主业农户、副业农户三类，商品农户户均经营规模从1995年的1.5公顷增加到2009年的1.9公顷。其中主业农户经营面积增加最大，由3.2公顷增加到5.1公顷②。

3. 商品农户数减少，弃耕地增加。商品农户数减少速度远远超过经营规模扩大的速度。商品农户数由1995年的265万户减少到2009年的170万户，其中三类农户数量都在减少，并且主业农户和准主业农户所占比例不断下降。弃耕地面积由2000年的34.3万公顷增加到2005年38.6万公顷，同期弃耕地率③由8.1%增加到9.7%④。

4. 农户收入减少。与1997年相比，2007年稻米种植面积在3公顷以上的农户，其收入减少了4成⑤。虽然2004年以来，对骨干农户的扶持政策使耕地面积在3公顷以上，以水田作物为主的农户收入有所增加，但是经营面积小于3公顷的这类农户收入持续减少⑥。因此，水田农户的长期稳定经营越来越困难。

四、日本农业补贴政策对中国的启示

即使在经济发达的日本，农业补贴政策既有成功，也难免发生失误。目前日本农业农村正面临着严重危机。2009年骨干农民中已有6成是65岁以上的老人，农地荒废严重，很多农户农业再生产困难。日本农业补贴政策的经验教

---

① 日本农林水产省．平成19年中山間地域等直接支払い制度の実施状況。

② 商品农户是指经营耕地面积在0.3公顷以上，农作物年销售额在50万日元以上的农户。商品农户分为三类，一是主业农户：以农业收入为主（农户收入的50%以上是农业收入），并且不满65岁的家庭成员一年从事自营农业60天以上的农户。二是准主业农户：以农业外收入为主，并且不满65岁的家庭成员一年从事自营农业60天以上的农户。三是副业农户：主业农户和准主业农户以外的农户，也就是说家里没有不满65岁的家庭成员，并且一年从事自营农业60天以上的农户。来源：日本农林水产省资料．食料・農業・農村基本計画に関連した数値目標・指標等．2010年3月。

③ 农林水产省．農林業センサス。弃耕地率＝弃耕地面积/（经营耕地面积＋弃耕地面积）

④ 日本农林水产省资料．食料・農業・農村基本計画に関連した数値目標・指標等．2010年3月。

⑤ 日本农林水产省．第4回戸別所得補償制度推進本部資料．2009年12月22日。

⑥ 日本农林水产省资料．食料・農業・農村基本計画に関連した数値目標・指標等．2010年3月。

训对我国具有如下启示：

（一）农业补贴政策应普惠制和特惠制适度结合

过去日本的农业补贴政策，主要是普惠制补贴政策，其中以价格补贴政策为代表。然而，几十年来，却没能提高农产品的国际竞争力。为吸取教训，新基本法框架下农业的补贴政策重点转向了培养有能力的骨干农户。这是一种对特定农民的特惠制补贴政策。从效果上看，近年来经营面积在3公顷以上的农户从中获益，但是大量小规模农户经营困难，日本农业步履维艰。因此，日本只好通过“户别收入补偿制度”重新大范围实施普惠制补贴。这种头痛医头，脚痛医脚的做法，必然使日本财政付出更大代价。

借鉴日本经验，在国民经济发展水平不高，农民收入与城市居民收入差距很大的时期，特别是在近年农业生产资料价格上涨情况下，我国实行普惠制补贴政策是完全必要的。但与此同时也应该具有长远的观点，为提高农业生产率，发挥规模效益，增强农产品竞争力，采用一些特惠制补贴政策。关于特惠制的对象，今后值得研究，不应该只是单个农户，还应该包括联户经营的农民组织等。只有及早实行普惠制和特惠制有机结合，才可能避免像日本农业那样的教训。

（二）以消费为导向在粮食安全保障框架下制定农业补贴政策

随着生活水平提高，人们的食品消费结构必然会发生变化。因此补贴政策应前瞻性地考虑确保粮食安全问题，而不能仅仅基于现时饮食消费结构和水平。二战后，日本的农业政策偏重于大米生产和自给。但随着人们饮食结构变化，人均大米消费量减少，而小麦等其他粮食作物，以及果蔬产品、畜产品等却丧失了自给能力。我国现在大米、小麦等主要粮食能够自给，但大豆已经呈现了与日本类似的局面。因此，需要准确把握我国未来食品消费趋势，制定以消费为导向的农产品补贴政策，切实保障我国粮食安全。

（三）各种补贴政策应注重相乘效应

日本在实现农业机械化过程中，除了对购买农机实行补贴外，最根本的是首先实行了全国性的农田基本建设补贴。通过依靠农民自己成立的土地改良区以及水利组合等，改善了农田耕作条件。在此基础上广泛使用农业机械，劳动生产率得到了大幅度提高，从而使多余的劳动力通过兼业提高了收入。从我国当前的农业发展情况来看，应该着手建立完善的农业现代化补贴体系，将农田基本建设投资补贴、农业机械补贴等补贴政策有机结合，配套实行，真正达到提高我国农业机械化水平，增强农产品竞争力，从而提高农民收入。

（四）创新补贴政策，应对农民老龄化和农村空洞化迫在眉睫

近年来，我国农业务农人口老龄化已经成为全国性现象。农村主要劳动力外出打工数量不断增加，留守农村的多数是妇女、儿童和老人，农村空洞化现象日益突出。如果无视这些变化，再过十年，青山绿水间只剩些白发老人，维持农业生产，土地、水资源和环境保护等都有可能面临日本一样的困境。我们应该未雨绸缪，因此，建议及早考虑创新农业补贴政策，着手培育能够扎根农村的农民队伍，确保我国农业可持续发展。

参考文献

[1] 陈忠暖，等．高速经济增长时期日本政府的农业和农村对策．世界地理研究，2000，9（2）．

[2] 丁红卫，加藤弘之．新论日本经济．北京：中国市场出版社，2008.

[3] 冯昭奎．日本食物自给率变动及其对中国农业的启示．日本研究，2008（4）．

[4] 胡霞．关于日本山区半山区农业直接补贴政策的考察与分析．中国农村经济，2007（6）．

[5] 焦必方．日本农地规模化经营的动向分析．中国农村经济，2000（7）．

[6] 任卫峰．战后日本农业政策的三次改革及其对中国的启示．生产力研究，2008（4）．

[7] 吴立山．中日两国粮食流通体制变革比较研究．零陵师范高等专科学校学报，2001，22（4）．

[8] 薛桂霞．日本新农业经营稳定政策分析．农业展望，2007（3）．

[9] 今村奈良臣．農政改革と補助金．農文協，2003.

[10] 梶井功．食料・農業・農村基本法の基本性格一戦後農政史にどう位置づけるか一．日本農業年報46. 新基本法一その方向と課題．農林統計協会，2000年1月．

[11] 日本农林水产省资料．食料・農業・農村基本計画に関連した数値目標・指標等．2010年3月．

[12] 日本农林水产省．第4回戸別所得補償制度推進本部資料．2009年12月22日．

[13] OECD. Evaluation of Agricultural Policy Reforms in Japan 2009.

世界木薯生产和加工发展现状及未来展望*

Current Development Status and Outlook of Production and Processing of World Cassava

詹 玲　　李宁辉　　冯 献

Zhan Ling　Li Ninghui　Feng Xian

摘要： 木薯起源于南美洲，现已遍及世界热带和亚热带国家。木薯誉称"淀粉之王"、"地下粮仓"，是重要的工业原料之一，在淀粉产业、饲料产业、能源产业以及应急救荒等方面发挥着重要作用。目前，世界木薯产业发展速度不断加快，种植技术逐渐提高，加工规模日益扩大。研究表明，在近期，世界木薯的收获面积和单产水平将持续上升，非洲地区仍将以木薯作为主要的口粮，木薯加工技术将日趋成熟。

Abstract： Cassava originated in South America and now cassava has been around the world in tropical and subtropical countries. Cassava is famous as "the king of starch" and "underground granary" . It is one of the most important raw materials of industry which plays an important role in starch industry，energy industry，feed processing and food aid. At present，the pace of development in world cassava industry is accelerating，planting technology increasingly promotes and the processing scale is under fast expanding. It demonstrated that the harvested area of cassava will be continuously increasing and cas-

* 2009年农业部农业资源与区划课题"我国木薯产业发展研究"；2009年中央级公益性科研院所基本科研业务费专项资金（中国农业科学院农业经济与发展研究所）资助项目，课题编号2009YWF4－17。

sava yield will be at a new platform. In Africa, cassava will still be mainly used as food and the cassava processing technology will be more matured.

木薯起源于南美洲，历经300年的传播，已遍及世界热带和亚热带国家。木薯富含碳水化合物，耐干旱，耐酸性，并能在贫瘠土地种植，是非洲东部、中部和南部重要的粮食作物，是热带地区继水稻和玉米之后的重要热量来源。目前世界有100多个国家种植木薯，非洲的木薯产量占了世界的55%，播种面积占了世界的66.2%，其中尼日利亚的产量和播种面积均居世界第一。当前木薯主要用于饲料、淀粉加工和酒精加工，在非洲大部分地区主要用于食用和饲料加工。近年来，随着加工技术的不断成熟，世界木薯加工业发展得到新的提高。

一、世界木薯生产和加工发展现状及趋势

世界木薯广泛分布于南北纬30°C之间，海拔2 000米以下，年均气温18℃以上的热带和部分亚热带地区，其中非洲地区居多，大约占全球木薯总收获面积的65%左右。目前世界有100多个国家种植木薯，并于2009年构建了木薯生产体系，形成了东非中部和南非病虫害框架（CaCESA，“Cassava diseases in central，eastern and southern Africa”）。近年来，随着淀粉加工和酒精加工对木薯需求的不断增加，以及非洲粮食需求的日益上涨，木薯综合开发利用程度逐渐提高，木薯在农工业生产中的作用愈加重要，产业发展日趋成熟。

（一）世界木薯生产现状及发展趋势

据联合国粮农组织（FAO）统计，近20年来，随着国际对木薯产业的支持和能源产业、淀粉产业等加工业对木薯需求的增加，世界木薯的收获面积、单产及总产不断提高。

1. 20年来，世界木薯收获面积提高了27.59%，在经历了一次下降后，自1997年开始收获面积持续增长。全世界有100多个国家和地区种植木薯。20年来，世界木薯在经历了一次较大幅度的下降后，由于木薯种植技术的不断提高，木薯种植业得到较快发展。20年来，木薯的收获面积提高了27.59%，年均增长1%。据FAO统计，1988年全球木薯收获面积为14 652.16千公顷，但到1990年收获面积有所下降，1991—1994年在波动中上升，到1995年开

始下滑，一直到1997年，为16 048.3千公顷，1994—1997年间年均下降1.55%；在此之后，1997—2003年开始增长，其中2003年收获面积为17 508.91千公顷，年均增长率达1.46%；到2004年快速增长，一直持续到2008年，其中2003—2005年间年均增长速度为2.62%，2005—2008年间，收获面积稳中有增，到2008年全球木薯收获面积持续增长，达18 695.16千公顷（见图1）。其中，2008年非洲收获面积占世界的64.13%，东南亚为3 404.82千公顷，占世界的18.21%；拉丁美洲和加勒比为2 684.93千公顷，占世界的14.36%。其中800千公顷以上收获面积的国家有尼日利亚、刚果共和国、巴西、印度尼西亚、泰国、莫桑比克和加纳，分别占世界的20.21%、9.90%、9.84%、6.38%、6.33%、4.55%和4.28%，这些国家总共占了全球木薯收获面积的61.49%。

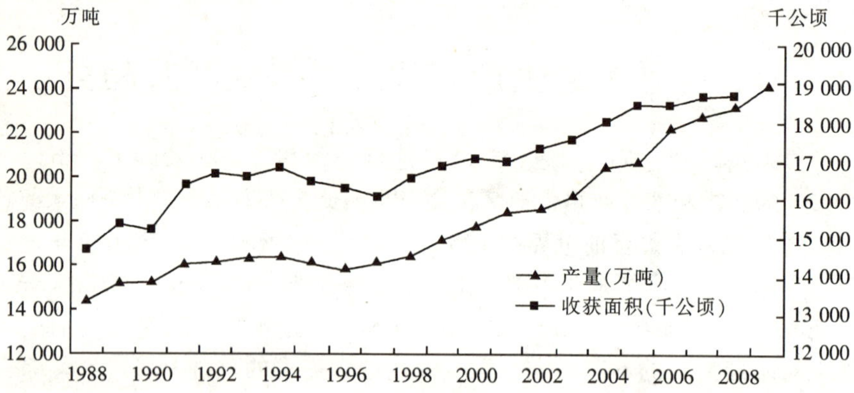

图1 1988—2008年世界木薯总产量和收获面积

数据来源：FAO。

2. 世界木薯总产量与收获面积同步增长，20年来，世界木薯总产量提高了60.79%，尤其在1996年后，世界木薯总产量得到快速增长。近20年来，世界木薯总产量每年以2.47%以上的增长速率逐年增长。除1990年产量有所下降外，1988—1994年全球木薯产量稳步上升；1995—1996年全球木薯产量下降，1996年达到最低点，产量仅为15 874.83万吨，为此，FAO召开了全球木薯战略会议，1996—2004年木薯产量快速增长，2004年木薯产量比1996年增长了29.18%，年均增长3.25%。2005年产量与2004年持平，2005—2008产量持续快速增长，2008年全球木薯产量达到23 295.02万吨，比2005年增长了12.29%，年均增长3.94%。2008年非洲地区木薯总产量为11 804.92万吨，占全球木薯产量的50.68%，其中尼日利亚产量为 4 458.2 万吨，占世界木薯总产量的 19.14%，居世界第一；亚洲地区木薯总产量为 7 875.44 万吨，占世界木薯总产量的 33.81%，其中有 82.62%来自东南亚地区，泰国为 2 756.56 万吨，占世界总产量的 11.83%，位于世界第二；拉丁美洲总产量为 3 702.4 万吨，占世界木薯总产量的 15.89%，其中巴西为2 587.79万吨，约占世界总产量 11.11%，位于世界第三，总产量超过 900 万吨的国家还有印度尼西亚（2 159.31 万吨，9.27%）、刚果（1 501.94 万吨，6.45%）、加纳（965 万吨，4.14%）、越南（939.58 万吨，4.03%）以及印度（905.39 万吨，3.89%）。2009 年预计世界木薯总产量达 24 206.9 万吨，比 2008 年增长 3.91%。

3. 20 年来，世界平均鲜薯单产水平得到快速发展，年均增长 1.16%，亚洲地区单产水平普遍较高。从单产看，1998 年以前，世界木薯单产始终处于在 10 吨/公顷以下的低产水平。1999 年，木薯单产增加到 10.09 吨/公顷，比 1998 年增加了 2.42%；1999—2004 年单产增加速度加快，2004 年达到 11.29 吨/公顷，比 1998 年增加了 14.58%，年均 2.29%；2005—2008 年单产在波动中上升，2005 年有所下降，为 11.21 吨/公顷，2008 年达到 12.46 吨/公顷（见图 2）。其中，东南亚平均单产为 19.12 吨/公顷，比世界高出 59.3%；非洲虽然木薯总产量最大，但平均单产只有 9.85 吨/公顷。世界平均鲜薯单产最高的国家为印度，达 33.55 吨/公顷，是世界平均水平的 2.69 倍；其次为苏里南，达到 25.17 吨/公顷；库克群岛位居第三，平均鲜薯产量为 25 吨/公顷；泰国为 23.29 吨/公顷，排世界第五；中国只有 16.24 吨/公顷，居世界 15 位。

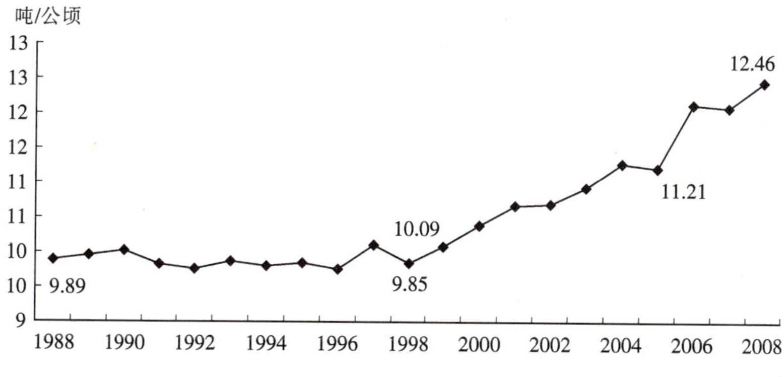

图 2　1988—2008 年世界鲜木薯单产

数据来源：FAO。

（二）世界木薯加工和利用情况

20 世纪 90 年代以来，由于饲料工业和淀粉工业的迅速发展，国际市场对木薯的需求逐年增长。随着科技水平的不断提高，木薯生产、加工开始由满足口粮这一单一行业模式逐渐转变为规范化、集约化综合加工利用模式，它不但可以为工业提供原料，加工 2 000 多种产品，还可以通过深加工来拉动相关产业的发展，是一个庞大的、涉及面广的新兴产业①。目前世界木薯主要的加工制成品有木薯淀粉、变性淀粉、木薯酒精、山梨醇等加工、深加工品。这些加工品主要用于食品、饲料、医药、造纸、纺织、制酒等。据有关专家预测（表1），1993—2020 年间，世界的木薯利用将以每年 1.68%的速度增长，到 2020 年世界木薯需求量将达到 2.71 亿吨，可见木薯产品在国际市场上具有巨大的发展空间。

表 1　2020 年木薯生产与规划

国　家	1993—2020 年利用增长率（%每年）			2020 年的利用量（百万吨）	2020 年的生产量（百万吨）
	食物	饲料	总计		
中国	－1.27	2.08	1.19	3.9	4.2
印度	1.00	0.00	1.00	7.6	7.8
其他东亚国	－0.95	1.09	0.63	3.5	0.0
其他南亚国	1.00	0.00	0.83	0.6	0.6
东南亚	1.4	0.13	1.25	27.0	51.1
拉丁美洲	0.26	1.26	0.78	39.3	40.5
亚撒哈拉非洲	2.51	0.29	2.47	166.0	166.0
发展中国家	2.01	1.18	1.88	248.8	271.1
发达国家	0.03	0.01	0.02	22.7	0.4
世界	2.01	0.59	1.68	271.6	271.6

资料来源：International Center for Tropical Agriculture. A review of cassava in Asia with country case studies on Thailand and Viet Nam. Proceedings of the validation forum on the global cassava development strategy. Rome，2000.4.26-28.

1. 粮食。在食物利用方面，许多弱小国家将木薯作为满足膳食纤维的需要。在发展中国家，有将近 10 亿人口的主食依赖木薯根块，木薯根块满足了

① 张振文，李开绵，黄洁，等．我国木薯产业发展形势与策略——广西武鸣县木薯产业发展启示［J］．广西农业科学，2006，37（6）：743-747.

这些人每天所需热量的1/3。尤其在撒哈拉以南的非洲地区，木薯（主要是鲜薯和木薯面粉）消费不断增长，有70万人的粮食依赖木薯。据统计，2003年尼日利亚38.9%的木薯用于食用，刚果99.05%的木薯用于主食。然而，撒哈拉以南非洲地区的木薯产量只能勉强应对人口的增长，这些地区通过进口木薯面粉，推动了国际对木薯食品消费的扩张。为促进木薯粮食消费的增长，巴西规定将10%的木薯面粉与小麦粉混合使用，并将50%的木薯用于这种面粉的混合生产。虽然一些西非的木薯主产国也提倡这种做法，尤其是尼日利亚，但由于木薯面粉比较有限，许多国家对此提出了质疑。

2. 木薯燃料乙醇。随着生物燃料产业的发展，更多国家倾向于将木薯作为能源作物，发展木薯燃料乙醇产业。木薯生产燃料乙醇具有明显的经济优势。有关研究表明，每生产1吨燃料乙醇，需消耗鲜木薯7吨或木薯干片2.6吨，获利1 400元；甘蔗废糖蜜4.5吨，获利1 300元；干玉米3.2吨，获利400元①。据统计，1吨淀粉含量30%的木薯根块能生产280升（约222千克）的96%纯度的乙醇，以各种作物中等种植水平估计，不同作物的土地产出乙醇水平列于表2。据FAO预测，2009年中国木薯燃料乙醇产量将达到500万吨。泰国原计划2008年投产于一家日生产能力0.5万升的木薯乙醇企业，因成本的整体上升搁浅，但2009年已开始投产；为满足10%的燃料替代计划，泰国要求生产200万升的木薯乙醇，这大大促进了木薯产业的发展。印度尼西亚也制订了5%的木薯乙醇混合汽油强制性计划。随着竞争原料、糖和糖蜜价格的上涨，许多国家开始使用木薯作为乙醇的原料来源，以缓解原料价格上涨的压力。

表2　各种能源作物单位面积产燃料乙醇比较

作物	全球面积（百万公顷）	全球产量（百万吨）	作物单产（吨/公顷）	糖或淀粉（含量%）	转化率（升/吨）	生物燃料单产（升/公顷）	生物燃料产量（10亿升）
甘蔗	24.38	1 743.09	70	12.5	70	4 550	110.93
木薯	18.70	232.95	13	25～32	180	2 340	43.76
甜菜	4.39	227.59	45	16	100	5 060	22.21
高粱	4.49	65.53	35	14	80	494	22.18
玉米	161.02	822.71	5	69	410	1 960	315.60
小麦	223.56	689.94	4	66	390	952	212.83
稻米	158.96	685.01	5	75	450	1 806	287.08

① 郭绪全，韦本辉. 广西生物质能源作物生产能力研究［M］. 广西科技出版社，2007.

3. 木薯淀粉。木薯淀粉是木薯最基本、最重要的加工产品，不仅大量用于食品加工业，还广泛应用于冶金、矿业、建筑、纺织、化妆品、牙膏和造纸行业。特别是近年来，随着变性淀粉加工技术的逐渐成熟，木薯淀粉在淀粉行业中的地位越来越重要，国际淀粉生产企业也不断扩大投资增建木薯淀粉加工厂。木薯是仅次于玉米、小麦和土豆的淀粉原料来源，近几年来每年全球利用谷物、根块茎作物等生产的淀粉大约为 6 000 万吨，其中玉米淀粉占 80%以上，木薯淀粉占 6%左右。据 FAO 统计，每年木薯产量中大约有 5%用于淀粉生产，其中 2003 年全球木薯淀粉总产量达到 300 万吨（见表 3），2008 年世界木薯淀粉贸易量大约为 200 万吨，木薯淀粉需求旺盛。目前大部分木薯淀粉企业集聚在亚洲地区，其中泰国是世界木薯淀粉产量最高以及技术最成熟的国家，并且目前已形成了产业化发展模式，产业发展力度高。据 FAO 统计，泰国目前 60%左右的木薯根块用于生产木薯淀粉。据统计，2007—2008 榨季，泰国木薯淀粉产量为 450 万吨，越南为 30 万吨[①]。

表 3　2003 年世界淀粉产量

淀粉种类	产量（万吨）	百分比（%）
总产量	4 900	100
玉米淀粉	3 940	80.4
小麦淀粉	410	8.3
木薯淀粉	300	6.1
马铃薯淀粉	260	5.2

数据来源：广西淀粉协会。

4. 木薯动物饲料。国际上将木薯干片作为动物饲料，大部分见于拉丁美洲和加勒比地区中的巴西和哥伦比亚、非洲地区的尼日利亚、亚洲的中国和韩国。其中尼日利亚木薯产量的 50%用于饲料生产。近年来巴西和哥伦比亚地区使用木薯饲料的量基本不变，亚洲地区饲料产业对木薯的需求有所下降，而在欧洲地区基本不使用木薯作动物饲料。

二、世界木薯生产和加工发展的制约因素

20 年来，世界木薯生产已得到了较快的发展，在单产水平上由 20 世纪 90

① http：//www.caaee.com/xxlr1.asp? id=9802.

年代初期的不到10吨/公顷提高到2008年的12.46吨/公顷，尤其在木薯病虫害、栽培技术方面的研究力度的不断加大，木薯种植业发展成效明显，发展前景较大。然而，当前木薯生产方面发展还不平衡，非洲地区种植技术较为落后，加工技术、设备仍需更新，世界总体发展水平有待提高。

（一）种植技术有待提高

目前世界鲜木薯单产水平仍然较低，尤其是非洲地区的单产水平还有待提高。2008年非洲地区的收获面积占全球的65%，而单产水平只有9.85吨/公顷，相当于20世纪90年代初的全球单产平均水平。非洲地区农户对科技种植方法了解的缺乏，导致非洲地区木薯良种化程度较低，科学种植方法推广力度较差，木薯单产低。种植技术水平的滞后以及政策引导的不规范，不仅制约了加工业的发展，同时还威胁到当地的粮食安全，对非洲贫困地区饥饿问题、农业发展问题有着一定的影响。

（二）综合利用有待拓展

木薯用途广泛，产业链长，综合效益高，开发前景好。然而，当前世界木薯加工企业规模仍较小，除泰国、印度等亚洲国家以及部分西欧发达国家在淀粉生产技术上较为先进（如荷兰的Hovex和丹麦的ISI代表了世界木薯淀粉设备的先进技术，达到了技术集成化），其他国家，尤其是非洲地区国家的加工设备和生产技术仍十分落后，以木薯粉等初级加工品为主要加工品的产业仍占主导，在淀粉、变性淀粉、山梨醇、燃料乙醇等附加值高的产品开发上还处于探索发展阶段，相关技术仍不成熟，这导致产业链较短、综合效益较低。此外，木薯加工企业在废水处理上仍存在较大问题，木薯加工业的污染治理力度急需加强。

三、未来展望

虽然目前世界木薯生产在技术上受到一定的制约，但随着科学研究技术的日臻完善，国际三大区域木薯市场（西非、东南亚、巴西）的区域化发展逐渐成熟，加工规模不断扩大，各国对木薯产业政策支持力度日益提高，世界木薯生产和加工前景广阔。

（一）木薯单产和播种面积将进一步提高，木薯需求将大幅增加

自1996年以来，国际的一些木薯机构，如CIAT、FAO、IIAT等，开始

加强对木薯种植技术的研究，尤其在2009年构建了东非中部和南非病虫害框架（CaCESA，“Cassava diseases in central，eastern and southern Africa”），在基因重组、病虫害防治等方面的研究力度不断加大，对木薯单产的提高有着重要的推动作用。

1. 木薯单产将在近期内得到快速发展，2012年世界平均鲜薯单产将突破13吨/公顷，总产量将随着科学技术的不断提高，木薯种植水平将进一步发展，近期内木薯单产水平将得到提高。二十年来，世界木薯平均鲜薯单产以1.16%的速率增长，若按照这个速率来核算，那么到2012年世界平均鲜薯单产将突破13吨/公顷，达到13.05吨/公顷，到2015年将提高到13.51吨/公顷。其中亚洲鲜薯单产将达到22.98吨/公顷，非洲将提高到10.71吨/公顷。2015年世界总产量将提高到2.8亿吨，其中非洲总产量将达到1.5亿吨，亚洲将近1亿吨。

2. 木薯价格的低位运行促使加工业对木薯需求的增加，木薯收获面积将进一步提高。一直以来，木薯价格均在低位运行。但是随着木薯需求的不断增加，木薯价格将有所提高。据FAO统计，1990年木薯干片泰国曼谷FOB价格为143.42美元/吨，虽然到2008年提高到171美元/吨，但到2009年开始回落，为131.4美元/吨，远低于玉米、蔗糖等工业原料价格。虽然低价格使得泰国等一些国家减少了木薯种植面积（据泰国近期一项调查研究表明，到2010年泰国木薯种植面积将减少7%），但是，面对粮食需求的日益紧张，加上能源产业对木薯需求的增加，饲料加工以及其他工业部门对木薯需求的增加，三大木薯区域市场投资的扩大，木薯收获面积将进一步提高。按照历史轨迹来看，若以收获面积年均增长率为1%的速率来预测，预计2010年世界木薯收获面积将达到19 066千公顷左右，到2015年将提高到20 028千公顷，其中非洲将提高到13 731千公顷左右。

（二）木薯仍将是非洲地区的主要口粮

据联合国2008年统计，非洲人口在过去的30年中平均每年增加3 000万人口，预计2010—2015年人口增长率将达到2.20%。人口的增长使得非洲地区粮食需求日益增长，这带来了非洲口粮的刚性消费，粮食危机存在很大隐患。尤其在撒哈拉以南的非洲地区，粮食形势严峻。如2009年尼日尔、乍得以及尼日利亚北部地区的降雨量减少，使得粮食减产，再加上人口的日益膨胀，这很可能会增加贫困、饥饿人口。据FAO统计，2009年尼日尔将有270万人口需要食物援助，50万人口将面临粮食不安全的紧张形势。据FAO预测，2009年非洲谷物总产量达到1.51亿吨，仅占世界的6.73%。其中，2010

年非洲低收入国家将缺粮 4 607.29 万吨，其中西非和中非地区的低收入国家将缺粮 1 300 万吨。非洲地区木薯种植面积广、总产量高，加上国际粮食价格的高位运行（2010 年第一季度国际红小麦价格平均为 209 美元/吨，黄玉米平均为 163 美元/吨，高粱平均价格为 172 美元/吨），在一段时期内，为解决人口增长对口粮需求的问题，木薯还将是非洲地区国家的重要口粮，并对解决非洲的粮食需求有着重要的作用。

（三）木薯加工技术将不断成熟，木薯能源产业和淀粉产业将得到较快发展

由于国际饲料用粮价格上涨，近期泰国、中国以及一些亚洲国家将更多地利用木薯生产饲料。随着欧洲发达国家淀粉加工设备的推广和利用，淀粉三大区域市场的日趋成熟，木薯淀粉将得到较快发展，尤其在变性淀粉加工方面，将得到淀粉主产国的重视和政策倾斜。对于能源产业，木薯生产燃料乙醇的技术已不断成熟，亚洲地区的木薯生物燃料产业近期将得到快速发展，尤其是中国，木薯生产燃料乙醇的生产加工规模将日益扩大，木薯生产燃料乙醇产业发展将不断深化。

新西兰的资源环境管理*

The Management System for Resources and Environment in New Zealand

方　静　　朱立志
Fang Jing　Zhu Lizhi

摘要： 作为一个自然资源型的农牧业国，新西兰尤其重视土壤退化和水土破坏等环境问题。新西兰在资源环境管理方面有完整的法律框架、专门的环境行政和配套的环境政策与环境经济工具。在土地管理方面，提出了可以在促进可持续上取得重大进展的一些重点行动领域；在水资源管理方面，实施了与其他静态的自然资源不同的综合管理措施，强调更高水平的地方政府间和团体间的密切合作。

Abstract: As a natural resource-based agricultural country, New Zealand attaches great importance to environmental issues, in particular, soil degradation and soil erosion. New Zealand has a complete set of legal frameworks, specialized environmental administration and associated environmental policy and environmental economics instruments for resources and environmental management. For land management, some key areas for action that can make significant progress in sustainable promotion have been put forward; For water resources management, an integrated management has been implemented, which is different from the measures for other static natural resources, emphasizing higher level of close cooperation between local governments and social groups.

---

* 为中央级公益性科研院所基本科研业务费专项资金项目论文，同时得到了中国农业政策实验室的支持。

一、资源环境管理概况

新西兰是自然资源型的农牧业国，不同于北半球国家的重工业或工商业型经济。但是，这种非工业型经济在资源开发的压力下同样有可能导致环境问题，尤其是土壤侵蚀和水土破坏。对此，新西兰政府近年来致力于加速环境法的改革进程，国会通过了《资源管理法》，替代了以前的资源和环境法，成为新西兰自然资源和环境管理的框架法律。

新西兰中央政府主要借助于国家政策公报和国家标准政策公报，实施管理运作；区域和区政府负责制订区域政策公报和计划。新西兰政府还制订了一些相应的标准、政策和计划，建立了环境信息中心，帮助决策和报告环境质量。新西兰政府制订了跨世纪环境战略计划，以生态价值和人文哲理为基础提出了一个包涵生态底线在内的环境蓝图，其涉及内容较为广泛，如保护生物多样性、控制虫害杂草与疾病、控制污染和有害物质、管理土地资源、建立可持续生产的渔业、管理能源基地的环境影响、采取行动阻止气候变化、保护臭氧层等。

二、资源环境政策改革

新西兰环境行政的改革和立法经历了互为衔接的二个阶段，始于1984年，鼎盛于1991，使1984—1991年的7年成为最重要的历史时期。这三个时期为：①1985—1988年，重建中央政府的环境行政；②1988—1989年，重建区域政府的职能和管辖权（1989年地方政府修正案通过）；③1988—1991年，改革相关资源和环境管理、使用和分配的立法（1991年《资源管理法》通过）。

（一）重建中央政府的环境行政

新西兰实行由一个国会主导的单一型的政府体制。虽然在中央政府下还存在地方政府机构（如区域政府议会和市议会），但地方政府的职权完全来自中央政府的授权。新西兰的政体是一个高度集中的、自下而上的行政体系。新西兰中央政府着手环境事务管理的起始时间确切地说与美国相吻合，始于美国环境保护局的建立和《清洁大气和水法》的通过，也就是美国政治所称的“现代环境年代”。1972年新西兰政府建立了环境委员会，这是在中央政府内设置的一个很小的办公机构，专门负责政策咨询和环境评估程序的建设和实施。此外，许多其他政府部门，如能源部、农业和渔业部、林业部、土地和测量部，也发布了直接涉及环境事务的命令和规章。

1981年，新西兰自然保护委员会（NCC）揭露了现行体制在以下方面的缺陷：环境行政过程中各政府部门缺乏协调；政府各部门所发布的有关开发或保护自然资源的命令和规章之间存在潜在的冲突；在某些资源管理方面，政府相关部门的行政职能配置是重叠的。

政府部门的环境职能被划分为两个方面：一方面是负责自然和自然资源的保护，另一方面是负责资源的利用和经济效益。因此，经济改革和环境行政的改革直接产生两个变革：国有自然资源管理权的转变；环境行政机构的改组。

改组后的环境行政机构的设置分为三块：第一个机构是保护部（简称DOC），负责保护新西兰的自然资源和历史遗迹，管理国家公园、陆地保护区、海洋保护区。第二个机构是环境部（简称MFE），负责向政府提出环境政策，监督《资源管理法》的实施。环境部是按照1986年《环境法案》建立的，当时它的职责是管理自然资源，保持生态系统本质价值，保护自然资源和物质资源的可持续性能，保证子孙后代的合理需要。由此可知，设立环境部的思想与1987年联合国在布伦特委员会《我们共同的未来》报告中的可持续思想是一脉相承的。可持续思想亦被司法裁判人员适用于裁判过程，以此协调环境效益和经济效益。第三个行政机构是环境国会委员会（简称PCE），也是依据《环境法案》成立的。实际上，这是国会民间申诉调查委员会，负责对环境议题进行独立调查并将结果报告给国会。

1984年以后的环境行政还出现了两个处理争议的司法机构，一个是计划法庭，处理资源分配和资源利用的纠纷；另一个是怀特基法庭，负责处理毛利人的资源权益争议或提供这方面的咨询意见。当上述法庭对诉愿请求只作出处理意见时，这些建议不具有强制执行的约束力。

总而言之，中央政府的环境行政重建取得了可喜的成绩，最重要的成果是把原先较小和较弱的环境委员会发展为多个行政机构，并辅之以责权明确的立法。但是，新的环境行政体系的主要不足在于保护部经费匮乏。环境部主要是一个平衡开发活动中自然资源的环境效益和经济效益的机构，保护部才是真正在中央政府中负责环境保护的支柱机构。保护部的经费从组建时起就不足。现任的中央政府对环境事务态度冷淡，近年来经费几遭削减，目前的财政预算环境部难以发挥基本职能。例如，公园的保护虽迫不及待却经费不足，更不用说其他宏伟的工程，如保护濒危野生物种等。

（二）重建地方政府及其环境行政

中央集权导致了国家高度介入经济，这已成为20世纪80年代新西兰改革的一个主要关注点。80 年代行政改革开始以后，地方政府改革是一个重要的内容。此项改革与其说是改革，不如说是重新创设地方政府组织结构，因为它完全抛弃了原有的行政框架，而从重新制订地方版图的依据、重新划分地方行政版图开始，进行了全新的、彻底的地方行政的建设。

无论从地方政府重组过程看还是从其结果看，在对不同群体利益重视的程度上并不均衡。即使存在上述对地方行政区划改建的批判性评议，但普遍的还是认为目前遵行的行政区划大致上还是与环境生态管理的需要相协调的。

（三）《资源管理法》

1. *目的和原则*。《资源管理法》已经引起了国际社会的广泛关注，不仅因为它是一个几乎涵盖资源管理各个方面的总括性法案，而且它的立法目的立足于“可持续管理”。1984 年立法改革初始，新西兰一共有 100 多个环境和资源的法律法令。法律所设的重叠繁冗的管理使资源管理和利用的许可过程变得拖沓而费时。立法的缺陷，再加上已经展开的行政改组（尤其是行政改组中重要的资源管理决策权的转移），使得资源管理立法的改革呼之欲出。基本上说，资源管理立法也应当与地方政府改组同时进行和完成。

与中央和地方政府的重建一样，追求经济效率和以市场为主导的思想贯穿了资源管理法改革的始终。最初，财政部倡导的自由市场路线占了上风，几乎每一步改革都要反映自由市场的精神。随着公众环境意识的增强和环境主义者积极的宣传，改革最终放弃了过分市场化的做法。

《资源管理法》共分 15 章。第二章是争议最大的，规定了法案的立法目的和原则。第二章的重点是第五节，开宗明义宣布法案的立法目的是实现自然资源和物质性资源的可持续管理。这里可持续管理的定义是管理自然资源和物质性资源的使用、开发和保护，使其能维持人类社会、经济和文化的良好发展，满足人类健康和安全的需要，同时：

（1）实现自然资源和物质性资源的永续利用，使其能满足下一代的合理需要；

（2）保持大气、水、土和生态系统作为生命支持体系的功能；

（3）避免、补救或减轻任何开发活动所引发的对环境的负面影响。

第二章的立法也认可了法定的“国家重要情事”，认可了《怀特基条约》——这是毛利人和英格兰皇室在 1840 年签署的基本法律文件。

2. *责任的转移*。一个基本原则是有关资源利用的决策应取决于受这些决策影响最大的公众的意愿。地方一级的许可授权要重视区域的差异性，要给予公众按照自己独特的经济、社会、文化和环境状况计划资源管理的选择权限。立法规定了区域和区政府的管理职责和权限。区域政府负责水、土壤保护、海岸资源（不包括渔业）、地热资源、大气质量、自然灾害和有害物的管理。区政府（市和城区政府）负责土地利用和噪声控制的管理。实现法案目的的一项最重要的措施是制订区域政策公报（Regional Policy Statement，RPS)。区域政策公报是一个综合区域资源环境管理的文件，它旨在通过阐明区域环境管理的目的、政策和方法以达到区域自然资源和物质性资源的全面管理，是可持续管理的立法原则在区域一级管理上的具体演绎。立法同样要求制订区域计划，借此区域政府明确各项资源管理的目标、政策和方法。

区政府同样要求制订区计划。区计划必须阐明重要的资源管理的目标、政策和方法。区计划不得与区域政策公报或区域计划相违背。

3. *环境后果评价*。《资源管理法》立法的一个重要特征是它控制的对象是开发活动所造成的后果而不是开发利用活动本身。这也是有别于以前计划法的重要之处。后果（effect)，根据第一章第三节，指的是：①任何正面的或负面的后果；②任何暂时的或持久的后果；③任何过去的或现在的或将来的后果；④任何可积累的后果，指长时间以后或混合以后在规模、深度、频率上的后果；⑤任何可能性很大的潜在性后果；⑥任何可能性很小但潜在性很强的结果。

所有根据《资源管理法》作出的许可、授权和命令必须通过后果评价。法案的附件四对后果评价的各个方面作了指导性规定，包括相关物、风景和观瞻效果，居住区的实际干扰，社会、经济和文化的影响等。后果评价还必须包括可替代方法和减少不良影响的方法。后果评价和环境影响评价虽有共同之处，不过后果评价是《资源管理法》的产物，与单项式的环境影响评价不同，它是全面性的评价。后果评价的过程充分体现了全面环境管理的特征，是资源管理立法改革的重要成果。

4. *水资源权的分配*。在这方面《资源管理法》的规定与传统水资源管理有着重大的不同。从殖民时期开始，新西兰适用了关于濒水权的英国普通法原则的大部分条款。按照普通法濒水权原则，濒水（流水）的土地的所有权者即使没有该濒水的所有权，也享有合理利用该濒水的权利。1967年《水土保护法》（WSCA）授权政府管理新西兰的流水，并制订了获得水权的许可制度(由地方水委员会管理)，这实际上已经取代了传统的濒水权。

《资源管理法》重申并继承了1967年的《水土保护法》的水管理制度，仍采取水资源利用许可制，但在具体做法上作了变动，如水资源利用的许可由区域、区政府作出。《资源管理法》对现行的水资源利用许可制订规定了三种形式不同的申请。申请者可向其所在辖区的区域或区政府提出以下的申请：①引水和适用水的许可；②向地表水排放物质；③任何影响海岸带的水质和承量的改变。管理机关可以作出许可、否决、有条件许可的决定，申请者按所申请的方式利用水资源。管理机关的行政决定可以起诉到新西兰计划法庭——一个专门为审理土地利用和资源管理案件而设立的法庭。

14 个区域政府依照 1989 年《地方政府法》成立时，以江河流域的河界为限取得各自的流水管辖权，同时还取得大多数的区域环境决策权。因此，大多数水资源的申请都是向区域政府提起的。区政府在审查水资源许可申请时，必须要确认该项申请与《资源管理法》所制订的区域政策公报或区域计划相一致。申请者必须提交“环境后果评估书”，帮助区域政府决策，区域政府有权决定许可的有效期限；如果区域政府没有对许可期限作出具体规定，依据《资源管理法》条款，许可期限为 5 年。

新西兰环境政策改革是一个既光明又曲折的过程。1991 年的《资源管理法》实际上是把可持续原则提升为国家环境政策的立法，新西兰因此而在资源管理方面走在了世界的前列；在资源管理改革的同时，新西兰还进行了从福利社会主义向自由政治经济的转变。

实践是检验政策创新成败的标准，新西兰环境政策改革还远没有完成。通过集中水资源管理和相关问题的讨论，我们已经看到，《资源管理法》所推广的环境政策改革在理论和实践上都还留存很多尚待中央政府解决的问题，要完全解决这些问题还不能操之过急，但只有完善这些问题、全面实施环境政策改革，才能实现《资源管理法》设定的可持续管理目标。

三、土地资源保护

新西兰是自然资源型的农牧业国家，与我国西部地区的几个省、区相似，新西兰的经济以农业为主，因此农业不可避免会对环境产生重大影响。而且这些影响不是新近发生的，它们的产生是日积月累造成的。糟糕的是许多影响造成了严重的问题，诸如土壤侵蚀、土壤板结、土地肥力下降、地下水污染等。许多土地利用对环境有潜在的不利影响。有些影响相对地方化了，被作为区域的或地方的问题。也有一些影响很难对付，是由于全国大部分地区普遍的土地使用方式造成的。新西兰政府提出了可以在促进可持续的土地管理上取得重大进展的一些重点行动领域。以下三方面是重点：

（一）高地退化

许多高地国土面临着严重的生态系统破坏，包括营养和有机物质流失和当地生物多样性丧失。威胁主要来自过度放牧和草地烧荒，以及杂草和有害动物尤其是兔子的入侵。

（二）农业对水生环境的影响

非点源排放是地下水和地表水的主要污染源。这种影响是广泛的，从北部到南部都有，尤其是在农业最密集的地区，如乳品生产、作物种植和商业化园艺地区更为严重。许多影响是不可逆转的，如湖泊富营养化。据估算水资源的经济价值大约每年有上亿美元，而这些资源大部分正面临着非点源污染的威胁。非点源污染要比点源污染排放，如乳品生产的废水排放更加难以控制，而且用传统的、能够成功控制点源污染排放的法律规章难以奏效。

（三）山地侵蚀

在黄土上开发的草场等泥岩和砂岩山地地区，这种问题尤为突出。在侵蚀区，农场的泥石流、滑坡和冲沟严重影响了农场的使用和生产力。例如，山区滑坡侵蚀发生后，需要多年时间，土地生产力才能恢复到侵蚀发生前的水平。洪水和冲积物导致河床抬升，增加了洪水灾害的可能性。土壤侵蚀还导致很多水质问题如水生生境丧生、沉积物剧增等。

四、水资源管理政策

与其他静态的自然资源（如土地、森林）的综合管理不同的是，水资源管理需要更高水平的地方政府间的和团体间的密切合作。

新西兰通过《资源管理法》合理地处理了与水资源管理相关的政策性问题，例如，在政府部门之间的关系方面，包括政府部门纵向等级关系和横向平级关系，新西兰《资源管理法》的立法是第一次对国家环境政策在各个环节的实践进行了概括，同时区域和地方政府已经广泛地被授权实施《资源管理法》。再如，在政府与市场之间的关系方面，《资源管理法》以一个可更新水资源许可系统取代了渊源于传统普通法原则的开发利用的习惯法规则。但是新法也提供了某种可能性——虽然不是强制令——即利用水资源分配和再分配进行的尝试。此做法产生于10年以前，那时中央政府正急速推行国有资源（如能源设施和公共交通设施）的私有化。10年以来，新西兰已经实现了从资本主义福利国家向新自由政治经济国家的转变，与此同时，它也寻找到了可持续管理私有化了的可更新资源的新方法。

参考文献

[1] 里昂德·伯顿，克里斯·库克林著，杜群 译．新西兰水资源管理与环境政策改革．外国法译评，1998（4）．
[2] 陈进军．新西兰一片绿色巧经营，环保经济两相宜．经济参考报，2001 年 7 月 6 日．
[3] 刘文．新西兰的绿色经济．现代农业，2002（1）．
[4] 麦永金．新西兰过度放牧破坏环境．中国环境报，2004 年 12 月 21 日．
[5] 陈进军．新西兰环保经济的启示．人民日报（海外版），2001 年 7 月 26 日．

中美玉米生产效率比较研究*

A Comparative Research on Sino - US Corn Production Efficiency

杨　春　　　王明利

Yang Chun　Wang Mingli

摘要： 玉米是中国主要粮食作物之一，也是最重要的饲料粮作物。提高玉米生产能力和竞争力，对于保障玉米稳定供给具有重要意义。美国作为玉米生产出口的大国，其生产贸易一直处于全世界领先。本文运用数据包络分析（DEA）的 CRS、VRS 模型分析了中美玉米生产效率情况，并进一步从综合效率、纯技术效率和规模效率三方面分析，以此来衡量中美玉米生产发展水平及其差异状况。

Abstract: Corn is one of China's major crops and the most important feed grain crops. Improving corn production ability and competitiveness is important to ensure corn supply. At the same time, the United States of America is a major producer and exportor of corn, holding a leading position in its production and international trade. Based on CRS and VRS model of DEA, this paper carries out an analysis on corn production efficiency of China and America, and then on the comprehensive efficiency, pure technical efficiency and scale efficiency to measure corn production level and the difference between China and America.

* 本项研究受到中央级公益性科研院所基本科研业务费专项资金项目的支持。

一、引　　言

玉米是中国的三大粮食作物之一，也是最主要的饲料粮作物。随着国内市场发展以及农业产业结构调整，玉米的生产发展明显加快。玉米产量占三大作物产量的比重已由 1990 年的 25.19%稳步增加到 2008 年的 34.09%。与此同时，伴随着畜牧业的快速发展、玉米加工业带动以及玉米生物燃料产业的兴起，使得玉米的需求处于刚性、快速增长态势。目前，玉米的饲料粮消费每年约 8 500 万吨，占总饲料粮的 68%左右，2008 年度我国玉米饲料粮消费为 9 712万吨，较上年增长 2%，玉米在我国粮食生产中的地位将越来越重要。因此，提高中国玉米的生产能力对于稳定粮食生产、保障需求渐增的饲料粮供给以及稳定国际市场竞争地位都有很重要的意义。美国作为玉米生产出口的大国，其生产贸易一直处于全世界领先。因而分析中美玉米生产效率的发展及差异，对于促进中国玉米生产的发展具有重要现实意义。本文运用数据包络分析（DEA）的 CRS、VRS 模型分析了中美玉米 1991—2008 年以来生产效率情况，并进一步从综合效率、纯技术效率和规模效率三方面分析，以此来衡量中美玉米生产发展水平及其差异状况。

二、研究方法及理论模型

数据包络分析方法（DEA）是由著名运筹学家查尼斯（A. Charnes）和库珀（W. W. Cooper）及罗兹（E. Rhodes）等在“相对效率评价”概念基础上发展起来的一种系统分析方法，它采用非参数方法来估计前沿生产函数。DEA 以相对效率概念为基础，根据多指标输入和多指标输出对同类型的部门或单位进行相对有效性或效益评价。DEA 分析的模型形式主要有 CRS 模型、VRS 模型等。CRS 模型是在不变规模报酬条件下测算所得到的生产单元的综合效率值，包含了规模效率和技术效率；VRS 模型是在可变规模报酬模型条件下测算生产单元的纯技术效率。CRS 不仅可用来计算同一个评价对象的效率指数，按照效率指数的大小，对评价对象作出排序，而且还可以对之进行资源配置和产出的有效性分析。

（一）CRS 模型

假设某评价系统共有 n 个生产单元（DMU），评价指标体系有 m 个输入和 s 个输出指标组成。其中第 j 个 DMU 的输入和输出向量，分别为

$x_j=(x_{1j},x_{2j},\cdots,x_{mj})^T>0$ 和 $y_j=(y_{1j},y_{2j},\cdots,y_{sj})^T>0\quad j=1,2,\cdots,n$。对第 j_0 个 DMU 进行评价的带有非阿基米德无穷小量 ε 的 CRS 模型为：

$$
\begin{cases}
\min\limits_{\vartheta,\lambda,s_r^+,s_r^-} Z_0=\theta_C-\varepsilon\cdot\vec{I}s^+-\varepsilon\cdot\vec{I}s^- \\
s.t.\ \sum\limits_{j=1}^{n}\lambda_j x_j+s^-=\theta_C x_0 \\
\sum\limits_{j=1}^{n}\lambda_j y_j-s^+=y_0 \\
\lambda_j\geqslant 0\quad j=1,2,\cdots,n \\
s^-\geqslant 0,s^+\geqslant 0
\end{cases}
$$

式中，θ_C 表示生产单元的综合效率；ε 为非阿基米得无穷小量；$\vec{I}\in R$，s^+、s^- 为松弛变量；λ_j 表示第 j 个决策单元的权值；x_j，y_j 表示第 j 个决策单元的投入和产出向量。

模型的意义是：在保证生产可行和产出不减少的情况下，尽力使各种投入按同一比例缩小，同时 s^+、s^- 给出所评价的生产单元的投入产出结构调整信息。当规划的所有最优解都满足 $\theta_C=1$，$s^+=s^-=0$ 时，说明在不减少产出的情况下，既无法等比例地减少各种投入，也不能个别地减少某种投入或增加某种产出，这时生产点 (x_0,y_0) 处于技术有效状态，而当规划的最优解都满足 $\theta_C=1$ 但 $s^+\neq 0$ 或 $s^-\neq 0$ 时，DMU_0 是弱有效的。说明某些投入量已处在最小状态，所有投入不能按同一比例减少，但仍有可能对投入或产出进行结构性调整。即在弱技术有效下，生产规模是适当的，仅存在结构问题。当 $\theta_C<1$，生产点 (x_0,y_0) 处无技术效状态。表明在保持产出不小于 y_0 的条件下，可以使得各种投入同时缩小 θ_C 倍，若 $s^+\neq 0$，或 $s^-\neq 0$ 时还存在结构问题。

(二) VRS 模型

在 CRS 模型中加入 $\sum\limits_{j=1}^{n}\lambda=1$ 约束条件，即成为测度生产单元纯技术效率的 VRS 模型，各变量含义与 CRS 模型中一样。当规划的所有最优解都满足 $\theta_V=1$，$s^+=s^-=0$ 时，则称 DMU_0 是技术有效的。若 $\theta_V=1$，但 $s^+\neq 0$ 或 $s^-\neq 0$ 时，则称 DMU_0 是弱有效的。$\theta_V<1$，DMU_0 为非技术有效。可变规模报酬（VRS）模型测算的仅仅是决策单元的纯技术效率水平。

$$
\begin{cases}
\min\limits_{\vartheta,\lambda,s_r^+,s_r^-} Z_0 = \theta_V - \varepsilon \cdot \vec{I} s^+ - \varepsilon \cdot \vec{I} s^- \\
s.t. \sum\limits_{j=1}^{n} \lambda_j x_j + s^- = \theta_V x_0 \\
\sum\limits_{j=1}^{n} \lambda_j y_j - s^+ = y_0 \\
\sum\limits_{j=1}^{n} \lambda = 1 \qquad s^- \geqslant 0, s^+ \geqslant 0
\end{cases}
$$

在此基础上，运用分别运行 CRS、VRS 的 DEA 模型得到 θ_C 和 θ_V，便可以推算出规模效率（θ_s）的水平。当 $\theta_C = \theta_V$ 时，生产单元的规模效率为 1，即生产处于最佳规模；否则生产单元的规模效率有所损失。它们三者之间的关系为 $\theta_C = \theta_V \times \theta_s$。根据 θ_C 和 θ_V 可得到 θ_s 的值。

三、模型指标选取及数据来源

在指标选取上，基于玉米生产特征以及数据可分析基础上，中国的玉米分析指标如下：产出变量为每亩玉米的主产品产量，在充分考虑玉米生产过程中生产要素相对重要性的基础上，投入变量为种子费、农药费、肥料费（化肥和农家肥）、动力费（机械作业费和蓄力费），以及除上述费用以外的其他直接物质费用。美国的玉米分析指标如下：产出变量为每种植面积的玉米产量（bu. /planted acre），投入变量为种子费、农药费、肥料费（化肥和农家肥）、动力费（燃料费和修理费）以及除上述费用以外的其他直接物质费用。

在数据来源上，为保持中美两国统计口径一致，这里中国玉米分析资料全部来自于《全国农产品成本收益资料汇编》，美国的玉米分析资料来自于美国农业部的成本数据①。

四、实证分析结果

根据上述中美玉米生产的投入、产出指数，运用 DEAP 软件分别运算 CRS、VRS 模型。由 CRS 模型计算出玉米生产的综合效率，反映玉米生产的资源配置程度，衡量生产是否有投入要素的浪费资源配置状况是否最优；由

① 网址为：http//ers. usda. gov。

VRS模型计算出玉米生产的纯技术效率，反映玉米生产的技术效率情况，衡量生产的技术无效率到底有多少是由于纯粹技术无效率所造成；最后根据综合效率和纯技术效率，可得出玉米生产的规模效率，衡量决策单元生产是否处于最优生产规模。

整体而言，美国玉米的生产效率要高于中国（图1）。大多数年份美国玉米生产的综合效率、纯技术效率和规模效率都高于中国。美国玉米的综合效率平均水平为0.944，而中国为0.891；美国玉米生产的纯技术效率平均为0.988，而中国为0.944；美国玉米生产的规模效率平均为0.956，中国为0.941。中国玉米生产综合效率整体水平比较低而且呈现出波动状态，表明其

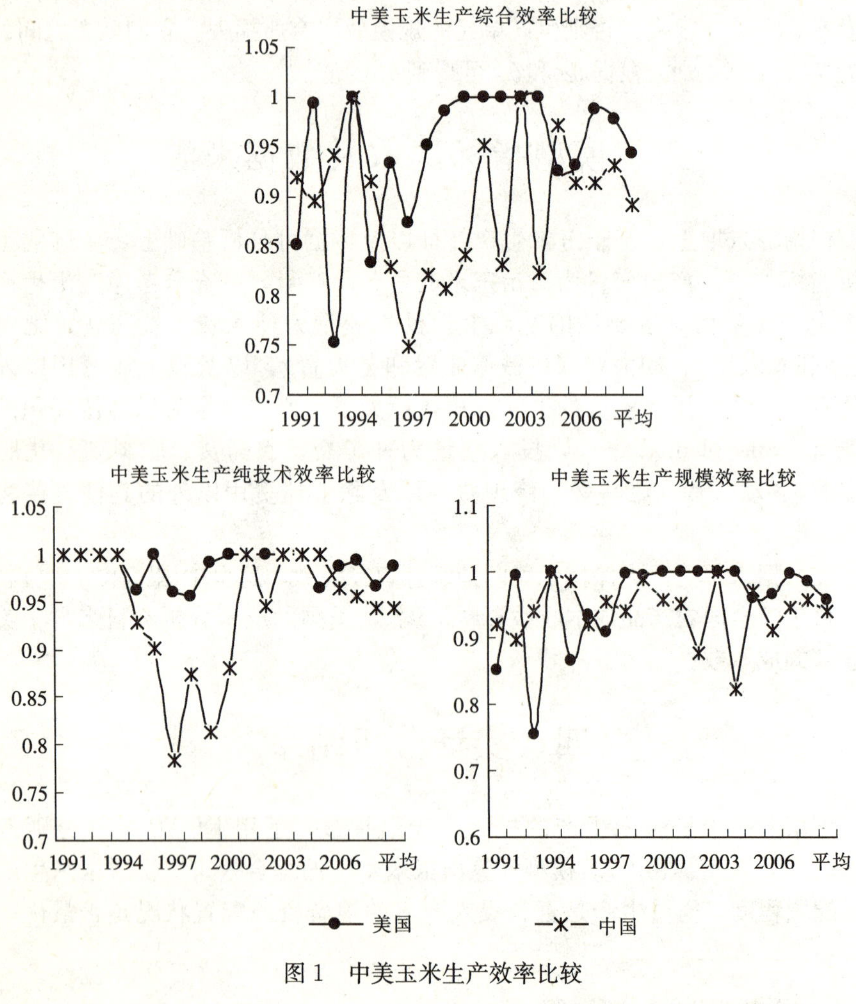

图1　中美玉米生产效率比较

资源配置状况并没有达到最优，存在资源浪费。中国农业一直以来的粗放经营，对我国的资源等造成了很严重的浪费，这也影响了玉米生产综合效率的提高。另外在近年来玉米生产的规模效率存在明显的波动，表明其玉米生产不是处在最优的生产规模，从而影响玉米生产效率。

中国玉米生产综合效率在90年代初以来呈逐步增加态势，这与1990年以来的农业体系中一系列改革措施相关，这一时期，玉米等主要粮食作物价格水平有了明显提高；《国务院关于化肥、农药、农膜实行专营的决定》的实施保证了农业生产所需的化肥、农药、农膜等生产资料；玉米新品种、新技术的不断推广、应用；社会主义市场经济条件下，粮食生产逐步走向市场化，统销体制解体，“保量放价”政策和“米袋子”省长负责制的相继出台，这些政策极大促进了中国玉米的生产。90年代末期玉米生产综合效率下降，主要是由于新阶段农业发展的市场约束、结构性矛盾及农业生产资料价格指数相对农产品的上涨带来的“增产不增收”，影响了农民从事农业生产的积极性，妨碍了对农业生产的投资和农业新技术的采纳。2000年以来玉米综合效率有所回升与农业和农村经济发展进入新阶段之后中央政府实施的一系列体制和政策调整有关，如粮食补贴政策、改善农村水利设施条件、减轻农民负担的政策、实行财政支农政策和利农的金融服务等。

美国玉米生产的纯技术效率一直保持在接近1的水平，表明美国玉米生产技术水平已经达到了一个很高的水平，这与美国玉米生产的现状情况相吻合，这种差别与两国农业的基本生产条件有关，以人地关系为核心内容的资源禀赋状况是影响生产投入变化的原因。要素的稀缺性不仅影响生产投入，而且影响农业技术进步的途径。中国劳动力平均耕地面积为0.264公顷，而美国已经达到62.6公顷，高于中国数百倍。因而美国在玉米生产中更为注重机械化生产，中国则更注重劳动力投入，而对技术的要求没有美国高。

另外，从中美玉米CRS模型求解的松弛变量结果来看。表中投入松弛变量值表示投入变量未被充分利用部分，即由一些投入要素未获得相应的产出；产出松弛变量值表示产出指标的不足部分。由表1中可看出，美国玉米生产投入相对于中国来说资源的浪费不是很多，中国的化肥、农药存在明显的投入浪费。中美玉米生产投入的差异直接反映了农业发展的宏观趋势。美国自20世纪60年代以机械化、化学化为特点的常规现代化农业取得成功后，出现了成本过高、补贴加重、能源消耗、资源破坏等一系列问题，为此在世界上率先倡导“有机农业”“生态农业”以及“持续农业”。这些农业模式的共同之处在于反对或减少使用化肥、农药，强调生态环境第一。另外，美国农场的数目在

1950—1969年间迅速降低，从540万个下降到270万个，至1990年只剩下190万个农场。这两方面的变化是美国玉米生产农药、化肥投入相对低于中国的重要原因。中国是发展中的农业大国，增加产量以确保食物安全和消除饥饿是其不能放松的重要方面。但1993年以前产量的增长超过了成本投入的增加，之后则相反。有文献也表明，中国在改革前期玉米单产增长快，而后期增长较慢。尽管中国玉米生产具有“高投入、低产出”的特征，在全球可持续发展的前提下，中国既要追求玉米“高效”生产以提高农民收入，同时，还要保障“食物安全”，保证资源和环境的可持续利用，化肥以及低毒农药投入相对多于美国。

表1　中美玉米CRS模型求解变量情况

	年份	综合效率	松弛变量						年份	综合效率	松弛变量					
			产出	种子	肥料费	农药	动力费用	其他直接费用			产出	种子	肥料费	农药	动力费用	其他直接费用
中国	1991	0.919							2000	0.841	5.1	−4.87	−20.97	−1.08		−2.91
	1992	0.896							2001	0.951		−4.55	−19.53	−1.33		−3.92
	1993	0.941							2002	0.831		−8.35	−19.48	−1.46		−1.53
	1994	1.000							2003	1.000						
	1995	0.915		−4.57	−18.86	−0.98	−0.48		2004	0.822		−6.34	−24.73	−1.77		−1.30
	1996	0.829							2005	0.972						
	1997	0.748			−9.61	−0.38	−0.41	−3.74	2006	0.913		−2.34	−11.41			−1.20
	1998	0.821		−5.55	−25.27	−1.19		−1.91	2007	0.914		−1.42	−8.76	−1.25		
	1999	0.806		−6.47	−26.06	−1.23		−3.21	2008	0.932		−5.89	−17.69	−1.02		−1.56
美国	1991	0.851							2000	1.000						
	1992	0.993							2001	1.000						
	1993	0.753							2002	1.000						
	1994	1.000							2003	1.000						
	1995	0.833		−0.74	−10.46	−1.48	−0.11		2004	1.000						
	1996	0.933							2005	0.925		−4.7	−8.97		−10.21	
	1997	0.873			−2.31		−3.91		2006	0.931 2						
	1998	0.952				−0.41	−4.09		2007	0.987 8			−6.79			
	1999	0.986				−1.69	−3.86	−0.52	2008	0.978					−9.37	

五、结　语

本文通过运用DEA分析方法对90年代以来中美玉米生产的要素配置综

合效率、纯技术效率和规模效率进行比较分析。分析表明，中国玉米的生产效率整体与美国相比还有一定差距，尤其值得注意的是中国玉米的纯技术效率明显低于美国，中国玉米生产的化肥、农药投入过剩现象明显，玉米生产的资源配置结构也不够合理。研究认为，国情差异、农业发展的宏观趋势、资源禀赋状况、机械技术和生物技术的诱导是中美两国玉米生产技术效率存在差异的主要原因。今后，中国玉米的生产发展过程中应该加大生产科技投入力度、合理优化投入资源的配置结构、大力改善农村基础设施条件、制定合理的政策促进玉米生产稳定高效率的发展，提高其生产效率从而稳定其国际竞争力。

参考文献

[1] 李永友．我国财政支出结构演进及其效率［J］．经济学（季刊），2010（1）：307-332.

[2] 刘军，孙克军．西安土地利用经济效率评价［J］．合作经济与科技，2010（3）：6-7.

[3] B. De Borger and K. Kerstens. The Malmquist productivity index and plant capacity utilization［J］. Scandinavian Journal of Economics，2000：8-11.

[4] R. Färe，S. Grosskopf，B. Lindgren and P. Roos. Productivity changes in Swedish pharmacies 1980—1989：a nonparametric Malmquist approach［J］，Journal of Productivity Analysis，1992：11-14.

[5] 张雪梅．我国玉米生产增长因素的分析［J］．农业技术经济，1999（2）：32-35.

[6] 亢霞，刘秀梅．我国粮食生产的技术效率分析——基于随机前沿分析方法［J］．中国农村观察，2005（4）：25-32.

[7] 刘树坤．中国玉米生产的技术效率损失测算［J］．甘肃农业大学学报，2005（6）：389-395.

[8] 陈卫平．中国农业生产率增长、技术进步与效率变化：1990—2003年［J］．中国农村观察，2006（1）：18-23，38.

[9] 孙林，孟令杰．中国棉花生产效率变动：1990—2001——基于DEA的实证分析［J］．数量经济技术经济研究，.2004（2）：23-27.

[10] 吴方卫，孟令杰，熊诗平．中国农业的增长与效率［M］．上海：上海财经大学出版社，2000：44-6.

[11] 颜鹏飞，王兵．技术效率、技术进步与生产率增长：基于DEA的实证分析［J］．经济研究，2004（12）：55-63.

[12] 宋增基，张宗益，袁茂．中国银行业DEA效率实证分析［J］．系统工程理论与实践，2009（29）：32-35.

中日苹果栽培管理水平的差距与我国苹果生产的潜力*

Gaps between China & Japan in Apple Cultivation and Producing Potential of Chinese Apple Sector

杨秀平　　张　昭[①]　　刘合光
Yang Xiuping　Zhang Zhao　Liu Heguang

摘要：我国具有优越的生产苹果的自然条件，但在单产和品质上都逊于苹果先进生产国日本，在苹果高端市场上我们只能望“日”兴叹。作者认为其根本原因在于我国在栽培管理水平上存在着很大的差距，同时也说明我国的苹果生产有着巨大的潜力，并以我国各主产区的成功实践说明将潜力化为能力的现实可能性；最后指出缩短差距、发挥我国苹果生产潜力的关键在于提高果农的素质和组织化程度。

Abstract: Although there are advantageous natural conditions for China to cultivate apples, both yield and quality of Chinese apple is inferior to Japanese. So in high quality apple markets China cannot compete with Japan. According to the author, the basic reason is because there are big gaps between China & Japan in apple cultivation level. Gaps means potentials and the success practice in China' s major apple producing regions throws some light on the actual possibility of transforming of those potentials into capabilities. Finally, it points out that the key to reduce gaps and take advantage of producing potentials in apple sector is to improve apple cultivating famers' educa-

* 本文是中央公益性研究所基本科研业务费项目（2009YWF4—16）研究成果。

① 系农业部科技发展中心。

tional level and organization level.

苹果是我国最重要的一种水果，也是我国最适宜出口的优势农产品之一。我国生产苹果的自然条件非常得天独厚。苹果在我国分布极广，但主要集中在环渤海（鲁、冀、辽、京、津）、西北黄土高原（陕、晋、甘、青、宁）、黄河故道（豫、苏、皖）和西南冷凉地区（云、贵、川）等四大产区，其中黄土高原和环渤海湾地区集中了我国苹果栽培面积的近 80%[1]，是我国的两大苹果优势产区。据陕西省果业局介绍，黄土高原的部分产区符合适宜苹果生长的全部七项指标，而苹果先进生产国日本只符合六项。但是，日本的苹果无论是在单产方面，还是在优果率和高档果率方面都远远高于我国。日本苹果以其优异的外观品质、内在风味品质和质量安全信誉闻名于世。而专家指出，尽管近年来我国苹果的外观质量已明显提高，但苹果理化品质低下问题相当突出。许多果园生产的苹果果实硬度和可溶性固形物含量偏低，口感差，淡而无味。而且，通过对主产区“富士”苹果的抽样检测，发现我国苹果理化品质呈下降趋势。按照国家标准《鲜苹果》（GB/T10651—1989）进行判定，2006 年富士苹果理化品质合格率仅为 24.9%，其中，总酸合格率最高，达 98.9%，而果实硬度和可溶性固形物含量仅分别为 35.6%和 57.3%[2]。我国苹果所存在的巨大质量差距不仅使我国苹果在国际市场上主要销往中低端市场，而且连家门口的高端市场也不得不拱手让人，只能眼睁睁地看着日本等国家的苹果卖出高于我国苹果十几倍甚至几十倍的“天价”而无可奈何。造成这种现象的原因其实很简单。因为在优越的自然条件下却没有生产出更多更好的苹果来，只能说明我们输在了生产管理水平上。

一、中日苹果栽培管理水平的差距

日本苹果得以实现优质高产的原因，主要是由于日本果农普遍采用以精细为特征的、费工费时但回报也高的集约化栽培管理方式。“精细”和“集约”体现在日本苹果栽培管理的各个环节中，我国与日本苹果栽培管理水平的差距也体现在方方面面。以下列举一部分。

1. *果园基础设施*。日本苹果的优质、稳产、高产首先得益于基础设施好。日本果园的灌溉在山坡地多用喷灌，平地以滴灌居多，灌溉前测定土壤墒情，根据生育期来确定灌溉时间和灌水量。此外，为防霜冻装有风扇；为防台风设置有防风网；为防鸟害设有防鸟网或瓦斯爆鸣器等[3]。近年来，我国也越来越多地出现舍得投入的高收益果园，设置了喷灌、滴灌、防虫网、防雹网等设施，但普及率很低，总体来讲，果园的基础设施较差。很多果园没有灌溉条件，经常因为重要生长发育期的旱灾使苹果的产量和品质受到巨大影响。

2. *果园生草与土壤有机质含量*。我国的果园土壤管理大多采用以改善理化性状以促进根系生长为重点的清耕制，而日本果园采用的则是以提高土壤有机质含量为重点的生草制。日本也曾经是清耕制，由于果园地面长期除草和过量使用化肥，降低了土壤有机质含量，增加了土壤矿化率，果园土壤持肥、持水力下降，土壤综合理化性状恶化，各种缺素症状相继出现，其后才引入了生草制，在果园内种植禾本科或豆科植物。日本果园从清耕制到生草制历经了40年左右的时间[4]。果园生草与长期施用腐熟有机肥使日本果园的有机质含量一般在3%～4%[5]，高的可达5%以上。而我国的果园在采用清耕制的同时，由于长期不重视施用有机肥，果园土壤的有机质含量通常不足1%。专家指出，土壤有机质含量低是导致我国苹果树势弱、花芽形成难、连续结果能力差、果个大小不整齐、适口性愈来愈差等问题的根本原因。如果土壤有机质含量不提高，任凭怎样加强树上管理，也很难生产出高质量的果品[6]。

3. *果树密度与树形管理*。日本的苹果生产完成由数量型向质量型生产转型较早，因而乔化树一般栽植较稀。据日本专家介绍，日本大多每亩栽植树17株左右，而我国20世纪80年代后所建苹果园由于受矮化密植的影响，普遍栽植密度较大，每亩大多在54株以上，并有相当部分栽植83株，有少部分栽植111株，造成我国苹果园总体上光照不良，结果表面化现象严重，内膛及树冠下部所结果数量有限，而且品质低劣。光照恶化已成为制约我国苹果品质的一个主要因素。在树型管理方面，日本和我国一样，在幼树期也以有干形为主，以后则通过逐渐去枝，最终形成以开心形为主的高光效树形，由于光照条件优化，树体生长寿命长，所结果实品质较高。而我国在20世纪80年代后重点推广的是纺锤形等有干形树形，由于整形不规范，所用砧木非矮化，大部分果园表现株间交接，行间无通道，低干高树，已不适应生产优质苹果，成为我国苹果优果率低的一个重要因素[7]。但是，日本的开心形果园与密植、半密植栽培的果园相比较，最大的缺陷是达到盛果期的年限过长，不符合当今品种更新速度加快的实际要求。

4. *疏花疏果与果实着色管理*。疏花疏果的目的是控制果树负载量，是非常重要的一项工作，因此，尽管这项工作非常费工费时，在日本也做得相当到位。在我国则普遍存在果农舍不得疏花疏果的现象。果实着色管理主要包括摘叶、转果、铺反光膜。日本对这几项技术也非常重视，几乎所有果园都在应用。这几项技术在我国也早已不再是新技术，只是应用的不像日本那样普遍，也不像日本果农所做的那样细致、到位。日本果农为了让苹果表皮不会因与树枝碰撞而受伤，会把苹果与树枝接触的地方或放上小软垫或用皮筋拉开[8]。我国目前很多果园依然没有解决郁闭问题，这类果园地面光照不足是影响采用反光膜的重要因素。

5. *辅助授粉*。辅助授粉的目的是提高受粉质量进而提高苹果质量。据研究，在影响苹果果实生长发育如果个大小、果形好坏等的诸多因素中，高质量的授粉是关键因素。有关研究指出，授粉质量高的苹果果实内种子个数多，而种子个数多的苹果果个大、果形端正。因此，日本果农非常重视授粉工作，在已配备较多授粉树的情况下，仍采取各种授粉措施。以前主要靠人工授粉和利用蜜蜂，后来发现了比蜜蜂授粉质量高、效果好的豆小蜂。豆小蜂以采集花粉为主，活动在花药与柱头上，授粉容易且充分；而蜜蜂主要以采集花蜜为主，主要活动在花药与柱头的下部，授粉的机率较低。豆小蜂授粉技术在日本很快得到普及，成为苹果生产中的一项重要措施[9]，日本绝大多数苹果园都应用这项技术。辅助授粉的实施应该是日本苹果外观质量优异的一个重要因素，但在我国的苹果栽培中远没有受到足够的重视。

6. *有袋与无袋栽培*。套袋措施最初用于防止害虫为害果实，后逐渐成为增强果实着色、减少褐斑和提早收获、延长贮藏期的手段。虽然苹果套袋栽培能有效防止果锈发生，促进果实着色，特别是有袋果贮藏性好，但是影响果实的风味。因此，为顺应消费者追求自然生长果实的心态变化，日本的套袋苹果面积在上世纪 90 年代末就已经比上世纪 80 年代的苹果套袋盛期有大幅下降。虽然计划长期贮藏、周年销售的果实仍主要采用套袋栽培方式，但是计划短期储藏、年内销售的苹果则逐渐采用不套袋栽培[10]。目前，不套袋栽培的面积大约为 50%[11]。尽管果农老龄化、劳动力成本高等问题的日益突出也是助推简化栽培的因素，但不套袋栽培得以在日本重新推行，最重要的基础还是栽培管理水平的迅速提高，即在不套袋的情况下，也能生产出全面着色、外观品质优异的苹果来。但在我国，套袋栽培依然作为提高苹果品质的主要措施被广泛应用。因为苹果套袋能够在很大程度上解决苹果外观品质不好和农药残留问题，所以只好牺牲一定的内在风味品质。

7. *分期采收与适时采收*。果实的成熟除了与砧木、栽培管理、树势等相关外，还和当年气候条件、是否套袋栽培等相关。因此，日本果农在苹果采收前要进行成熟度调查，综合分析果肉硬度、糖度、酸度、风味等多项指标，并结合计划贮藏方法、贮藏期来确定适宜的采收期，并于采收后立即入库冷却、贮藏[12]，一般分三次采收完[13]。但是，与实施适时采收甚至为促进果实着色而采用延迟采收的日本形成鲜明对照的是，我国的果农除了一般都是集中采收外，还常常因为担心错过商机、急于销售等原因提前采收，有的提早采收将近 1 个月。专家指出，提前采收已经成为我国苹果栽培管理中不容忽视的问题[14]。

二、缩短栽培管理水平差距，挖掘我国苹果生产潜力的成功实践

我国在苹果栽培管理方面存在的差距是不容置疑的。但是，对于具有得天独厚自然条件的我国苹果主产区而言，在苹果栽培管理方面存在着巨大差距也就意味着在苹果生产上具有巨大潜力。据调查，作为我国苹果主产区之一的山西省，亩均产值在 5 000 元以上的果园不足 2 万公顷，绝大多数果园亩产不到 1 500 千克，亩纯收入为 2 000 元左右。如果注重科学管理，在老树修整、新苗更新的同时，加强果园的技术管理，全省 90%以上的果园亩均收入都可以达到 5 000 元。即使按目前的种植面积计算，果园收入也可以达到 175 亿元，完全可以成为一个很大的富民产业[15]。

在集约化的苹果栽培管理中需要投入大量的劳动力，有些工序如套袋、摘叶、转果等必须由手工完成。因此，苹果集约化栽培管理水平的提高，不仅能带动果树修剪等技术服务和信息服务的需求也能带动劳务市场的兴旺，还能带动包装、运输、营销等行业的发展。因此，以精细为特征、需要投入较多劳力的日本式园艺化苹果栽培管理方式，尤其适宜劳动力资源相对丰富的我国学习。将我国粗放式的苹果栽培改为精细的集约化经营，将不仅极大地提高我国苹果的国际竞争力，也对增加各地就业、提高农民收入具有重要意义。而各地的实践表明，缩短我国苹果栽培管理水平与先进国家的差距，挖掘我国苹果生产的潜力是完全可能的。

近年来，我国各大苹果产区的各级政府均将苹果产业作为富民产业予以大力扶持，收到了很好的成效，我国苹果生产的总体水平大幅提高。如陕西省将果业列为建设经济强省的五大主导产业之一，集中力量进行重点突破。在政府的大力扶持下，陕西苹果产业迅速壮大，2008 年产量达到 800 万吨，占全国产量的近 1/3，已经成为我国最大的苹果产业基地。据《人民日报》报道，地处我国苹果最佳适生区的陕西省铜川市，在不断扩大果园面积的同时，大力推广以强拉枝、大改型、巧施肥、无公害为主的果园管理技术，使得果品质量显著提高，目前全市苹果优果率已经达到 78%以上，比 2001 年提高了 40 多个百分点。

在我国苹果生产总体水平大幅提高的同时，各地涌现出不少高产稳产高效苹果园。这些果园采取的主要管理措施，一是通过合理间伐解决果园郁闭问题；二是通过自然生草、有机肥无机肥配合施用等措施实现养根壮树，逐年提

高土壤有机质含量；三是合理修剪、综合防治病虫害，精细花果管理。即通过加强综合管理，实现了苹果园产量、效益的大幅度提高，昭示了将我国苹果生产的巨大潜力转变为国际竞争力的现实可能性。

据《烟台日报》报道，山东省蓬莱市大辛店镇三十里埠村李志良的红富士精品苹果园，是树龄16年的老果园，但是通过一系列措施，从2003年至今每亩的产量一直稳定在7 500千克左右，每亩收入一直在2万元以上。

据《山西农民报》报道，山西省临猗县角杯乡上豆氏村吴忠定的6.7亩红富士苹果园，从2002年起连续8年保持亩均4 000千克以上，避免了大小年；从2005年起，他的果园连续5年亩收入在1万元以上。他的果树已有19年树龄，属老龄树，但树体健壮，叶片浓绿，花芽饱满，果园通风透光。

另据陕西日报报道，陕西宜川果农张殿英一大家子6户26口的55亩苹果，2009年的苹果产量达到16万千克，8厘米以上的优质果占到90%，人均苹果年收入达到2万元。

三、缩短差距、挖掘潜力的关键在于提高果农的素质和组织化程度

苹果生产先进国家的经验和我国典型示范园的经验表明，相对于其他农业生产而言，苹果生产是以高科技和高投入为前提的高效产业。要实现高效益最重要的是要不折不扣地综合运用好各种科学管理措施。而要做到这一点，关键的因素是人，即果农接受和掌握科技的能力。日本的苹果栽培管理水平高的一个重要原因就是日本果农的素质高，接受技术和创新技术的能力强。

日本果农的素质高，可以从两项成果上得到充分体现。一是上文提到的对日本苹果优质生产有着重要作用的豆小蜂授粉技术。这项技术就是由果农发现并予以改进和完善的。豆小蜂是一种野生蜂，大约五十多年前，被青森县藤崎町的一位果农发现并开始饲养与开发利用，尔后不断繁育和向各地传播。后来，板柳町一带的果农们对豆小蜂授粉技术进行了突破性的改进与完善，使其走上了科学实用阶段。之后，这项技术在生产上得到了大面积应用，取得了显著效益。最先发现与研究豆小蜂的果农也被誉为“豆小蜂博士”[16]。二是作为日本主栽苹果品种之一的“王林”。这一品种是由果农经多年杂交试验培育成功的。

上面提到的在我国涌现出的高产高效果园的主人，也都属于当地素质较高、接受新技术快的明白人。山西果农吴忠定就是在2000年发现自己家的果树随着树龄老化出现了树冠郁闭、品质产量下降等问题后，自费去参加树形改

造培训班的。结业以后，在本村率先在树上实施果树改形，在树下增施有机肥。先是连续四年从养殖场采购 30 立方米鸡粪沤熟后穴施树下。第五年每亩改施 4.5 立方米羊粪。从 2005 年起，每年分两次穴施商品菌肥 4 千克，稀土微肥 5 克，还在树下种肥田的白三叶草。2009 年 3 月取样检测他家园地的有机质含量，竟达 2.8%，创全市果园之最。除了树改形，地培肥以外，吴忠定采用的配套技术还包括：采用膜加纸双套袋，通过果园养蜂提高坐果率，通过疏花疏果控制果树负载量，通过成熟期树上摘叶、树下铺反光膜、人工转果等保障果实通体着色。2009 年他还引进了富硒苹果技术，目的是使他的苹果既是绿色果、高档果，又是保健果。

陕西宜川果农张殿英也是一个接受新技术特别快的人，种了 5 年苹果就成了当地的农民果树技术员。2005 年到日本参观学习后，下决心对自己家的果园进行“革命”。一是在地上改善果园的通风透光条件，对果园进行间伐、对树高“脱帽子”，对树身“大改形”。二是在地下培育土壤肥力，连年给果园投入羊粪、猪粪等有机肥和少量优质化肥，每年亩肥料投资在 1 000～1 200 元左右。为了解决果园有机肥问题，还建起了养猪场和沼气池。

我国的劳动力优势，使我国具有缩短与先进国家苹果栽培管理水平差距的重要基础和前提条件。但也正是劳动力的素质较低成为阻碍我国苹果栽培管理水平提高的最重要的制约因素。要缩短我国在苹果栽培管理方面的差距，充分挖掘我国所具有的巨大潜力，关键在于提高果农的素质。

但是，在我国现有的条件下，提高果农素质并非短期内就可以取得很大成效的，当前比较现实、有效的方式是成立各种各样的农业合作组织，通过合作组织向农民普及宣传技术。而且，不仅使农民能够专心生产，解决栽培技术、产品销售方面的后顾之忧，还能通过合作组织建立的追溯系统使农民的“诚信”得到组织保障，将极大地有利于解决我国产品的农药残留等质量问题。

参考文献

[1] 鸥泉．中国的苹果业在发展中调整结构和布局．农业工程技术，2009（3）．

[2] 杨振锋．国内外苹果质量研究进展．北方果树，2009（1）．

[3] 张一鸣．日本苹果生产技术特点．宁夏农林科技，1997（3）．

[4] 牛自勉．日本苹果栽培管理经验与启示．山西果树，1998（2）．

[5] 徐志达等．日本苹果产业考察启示．西北园艺，2005（4）．

[6] 徐志达等．日本苹果产业考察启示．西北园艺，2005（4）．

[7] 王田利．中日现代苹果管理中的差别．果农之友，2008（4）．

[8] 魏布谊．日本苹果产业产供销一体化给我们的启示．现代商贸工业，2009（2）．

[9] 张文和．日本苹果栽培的授粉技术与豆小蜂的开发利用．北京农业，1996（11）．
[10] 张泽华．对日本苹果产业的思考．山西果树，2004（9）．
[11] 袁景军．日本苹果考察报告．西北园艺，2008（6）．
[12] 张泽华．对日本苹果产业的思考．山西果树，2004（9）．
[13] 张胜吉．日本苹果树的花果管理概况．河北果树，1999（2）．
[14] 聂继云．苹果品质和质量安全问题与对策．中国果树，2007（3）．
[15] 曼陀罗．山西苹果如何突出重围．山西农业，2009（5）．
[16] 张文和．日本苹果栽培的授粉技术与豆小蜂的开发利用．北京农业，1996（11）．

图书在版编目（CIP）数据

农业经济与科技发展研究．2009 / 中国农业科学院农业经济与发展研究所编．—北京：中国农业出版社，2010.11

ISBN 978-7-109-15075-1

Ⅰ.①农…　Ⅱ.①中…　Ⅲ.①农业经济-经济发展-中国-文集②农业-技术进步-中国-文集　Ⅳ.①F32-53

中国版本图书馆 CIP 数据核字（2010）第 200044 号

中国农业出版社出版
（北京市朝阳区农展馆北路 2 号）
（邮政编码 100125）
责任编辑　赵　刚

北京机工印刷厂印刷　　新华书店北京发行所发行
2010 年 12 月第 1 版　　2010 年 12 月北京第 1 次印刷

开本：720mm×960mm　1/16　　印张：28.5
字数：512 千字　　印数：1～1 500 册
定价：45.00 元